Das Buch

In einer beispiellosen Erfolgsgeschichte haben Willy Brandt, Herbert Wehner und Helmut Schmidt die SPD an die Macht geführt, zwei Kanzler gestellt und eine Ära geprägt. Als »Troika« haben sie ihrer Partei und der Bundesrepublik vom Ende der fünfziger Jahre bis zum Rücktritt Schmidts 1982 und darüber hinaus ihren Stempel aufgedrückt.

Doch es war eine Troika wider Willen, das machtpolitische Zweckbündnis dreier gleich starker, aber höchst unterschiedlicher Charaktere. Wie sie kooperierten, konkurrierten und intrigierten, sich verletzten und wieder versöhnten und am Ende heillos entfremdeten, schildert Martin Rupps auf eindrucksvolle Weise. Er zeigt, dass die drei immer erfolgreich waren, wenn sie an einem Strang zogen, und stets scheiterten, wenn Neid, Verachtung und Illoyalität obsiegten. Zugleich hinterfragt er die Klischees vom wankelmütigen Visionär Brandt, vom rastlosen Kärrner Wehner und vom zielstrebigen Pragmatiker Schmidt. Mit sicherem Gespür entfaltet Rupps ein politisches und menschliches Drama, das in der Geschichte der Bundesrepublik seinesgleichen sucht.

Der Autor

Martin Rupps, geboren 1964 in Stuttgart, studierte Politikwissenschaft sowie Neuere und Neueste Geschichte. Er ist Autor einer vielbeachteten Biographie über Helmut Schmidt und einer Untersuchung des Politikverständnisses und der geistigen Grundlage desselben. Seit 1998 ist er der persönliche Referent des Intendants des Südwestrundfunks in Stuttgart.

Martin Rupps

Troika wider Willen

Wie Brandt, Wehner und Schmidt
die Republik regierten

Ullstein

Besuchen Sie uns im Internet:
www.ullstein-taschenbuch.de

Für J. Rodloff

Umwelthinweis:
Dieses Buch wurde auf chlor- und säurefreiem Papier gedruckt.

Ungekürzte Ausgabe im Ullstein Taschenbuch
1. Auflage Juli 2005
© Ullstein Buchverlage GmbH, Berlin 2004/Propyläen Verlag
Umschlaggestaltung: Büro Hamburg
Titelabbildung: J. H. Darchinger
Satz: LVD GmbH, Berlin
Druck und Bindearbeiten: Ebner & Spiegel, Ulm
Printed in Germany
ISBN-13: 978-3-548-36758-3
ISBN-10: 3-548-36758-5

Inhalt

Vorbemerkung 9

Der Bruch 13

Die Troika vor der Zeitgeschichte 16

»Sie schlagen und sie brauchen sich« 18 · Legendenbildung 21
Gemeinsamkeiten und Gegensätze 25

Drei Außenseiter 30

Herbert Wehner – missbrauchte Hoffnungen 30 · Willy
Brandt – ein Herumgestoßener 43 · Helmut Schmidt – Flucht
in die Künste 56

Die Troika entsteht 75

Zugpferd Wehner 76 · Linker Freigeist Brandt 81 · Personelle
Entscheidungen 83 · Das Godesberger Programm 85 ·
Von »Schmidt-Hamburg« zu »Schmidt-Schnauze« 89 · Brandt
und der Mauerbau 96 · »Eisbrecher« Wehner 97 · Brandt
Kanzlerkandidat 100 · Wehner und Brandt: ein gemeinsames
Ziel 103 · Schmidt und die Hamburger Sturmflut 110 ·
Heimliche Gespräche mit der CDU/CSU 113 · Brandt
Parteivorsitzender 115 · Schmidt zurück nach Bonn 119 ·
Geburt der Großen Koalition – Brandt Vizekanzler 124 ·
Wehner Zielscheibe des politischen Gegners 130 · Mythos
Brandt 137 · Schmidt Fraktionschef 139

Guter Start 141

Neue Rollenverteilung 141 · Notstandsgesetze 147 ·
Mehrheitswahlrecht 152 · Die »68er« 154 · Ende der Großen
Koalition 158

Putsch in der Troika 161

Die sozialliberale Koalition 161 · Brandts »Ostpolitik« 165 ·
Ausbau des Sozialstaats 169 · Verteidigungsminister Schmidt,
Fraktionschef Wehner 171 · Querelen 175 · Misstrauensvotum
und vorgezogene Neuwahlen 182

Das Zugpferd lahmt 188

Fehlstart 188 · Wehner und Schmidt realisieren eigene
Vorstellungen 192 · Neues Erscheinungsbild der SPD 194 ·
Eklat in Moskau 199 · Brandt als »charismatischer Herrscher«
204 · Helmut Schmidt: Kritik am Kurs der Partei 208 · Wehner
solidarisiert sich mit Brandt 211 · Die Guillaume-Affäre,
»Frauengeschichten« 213 · Die Rolle der Ehefrauen 217 · Der
Kanzler-Clan 218 · Der Rücktritt 220

Fliegender Wechsel 226

Kanzler Schmidt: effiziente, loyale Zuarbeiter 226 ·
»Kontinuität und Konzentration« 227 · Brandt und Schmidt:
unterschiedliche Konzepte 230 · Kritik an Schmidts Politikstil
233 · Ruhe in der Troika 238 · Konsolidierung 244 ·
Wahlerfolg trotz »Rentenlüge« 249 · Verstimmungen zwischen
Wehner und Brandt 252 · Willy Brandts neue Stärke 255

Fest im Sattel 260

Der »Schwarze Herbst« 1977 260 · Helmut Schmidt im Zenit
seines Ansehens 263 · Schwere Stürme in der SPD 265 · Der
NATO-Doppelbeschluss 266

Kursänderung 269

Spaltung der SPD? 269 · Widerstand gegen NATO-
Doppelbeschluss 273 · Die SPD und die Friedensbewegung 280
Brandt in der »Mitte« 283 · Amnestie für Lambsdorff & Co.?
289

Das vorzeitige Aus 292

Die SPD-FDP-Koalition zerbricht 292 · Konstruktives
Misstrauensvotum 297 · Wehner: Abtritt von der politischen
Bühne 301 · Schmidt: Abschied auf Raten 303 · Brandt: Der
Letzte der Troikaner 306

Ehrenrunde 311

Drei Pensionäre erleben den Mauerfall 312 · »Heimlicher
Bundespräsident« Helmut Schmidt 315

Quellenverzeichnis 321
Ein Wort zum Schluss 337
Personenregister 339

Vorbemerkung

»Überhaupt mache ich der neuesten Historie den Vorwurf,
dass sie sich viel zu wenig um wirkliche Menschen aus
Fleisch und Blut kümmert, dass sie zu wenig Sympathien
für Menschen hat oder gar keine, dass sie also ›Hamlet‹
ohne den Prinzen von Dänemark spielt.«
Golo Mann, *Plädoyer für die historische Erzählung*

Über die drei Männer, von denen hier die Rede ist, gibt es unendlich viel Literatur – über jeden ließen sich Jahre in der historischen Forschung zubringen, lassen sich Tausende von Seiten
schreiben, und bei zweien von ihnen ist das auch schon geschehen. Weshalb jetzt dieses Buch, das sich im Umfang vergleichsweise bescheiden ausnimmt und trotzdem den Anspruch erhebt,
alle drei in den Blick zu nehmen?

Das bisher Erforschte und Geschriebene – auch mein eigenes,
im Jahr 2002 erschienenes Buch über Helmut Schmidt – steht in
der Tradition der Biographie, in der Zeitgeschichte entlang einer
Lebensbahn erzählt wird. Dieses Genre hat viele Vorzüge: Es erlaubt die Auseinandersetzung mit dem spannendsten Thema
überhaupt, dem Menschen in seiner Größe und Fehlbarkeit, es
wirft ein Licht auf ein Individuum, das Vorbild oder auch abschreckendes Beispiel sein kann, und es erschließt uns Geschichte,
die oft nur schwer zu beschreiben und zu strukturieren ist. Dabei macht der Biograph die Person seines Interesses sozusagen
zum Mittelpunkt der Welt, was sie natürlich nicht ist. Aber dieser Kunstgriff ist erlaubt, um die Betrachtung verständlich und
anschaulich zu machen. Die historische Wahrheit leidet darunter nicht.

Allerdings gibt es auch hier die berühmten Ausnahmen von
der Regel. Schon während meiner Arbeit an einer politischen
Biographie über Helmut Schmidt bekam ich Zweifel, ob sich die
Einzelbiographie gerade für dieses Thema – Helmut Schmidts
Aufstieg in der westdeutschen Sozialdemokratie, seine Leistungen und sein Scheitern als Bundeskanzler, seine Rolle als *elder
statesman* bis heute – eignet. Sein politisches Schicksal und damit auch sein Lebensschicksal hing zu jeder Zeit auch vom poli-

tischen Schicksal zweier weiterer Politiker ab, Herbert Wehner und Willy Brandt, und wirkte in gleichem Maße auf deren Schicksale zurück. Es ist eine in der Politik einzigartige Konstellation, dass hier der eine den anderen als Bundeskanzler ablöst, nachdem ein Dritter beiden erst diese Möglichkeit verschafft hat. Und dabei »schüttelt keiner den anderen ab«, alle drei bleiben für ihre Partei und für die Politik der Bundesrepublik Deutschland unvermindert wichtig. Wie kann ein Biograph dieses schicksalhafte, zugleich immens wechselvolle Beziehungsgeflecht beschreiben? Ich betrachte die drei Politiker als jemand, der erst Ende der siebziger Jahre ein politisches Bewusstsein entwickelt hat. Meinen Zugang zu Wehner, Brandt und Schmidt verdanke ich zwar nur zu einem Bruchteil eigener Erinnerung, dafür ist mir der Blick nicht durch die tagespolitischen Kämpfe vieler Jahre verstellt.

Der Schwerpunkt meiner Ausführungen besteht nicht im Aufdecken neuer Fakten und Quellen – erstaunlich viel ist schon an historischen Quellen gesichtet und, trotz der üblichen Sperrfrist, wenigstens sinngemäß veröffentlicht worden. Mir geht es, dem Gebot des Historikers Joachim Fest folgend, um die Gliederung des rohen, formlosen Stoffes durch ein dramaturgisches Prinzip, um kritische Überprüfung des Materials und darum, dieses Material zum Leben zu bringen. Es geht um die Darstellung einer einzigartigen Dreierbeziehung, deren Bedeutung für die bundesdeutsche Zeitgeschichte noch nicht hinreichend gewürdigt worden ist. Grundlagen sind zwar auch »neuere« historische Quellen, unter anderem der Briefwechsel zwischen den dreien, den mir Greta Wehner jüngst zugänglich gemacht hat; mir liegt jedoch vorrangig daran, historische Tatsachen neu zu verknüpfen und neu zu interpretieren und dabei historisch Gesichertes durch die Aussagen von Zeitzeugen zu ergänzen.

Mein Dank für lange Gespräche gilt Susanne Miller, Greta Wehner, Rainer Barzel, Peter Conradi, Jupp Darchinger, Erhard Eppler, Karl Garbe, Peter Glotz, Otto Herbert Hajek († 2005), Rudolf Hofsähs, Albrecht Müller, Horst-Eberhard Richter, Gregor Schöllgen und Karl Wienand. Helmut Schmidt konnte ich während der Arbeit an meiner Dissertation, die sich mit Schmidts »geistigen Grundlagen« befasste, im Jahr 1995 befragen. Nicht weniger danke ich den Autoren der vielen Bücher und Artikel, die ich zur Vorbereitung dieses Manuskriptes gelesen habe. Einige, nicht alle, sind in der Auswahlbibliographie genannt. Allesamt haben wir uns auf die Spurensuche zu einem der reizvollsten Themen der deutschen Zeitgeschichte begeben.

Nur ein Autor sei hier erwähnt, weil er für meinen Zugang zu historischen Themen, auch in diesem Fall, prägend war: Golo Mann. Er ist der Meister der historischen Erzählung. Seine Mahnung, den Menschen ins Zentrum der Historie zu rücken, und nicht »die Umstände« oder »Strukturen«, ist mir beim Folgenden Gebot.

Der Bruch

Samstag, der 19. November 1983, 9.05 Uhr. Helmut Schmidt, der am 1. Oktober des Vorjahres im Bundestag abgewählte Bundeskanzler, tritt an das Rednerpult einer Kölner Messehalle und gibt einen Bericht »Zur Lage der Sicherheitspolitik«. Anderthalb Stunden lang erläutert er die Gründe dafür, weshalb er die Stationierung von amerikanischen Pershing-II-Mittelstreckenraketen und Cruise Missiles auf deutschem Boden angeregt und durchgesetzt hat. Der sonst so verschlossene Politiker gibt sich an diesem Morgen offener, berichtet gegen seine Gewohnheit über persönliche Empfindungen: »Ich will nicht verhehlen, dass mich einige pauschale öffentliche Verunglimpfungen geschmerzt haben.« Schmidt weiß in diesem Augenblick, dass er weniger zu den SPD-Delegierten in der Halle und dem Parteivorstand in seinem Rücken spricht als zu den Hunderttausenden von Fernsehzuschauern, die Ausschnitte seiner Rede am Abend in der *Tagesschau* oder in Sondersendungen zum Parteitag sehen werden. Die SPD selbst hat sich längst von dem so genannten NATO-Doppelbeschluss abgewandt, was maßgeblich auf den Parteivorsitzenden Willy Brandt zurückgeht, der von dieser typischen Konstruktion des Kalten Krieges nicht mehr überzeugt ist und zudem eine Spaltung der Partei befürchtet. Helmut Schmidt stellt sich an diesem Morgen eindeutig gegen die Parteilinie, macht aber auch klar, dass er aus dem Schoß dieser Partei nicht herausfallen möchte. »Wer seine Lebensarbeit mit dieser SPD verbunden hat«, sagt er, »der wird seine Treue nicht davon abhängig machen, dass er in einer bestimmten Situation nur bei wenigen Gehör findet.«

Schmidt gibt sich, wie er ist und wie er neben Adenauer zum populärsten Politiker der Bundesrepublik wurde: gerade, direkt, unbeirrt von Kritik, überzeugt von seinen Auffassungen, auch um den Preis, dass sie ihn – wie hier geschehen – um sein wichtigstes politisches Amt bringen. Zugleich rechtfertigt er seine Haltung politisch und moralisch: »Das Ethos, die Moral als Grundlage der Politik bedürfen zu ihrer Verwirklichung der Ratio, der Vernunft, ja, der Leidenschaft zu Vernunft.«

Ein bisschen Bitterkeit schwingt dann doch mit. Schmidt zitiert aus der ersten Regierungserklärung seines Vorgängers im Kanzleramt, Willy Brandt, als wolle er den Weggefährten an seine eigenen Grundsätze erinnern. Als Schmidt darauf hinweist, dass die Sowjetunion solidarisches Verhalten ihrer Verbündeten erzwingen kann, während die westliche Führungsmacht auf die freiwillige Solidarität ihrer Partner angewiesen ist, wird es mucksmäuschenstill im Saal. »An dieser Stelle fehlt der Beifall, Genossinnen und Genossen; vielleicht kann man wenigstens darüber nachdenken«, schickt Schmidt seiner Bemerkung hinterher.

Am Ende steht noch einmal ein typisches Schmidt-Wort: »Wer die Angst größer schreibt als die Hoffnung, der gefährdet seine Seele; er gefährdet auch die Fähigkeit zum verantwortlichen Handeln.« Als Schmidt an seinen Platz zurückgeht, kommt er an Herbert Wehner vorbei, dem 77-jährigen ehemaligen SPD-Fraktionsvorsitzenden und väterlichen Weggefährten. Schmidt flüstert Wehner die Frage ins Ohr, ob er sich anständig verhalten habe. Wehner nickt. Schmidt ist zufrieden. Jetzt erst nimmt er auf seinem Stuhl neben Willy Brandt Platz, dem er nicht in die Augen sieht und der ebenfalls den Blickkontakt meidet. Aufrecht und stolz schaut Brandt in die Weite des Saales. Die Fernsehkameras fangen die eisige Atmosphäre zwischen den beiden großen Männern der Sozialdemokratie ein.

Fünf Stunden lang debattieren die Delegierten über das Für und Wider des NATO-Doppelbeschlusses, der eigentlich kein doppelter mehr ist, denn die Verhandlungen zwischen den USA und der Sowjetunion über ein »Gleichgewicht des Schreckens« auf dem Feld der Mittelstreckenwaffen sind gescheitert. Schließlich wird abgestimmt. Nur noch 14 Delegierte von den 400, darunter Helmut Schmidt, befürworten die so genannte Nachrüstung; alle anderen, die überwältigende Mehrheit, lehnen sie ab. Fassungslos blickt Schmidt in die Halle – er hat gewusst, dass er unterliegen würde, aber mit einer so deutlichen Niederlage hat er nicht gerechnet. Willy Brandt und Hans-Jochen Vogel, Wehners Nachfolger als Fraktionsvorsitzender im Bundestag, geben sich die Hand – froh darüber, dass auch die Parteirechte gegen die Stationierung gestimmt und der SPD eine Zerreißprobe erspart hat. Der Preis, den sie zahlen, ist die politische Isolation des früheren Bundeskanzlers Helmut Schmidt, des noch immer populärsten Politikers in der Bundesrepublik. Als er das Ausmaß seiner Niederlage begreift, schließt er die Augen und presst den Mund zusammen. Ihm ist zum Heulen zumute. Willy Brandt gibt einigen »Abweichlern« als Geste der Versöhnung die Hand, etwa Hans Apel, Hans Matthöfer und Hans-Jürgen Wischnewski – nicht aber Helmut Schmidt.

Am Nachmittag, zum Ende der Veranstaltung, spricht Willy Brandt dann doch noch den Exkanzler an, aber nicht unter vier Augen, sondern vor den Delegierten am Rednerpult. »Die Partei weiß, Helmut«, so formuliert Brandt, »nicht nur, was du geleistet hast, sondern dass du es dir weiterhin nicht leicht machst. Die Partei weiß, was sie dir schuldet, und sie weiß zu würdigen, dass du ihr gegenüber wie sie dir gegenüber das Gebot der Solidarität neu bekräftigt hast.« Helmut Schmidt starrt in dem Augenblick zerknirscht vor sich hin, als wolle er sagen: Ja, Willy, ich bin artig, ich halte meine Klappe. Die wohlfeile Rhetorik kannst du dir getrost sparen!

Minuten später geht Brandt zurück an seinen Platz, gibt Schmidt erst jetzt kurz die Hand. Doch um eine peinliche Situation zu vermeiden, stimmt gleich einer das Arbeiterlied an, das damals auf SPD-Parteitagen als »Rausschmeißer« nicht fehlen durfte und seit Bochum 2003 auch wieder gesungen wird:

»Wann wir schreiten Seit' an Seit'
und die alten Lieder singen
und die Wälder widerklingen
fühlen wir, es muss gelingen:
Mit uns zieht die neue Zeit!«

Sekunden nach dem letzten Vers drängt es alle auf der SPD-Präsidiumstribüne zum Aufbruch. Schmidt verlässt nach rechts, Brandt nach links den Saal. Sie schauen sich im Hinausgehen nicht mehr an. Sie sind politisch geschiedene Leute.

Die Troika vor der Zeitgeschichte

An die drei Politiker, um die es hier geht, werden sich die Deutschen noch in zwanzig oder dreißig Jahren erinnern – an den einen der drei vielleicht etwas mehr, weil er Bundeskanzler war und lange Jahre die Sozialdemokratische Partei Deutschlands geführt hat. Der zweite folgte ihm als Kanzler nach und regierte immerhin fast doppelt so lang. Dem dritten kommt das historische Verdienst zu, die Sozialdemokraten nach dem Zweiten Weltkrieg die Regierungsfähigkeit, sozusagen die Kanzlerfähigkeit gelehrt zu haben.

Es gehört zum Anfangsglück der frühen, zwar demokratisch verfassten, aber noch keinesfalls gefestigten Bundesrepublik, dass sie 1949 über einige qualifizierte Politiker verfügte – etwa Konrad Adenauer, dem sicher nicht stilvollsten, aber schlauesten Kopf seiner Zeit. Er prägte seine Partei, seine Regierung und die demokratische Ordnung in einer Weise, wie das nur bei einem Neuanfang möglich ist. Als er mehr als ein Jahrzehnt später abtrat, nicht freiwillig, übergab er eine zum Kanzlerwahlverein geformte CDU, ein von CDU-Politikern geprägtes Gemeinwesen und eine so genannte Kanzlerdemokratie, die dem Regierungschef eine starke Stellung verschafft – stärker, als sie die Mütter und Väter des Grundgesetzes vorgesehen hatten.

An dem politischen Genie des Alten verbiss sich während dieser Jahre die andere große Partei des Landes, die sich dank ihrer langen demokratischen Tradition und ihres Widerstandes gegen das Hitler-Regime viel stärker legitimiert fühlte, die neue Bundesrepublik zu führen. Aber die SPD unterlag von der ersten Wahl 1949 an jedes Mal dem »Adenauer-Block«, der die stetigen Stimmenzugewinne der Sozialdemokraten dadurch mehr als kompensierte, dass er die bürgerlichen Parteien – und damit ihre

Wähler – nach und nach aufsog. Erstmals in der Schlussphase der Adenauer-Ära gewann die SPD an Ansehen und Einfluss, aber die Chance einer Regierungsübernahme blieb in weiter Ferne. Die erste Dekade der Bundesrepublik geriet für die Sozialdemokraten zu einem verlorenen Jahrzehnt, was nicht wenig mit ihrer Parteiführung zusammenhing: Kurt Schumacher, der Vorsitzende, legte für die SPD einen Fehlstart hin, den der mittelmäßig wirkende Nachfolger Erich Ollenhauer nicht wettmachen konnte. Schumacher, tief enttäuscht, nicht Bundeskanzler geworden zu sein, hatte die Sozialdemokraten in den Schmollwinkel manövriert. Für die Wähler, jedenfalls für viele, war aber eine Partei im Schmollwinkel nicht attraktiv. Halb resigniert, halb sehnsüchtig nach Einfluss, stand sich die SPD ein Jahrzehnt lang selbst im Weg. Für die Partei und für das noch junge demokratische Gemeinwesen bahnte sich am Ende der Ära Adenauer ein folgenschweres Defizit an: die Aussicht, dass dieses Land mittelfristig von nur einer Partei regiert würde und damit der Wechsel der Regierungsparteien, dieses so wichtige Regulativ für eine Demokratie, unterbleiben würde.

Die Lebensleistung der drei SPD-Politiker, von denen hier die Rede ist, besteht darin, diese Fehlentwicklung verhindert zu haben. Sie stehen für einen doppelten Neuanfang: für eine Neubesinnung innerhalb der SPD, die sie zu einer potentiellen Regierungspartei formten, und für einen Neuanfang in der Republik, da sie bislang demokratieskeptische bis -feindliche Gruppen, etwa Teile der unverändert sozialistisch orientierten Linken, mit den Regularien der Republik zu versöhnen suchten. »Versöhnen« ist dabei ein verharmlosender Begriff – sie taten es mit Macht, ja mit Gewalt, erschütternd für die Partei und gelegentlich für das Land. Als Herbert Wehner zusammen mit Willy Brandt beim Nürnberger Parteitag 1968 die Halle betrat, wurde ihm ein Zahn ausgeschlagen und die Brille zertreten. Die drei mussten die einen enttäuschen, vergraulen, verdrängen, um andere, viel größer an Zahl, zu gewinnen. Sie handelten mit dem Nachdruck, der nötig ist, um eine bequem gewordene Ordnung zu verändern. Erst diese beiden Prägephasen zusammen, der »CDU-Staat« und der nachfolgende »SPD-Staat«, machten die Bundesrepublik Deutschland politisch reif. Seither leistet sie, was eine gesunde demokratische Ordnung leisten muss: Sie »stellt« sich alternativen »Bewegungen«, etwa der Studentenbewegung oder der Umweltbewegung, sie bekämpft ihre Gegner, zum Beispiel im Terrorjahr 1977, sie diskutiert große Streitthemen, zum Beispiel Ende der siebziger Jahre den NATO-Doppelbeschluss. Kein Wunder, dass Bundespräsident Richard von Weizsäcker und die politische Klasse des Landes Selbstzufriedenheit ausstrahlten, als 1989 der 40. Geburtstag der Bundesrepublik gefeiert wurde. Heute wissen wir, dass sie es in der Unschuld der Nichtwissenden taten, denn sie konnten nicht ahnen, dass sie am Vorabend einer großen Revolution in Osteuropa standen, in deren Folge auch die Nachkriegs-Bundesrepublik zu einem Ende kommen und, wiedervereinigt mit der früheren DDR, eine neue Identität annehmen würde.

Dennoch hatten sie ein Recht darauf, stolz und zufrieden zu sein, denn in diesen vierzig Jahren hätte es auch anders kommen können. Wie zum Beispiel wäre der Terrorherbst 1977 verlaufen, wenn nicht eine sozialliberale, sondern eine unionsgeführte Bundesregierung die Rote Armee Fraktion hätte bekämpfen müssen? Für die demokratische Ordnung war es im Rückblick weniger verhängnisvoll, dass der Sozialdemokrat Helmut Schmidt mit dem Vorwurf des »Polizeistaats« konfrontiert wurde, als wenn es sich um Helmut Kohl mit Franz Josef Strauß an der Seite gehandelt hätte.

»Sie schlagen und sie brauchen sich«

Wie schaffen es die drei, dass sie die »alte« Bundesrepublik, wie sie heute heißt, so stark prägen? Eine wichtige Voraussetzung dafür ist die Gleichzeitigkeit ihres Wirkens. Herbert Wehner, Willy Brandt und Helmut Schmidt sind zwar nicht gleich alt, doch setzt ihnen das Kriegsende 1945 zwangsweise einen gemeinsamen neuen Start der politischen Karriere. Der Älteste von ihnen, Wehner, verfügt als Erster über politische Macht, zusammen mit ihm können Brandt und Schmidt zu ihrer maximalen Gestaltungskraft finden. Willy Brandt wird mit Wehners Hilfe und Schmidts Zuspruch (Zuspruch, weil Schmidt seinerzeit noch in der zweiten Reihe sitzt) zur »sozialdemokratischen Jahrhundertgestalt« (Hans-Peter Schwarz). Schmidts politischer Aufstieg fällt vollends in die Zeit, als Wehner und Brandt im Zenit ihrer Macht stehen; Schmidt wird Kanzler, weil Brandt das Amt leichtfertig verspielt. Schmidt verliert es wieder, weil für Brandt die Einheit der SPD Anfang der achtziger Jahre wichtiger wird als die sozialliberale Koalition, das heißt die Regierungsverantwortung. Wehner tritt wenige Monate nach Schmidts Amtsverlust ab, kurz darauf zeigen sich bereits Anzeichen seiner Demenz, es ist der Beginn eines langsamen Sterbens. Brandt ist ein langer politischer Unruhestand vergönnt, und auch Schmidt publiziert bis ins hohe Alter und hält viel beachtete Vorträge. Willy Brandt stirbt 1992. So gesehen lässt Schmidt die »Troikaner« Wehner und Brandt nicht nur ganz wörtlich, sondern auch mit seiner politischen Lebensarbeit hinter sich.

Was wie ein großartiges, von der Zeitgeschichte gefügtes, von klugen Politikern geschmiedetes Miteinander aussieht, ist in Wirklichkeit kein Lehrstück in Sachen »Harmonie«. Man muss aber sehen, dass die drei bei allen Verletzungen, die sie einander zufügen, immer wissen: Nur gemeinsam können wir dieses Land führen, nur gemeinsam bleiben wir die politisch mächtigsten Männer der Bundesrepublik. Gelegentliche Versuche, die Troika zu sprengen, etwa als Brandt 1972 Wehner das Amt des Bundestagspräsidenten andient, haben die »Kraft eines Knallfroschs«. Wie schlecht die drei auch miteinander auskommen, die Bande zwischen ihnen bleiben eng, ja sie werden mit jedem Streit paradoxerweise noch enger, denn auch Streit verbindet. »Sie schlagen und sie brauchen sich«, lautet der treffende Titel einer *Stern*-Reportage, nachdem Herbert Wehner 1973 in Moskau den Kanzler offen kritisiert hat.

Es gibt in der Politik, die Personen wie Schachfiguren hin und her zu schieben pflegt, wenig Schicksalsgemeinschaften; Wehner, Brandt und Schmidt bilden eine. Das Zusammenwirken dieser drei Ausnahmeerscheinungen für ein politisches Ziel auf der einen Seite, ihre grundverschiedenen Lebenswege, Herkünfte und Temperamente auf der anderen machen sie zum faszinierendsten Dreigespann der neueren deutschen Geschichte. Welche Traditionen, sozialdemokratische und deutsche, fügten sich mit ihnen zusammen! Egon Bahr hat von Willy Brandt gesagt, er habe nicht ein, sondern drei Leben gelebt. Das gilt nicht minder für Wehner und eingeschränkt auch für Schmidt.

»Troika« ist das Wort, das Journalisten schon früh für die drei gewählt haben. Es bezeichnet ein Dreigespann, einen mit drei Pferden bespannten Wagen oder Schlitten. Das Wort ist ein Lehnwort aus dem Russischen (trojka) und seit der ersten Hälfte des 19. Jahrhunderts belegt. »Trojka« heißt eigentlich »die drei«, abgeleitet vom russischen »troe«, »drei«. Vermutlich über das Französische, das im kaiserlichen Russland Umgangssprache war, gelangte der Begriff ins Deutsche. In der Troika laufen zwei Zugpferde hinter einem Leitpferd her. Auf Zeichnungen und alten Lexikonbildern sieht man aber auch drei nebeneinander laufende Pferde. Doch ob hinter- oder nebeneinander, ist für die »politische« Bedeutung des Begriffs nicht wichtig; da kommt es darauf an, dass das Zugpferd stets in der Mitte läuft und rechts und links flankiert wird.

Die Sozialdemokratische Partei Deutschlands hat immer mal wieder ein »Dreigespann« als Führung erlebt, doch erst die Besetzung Wehner-Brandt-Schmidt wird »Troika« genannt. Die aus Herbert Wehner, Fritz Erler und Carlo Schmid bestehende Führung galt noch als »Triumvirat«, als »Dreimännerherrschaft«. Triumvirate entstehen, weil drei Männer glauben, nur zu dritt an die Macht im Staat zu kommen. Sie sind dann von Dauer, wenn keiner der drei stark genug ist, die beiden anderen zu entmachten, sei es durch Mord oder Putsch. Eigentlich also sind Triumvirate eine undemokratische Angelegenheit. Die bekanntesten stammen aus dem alten Rom: Caesar und Crassus kamen nacheinander zu Pompeius vor die Tore der Stadt, um mit ihm das Dreierbündnis zu schließen. Augustus, Lepidus und Antonius bildeten das Zweite Triumvirat, von dem nur Augustus übrig blieb.

Doch auch in Demokratien kann es ein Mittel der politischen Strategie sein, Triumvirate zu bilden, etwa wenn man weiß: Ich werde nach demokratischen Spielregeln nie nach oben kommen, ich brauche Partner, die das Zeug dazu haben, die aber auf mich angewiesen bleiben. Herbert Wehner zum Beispiel versteht es meisterhaft, über das Mittel des Zweier- oder Dreierbündnisses politisch zu wirken, weiß er doch, dass ihn die Spekulationen über seine Vergangenheit und sein knurriges Auftreten stets vom Kanzleramt fernhalten werden. Bundespräsident Richard von Weizsäcker sagt in seiner Totenrede auf Wehner: »Er war ein Beispiel dafür, dass man die wichtigen Weichenstellungen entscheidend mitsteuern kann, auch ohne ganz an der Spitze zu sein.«

Das Gespann Wehner-Brandt-Schmidt sei eigentlich ein Triumvirat und keine Troika gewesen, so Peter Merseburger in seiner Brandt-Biographie, sich dabei auf ein Diktum Schmidts beziehend. Helmut Schmidt hält in der Tat das Bild vom Dreigespann für schief. Auch Willy Brandt hat in einem *Spiegel*-Beitrag von 1988, in dem er zwei Bücher über ihn gleich selbst besprochen hat, vom Triumvirat, nicht von der Troika gesprochen. Dennoch setzte sich für diese Dreierbeziehung die Bezeichnung »Troika« durch, vermutlich, weil es die griffigere, bildhaftere ist.

Legendenbildung

In der Sache hat das Bild von der Troika den Vorteil, dass es den geschlossenen, abschottenden Charakter des Dreigespanns Wehner-Brandt-Schmidt besser wiedergibt als der Begriff des Triumvirats. Die Geschichte der drei wird zeigen, dass sie sich bei allem politischen Streit und bei aller persönlichen Entfremdung gegenseitig die Macht gesichert, sich im Gespann aufeinander gestützt haben, bis zum bitteren Ende.

Vom nicht mehr überschaubaren Berg an Literatur, den es über die Troika zu sichten gilt, war schon die Rede. Weiter gibt es Aussagen von Zeitzeugen, sofern sie Auskunft zu geben bereit sind, und die historischen Quellen, Briefe und Notizen. Dabei haben sich über die Jahrzehnte Wahrheiten, Halbwahrheiten und Legenden durchmischt. Journalisten und Historiker begeben sich zum Glück schon seit einiger Zeit auf die Suche nach der »Wahrheit«, wozu Zeitzeugen und Quellen nicht wenig beitragen. Aber auch die Legendenbildung geht weiter. Im wechselvollen Leben Wehners zum Beispiel fanden seine Gegner immer wieder Gelegenheit, den Verdacht zu schüren, er sei bis zu seinem Tod Kommunist geblieben. Jahrestage eignen sich vorzüglich zur Erinnerung an Brandt oder für ausführliche Würdigungen Schmidts. Brandt und Schmidt haben selbst ausgiebig über die jeweils anderen Mitglieder der Troika geschrieben, sichtlich bemüht, ihren Platz in der Zeitgeschichte selbst zu bestimmen.

Später äußerten sich auch zwei Witwen: Brigitte Seebacher-

Brandt veröffentlichte »Notizen« ihres verstorbenen Mannes, in denen die Verantwortung für Brandts Rücktritt Wehner zugeschrieben wird. 2004 publizierte Sie zudem ein Erinnerungsbuch über Willy Brandt. Greta Wehner verteidigte ihren Mann gegen Behauptungen, er habe mit Erich Honecker zeitlebens gemeinsame Sache gemacht. Seit dem Herbst 2003 liegt ein Gesprächsbuch mit Loki Schmidt vor, die auf diesem Weg zeigen will, welche Opfer und Entbehrungen an der Seite eines Spitzenpolitikers hinzunehmen sind. Wortmeldungen wie diese sorgen dafür, dass die Troika im kollektiven Bewusstsein der Deutschen gegenwärtig bleibt – nicht zuletzt auch deshalb, weil die Troika der neunziger Jahre mit Rudolf Scharping, Oskar Lafontaine und Gerhard Schröder nach kurzer Fahrt unter schmählichen Umständen auseinander gegangen ist.

Ein Beispiel dafür, wie sich Wahrheit, Halbwahrheit und Legende über die Troika vermischen, demonstriert ein Artikel aus der *Stuttgarter Zeitung* vom 17. Juli 1993, betitelt mit »Erinnerung an Erik Ode, den Klassiker aus sozialliberaler Zeit«. Erik Ode habe, schreibt die Autorin, zwischen 1969 und 1976 in 97 Folgen das Bild des guten, des liberal-konservativen Deutschen geprägt. Während 1016 Darsteller durch die »Kommissar«-Sendung geschleust worden seien, »wechselte die Bundesrepublik nicht nur zweimal ihren Kanzler, sondern ihr gesamtes politisches Gesicht. Die Studentenunruhen, der Terrorismus, die sexuelle Revolution, die antiautoritäre Bewegung, der Feminismus und die Sozialdemokratie definierten den Aufbruch und zugleich seine Grenzen«. Von der Republik von 1969 sei 1976 fast nichts übrig geblieben – aber »einer blieb übrig: Der Kommissar«. Ist es, fährt der Artikel fort, »wirklich Zufall, dass der ›Kommissar‹ mit der Ära Brandt aufstieg und endete? ›Kommissar Keller‹ und Brandt – die Widersacher einer Epoche. Mit Helmut Schmidt brauchte man den ›Kommissar‹ nicht mehr. Das trockene Mittelmaß, das sich in der Metawelt der Medien als Gegenutopie behauptet hatte, war in die Politik vorgedrungen.«

Das ist eine dieser Legenden, an denen schon so lange gestrickt wird: Willy Brandt als der Große, der sein Werk wegen des Widerstandes von Mittelmäßigen nicht zu Ende bringen konnte, der vom Mittelmaß verdrängt wurde. Kunstvoll hat auch Hans Mayer, der große deutsche Literaturwissenschaftler nach dem

Zweiten Weltkrieg, an ihr weitergewoben, als er im Jahr 2001, 92-jährig, seine *Erinnerungen an Willy Brandt* vorlegte. Darin vergleicht er Brandt »mit jenen bedeutenden Zeitgenossen, die ihre Verdienste um menschliches Wohl mit dem Leben zu bezahlen hatten«, die ein gewaltsames Ende durch Mörderhand oder durch politisch inszenierte Unfälle fanden, wie zum Beispiel Mahatma Gandhi, der ägyptische Präsident Sadat, der Generalsekretär der Vereinten Nationen Dag Hammarskjöld, John F. Kennedy und Willy Brandts schwedischer Freund und politischer Partner Olof Palme. Keiner dieser Mordfälle dürfe als aufgeklärt oder gar gesühnt bezeichnet werden. Auch Willy Brandt, schreibt Mayer am Schluss seines Buches, sei »durch die Umstände daran gehindert« worden, »sich nach Kräften zu entfalten«.

Auch Willy Brandt selbst formuliert für die tiefste Zäsur seiner politischen Karriere, den Rücktritt als Kanzler, diesen spektakulärsten Rücktritt der deutschen Nachkriegsgeschichte, eine »Verschwörungstheorie« – wir werden davon hören. Brandt gilt in der keineswegs unparteiischen Publizistik als Beispiel dafür, »dass nicht die Länge der Amtszeit allein über die Prägekraft entscheidet. Denn wer wollte sie seiner Regierung, auch in der Innenpolitik, absprechen?«, formuliert etwa der Journalist Volker Zastrow seine rhetorische Frage. Brandt ist der Visionär, der aber gleichwohl auf dem Boden der Wirklichkeit steht. Peter Merseburger will das in seiner Biographie, vorgelegt zu Brandts zehntem Todestag 2002, gleich im Untertitel »Visionär und Realist« klarmachen. Willy Brandt ist in vielerlei Hinsicht brillant, genial, von keinem zu übertreffen, aber ist einer schon ein Visionär, wenn er die Visionen anderer intuitiv erkennt und sich zu Eigen macht? Brandt brauchte stets intellektuelle Vordenker, etwa Egon Bahr, Günter Gaus, Klaus Harpprecht, Erhard Eppler oder Peter Glotz. Trotz der vielen tausend Seiten, die er geschrieben hat, sind wichtige Aufsätze oder Reden paradoxerweise nicht von seiner Hand, sondern stammen aus der Feder seiner »Ghostwriter und Ghostthinker«. Die historische Wahrheit verlangt eine solche Klarstellung.

Welche Legenden gibt es über Helmut Schmidt? Er ist »der tüchtigste Ökonom an der Spitze des Kanzleramtes«, zieht zum Beispiel Rudolf Augstein über Schmidts Kanzlerzeit Bilanz, »einer der zehn besten Regierungschefs nach '45«, aber eben doch ein Ökonom, ein »Weltwirtschaftskanzler« (Arnulf Baring). Immerhin sehen Augstein und Baring in Helmut Schmidt nicht mehr nur den »Macher«, der ausschließlich wirbelt und managt, aber weder Strategien noch große Linien entwickelt. In diesem Sinn schrieb noch der Psychoanalytiker Horst-Eberhard Richter, der Brandt und Schmidt als Einzelpersonen brillant erfasst, aber ihre scheinbaren Gegensätzlichkeiten stark vergröbert. »Mit dem Wechsel von Brandt zu Schmidt«, so Richter vier Jahre nach Brandts Sturz, »wollte die SPD den Realisten gegen den Idealisten, den Rechner gegen den Phantasietyp, den Kühlen gegen den Sensiblen einwechseln. Und sie reagierte damit gut angepasst an die Alarmmeldungen der Meinungsforscher.«

Helmut Schmidt macht es seinen Beobachtern aber auch nicht leicht. »Je deutlicher er sich darstellt, desto weniger weiß man, wie der Mann wirklich ist«, stellt Hermann Scheiber vom *Spiegel* in den Siebzigern fest. Und auch Volker Zastrow von der *Frankfurter Allgemeinen Zeitung* findet zwanzig Jahre später noch immer keinen Zugang zu ihm: »An welchem Punkt auch immer man sein Bild näher ins Auge fassen möchte, beginnt es zu verschwimmen, irritierend zu changieren.« Schmidt sucht möglichst wenig preiszugeben. Marion Gräfin Dönhoff, die ein lesenswertes Kurzporträt über Helmut Schmidt schreibt, diesen Mann jahrzehntelang kennt und schließlich bei der *Zeit* direkt mit ihm zusammenarbeitet, sagt kurz vor ihrem Tod: »Er ist der verlässlichste Freund. Ich konnte ihn jederzeit, auch tief in der Nacht, anrufen, er war immer für mich da – aber was ihn tief in seinem Inneren bewegt, habe ich nie erfahren.«

Schmidt selbst korrigiert das Macher-Bild erst nach seiner Kanzlerzeit, indem er mehr denn je die sittlichen Grundlagen seines Handelns betont, 1998 etwa mit dem Buch *Auf der Suche nach einer öffentlichen Moral*. Zweifellos: Die sozialliberalen Regierungsjahre zerfallen in zwei Abschnitte, Brandt und Schmidt haben grundverschieden regiert, aber Gegenüberstellungen wie die von Wolfram Bickerich – »zwischen Moral und Pragmatismus, Euphorie und Realismus, [...] Gestalten und Verwalten, Planen und Machen« – sind schlichtweg zu platt. Das liest sich gut, wird aber den komplexen Persönlichkeiten Brandt und Schmidt und deren politischem Handeln nicht gerecht.

Herbert Wehner gilt in der öffentlichen Meinung als Heimlichtuer, schlimmer noch, als Doppelagent des Kalten Krieges. Der

Historiker August Leugers-Scherzberg hat in jüngster Zeit Wehners »Wandlungen« beschrieben, ein Wort, das dem schillernden, schwer fassbaren Charakter von Wehners Persönlichkeit gerecht wird. Egon Bahr formuliert treffend, wie man sich Wehners bald fünfzehn Jahre nach seinem Tod erinnert: »Der Name Herbert Wehner hatte immer einen besonderen Klang. Mit ihm verband sich das etwas unheimliche Gefühl: Dieser Mann war einmal auf der anderen Seite gewesen. Er kannte Moskau, das uns gleichbedeutend mit einem bedrohlichen Geheimnis war, und er war entkommen.« Die Verfehlungen, ja Vergehen der frühen Lebensphase bleiben an ihm haften, obwohl er zwischen 1945 und 1982, also fast vierzig Jahre lang, in einem nicht-kommunistischen Gemeinwesen Politik macht. Keiner erweist dem Herzstück der Demokratie, dem Parlament, mehr Ehre als er, der in Sitzungen des Bundestags nur ganz selten fehlt. Von seinem Stuhl im Plenarsaal aus oder am Rednerpult tritt er bekanntlich als Raubauz auf – keiner versteht so intelligent zu spotten wie er. Sätze aus Wehners Reden und seine Zwischenrufe gehören zum Geschichten-Repertoire der alten Bundesrepublik. »Wer rausgeht, muss auch wieder reinkommen«, sagt Wehner zum Beispiel in einer Rede im März 1975 an die Adresse von CDU-Abgeordneten.

Wehner hat auch unzählige Politiker-Kollegen und Journalisten verunglimpft, etwa den Abgeordneten Todenhöfer zu »Hodentöter« umbenannt, den Journalisten Lueg mit »Herr Lüg« angeredet. Hier bricht die Lust des Intellektuellen am Sprachspiel durch. Die Sprache als Kampfmittel gebrauchen, den Redefluss des Gegners mit Bonmots zum Stocken bringen, um in der Öffentlichkeit Punkte zu machen – das hat Wehner als Mitglied des Sächsischen Landtages im ersten Jahrhundertdrittel gelernt und im Bundestag zur Meisterschaft entwickelt.

Gemeinsamkeiten und Gegensätze

Vom Miteinander, Gegeneinander, Übereinander, Ohneeinander dieses Gespanns, dieses während zweier Jahrzehnte wichtigsten Kraftfeldes der deutschen Politik, handelt dieses Buch. Zu sprechen ist von Triumph und Tragik, Aufbruchsstimmung und Leidensfähigkeit, Tatkraft und Depression.

Der rasche Wechsel von Triumph und Niederlage, Streit und Versöhnung, Nicht-mehr-miteinander-Wollen und Weiter-mit-einander-Müssen ist der Klebstoff der Troika. Weil die drei einander jahrzehntelang kennen, jeder die Reaktionen der anderen voraussieht und in sein politisches Kalkül einbezieht, bleiben sie sich nah. Alle drei wissen zum Beispiel voneinander, dass sie eine Neigung zur Schwermut haben und in diesem Zusammenhang vergleichbare Erfahrungen machen. Wehner offenbart Brandt in einem Brief vom Dezember 1969 Todesahnungen, die er in der Nacht zuvor gehabt habe. So etwas schreibt man einem, weil man mit ihm ein Vertrauensverhältnis pflegt oder vertiefen will (allerdings würden Wehner-Gegner auch das noch für die höchste Kunst politischer Durchtriebenheit halten). Willy Brandt selbst hat Wehner schon Jahre vorher seelische Schwankungen offenbart. Körperlich fühle er sich fit, schreibt er ihm vor Weihnachten 1960, »aber sonst war ich ein wenig wenn nicht durcheinander, so doch deprimiert«. Helmut Schmidt verrät nach einer politischen Niederlage, dem Rentendebakel im Herbst 1976, dass er sterben wolle. Alle drei haben im Krieg Todesangst und Todesnähe erfahren, sie werden lange danach noch von ihren Kriegserfahrungen eingeholt. Krankheiten verstärken die Phasen der Niedergeschlagenheit. Wehner ist seit Mitte der sechziger Jahre zuckerkrank, und seit Ende der siebziger Jahre tritt eine Demenzerkrankung hervor. Brandt schaut dem Tod bei einem Autounfall Anfang der sechziger Jahre und 1973 beim Hubschrauber-Unglück in Israel ins Auge, 1975 und 1978 folgen schwere Herzinfarkte. Schmidt hat schon als junger Mann, verstärkt Ende der siebziger Jahre, Herzrhythmusstörungen und braucht im Herbst 1981 einen Herzschrittmacher.

Von diesen drei »Leitwölfen«, die in ihrer zweiten, langen Lebenshälfte persönlich und politisch aneinander gekettet sind, hat jeder seine spezifische Sozialisation: Wehner ist ein ehemaliger Kommunist, Brandt in frühen Jahren Emigrant mit linkssozialistischen Neigungen, Schmidt ein Offizier der Wehrmacht, der in der Kriegsgefangenschaft zum Sozialdemokraten wurde. Auch das wissen die drei voneinander, und sie achten diese Verschiedenheit. Helmut Schmidt sagt einmal, »ob das Willy Brandt ist oder ob das Walter Scheel ist, ob es Herbert Wehner ist [...] – in der Art und Weise, wie Personen auf der politischen Bühne handeln, prägen sich die verschiedenen Anlagen aus, die verschiedenen Lebenswege, die verschiedenen Sphären, in denen sie ihre Kenntnisse und ihre Erfahrungen gesammelt haben«. Auch die unterschiedlichen Temperamente bergen Konfliktstoff. »In den menschlichen Grundkonflikten zwischen Pflicht und Neigung«, stellt Helmut Herles fest, »sind Schmidt und Wehner eher Männer der Pflicht und der Leistung, Brandt ist emotionaler und Wehner schleppt manchmal ein explosives Gemisch beider Prinzipien mit sich herum.«

Weiter verkörpern die drei verschiedene Entwürfe von Politik, auch verschiedene Vorstellungen eines demokratischen Deutschlands, die jeweils spezifischen Schlussfolgerungen aus verlorenen Weltkriegen, gescheiterter Weimarer Demokratie und Hitler-Regime entspringen. Diese drei Politiker stehen für unterschiedliche Methoden der Konfliktbewältigung in der SPD, einer mittlerweile 140 Jahre alten Partei, die stets schmerzhafte soziale Konflikte stellvertretend für die ganze Gesellschaft ausgetragen hat. In der Bundesrepublik Deutschland zum Beispiel war es an ihr, die Studentenbewegung parteipolitisch zu binden und neue gesellschaftliche Impulse wie die Frauen- und die Umweltbewegung aufzunehmen. Erst in den achtziger Jahren kommt der SPD die Rolle der interessantesten, weil mutigsten, streitlustigsten Partei in Deutschland abhanden, als die Grünen in den Bundestag einziehen und ihr mit ihrer symbolischen Politik die Schau stehlen. Mit der rot-grünen Regierungsbildung 1998 kehrt die SPD an die Spitze der gesellschaftlichen Reformbewegung zurück (aber eben im Bund mit den Grünen).

Wie bürgerlich muss eine Politikerin, ein Politiker sein? Auch das ist ein alter Streit in der Sozialdemokratie, der in der Troika aufbricht. Wehner und Schmidt waren eher Asketen und führten ihre Ämter selbstlos: Herbert Wehner besitzt bis ins hohe Alter nur einen Schwarzweißfernseher, Helmut Schmidt bewohnt ein Reihenhaus der Neuen Heimat, isst am liebsten Suppen und trinkt Coca-Cola. Brandt dagegen ist der Hedonist, der das Leben genießt, die Gesellschaft von Frauen sucht, Zigarren und Whisky konsumiert. Wer ist der bessere Sozialdemokrat, Wehner oder Brandt? Wehner und Schmidt verachten Brandts Lebensstil. Brandt nimmt sich die Freiheit, sein Leben trotzdem nicht zu ändern.

Weniger bekannt ist, dass die »Troikaner« auch drei spezifische Haltungen zu Kirche und Religion ausprägen. Die Überraschung ist groß, als Herbert Wehner, der ehemalige Kommunist, am 18. Oktober 1964 eine Ansprache in der Michaeliskirche zu Hamburg hält und sich den Aufruf »Mit der Kirche leben« zu Eigen macht. Zum christlichen Glauben hatte er schon während seiner Haftzeit in Schweden zurückgefunden. Brandt dagegen ist Atheist und macht daraus auch keinen Hehl. Helmut Schmidt findet in der Kriegszeit zum Glauben und engagiert sich später als Synodaler in der protestantischen Kirche. Das Verhältnis von Staat und Kirche beschäftigt ihn stark – 1981 spricht er auf dem Hamburger Kirchentag und erklärt dort die Kirche für »letzte« Fragen zuständig, nicht aber für »vorletzte«, eben politische.

Die Troika hat ihre eigene Geschichte mit eigenen Rhythmen und Höhepunkten. Diese Geschichte zeigt, wie stark einzelne Personen, wenn sie denn das Format dazu haben, die politische Entwicklung eines Landes beeinflussen können, wie tief sich ihre Handschrift einprägt. Wehner, Brandt und Schmidt haben mehr als zwanzig Jahre lang ihre Partei dominiert, Brandt und Schmidt mehr als zehn Jahre die Bundesregierung geführt. In der Zeitgeschichte sind das kurze, aber politisch doch prägende Phasen, denn alle späteren Regierungen und Kanzler bauen darauf auf.

Des Weiteren lässt sich an den dreien beweisen, dass Politiker für ihren Aufstieg und Fall zu keinem geringen Teil selbst verantwortlich sind. Da mag der eine oder andere nachhelfen, indem er ein Bein stellt oder seinen helfenden Rat in einer Schlüsselsituation zurückhält. Aber alle drei sind brillante Strategen mit wachen Antennen dafür, wer oder was ihre Macht stabilisieren oder gefährden kann. In wirkliche Krisensituationen jedoch lotst sie kein anderer, sie verstricken sich selbst darin.

Noch ein Wort zur Darstellung. Ein Dreiecksverhältnis zu schildern gehört sicher zu den komplizierteren literarischen Übungen, und dies insbesondere dann, wenn dieses Verhältnis so von Ränke, Ranküne und Raffiniertheit bestimmt ist wie zwischen den drei »Troikanern«. Es wäre wenig sinnvoll, eher verwirrend, die (beruflichen) Biographien von Brandt, Wehner und Schmidt parallel zu erzählen. Ich werde deshalb nach drei kurzen biographischen Exkursen aus der Perspektive der Troika berichten und jeweils die Person fokussieren, die im jeweiligen Zeitabschnitt als

Zugpferd die Mitte des Dreigespanns einnimmt. Beispiel: Helmut Schmidt ist Anfang der achtziger Jahre zwar noch Bundeskanzler, verliert aber zunehmend den zentralen Platz in der Troika. Willy Brandt schiebt ihn zur Seite, um selbst wieder die Mitte zu besetzen. Diese Phase wird von mir aus wechselnder Perspektive (Schmidt – Brandt) referiert.

Doch auch mit dem Versuch, durch die Brille des jeweiligen Lenkers zu schauen, muss ich dem Leser immer wieder Schwindel erregende Perspektivwechsel zumuten, denn die Fahrt der Troika verläuft streckenweise dramatisch. Und selbst als das Gespann letztendlich »kippt«, hat es den Anschein, als läge der Wagen auf dem Kopf und die Räder drehten sich noch munter weiter.

Herbert Wehner, Willy Brandt und Helmut Schmidt werden zur Troika, als sie längst politisch arriviert sind. Die politische Reifezeit der drei soll hier dennoch nicht zu kurz kommen, denn ihre Prägungen bleiben in der Troika höchst gegenwärtig. Dem folgenden Kapitel über »drei Außenseiter« könnte als Motto ein Satz von Stephan Hinrich-Casdorff vom *Tagesspiegel* voranstehen: »Personen mit all ihren Neurosen und Talenten machen Geschichte. Aber die Geschichte macht doch auch die Personen.« In der ersten Hälfte ihres Lebens werden Wehner, Brandt und Schmidt politisch geprägt, in der zweiten prägen sie das Gemeinwesen für viele Jahre selbst.

Drei Außenseiter

Herbert Wehner – missbrauchte Hoffnungen

Die drei sind allesamt keine Kumpeltypen, keine Karrieristen, keine geborenen Sieger. Sie sind überdurchschnittlich intelligent und verletzbar – das macht sie zu Außenseitern von früher Jugend an. Merkwürdig, dass gerade drei Außenseiter die SPD zu einer modernen Volkspartei formen werden.

Susanne Miller, die sozialdemokratische Parteihistorikerin und Zeitzeugin über viele Jahrzehnte hin, nennt Herbert Wehner den »Schwierigsten« der drei. Er wird am 11. Juli 1906 im Dresdner Stadtteil Striesen, Spenerstraße 13, geboren. Seine Familie väterlicherseits kommt aus Hosterwitz, wo der Großvater Schuhmacher, später Totenbettmeister ist. Der Vater Richard Robert ist ebenfalls Schuhmacher, ein – wie der Sohn einmal sagen wird – »Künstler in seinem Beruf«. Die Mutter Antonie Alma (Toni) lernt das Schneiderhandwerk, schon ihr Vater war Schneidermeister gewesen.

Immer wieder muss die Familie umziehen, eben dorthin, wo der Vater genug Geld zum Leben verdient. Um 1912 ziehen die Wehners nach Schneeberg im Erzgebirge, wo der Vater als »Steppmeister« arbeitet. 1914 bricht der Erste Weltkrieg aus. Mutter Toni, Herbert und dessen Bruder Rudolf erhalten 42 Mark »Stütze« vom Staat. 1913 geht es nach Lößnitz bei Aue weiter, wo Herbert, der seit 1912 die Schule besucht, zu arbeiten beginnt. »Im Dresdner Elternhaus ging es karg zu«, wird Bundespräsident Richard von Weizsäcker in seiner Totenrede auf Herbert Wehner sagen, »als sein Vater im Krieg war, arbeitete Herbert als Neunjähriger nach der Schule bei einem Tischler, um der kranken Mutter bei der Versorgung der Familie zu helfen.« Überliefert sind

Aushilfsdienste bei einem Bauern, einem Tischler, einem Glaser und Tapezierer. 1916 kehrt die Familie nach Dresden zurück. Dort zieht sie mehrfach um.

Nach dem, was man weiß, erleben die beiden Wehner-Jungen eine glückliche Kindheit. »Lust und Spaß am Leben« hätten ihnen die Eltern vermittelt. Noch im Alter schwärmt Herbert Wehner von unvergesslichen Erlebnissen in der Jugendgruppe, von Ausflügen in die Wälder um Schloss Moritzburg. Er wird eine tiefe Liebe zu Dresden entwickeln und sehr darunter leiden, dass er die Stadt nach 1935 lange nicht mehr sehen kann. Wehner und andere gebürtige Dresdner in der Bonner Politik, etwa Wolfgang Mischnick, entwickeln aus ihrem gemeinsamen Gefühl der Entbehrung eine enge Verbundenheit. Gerade die »Achse« Wehner-Mischnick wird für die Stabilität der sozialliberalen Koalition von großer Bedeutung sein. Mischnick stockt die Stimme, als er sich in einer Bundestagsrede nach dem Bruch der Koalition 1982 bei Wehner für die langjährige Zusammenarbeit bedankt.

Herbert Wehner entwickelt eine »außergewöhnlich enge Bindung« zu seiner Mutter, wie Greta Wehner überzeugt ist. Er erbt von ihr das Empfindsame und Emotionale (ähnlich Helmut Schmidt, den ebenfalls eine besonders sensible Mutter prägt). Später, als die Mutter gestorben ist, überträgt er seine Liebe auf die Tante seiner zweiten Ehefrau Lotte, die beinahe hundert Jahre alt wird. »Es verging kaum ein längeres Vier-Augen-Gespräch, ohne dass er auf die Mutter oder die Tante zu sprechen kam oder auf seine Frau«, behauptet Karl Wienand, einer von Wehners engen Weggefährten in Bonn.

Die älteste von Wehner überlieferte Äußerung ist ein Brief des Neunjährigen von 1915 an den Vater, ein Fund des Historikers Christoph Meyer. Richard Wehners zu späte Rückkehr zur Truppe war mit einer Disziplinarstrafe geahndet worden. Herbert schreibt:

»Lieber Vatel. Sei nur vernünftig und trink nicht egal so viel wenn Du Wüstest wie schwer jetzt die Tage waren wir haben es doch auch anders gewolt. […] Aber komm nur jetzt nicht gleich wieder denn alle Leute reden schlecht von Dir. Aber wenn der Krieg alle ist und Du hast Dich geendert so kannst Du in Gottes Namen heim kommen und uns wieder ernähren und die Muttel ist dann auch wieder gut mit Dir sie versprach es mir denn ich sollte mich einmal aussprechen. Bitte nur den Lieben Gott das er das Böse von Dir nimmt. Dann wird schon alles wieder gut werden.«

Richard Wehner ist für Herbert »ein schwieriger Vater«, so die Überzeugung von Christoph Meyer, dem Leiter des Herbert-Wehner-Bildungswerks. Gleichwohl habe ihn der Sohn sehr geliebt. Richard Wehner wird zum Alkoholiker, verliert seine Arbeit und stirbt schwer krank 1937, im 31. Lebensjahr von Sohn Herbert. In einem fiktiven Brief aus schwedischer Haft an den verstorbenen Vater schreibt Herbert Wehner im Herbst 1943:

»Dein Leben war so schwer, Du wolltest viel und gutes, aber Du littest so unter der Gleichmäßigkeit der Alltagsmaschinerie, daß Du Dir dann und wann Luft machen mußtest. Deine Versuche, aus dem ermüdenden und vernichtenden Trott herauszukommen, habe ich schon als ziemlich kleiner Junge zu verstehen begonnen.«

Jahrzehnte später wird Wehner den Wunsch äußern, seinem Vater ein Denkmal zu setzen.

Der junge Wehner nutzt seine Talente, bildet sich und entfaltet insbesondere seine musische Begabung. Als Kind will er Musiker werden. Er singt im örtlichen Kirchenchor. Auch hier gebe es, so Christoph Meyer, Bezugspunkte in der Familiengeschichte. »Der Großvater mütterlicherseits hatte eine Kapelle und zog an den Wochenenden damit durch die Dörfer rund um Dresden.« Von ihm erbt Herbert ein Klavier. Er hat in seinem späteren Leben keine Zeit zum Musizieren, spielt allerdings bei Autofahrten Mundharmonika, wenn Greta Wehner ihn zu Terminen oder wieder nach Hause fährt. Das tut er auch im langjährigen Wohnhaus im Weißdornweg 124 auf dem Heiderhof in Bonn-Bad Godesberg, wenn Freunde zu Besuch sind. Ein Hausmusiker ist übrigens auch Helmut Schmidt, der sich an einer Heimorgel entspannt.

Herberts Eltern sind beide aktive Sozialdemokraten. Gleichzeitig sind sie gläubige Christen. »Herbert ist sehr religiös erzogen worden, da muss vor allem in der Mutterfamilie eine sehr tiefe Religiosität geherrscht haben«, berichtet Greta Wehner.

Von 1912 bis 1921 besucht Wehner die Volksschule, zunächst im Erzgebirge, dann in Dresden, wohin die Familie zurückkehrt. Eine höhere Schulbildung genießt der Proletariersohn allerdings nicht. Von 1921 bis 1924 geht er in Dresden zur Volkshochschule und nimmt an einer Reform-Berufsschulklasse teil, in der Arbeiterkinder zu Anwärtern für den Verwaltungsdienst ausgebildet werden. Er erhält ein Stipendium, das allerdings für das tägliche Leben nicht reicht. So muss er notgedrungen mit Ferienarbeit, etwa als Landarbeiter in Mecklenburg, oder mit Nachhilfeunterricht in Mathematik und Deutsch etwas hinzuverdienen. Wehner macht das Beste aus seiner Situation, ist lernwillig, fleißig. Er besucht an der Volkshochschule Abendkurse für Volkswirtschaftslehre, Literatur- und Philosophiegeschichte. Seine Hoffnung, nach der Ausbildung in den Verwaltungsdienst übernommen zu werden, erfüllt sich jedoch nicht, weil die sächsische Landesregierung das Versprechen, das sie im Zusammenhang mit diesem Bildungsexperiment gegeben hat, nicht einlöst.

Von 1924 bis 1926 absolviert Herbert Wehner eine Lehre als Kontorist in der Maschinenfabrik Hille. Er fängt als kaufmännischer Mitarbeiter in der Nachkalkulation der Zeiss-Ikon-Werke an, wird aber entlassen, weil er Missstände im Betrieb öffentlich macht.

Damit kommt Wehners klassischer Berufsweg, in dem die Politik Nebensache bleibt, zu einem Ende. Das Politische hatte schon früh unter dem Einfluss des Vaters begonnen – der war Gewerkschafter, nach 1914 Sozialdemokrat und später Mitglied der Proletarischen Hundertschaften, einer Art Kampfgruppe gegen Feinde der Weimarer Republik. Dass es so etwas wie Politik und die Sozialdemokratie gibt, erfährt Wehner spätestens im Alter von zehn Jahren, als ihn die Mutter zu einer Maikundgebung mitnimmt. Seine erste politische »Äußerung« fällt in den Revolutions-November 1918. »Herbert Wehner«, rekonstruiert Christoph Meyer, »war Mitglied im Chor der Erlöserkirche in Dresden-Striesen. Im Gemeindehaus an der Wand hing ein Kaiser-Wilhelm-Bild. Heimlich nahm er es an einem Samstag vor dem Probesingen ab und drehte es um.« Im Gottesdienst am nächsten Morgen predigte ein nationalgesinnter Pastor, der Herberts Tat verurteilte.

Zunächst bahnt sich eine sozialdemokratische Biographie an: Wehner geht – wie später Willy Brandt – mit sechzehn in die Sozialistische Arbeiterjugend, die Jugendorganisation der SPD, aus eigenem Antrieb, wie er sein Leben lang betonen wird. »Man wollte aus eigenem Entschluss geworden sein, was man glaubte zu sein«, gibt er Jahre später im Fernsehgespräch mit Günter Gaus als Motiv an. Sachsen ist eine Hochburg der Partei, »mit 177 500 Mitgliedern im Jahre 1914 war die sächsische SPD stärker als die Sozialisten in Frankreich und Italien zusammen«, so Christoph Meyer. Wehner erlebt in der Jugendgruppe das Gemeinschaftserlebnis intensiv – auch die anderen »Troikaner« Willy Brandt und Helmut Schmidt werden in Jugendgruppen prägende Erfahrungen machen; Schmidt wird unter anderem wegen der Gemeinschaftserlebnisse an der Front zum Sozialdemokraten werden.

Von 1919 an gibt es auch in Sachsen die Kommunistische Partei Deutschlands (KPD), die eine Revolution herbeiführen und ein politisches System nach dem Vorbild Russlands schaffen will. Im Oktober 1923 entsteht in Sachsen eine Koalitionsregierung aus SPD und KPD, ein für das Land und die Republik explosives Gemisch, weil Teile der KPD den Bürgerkrieg anzetteln wollen. Die Reichsregierung unter Gustav Stresemann reagiert aus Angst vor Instabilität geradezu panisch und lässt die Reichswehr einmarschieren. Der Historiker Hartmut Soell sieht in den Rechtfertigungen der Regierung eher einen Vorwand als einen triftigen Grund. Die verfassungsrechtliche Basis der Intervention ist ohnehin höchst zweifelhaft. »Es handelte sich also in erster Linie um eine Machtfrage, da die Reichsregierung irgendwo im Reich ihre Autorität durchsetzen musste: Wo war die Gelegenheit günstiger als in Sachsen, wo es gegen die Linke ging und der geringste Widerstand zu erwarten war?« Mit der so genannten Reichsexekution wird die SPD-KPD-Regierung wieder abgesetzt. Teile der Reichswehr gehen dabei äußerst brutal vor, verprügeln oder erschießen wahllos sächsische Bürger.

Für Herbert Wehner bedeuten diese Exekutionen einen »Bruch«, wie er dem Journalisten Reinhard Appel Jahrzehnte später berichten wird. Prägend für ihn war das »Freiberger Blutbad«, wie es sozialdemokratische Zeitgenossen nannten: In Freiberg hatte sich am 27. Oktober 1923 eine Massenversammlung nicht aufgelöst, obwohl ein Offizier der Reichswehr sie dazu aufgefordert hatte. Daraufhin schossen Reichswehrangehörige in die Menge. Ob es ein willkürlicher Gewaltakt war, lässt sich nicht mehr klären. 27 Demonstranten sterben, 50 werden verletzt, ebenso vier Soldaten. Von diesem Tag an kann Herbert Wehner nicht mehr verstehen, »wie wir die Dinge zueinander zu ordnen hatten«. Im Herbst spaltet sich die Jugendgruppe in eine sozialdemokratische und eine anarchistische Gruppe auf. »Wir waren damals nicht hasserfüllt. Aber wir waren aus dem Gleis geworfen.«

Politisch heimatlos geworden, weil er die sozialdemokratische Welt, in die er hineingeboren ist, nicht mehr versteht, gleichzeitig im Begriff, seine politischen Koordinaten neu auszurichten, beginnt für Wehner eine Zeit der Sinnfindung. Einen solchen Prozess wird auch Willy Brandt durchlaufen. Wehner gibt sich elitär und genügt sich darin, mit nur wenigen Gefährten das Wissen um den wahren Weg zu teilen. Er paktiert mit den so genannten Anarchisten, die das organisierte politische System verachten. »Anarchie ist nicht Chaos, sondern Ordnung ohne Herrschaft«, lautet ein Motto der Zeitung *Revolutionäre Tat,* die Herbert Wehner mit Freunden 1926 herausgibt, und: »Mit Inbrunst müssen wir fechten, damit das Werk gelinge.« Aber welches Werk? Davon gibt es keine oder sehr unterschiedliche Vorstellungen. Alle eint das Ziel der Destruktion: »Die erste Notwendigkeit ist die Zerstörung des Staates! […] Der bewaffnete Aufstand ist unumgänglich notwendig, um ein Ende zu machen mit dem Bestehenden.« In diese Zeit fällt auch Wehners Beschäftigung mit Karl Marx – seither weiß er aus eigener Lektüre, was der deutsche Philosoph gedacht und geschrieben hat.

Es wird typisch für Herbert Wehner, dass er schnell in die Führungsriege einer Gruppe, Organisation oder Partei vordringt. Hilfsbereit, freundlich, charmant, intelligent (manche Gegner finden: liebedienerisch, einschmeichelnd, opportunistisch), gehört er nach kurzer Zeit zu den Kadern. Dort sucht man seinen Rat in strategischen und taktischen Fragen, schätzt ihn aber auch als Mensch. Dabei drängt sich Wehner nie ganz nach vorn, begehrt nicht, in der ersten Reihe zu stehen. So wurde er zum Gesprächspartner, aber nicht Konkurrenten von Erich Mühsam, Kurt Schumacher, Erich Ollenhauer oder Helmut Schmidt.

Nachdem Herbert Wehner den Anarchismus zunächst »studiert« hat, zieht er 1926 nach Berlin zu Erich Mühsam, der für seine politische Arbeit im Gefängnis saß und zu den wichtigsten Publizisten auf diesem Feld gehört. Mühsam ist Dichter und anarchistischer Idealist. Wehner wird Mühsams Privatsekretär, arbeitet an dessen anarchistischer Zeitschrift *Fanal* mit. Berlin bleibt eine Episode, schon ein halbes Jahr später endet die Zusammenarbeit, weil Wehner nur redigieren, nicht aber selbst im *Fanal* schreiben darf. Immerhin kann er sich in Mühsams Privatbibliothek zum ersten Mal in seinem Leben »sattlesen«, wie Hartmut Soell ihn zitiert. Und er trifft in diesen Monaten Linksintellektuelle wie Kurt Tucholsky, Carl von Ossietzky oder Gustav Lübeck, der mit Rosa Luxemburg verheiratet war, Bertolt Brecht und Egon Erwin Kisch, begegnet Künstlern wie John Heartfield. Hier gibt es eine Parallele zu Helmut Schmidt, der in etwa gleichem Alter ebenfalls die Nähe zu Künstlern sucht, in seinem Fall zu Malern in der Kolonie Fischerhude.

Mühsam, Brecht, Kisch, das ist auch eine kulturelle Boheme, das sind Lebemänner von unterschiedlichem literarischem Rang. Herbert Wehner fühlt sich unter ihnen offensichtlich wohl. Allerdings nimmt er nichts vom Lebensstil eines Bohemien an, im Gegenteil, er wird später das Bohemienhafte an Willy Brandt geißeln wie kein Zweiter. Ist Neid das Motiv, wie Brandts Fürsprecher meinen? Nein. So wie Brandt zu leben weiß, will Wehner nicht sein. Wehners proletarische Herkunft »verbietet« ihm einen bestimmten Lebensstil. Als er einmal vom Chefredakteur der *Welt* gebeten wird, die von der Redaktion recherchierten Summen seiner Abgeordnetendiäten und Ruhestandsgehälter zu verifizieren, schreibt er auf einen Zettel, »ich weiß nicht, wie Pensionsansprüche des Bundestages berechnet werden. Auch kenne ich nicht die Summen, die ab April der Bundestag zahlt.« Das ist für Wehner, der über Jahrzehnte seine Wohnungseinrichtung nur spärlich ergänzt, nie ersetzt, charakteristisch. Als Willy Brandt ihm einmal ein monatliches Honorar für seine aufopfernde Parteiarbeit anbietet, lehnt er entschieden ab.

Eine wichtige Begegnung Wehners wird in den meisten seiner Biographien nur gestreift: seine Beziehung und Ehe mit der Schauspielerin Lotte Loebinger. Es ist eine Kurzzeitliaison – die zwei lernen sich bei Mühsam kennen, führen politische Gespräche (sie ist Mitglied der Kommunistischen Partei) und teilen ein Interesse an Kunst und Kultur. Lotte Loebinger gehört zum Ensemble der Berliner Volksbühne des bedeutenden Regisseurs Erwin Piscator, übrigens auch ein KPD-Aktiver. Herbert Wehner und Lotte Loebinger heiraten am 18. Juni 1927. Aber das Zusammensein währt nur ein paar Wochen oder Monate, Wehner bleibt in Dresden, Lotte Loebinger geht zurück nach Berlin. Weshalb ist diese »Kinderehe« (Wehner) trotzdem wichtig? Der Filmemacher Heinrich Breloer hat über diese »Ehe auf dem Papier« (Loebinger) recherchiert. Stimmt seine Darstellung, war Loebingers Motiv für die Beziehung »sportlicher« Natur: Sie hatte den Ehrgeiz, den Intellektuellen, den »roten Mönch« Wehner, der sich für wenig mehr interessierte als Denken und Schreiben, »herumzukriegen«. Nachdem sie es geschafft hatte, verkündete sie ihren »Erfolg« am Theater und lebte mit einem Schauspieler zusammen, den sie wirklich liebte. Herbert Wehner hat sich zweifellos eine monogame Beziehung gewünscht und erlebt seine bis dahin herbste persönliche Enttäuschung.

In diese Zeit fällt Wehners Hinwendung zum Kommunismus. Ihn habe es damals gedrängt, erläutert er später, »etwas zu tun und nicht nur zu reden und nicht nur zu deklarieren. Und ich fand, das war die Möglichkeit, organisiert etwas zu tun.« Die Gespräche mit Kommunisten, mit Lotte, deren Schauspielkollegen und mit Schriftstellern sowie die Enttäuschung über Mühsam und die gescheiterte Zusammenarbeit mit ihm mögen den letzten Ausschlag gegeben haben. Im April 1927 wird Herbert Wehner formal Mitglied der Kommunistischen Partei. Zuvor war er, wie es in dieser Zeit für KPD-Mitglieder Pflicht ist, aus der evangelischen Kirche ausgetreten.

Was kann er »tun«? Denken, schreiben, aber auch helfen. Als Funktionär der so genannten Roten Hilfe, der er schon seit 1925 angehört, sammelt er Geld und Sachspenden für politische Flüchtlinge aus faschistischen Ländern. Bald darauf wird er in der KPD Sekretär der »Revolutionären Gewerkschaftsopposition«, organisiert Betriebsratswahlen und Kundgebungen. Hier ist er einer der vielen hunderttausend »Parteischreier«, die für die späte Weimarer Republik so kennzeichnend sind, politisch Gläubige und zugleich Verzweifelte, die auf den Straßen für ihre Partei und ihren Weg werben.

Der 24-jährige Herbert Wehner wird im Juli 1930 Abgeordneter im Sächsischen Landtag und als jüngstes Mitglied des Parlaments sofort zum stellvertretenden Vorsitzenden seiner Fraktion gewählt. Hier steht die Wiege des scharfen, polemischen Parlamentsredners Wehner, der zwischen dem 15. Juli 1930 und dem 27. Januar 1931 27 Ordnungsrufe kassiert. Einmal wird ihm sogar das Wort entzogen. Wehner ist jung und bekämpft das System. Jahre später im Bundestag ist er nicht mehr jung, sondern eine politische Größe. Seinen Stil der politischen Auseinandersetzung aber behält er bei, attackiert noch immer mit Wollust und schafft sich Freunde und Feinde wie kein anderer.

Als Jungparlamentarier sitzt Wehner einem großen Irrtum auf: Indem er nicht nur die Nationalsozialisten bekämpft, sondern auch noch die wenigen Demokraten, etwa die Sozialdemokraten, schaufelt er am Grab der Republik mit. Christoph Meyer zu Wehners Fehleinschätzungen: »Wehner glaubt, die Kommunisten könnten tatsächlich die Macht ergreifen, er verkennt den Wert einer parlamentarischen Demokratie und er unterschätzt die Macht der radikalen Rechten, der NSDAP.«

Wehners Parlamentszugehörigkeit währt nur kurz, Anfang 1931 wird er gegen seinen Willen nach Berlin abkommandiert. Kommunistische Volksvertreter verfügen nicht über ein freies, nur dem Wähler verantwortliches Abgeordnetenamt. Sie haben vielmehr ein »imperatives Mandat«, werden also von der Partei in das Parlament hinein und auch wieder hinaus »befohlen«. »Als ich nach Berlin kam, war ich nicht mehr ein gewählter Mann. In meinem Heimatland wurde ich immer gewählt, auch in den Parteifunktionen. Die Leute haben mir ihre Stimme gegeben oder eben nicht gegeben. Ich war das, wozu ich gewählt wurde. Aber dort war ich dann ein Angestellter und habe den Weg gehen müssen bis zum bitteren Ende«, bekennt er 1964 im Fernsehgespräch mit Günter Gaus.

Was bis dato ein politischer Irrtum ist, wird bald zum Verhängnis: Er muss sich den autoritären Spielregeln der Partei unterwerfen, die Menschen wie Schachfiguren verschiebt oder, wenn sie es für nötig hält, ganz wörtlich auch »umlegt«. Weshalb begehrt einer wie Herbert Wehner nicht auf? Er selbst sagt 1964 zu Günter Gaus, es sei »unmöglich« gewesen, in dieser Situation auszusteigen. Er hätte nur die Front wechseln können, von der roten zur braunen Front gehen, aber in die wollte er natürlich nicht. Auch menschliche Bindungen halten ihn von einem Ausstieg ab, »ich wollte nie etwas tun, das von denen nicht verstanden wurde, die meine Freunde waren – und ich habe da ja Hunderte gehabt«.

Es gehört zur Tragik von Wehners Leben, dass er die Entscheidung, sich in der KPD zu engagieren, nicht so rasch revidieren kann. Die persönliche Lebenssituation und die politische Entwicklung in Deutschland geben ihm keine Gelegenheit dazu. Keiner weiß, ob sich Herbert Wehner ohne den Zwang, Deutschland verlassen und in Moskau auf Hitlers Ende warten zu müssen, je eines anderen besonnen hätte. Allerdings erleichtern es ihm die wirren politischen Verhältnisse in Europa auch nicht, persönlich und politisch auf eigene Beine zu kommen. Er verfängt sich immer mehr im kommunistischen Apparat und erkennt das in den vierziger Jahren auch. Aber er darf sich nichts anmerken lassen, denn auch vor seinen eigenen Parteigenossen muss er sich in Acht nehmen, auch er selbst könnte Opfer von »Säuberungen« werden.

In Berlin arbeitet Herbert Wehner für die Parteiorganisation. Auch dort geht es für ihn rasch aufwärts: Im Juli 1932 wird er zum Leiter des technischen Sekretariats des Zentralkomitees berufen und ist damit ein enger Mitarbeiter des KPD-Vorsitzenden Ernst Thälmann. Hartmut Soell charakterisiert Wehners Funktion in dieser Zeit als eine »Mischung aus Feuerwehrmann und Mädchen für alles«.

Am 30. Januar 1933 ernennt Reichspräsident Hindenburg Hitler zum Reichskanzler. Die Kommunisten, erbitterte Gegner der Nazis, werden als Erste verfolgt und müssen in den Untergrund. Herbert Wehner bleibt bis Juni 1934 in Berlin, verteilt illegal Flugblätter, versteckt Genossen; danach hält er sich im Saarland auf. Dort trifft er den sechs Jahre jüngeren KPD-Funktionär Erich Honecker, mit dem er schon zuvor gelegentlich zu tun hatte. Hartmut Soell schreibt, Wehner und Honecker seien zu jener Zeit die »Oberberater Südwest« der Partei gewesen, Wehner für die KPD, Honecker für ihren Jugendverband. Honecker blickt zu dem Älteren auf, Wehner ist eine Art Vorbild für ihn. Wehner wiederum schätzt Honecker, weil er »weder ein Prahlhans noch ein Wichtigtuer« ist. Beide treten eine Rundreise an, machen im Herbst 1934 unter anderem in Honeckers Heimatort Wiebelskirchen Halt. Diese gemeinsame Aktion erklärt, weshalb sich der SPD-Fraktionsvorsitzende im Deutschen Bundestag, Herbert Wehner, und der Staatsratsvorsitzende der DDR, Erich Honecker, knapp 40 Jahre später »wie alte Kameraden« begegnen, so die Erinnerung von Greta Wehner, die beim vertraulichen Gespräch der beiden und später auch im größeren Kreis dabei ist. Auch um diesen Wehner-Besuch bei Honecker in der Schorfheide bei Ost-Berlin – davon wird noch die Rede sein – werden sich Legenden ranken.

Weitere Arbeitsstationen für Wehner sind Prag, wo er kurze Zeit inhaftiert und danach in die Sowjetunion abgeschoben wird, Moskau, Paris und London. Zum Jahresanfang 1937 reist er wieder nach Moskau, weil Walter Ulbricht gegen ihn intrigiert hat und eine Untersuchung gegen ihn eingeleitet wurde. Wehner kommt im Moskauer Hotel Lux unter, wo die Kommunistische Internationale Emigranten unterbringt und zugleich kontrolliert. Ein längerer Aufenthalt – er dauert bis 1941 – ist überhaupt nicht geplant, die KPD-Leitung will Wehner wieder für Parteiaufgaben nach Berlin schicken. Das wäre aber zu gefährlich, denn in Nazideutschland werden Kommunisten konsequent verfolgt.

Im »Lux« herrscht keine brüderliche Atmosphäre unter Gleichgesinnten, sondern ein »Psychokrieg«, angestachelt von den Sowjets selbst, die überall Verrat wittern und Verdächtigungen kursieren lassen. Grundregeln menschlichen Zusammenlebens sind außer Kraft gesetzt. Wehner und die anderen Bewohner arbeiten formal für die Partei, halten Vorträge und unterrichten, aber ihr Hauptdaseinszweck ist es zu überleben. Wehner gehört dabei nicht zu den Gehätschelten, er erhält ein kleines Zimmer und eine mäßige Essensration zugewiesen. Er lädt »Schuld« auf sich, wie er später bekennt. Aber welche Schuld genau? Dieses Rätsel versuchen Historiker – wie kürzlich Reinhard Müller – weiter zu lösen.

Greta Wehner, die Stieftochter und spätere Ehefrau, beteuert später sinngemäß: Herbert Wehner hat nur solche Personen in belastendem Sinne genannt, die ohnehin verloren waren oder von denen er annahm, dass sie vor dem Moskauer Zugriff in Sicherheit waren. Wehner selbst befindet sich im Visier des sowjetischen Geheimdienstes, wird mehrmals in der Lubjanka, dem sowjetischen Staatsgefängnis, verhört. Mit Mühe rettet er seine

Haut. Allerdings gibt es in den Verhörprotokollen keinen Hinweis darauf, dass er andere »liefert«.

In Moskau wird Wehners Glaube an die marxistische Ideologie, die dem Kommunismus zugrunde liegt, zerstört. Auch den Hitler-Stalin-Pakt, dieses Bündnis zweier Diktatoren, kann er nicht mehr gutheißen. Desillusioniert, nach den Verhören in der Lubjanka verstört und gefährdet, sucht Wehner einen Vorwand, aus Moskau zu entkommen. Es gelingt ihm. Doch Lotte Treuber, die Frau, die im »Lux« an seiner Seite gelebt, mit ihm diese schwerste Zeit seines Lebens durchgestanden hat, bleibt zurück. Später wird sie in Moskau einen anderen deutschen Kommunisten heiraten.

Die Partei beordert Herbert Wehner nach Schweden, wo er den Genossen Karl Mewis überprüfen soll, der im Untergrund für die deutschen Kommunisten arbeitet. Am 18. Februar 1942 wird Wehner verhaftet – manche Autoren behaupten, er habe sich absichtlich festsetzen lassen, um in nichtkommunistische Hand zu fallen. Wehner kann sich nicht sicher sein, ob er, wie von der Parteileitung aufgetragen, tatsächlich wieder Untergrundarbeit im Deutschen Reich leisten oder bei der Einreise in die Hände der Gestapo fallen soll. Beispiele dieser Art, vermeintliche Verräter loszuwerden, gibt es aus dieser Zeit genug.

Herbert Wehner wird verhört, es kommt zu einem Prozess, an dessen Ende er wegen Spionage für eine fremde Macht zu Zwangsarbeit und Gefängnis verurteilt wird. Die Behörden bemessen das Strafmaß hoch: Er muss für zwei Jahre und fünf Monate in drei Strafanstalten und einem Arbeitslager einsitzen. Die in Moskau gebliebenen Kommunisten, darunter der spätere DDR-Staatsratsvorsitzende Walter Ulbricht, schließen ihn am 6. Juni 1942 aus der Kommunistischen Partei aus.

Die schwedische Haft stürzt Wehner in eine Lebenskrise – er lässt sein bisheriges, auf schwere Irrtümer gebautes Leben Revue passieren. Es ist eine Phase der Selbstbesinnung und Selbstkritik. Nie zuvor und auch später nicht ist er so deprimiert wie zu dieser Zeit. »Er hat sich die Leiden, die er miterlebt hat, ganz zu eigen gemacht«, sagt Bundespräsident Richard von Weizsäcker in der Totenrede über jene Lebensphase. Jetzt hilft die Lektüre – er entdeckt für sich Wiecherts Roman *Das einfache Leben* (auch Helmut Schmidt trägt im Krieg ein Buch im Tornister, Marc Aurels

Selbstbetrachtungen). Und er liest in einer schwedischen Über-
setzung der Bibel. Besonders wichtig wird ihm die Bergpredigt
im Neuen Testament. Hier findet er, der in einem protestantischen Elternhaus groß geworden ist, zum christlichen Glauben
und zum Protestantismus zurück.

Der Fernsehjournalist Klaus Stephan beobachtete, dass er die
lange gewählte ideologische Heimat nicht verlässt, ohne sich in
eine andere weltanschauliche Geborgenheit zu begeben: »Er
schien ein Mensch, der noch weniger als die meisten anderen
ohne eine Hoffnung leben konnte, die sich bei ihm erst auf die Er-
lösung der Gesellschaft, dann auf die des Menschen richtete.« Ein
kluges Wort. Was macht der Vollblutpolitiker Wehner, der zum
Glauben zurückfindet? Er entwickelt den Antrieb, dieser »Erlö-
sung« durch die Verbesserung der politischen Verhältnisse und der
Gesellschaft nachzuhelfen. Sein Wunsch ist es, tätige Nächsten-
liebe zu leisten, wie immer sich das beruflich ausgestalten mag.

Wehner schreibt nach seiner Gefangenschaft einen Bericht, die
»Notizen«. Sein Adressat, dem er über sein Verhalten seit 1933
Auskunft geben will, ist der Kommunist Günter Reimann. Im
Jahr 1999 wird ein weiteres Zeugnis dieser Zeit publiziert, der
Briefwechsel von Wehner und Reimann zwischen März und Ok-
tober 1946. Die isolierte Veröffentlichung ist irreführend, denn
die Briefe sind nur im Zusammenhang mit den »Notizen« zu ver-
stehen.

Herbert Wehner trifft den deutschen Sozialdemokraten Willy
Strzelewicz, der wie der Emigrant Willy Brandt als Redakteur
der Exil-Zeitschrift *Sozialistische Tribüne* arbeitet. Wehner rap-
pelt sich langsam auf, wird einer der führenden Köpfe der Lager-
gemeinschaft (auch hier eine Ähnlichkeit zu Helmut Schmidt, der
in britischer Gefangenschaft politische Vorträge hält). Auch privat keimt neue Lebenskraft auf – Wehner beginnt einen Briefwechsel mit der in Göteborg lebenden Charlotte Burmester.
Deren Ehemann, Carl Burmester, aktiver Kommunist, ist von den
Nazis in den Tod getrieben worden: 1934 hatte er sich – so jedenfalls lautet die offizielle Version – aus dem sechsten Stock des
Hamburger Gestapo-Hauses gestürzt. Herbert Wehner und Carl
Burmester waren enge Freunde gewesen. Die Witwe Charlotte
hat zwei Kinder, Greta und Jens Peter. Charlotte, genannt Lotte,
und Herbert heiraten 1952, nachdem die Ehe mit Lotte Loebinger

geschieden worden ist. Tochter Greta ist von 1953 an die wichtigste Mitarbeiterin Herbert Wehners. 1979 stirbt ihre Mutter. 1983 heiratet Wehner Greta.

Am 18. September 1946 kehrt Herbert Wehner nach Deutschland zurück. Nach dem Bruch mit der KPD ist eine Rückkehr in die Heimatstadt Dresden, die in der sowjetisch besetzten Zone liegt, ausgeschlossen. Er lässt sich zusammen mit Lotte in Hamburg nieder – sie war aus Hamburg geflohen und hat somit ein Anrecht, wieder dorthin zu gehen. Wehner verlässt Schweden keineswegs im Groll, er wird es fortan als »geistige Heimat« betrachten. »Dort habe ich gelernt, was Demokratie sein kann, auch wenn ich die Hälfte der Zeit im Gefängnis gesessen habe« (zu Günter Gaus). Jahre später kauft er auf Öland ein Ferienhaus und verbringt die Urlaube dort (ähnlich Willy Brandt, der seine Exilheimat Norwegen zum ständigen Urlaubsort macht).

Am Tag seiner Heimkehr, im September, hat Herbert Wehner einen Klingenrasierer, den er mit siebzehn Jahren von der Mutter geschenkt bekam, im Gepäck – es ist das letzte ihm verbliebene Utensil aus seiner Kindheit und Jugend. Allerdings betrachtet er es nicht nur als Andenken, sondern auch als Nutzwerkzeug, er rasiert sich täglich damit, sein weiteres Leben lang.

Am 8. Oktober tritt Herbert Wehner in die Sozialdemokratische Partei Deutschlands ein. Damit nimmt sein politisches Leben eine entscheidende Wendung.

Willy Brandt – ein Herumgestoßener

Wie hatte die 88-jährige Historikerin der SPD, Susanne Miller, den Ältesten der Troika genannt? Den »Schwierigsten«. Über Willy Brandt, fast siebeneinhalb Jahre jünger als Wehner, sagt sie, er sei der »Interessanteste«. Auch sein politischer Weg ist ohne seine Biographie nicht zu verstehen. »Wie bei Herbert Wehner«, stellt Gunter Hofmann fest, »so hat bei Willy Brandt die Biographie viel zu seiner Autorität beigetragen, aber auch zu den Widerständen, die Politiker wie er auslösen.«

Willy Brandt kommt als Herbert Ernst Karl Frahm am 18. Dezember 1913 in Lübeck zur Welt. Seinen Vater wird Brandt nicht kennen lernen. Er hat seine Mutter nach dem Zweiten Weltkrieg brieflich nach dessen Namen gefragt. Er heißt John Möller, kommt aus Hamburg. Später melden sich Verwandte von Möller bei Willy Brandt und zeichnen ihm ein Charakterbild des nie Gesehenen. Umso wichtiger wird die Mutter. Hans Mayer beschreibt Martha Frahm als starke, unabhängige Persönlichkeit, die ihr Leben genießt.

Einer männlichen Autoritätsperson begegnet Herbert Frahm erst, als er fünf Jahre alt ist: 1918 kehrt sein Großvater Ludwig Frahm aus dem Weltkrieg zurück. Wie Brandts Biograph Gregor Schöllgen schreibt, kann Ludwig Frahm den leiblichen Vater allerdings nicht ersetzen: »So fehlen dem Jungen wichtige Erfahrungen: Wie sich die Persönlichkeit im Konflikt mit dem Vater formt, erfährt er nicht; was väterlicher Schutz bedeutet, bleibt ihm vorenthalten.« In der Pubertät reibt man sich am Vater, nimmt ihn zum Vorbild, grenzt sich von ihm ab und erprobt dabei Durchsetzungskraft und Härte. Bei Herbert bleibt das alles aus.

Ludwig Frahm tut viel für den kleinen Herbert, der »Papa« zu ihm sagt. In Brandts Abiturzeugnis taucht Ludwig Frahm sogar als Vater auf. Erst später offenbart Herberts Onkel, der Bruder von Martha Frahm, dass Ludwig weder Herberts Vater noch der Vater von Martha ist – demnach kam Martha ebenfalls als Kind eines unbekannten, auf jeden Fall verheimlichten Vaters zur Welt. Ludwigs Frau war Landarbeiterin in Mecklenburg, wo es häufig vorkam, dass sich der Gutsherr das »Recht der ersten Nacht« nahm.

1913 verliert Ludwig seine Frau Wilhelmine, Herbert Frahms leibliche Großmutter, und heiratet 1919 die zehn Jahre jüngere Dorothea Sahlmann. Von ihr wird Herbert fortan großgezogen. Er mag sie nicht, nennt sie seine »Tante«. Als er dreizehn ist, heiratet seine Mutter Martha den Maurerpolier Emil Kuhlmann. Herbert sagt »Onkel« zu ihm. Er hat jetzt einen Halbbruder, Günter Kuhlmann.

Herbert Frahm wächst in einfachen Lebensverhältnissen auf. Und er ist ein »Herumgestoßener«, wie der Zeit-Journalist Gunter Hofmann in seiner biographischen Skizze über Willy Brandt schreibt. Während Martha Frahm arbeitet, wird Herbert von einer Nachbarin betreut, Paula Bartels-Heine, und dies nicht nur tagsüber, von Montag bis Samstag. Keine Frage, dass ihm die Mutter unter diesen Umständen fremd bleibt. Da fließt keine, auf jeden Fall nicht genügend mütterliche Liebe, da gehört menschliche Nähe und Wärme nicht zur alltäglichen Erfahrung.

Was macht jemand, der so wenig Zuneigung erfährt und dessen einzige Bezugsperson (Mutter) keine Zeit für ihn hat? Er wird versuchen, so früh wie möglich auf eigenen Füßen zu stehen, und in jungen Jahren eine eigene Familie gründen. Auch Herbert Frahm tut das. Hochintelligent, außergewöhnlich begabt und willensstark, hadert er nicht lange mit der Vergangenheit, sondern bemüht sich – depressiven Phasen zum Trotz – um eine aktive Rolle in der Gesellschaft. Er beteiligt und engagiert sich zunächst in Jugendgruppen, in der so genannten Jugendbewegung, sucht das Gemeinschaftserlebnis, zunächst bei den »Kinderfreunden«, dann in der Sozialistischen Arbeiterjugend. Wanderungen, Zeltlager, gemeinsames Musizieren werden ihm zum willkommenen Zeitvertreib. Aber schon bald entdeckt er auch die Politik. »Hier lassen sich Menschen erreichen«, deutet Gregor Schöllgen diese frühe Entscheidung, »lässt sich Bestätigung finden und Nähe herstellen, ohne dass die Distanz aufgehoben werden muss.«

Schon eines der frühen Kindheitserlebnisse ist ein politisches: In Lübeck streiken Arbeiter, so auch Herberts Ziehvater Ludwig Frahm, ein Arbeiter im Lübecker Drägerwerk. Frahm wird ausgesperrt. Einer der Werksdirektoren geht mit dem kleinen Herbert in eine Bäckerei und kauft ihm zwei Laib Brot. Herbert trägt sie nach Hause, spekuliert auf Dank und Anerkennung, blitzt aber bei dem stolzen »Papa« ab: Ein streikender Arbeiter nehme keine Geschenke vom Arbeitgeber an, es gehe um das Recht, nicht um Geschenke! Er muss die Brote zurückbringen.

Herbert Frahm besucht sieben Jahre lang die Sankt-Lorenz-Knaben-Mittelschule, danach für zwölf Monate die Realschule. Dort fällt er auf, wird gefördert, als Begabter eingestuft, besucht das Reform-Realgymnasium, ohne dass der Großvater oder die Mutter Schulgeld zahlen. Er erhält sogar ein kleines Stipendium. Obwohl Herbert ganz auf sich gestellt ist, hält er im Unterricht problemlos mit, bringt gute Noten nach Hause. Seine Sprachbegabung und sein Leseeifer lassen aufhorchen. Geschichte ist sein Lieblingsfach. Hier sei auf eine biographische Parallele zu Helmut Schmidt hingewiesen, der ebenfalls eine im Geist aufgeklärte Schule, die Hamburger Lichtwark-Schule, besucht und die Schulzeit zum exzessiven Lesen nutzt. So erweitern Brandt und Schmidt früh ihren geistigen Horizont.

Herbert bereist als Schüler Skandinavien: mit dreizehn Jahren Dänemark, vier Jahre später auch Norwegen und Südschweden. Seine Abenteuerlust wird geweckt, sein Interesse für die Welt der Erwachsenen wächst, und bald entdeckt er für sich die Politik. Ende der zwanziger Jahre tritt die Weimarer Republik, deren Wirren Herbert Frahm wach verfolgt, in ihre letzte Phase, nachdem sie zunächst eine Periode gewisser Stabilität erlebt hat. Aber der Zusammenbruch der Weltwirtschaft und das immer radikalere Auftreten der links- und rechtsradikalen Parteien machen diese Stabilität zunichte. Der junge Herbert Frahm findet, dass es sich nicht lohnt, diese Republik zu verteidigen. Das Urteil des Heranwachsenden offenbart immerhin die Stimmung, die unter den jungen Leuten herrscht. Herberts abschätzige Meinung wird dabei von seiner Enttäuschung über die Sozialdemokratische Partei genährt, in die er dank einer Ausnahmegenehmigung schon vor dem 18. Lebensjahr eintreten durfte. Frahm begibt sich unter die Fittiche des kämpferischen Lübecker SPD-Vorsitzenden Julius Leber, der ihn auch in seiner Zeitung, dem *Lübecker Volksboten,* schreiben lässt, erlebt aber die Parteifunktionäre auf nationaler Ebene als halbherzig und führungsschwach.

So tritt er nach wenigen Monaten enttäuscht wieder aus der Partei aus, wobei er sich bei diesem Schritt von der weiteren politischen Entwicklung, etwa dem »Preußenschlag«, bestätigt sieht. Kopfschüttelnd nimmt er zur Kenntnis, dass sich der SPD-Ministerpräsident im größten und wichtigsten Land des Reiches, Preußen, kampflos vom Reichskanzler Franz von Papen absetzen lässt. Herbert Frahm nimmt schon zu dieser Zeit wahr, was die Sozialdemokraten in den dreißiger Jahren immer stärker beschäftigen wird: das Schwanken zwischen Machtanspruch und Machtverzicht, zwischen dem Wunsch zu regieren und einer Verweigerungshaltung aus Stolz, die besseren Demokraten zu sein. Die letzte parlamentarisch gewählte Regierung der Weimarer Republik war eine SPD-Regierung gewesen. Reichskanzler Hermann Müller hatte nach einer der vielen Regierungskrisen zermürbt aufgegeben.

Frahms Austritt aus der SPD markiert seine Suche, links von der SPD einen neuen Standort zu finden. Er ist zugleich ein Beispiel dafür, dass Herbert Frahm/Willy Brandt keinesfalls den jeweils bequemsten Weg geht, wie ihm Kritiker später vorwerfen werden. Wäre er in der SPD geblieben, hätte er mit Hilfe eines Stipendiums studieren und das Dritte Reich in einem zivilen Beruf überstehen können. Mit seinem Parteiaustritt entfällt auch das Stipendium. Um einmal mehr ausschließlich nach eigenem Willen und eigener Überzeugung handeln zu können, nimmt er selbst einige biographische Umwege in Kauf. »Ich lebe in dem Gefühl, im Wesentlichen aus mir heraus geworden zu sein, was ich geworden bin«, bilanziert der fast 75-jährige Willy Brandt im Fernsehgespräch mit Horst Schättle. Wie hatte doch Wehner sein Motiv beschrieben, Mitglied der Sozialistischen Arbeiterjugend zu werden? »Man wollte aus eigenem Entschluss geworden sein, was man glaubte zu sein.« Mit seiner Courage und Risikobereitschaft wird Brandt immer wieder Glück haben, zum »Favoriten des Schicksals« werden, wie ihm ein amerikanischer Freund in der Exilzeit schreibt.

Von den gelegentlichen Zeitungsartikeln, die Herbert Frahm damals verfasst, kann er nicht leben, so dass er bei einer Lübecker Schiffsmaklerfirma als Volontär anheuert (auch hier eine berufliche Parallele zu Herbert Wehner, der gleichfalls eine kaufmännische Lehre antrat). Die Langeweile, die er in der Firma empfindet, spiegelt sich noch in den Erzählungen des alten Brandt wider. Seine politische Arbeit geht gleichwohl weiter: Ende 1931 tritt er in die Sozialistische Arbeiterpartei Deutschlands (SAP) ein, die Max Seydewitz und Kurt Rosenfeld, zwei frühere SPD-Reichtagsabgeordnete (heute würde man sagen: Abweichler) gegründet haben. Die neue Partei bindet Linkssozialisten, etwa aus den Reihen der Sozialdemokratie, und Mitglieder der Kommunistischen Partei Deutschlands. Anders als Wehner und auch, wenigstens für kurze Zeit, Helmut Schmidt liebäugelt Brandt nie mit dem Kommunismus. Trotzdem gibt es eine Parallele: Wehner wie Brandt glauben eine Zeit lang, dass man »vom Rand aus« (Zitat Brandt) politisch mehr erreichen kann als im Zentrum einer großen Bewegung oder Partei. Während es Wehner in einer Mischung aus Drang zum Einzelkämpfertum und Enttäuschung über die »Mutterpartei« mit dem Anarchismus versucht, treibt es Brandt aus ähnlichen Motiven einer Splittergruppe zu, die zu keiner Zeit politische Bedeutung erlangt. Bei den Reichstagswahlen am 31. Juli 1932 entfallen auf die SAP 0,2 Prozent der Stimmen.

Mit Hitlers »Machtergreifung« im Januar 1933 wird die Arbeit der SAP verboten – ihre Zeitungen dürfen nicht mehr erscheinen, Funktionäre werden inhaftiert. Einige wenige, darunter Herbert Frahm, wollen weitermachen und treffen sich in einem Vorort von Dresden zu einer konspirativen Krisensitzung. Herbert tarnt sich auf dem Weg dorthin zum ersten Mal mit dem Namen Willy Brandt. In Dresden fällt der Beschluss, dass der SAP-Funktionär und Publizist Paul Frölich im freien Norwegen ein Büro eröffnen und von dort die Untergrundarbeit koordinieren soll. Doch Frölichs Versuch, nach Norwegen auszureisen, scheitert, er wird verhaftet. Dass das »Rausschleusen eines anderen, an dem ich beteiligt war, nicht geklappt« hat, bedeutet für den 19-Jährigen eine Fügung des Schicksals, »denn ich hätte in Lübeck eh nicht bleiben können […], wäre früh eingesperrt worden«. Brandt will in der Rückschau weder eingestehen, dass es »eine nationale Pflicht gegeben hätte, sich einsperren und totschlagen zu lassen«, noch lässt er gelten, »dass es eine nationale Pflicht war, für Hitler in den Krieg zu ziehen«. So besteigt er in der Nacht vom 1. auf den 2. April 1933 im Hafen von Travemünde ein Fischerboot, um auf die Insel Lolland und von dort nach Kopenhagen zu kommen. Nächste Station wird die norwegische Hauptstadt Oslo, wo er bis April 1940 bleibt. Erst der deutsche Überfall auf Norwegen zwingt ihn, sich nach Schweden abzusetzen.

Willy Brandt sieht seinen Ziehvater Ludwig Frahm nicht wieder. Der erschießt sich im Juni 1935, deprimiert über die politische Entwicklung und über den Verlauf des eigenen Lebens. Seine Mutter trifft er 1935 noch einmal in Kopenhagen, den Stiefvater zwei Jahre später in Oslo. Das sind Lebensumstände, die schwermütig machen könnten, doch anders als bei Herbert Wehner und Helmut Schmidt behält die Lebensfreude stets die Oberhand über die Melancholie. »Man hat sich trotz aller Bitternis gefreut am Leben«, erinnert sich Brandt im Fernsehgespräch mit Heinrich Breloer. Schon damals spielt die Nähe zu Frauen eine wichtige Rolle. Gleich nach der Abreise aus Deutschland, auf einer Fähre, begegnet er einer jungen Frau, bei der er später wohnt und die ihm den Start in der Fremde erleichtert. Derweil befindet sich seine Lebensgefährtin Gertrud Meyer in

Deutschland in Haft; sie wird erst im Sommer 1933 nach Skandinavien kommen.

Willy Brandt helfen neben seiner attraktiven Erscheinung auch sein ausgeprägtes Sprachtalent, um im Ausland Fuß zu fassen: »Englisch, Französisch und Spanisch hat er auf der Schule gelernt, das Schwedische hat er sich ›nebenbei‹ angeeignet, und die Lektüre holländischer, dänischer und norwegischer Zeitungen bereitet ihm kaum Schwierigkeiten. Bald spricht und schreibt er Norwegisch perfekt« (Gregor Schöllgen).

Skandinavien wird den jungen Mann stärker prägen als die Zeit in Deutschland. Die skandinavische Sozialdemokratie leistet, wozu die deutsche vor 1933 nicht im Stande war, nämlich »aktive Krisenpolitik, eine Politik, die auf Überwindung der Arbeitslosigkeit aus war, eine, die sich dort auf alte, starke demokratische Traditionen stützen konnte« (wieder im Gespräch mit Horst Schättle). Die Impulse, die der Autodidakt Willy Brandt aufnimmt, sind aber nicht nur politische. Wieder reist er viel, wird am Ende des Krieges halb Europa kennen.

Für das Verhältnis zu Herbert Wehner und Helmut Schmidt wird wichtig, dass er sich in dieser Zeit mit Erkenntnissen der Psychoanalyse auseinander setzt. Gertrud Meyer, die nach einer Pass-Ehe mit einem Norweger Meyer-Gaasland heißt, arbeitet in Oslo für Wilhelm Reich, dem auch Willy Brandt begegnet. Reich gehört zu den wichtigsten Psychoanalytikern der Zeit. Dass Brandt mit ihm therapeutische Gespräche führt, ist nicht überliefert – Brandt, der Wissbegierige, stellt Reich intelligente Fragen, die der berühmte Forscher gern beantwortet. Die Begegnung mit Reich perfektioniert seine Fähigkeit, Menschen scharfsinnig und zugleich einfühlsam zu analysieren. Wenn Brandt von diesem Wissen – selten genug – etwas preisgibt, macht das auf den Zuhörer tiefen Eindruck. Einmal gibt er Erhard Eppler eine Kurzanalyse von Karl Schillers Charakter und Persönlichkeit. Eppler stellt erstaunt fest, dass Brandt den übertrieben eitlen Finanzminister, einen der schwierigsten Minister seit Gründung der Bundesrepublik, mit einzigartigen Stärken und verhängnisvollen Schwächen, richtig einschätzt. Brandt habe seinen Finanzminister »durchschaut«, habe keinerlei »Berührungsangst«, schon gar keine Angst vor ihm, sondern wisse Schiller zu »steuern«, indem er dessen Handlungsradius genau bemesse.

Brandt ahnt auch, dass ihm Wehner und Schmidt manches neiden, weil sie weniger glücksfähig sind als er. Gregor Schöllgen zitiert ihn mit dem Satz, »sexuelle Verklemmtheit scheint für begabte Hasser und Intriganten zu sorgen: Politik als Ersatzliebe tarnt sich nicht selten als selbstlose Unbedingtheit.« Wer denkt hier nicht daran, dass Brandt Wehner meint? Der späte Brandt hält dann mit seinen Charakterstudien auch in der Öffentlichkeit nicht mehr hinterm Berg, wenn er etwa im Interview mit Hansjürgen Rosenbauer sagt, bei dem Verhältnis unter Politikern werde der Faktor Gesundheit zu wenig berücksichtigt, man müsse psychische Belastungen und Neurosen im Leben von Politikern in deren Beurteilung einbeziehen. Auf die Nachfrage Rosenbauers, ob solche Neurosen auch im Verhältnis von Wehner, Brandt und Schmidt eine Rolle gespielt hätten, erwidert Willy Brandt: »Mit absoluter Sicherheit.«

Ein Jahr später, in dem schon erwähnten *Spiegel*-Beitrag, wird Brandt noch deutlicher. »Mich wundert«, schreibt er, »wie wenig Aufmerksamkeit kritisch Interessierte bisher dem Faktor Gesundheit gewidmet haben, wenn sie dem Verhältnis zwischen führenden Politikern nachspüren [...] Ich halte es für eine ganz unangebrachte Prüderie, nicht auch über Neurosen und deren Wirkung im politischen Geschäft offener zu reden.« Brandt hat hier natürlich wieder Wehner im Blick, dessen Seele zweifellos vernarbt ist und an dem sich Brandt für frühere Verletzungen rächt. Aber der Historiker wird diese Aufforderung ernst nehmen und sie auf alle »Troikaner« beziehen – alle drei haben in ihren Ämtern schwere Krankheiten durchstehen müssen, so dass sie für ihre Aufgabe jeweils nicht »fit« waren. Am spektakulärsten gilt der Zusammenhang zwischen Krankheit und Schwäche im Amt für Brandt selbst, man denke nur an seine mühevolle Anlaufzeit nach dem Wahltriumph 1972 und die Wochen vor seinem Rücktritt als Kanzler im Frühjahr 1974.

Herbert Wehner hat sich nie darangemacht, sein kompliziertes Seelenleben mit Hilfe Dritter zu ordnen, immerhin gehört die »Unterwelt der Gefühle« (ein Wort von Peter Glotz) zur festen Größe seines Denkens und Redens. Er hält, was Menschen angeht, einfach alles für möglich. »Es menschelt«, pflegt er zu sagen und dann schweigend an der Pfeife zu ziehen, wenn ihm wieder einmal Klatsch und Tratsch aus dem »Raumschiff Bonn« hinterbracht werden. Helmut Schmidt lehnt psychoanalytische Interpretationen rundweg ab, er pflegt »in die Luft zu gehen«, wenn ihm eine Journalistin oder ein Journalist mit dem einschlägigen Vokabular daherkommt.

Willy Brandt mag über eine erstaunliche Menschenkenntnis verfügen – zugleich offenbart er wenig Talent, wenn es darum geht, nach einer Analyse die richtigen Schritte zu unternehmen. Er ist eben nicht nur einfühlsam, sondern auch konfliktscheu. Zu seiner Vorstellung von Menschenführung gehört es, andere an der »langen Leine« laufen zu lassen, weil er dadurch einem direkten Konflikt ausweichen kann und weil er glaubt, dass ihn andere gerade deswegen schätzen und eher respektieren. So kontert Brandt auch dann noch verhalten und oft mittels versteckter Hinweise, wenn er von Wehner oder Schiller oder Schmidt offen attackiert wird. Er bemerkt genau, wie auffällig sich sein Referent Günter Guillaume anbiedert, aber er will daraus keinen Verdacht ableiten. Den Spionageverdacht, der gegen Guillaume aufkommt, sollen diejenigen untersuchen, deren Job das ist. – In dieser Bequemlichkeit und Unbekümmertheit liegen Brandts Mängel im Umgang mit anderen.

Ohne dass sich Herbert Wehner und Willy Brandt persönlich kennen, gibt es im Februar 1936 einen Berührungspunkt. Brandt ist wieder einmal auf Reisen, um konspirative Arbeit zu leisten, diesmal in Paris, wo ein »Ausschuss zur Vorbereitung der deutschen Volksfront« eingerichtet wird. Sozialdemokraten, Kommunisten und SAP-Mitglieder unterzeichnen das Gründungspapier, insgesamt 118 Personen. Brandt trägt sich ein, Wehner (mit dem Parteinamen Kurt Funk) ebenfalls, auch Walter Ulbricht.

Auf Paris folgt ein Einsatz, der für die spätere Beurteilung von Brandts Exilzeit immens wichtig ist: Kontaktarbeit in Berlin, dem Zentrum des faschistischen Deutschland. Als der norwegische Student Gunnar Gaasland (den Namen borgt sich Brandt von Gertrud Meyers Schein-Ehemann) in das Nazideutschland einreist und dort während einiger Wochen politische Gespräche führt, geht er ein hohes Risiko ein. Würde ihn die Gestapo erwischen, müsste er mit seiner Liquidierung rechnen. Brandt erfüllt die Aufgabe nicht aus Heldenmut, das gibt er offen zu; es wäre ihm lieber gewesen, der Kelch wäre an ihm vorübergegangen, aber die SAP-Parteileitung in Paris erwartet diesen Einsatz von ihm. So lebt er äußerlich unauffällig in der Reichshauptstadt, angeblich um zu studieren. Stundenlang hält er sich in der Preußischen Staatsbibliothek »Unter den Linden« auf, trifft aber auch Genossen, holt Auskünfte ein, gibt Informationen weiter. Er bekommt eine Vorstellung vom nationalsozialistischen Alltag und vom NS-Größenwahn, wie er sich bei den Olympischen Sommerspielen 1936 in Szene setzt.

Es ist nicht nur ein riskanter, sondern auch ein bedrückender Aufenthalt – Brandt erinnert sich später an »Sorgen und Depressionen«, die er mit Wanderungen und Konzertbesuchen bekämpft (auch Herbert Wehner besucht in Moskau Konzerte, etwa des jungen Geigers David Oistrach, um sich abzulenken). In Berlin bleiben ihm einige Quellen seiner Lebensfreude versagt – er darf keine alkoholischen Getränke zu sich nehmen, damit er sich nicht verplappert. »Frauengeschichten« sind ebenfalls tabu. Brandt wird sich einer gewissen Perspektivlosigkeit seines politischen Kampfes bewusst: Ein Regime, dessen aggressiver Außenpolitik nichts entgegengesetzt wird, das immer mehr Deutsche einschüchtert, das seine Gegner wegsperrt und ermordet, lässt sich vom Exil aus nicht wirkungsvoll bekämpfen. Er weiß zwar aus seiner Situation das Beste zu machen, aber ihn frustriert, dass der Widerstand gegen die NS-Diktatur sich nur mühsam organisiert und an effektive politische Arbeit nicht zu denken ist.

Brandts nächster Einsatz führt ihn nach Spanien, wo ein Bürgerkrieg tobt. Er berichtet darüber nach Oslo, schreibt Artikel und Bücher. Spanien konfrontiert Brandt mit Krieg, Verwundung und Tod. Für den Politiker in ihm wird prägend, dass sich die Linke in Spanien, aufgestachelt durch die Kommunistische Internationale aus Moskau, in inneren Kämpfen verzehrt. »Die Zersplitterung und die Form, in der Gegensätze ausgetragen wurden, waren für mich eine wichtige Lehre, für die Spanier selbst erst recht, wie man sieht« (zu Horst Schättle 1988). Jetzt erkennt er erneut, dass es der Geschlossenheit einer großen Partei bedarf, um politisch etwas zu bewirken. Auch Wehner engagiert sich im Spanischen Bürgerkrieg, organisiert von Paris aus die Aufstellung der ersten deutschen Emigrantentruppe. Über Brandts Rolle des Schreibenden in Spanien (und anderswo) wird er später sagen: »Wenn Dreck war, war er immer Journalist.«

Willy Brandt beschäftigt sich gedanklich mit einer Rückkehr in die SPD. 1938 und 1939 trifft er ein Mitglied des im Exil gebildeten SPD-Vorstandes, Erich Ollenhauer, den späteren Parteivorsitzenden und Vorgänger Brandts in diesem Amt. Der Kontakt zu Ollenhauer wird ihm nach dem Krieg helfen, in der Partei gleich an einen einflussreichen Platz zu gelangen. Ollenhauer macht sich hierfür beim ersten Vorsitzenden der Nachkriegs-SPD, Kurt Schumacher, stark, der allerdings mit Brandt nicht warm wird.

Eine wichtige Erfahrung ist der Hitler-Stalin-Pakt vom August 1939. War Hitler für die Kommunisten bislang ein Dämon, so müssen sie sich jetzt alle Mühe geben, den Schulterschluss Stalins mit dem verhassten Diktator zu rechtfertigen. Das Bündnis passt in keiner Weise in das rote Weltbild hinein. Der Hitler-Stalin-Pakt bedeutet eine Zäsur: Wer jetzt nicht heiß glühender Kommunist ist, wird keiner mehr. Und die Unbeirrbaren müssen sich eingestehen, dass sie sich von ihrem Gründervater Karl Marx unendlich weit entfernt haben. Mit diesem Widerspruch haben sie fortan zu leben.

Die Nichtkommunisten unter den Linken und jene, die sich jetzt vom Kommunismus abwenden, beginnen einen Zweifrontenkrieg: Sie stehen nicht mehr nur gegen die braune, sondern auch gegen die moskautreue Ideologie. Der Weltenkampf wird jetzt nicht mehr zwischen Hitler und seinen vielen Gegnern, darunter Stalin, ausgetragen, sondern zwischen demokratischen Kräften einerseits und totalitären, faschistischen und stalinistischen Kräften andererseits. Herbert Wehner, der im Moskauer Hotel Lux weilt, wendet sich noch nicht vom Kommunismus ab, wenigstens nicht offensichtlich. Willy Brandt, Exilant in einem ungefährlichen Gastland, kann frei denken und frei entscheiden. Er findet in diesen Tagen Gefallen an der Idee eines demokratischen Sozialismus.

Am 5. September 1938 wird Herbert Frahm aus Deutschland ausgebürgert. Dafür nimmt ihn Monate später Norwegen als Staatsbürger auf. Auch seine Partnerin, Anna Carlota Thorkildsen, ist Norwegerin (ihr Vater ist Norweger, ihre Mutter Deutschamerikanerin). Als Hitler am 9. April 1940 Norwegen besetzt, muss Willy Brandt die Freundin, die von ihm ein Kind erwartet, vorerst allein lassen. Aber wo soll er hin? Eine Flucht vor den

Nazis erscheint zu gefährlich, es gibt überall Verräter. Er beschließt, sich in einer norwegischen Uniform zusammen mit vermeintlichen Landsleuten und Kameraden gefangen nehmen zu lassen. Dass er dabei für alle sichtbar die Seiten wechselt, als Deutscher augenscheinlich gegen Deutsche steht, wird ihm später im eigenen Land schwere Vorwürfe eintragen. Doch was hätte der »Landesverräter« Brandt anderes machen sollen, als diese List zu gebrauchen? Sich in die Hände der Nazis begeben, eine hochriskante Flucht wagen? Da Brandt akzentfrei Norwegisch spricht, kann er sich perfekt tarnen. »Der junge Emigrant setzt sich durch, wo andere trübe verkümmerten«, bringt es Golo Mann auf den Punkt.

Wie erhofft, muss er nur wenige Wochen in Kriegsgefangenschaft bleiben (auch hier hat er Glück, nicht von norwegischen »Kameraden« verraten zu werden). Er geht nach Schweden, wo er Carlota, die am 30. Oktober Tochter Ninja geboren hat, Ende Mai 1941 heiratet. Es beginnt eine äußerlich ruhigere Zeit, ein bürgerliches Leben in Stockholm. Spannungen gibt es dagegen im Privaten: Carlota hält es keine zwei Jahre mit diesem Mann aus, der erst im reifen Alter mit einer einzigen Partnerin leben kann. Allerdings kommt es nicht zum Bruch, schon der gemeinsamen Sorge um Ninja wegen. Derweil arbeitet Brandt politisch weiter, schreibt, pflegt Kontakte, tauscht Informationen aus.

In dieser Zeit erfährt Willy Brandt davon, dass das europäische Judentum von den Nazis systematisch vernichtet wird. Ein Vertreter der polnischen Exilregierung in Schweden zeigt ihm einen Bericht über Vergasungen auf dafür hergerichteten Lastwagen. Brandt und seine Kameraden tun sich zunächst schwer damit, die Berichte zu glauben. Eine der ersten Fragen, die Brandt seiner Mutter und seinem Stiefvater nach dem Krieg stellen wird, lautet: Was habt ihr davon gewusst? Und er wird erfahren, dass man da und dort doch einen Gefangenentransport aus der Nähe gesehen und miterlebt hat, wie Menschen misshandelt wurden. Man habe seinerzeit »bei weitem nicht genug, aber doch ziemlich viel« gewusst.

Endgültig findet er jetzt, während der zweiten Kriegshälfte, zur Sozialdemokratie zurück. Im Oktober 1944 schließt sich die Stockholmer Gruppe der Sozialistischen Arbeiterpartei der deutschen SPD an. »Der Wiedereintritt in die SPD«, konstatiert Gregor Schöllgen, »bedeutet nichts anderes, als dass der Versuch, zwischen Sozialdemokratie und Kommunismus einen dritten Weg zu finden und diesen in eine Erneuerung Deutschlands münden zu lassen, nach dreizehn Jahren als endgültig gescheitert zu betrachten ist.« Mittels einer Partei sucht Brandt ab jetzt keinen »dritten Weg« mehr. Seine Vorstellung eines neuen, demokratischen Sozialismus wird er dennoch nicht fallen lassen: Er bleibt innerhalb der SPD »links und frei« und versucht, für diese Haltung in der Partei zu werben.

Zur Sozialdemokratie zurückgekehrt, will er möglichst rasch für Deutschland politisch tätig sein – vorausgesetzt, der gut vorbereitete Attentatsversuch gegen Hitler, von dem er durch Mittelsmänner weiß, gelingt. Graf Stauffenberg will eine neue Regierung bilden, Brandt soll vorerst ein wichtiger Verbindungsmann in Skandinavien sein. Aber das Attentat schlägt fehl, die Verschwörer werden gefasst und hingerichtet, darunter Julius Leber, Brandts politischer Ziehvater. Für Brandt heißt das, dass er weiter im Untergrund bleiben muss. Aber seine geplante Verwendung für den »Tag danach« zeigt, wie sehr er sich schon 1944 in Deutschland einen Namen gemacht hat.

Brandt lernt die Norwegerin Rut Bergaust (der Mädchenname ist Hansen) kennen, eine Mitarbeiterin der norwegischen Botschaft in Stockholm. Sie ist mit einem norwegischen Widerstandskämpfer verheiratet. Willy Brandt und Rut Hansen verlieben sich ineinander, Rut verlässt ihren Mann. Der stirbt Ende 1946. Damit ist sie Witwe eines Widerstandskämpfers, ähnlich Charlotte Burmester, mit der Herbert Wehner gegen Ende des Krieges ein gemeinsames Leben beginnt. Nach Brandts Scheidung von Carlota etwas mehr als ein Jahr später ist der Weg für eine Zukunft mit Rut frei.

Diese Zukunft führt Willy Brandt zunächst allein zurück nach Deutschland, wo ein halbes Jahr nach Kriegsende die bis dato gefassten Naziführer vor den Internationalen Militärgerichtshof in Nürnberg kommen, einem der symbolträchtigsten Orte der braunen Diktatur. Brandt, auf Geheiß der Militärregierung in norwegischer Uniform angereist, berichtet für skandinavische Zeitungen über den Prozessverlauf und schreibt ein weiteres Buch. Dass er als norwegischer Presseattaché im Majorsrang in seine Heimat einreist, wird man Willy Brandt, dem Politiker, später ebenfalls übel nehmen.

Brandt plant zunächst, nach dem Krieg in Deutschland als Journalist beruflich Fuß zu fassen. Aber die Fäden in die Politik sind bereits dicht gesponnen. Ihm wird das Amt des Bürgermeisters in Lübeck angetragen, aber er lehnt ab, denn er hat weiter gehende Ambitionen, will für einen größeren Kreis Politik machen, will sich für das militärisch besiegte, politisch perspektivlose Deutschland engagieren. Deshalb geht er weder in die norwegische Botschaft nach Paris noch nach Genf, wo er für Norwegen bei der Wirtschaftskommission der Vereinten Nationen arbeiten könnte. Im Januar 1947 lässt er sich als Presseoffizier an die norwegische Militärmission nach Berlin versetzen, doch er weiß von Anfang an: Dies wird nur ein Sprungbrett sein. Schon bald kündigt er an, hauptberuflich für die SPD arbeiten zu wollen. Damit geht die skandinavische Phase in Willy Brandts Leben zu Ende.

Helmut Schmidt – Flucht in die Künste

Nach dem »Schwierigsten« (Susanne Miller) und dem »Interessantesten« kommt nun die Rede auf den »scheinbar Klarsten«. Helmut Schmidt ist knapp zwölfeinhalb Jahre jünger als Herbert Wehner und fünf Jahre jünger als Willy Brandt. In einem Jahrhundert, in dem zwei deutsche Staatswesen gerade einmal zwölf beziehungsweise dreizehn Jahre Bestand haben, in dem es Weltwirtschaftskrisen und zwei mehrjährige Weltkriege gibt, macht das viel aus. In Helmut Schmidts Generation, der Generation der Flakhelfer, artikuliert sich bisweilen der Wunsch, früher oder später geboren zu sein. Früher geboren, hätte man zu den deutschen Katastrophen eine klare Haltung einnehmen, zum Beispiel gegen Hitler Widerstand leisten können! Und ein paar Jahre später wäre einem der ganze Schlamassel erspart geblieben! Auch Wehner und Brandt hätten gern früher gelebt, schon um die Arbeiterbewegung unter ihrem Vorsitzenden August Bebel in ihrer erfolgreichen Phase zu erleben. Aber das bleiben vereinzelte Wünsche, die nicht viele hegen.

Schmidts Generation wird von diesen Katastrophen erfasst –

sie ist schon alt genug, um im Krieg die Heere zu füllen, aber politisch weder reif noch mündig. Sie hat keine Optionen. Der etwas ältere Willy Brandt wird hingegen – wie bereits zitiert – mit 75 Jahren lakonisch feststellen, er könne nicht erkennen, »dass es eine nationale Pflicht gegeben hätte, sich einsperren und totschlagen zu lassen [...], auch nicht erkennen, dass es eine nationale Pflicht war, für Hitler in den Krieg zu ziehen«. Er, Brandt, verlange »Respekt vor demjenigen, der sagt, es war nicht weniger ehrenhaft, gegen Hitler als für ihn ein Risiko einzugehen, um es vorsichtig zu formulieren«.

Helmut Schmidt hatte nie die Freiheit der Wahl, die Willy Brandt sich zu nehmen erlaubte. Als Hitler an die Macht kommt, ist er vierzehn und damit keinesfalls politisch reif. Er selbst sagt einmal: zu jung, »um in den Jahren, die der Naziherrschaft vorausgingen, ein politisches Bewusstsein zu entwickeln, aber alt genug, um 1939 in den Krieg zu ziehen«. Zu Beginn des Dritten Reichs wird er Mitglied der Hitlerjugend. Am Ende des braunen Spuks erlebt er wach und in seinen besten Jahren, wie Deutschland in Trümmern liegt und einstweilen nicht auferstehen darf. Achteinhalb Jahre hat der Hochbegabte in Uniform verbracht, in mehr und weniger sinnvollen Funktionen, für einen wie ihn: verlorene Zeit. Kein Wunder, dass Schmidt 1945 in melancholischer Stimmung ist und befürchtet, nach dem Krieg müssten die Deutschen für lange Zeit in Erdlöchern hausen.

Wir Nachgeborenen müssen uns klarmachen, dass es dies in den Generationen der »Troikaner« noch gibt: das Wissen um die jeweils unterschiedlichen Erfahrungen aus der Vergangenheit, das jeder Politiker im Nachkriegsdeutschland mit sich herumträgt. Schicksale und nicht Karrieren (die schöne Gegenüberstellung geht auf *Spiegel*-Redakteur Jürgen Leinemann zurück) kommen im Ersten Deutschen Bundestag zusammen. Jeder kennt vom anderen den Jahrgang, und damit weiß jeder, was der andere im Dritten Reich tun konnte und was nicht. Man weiß auch, was der andere aus »seiner« Situation gemacht hat. Pauschalurteile wie das von Wehner über Brandt – »Wenn Dreck war, war er immer Journalist« – werden häufig aus Stimmungen heraus gefällt, die eher Verbitterung über das eigene Schicksal als Neid auf den anderen ausdrücken. Aber solche Urteile spielen für die Beziehungen zwischen den Politikern eine wichtige Rolle. Sie sind auch charakteristisch für die politische Kultur in der jungen Bundesrepublik.

Kein Wunder, dass Freundschaften und Feindschaften über Parteigrenzen hinweg entstehen. Zu einem wichtigen Kriterium wird das Geburtsdatum. Der Ursprung von Konflikten liegt nicht selten im Hochmut der älteren Generation, die »durch den Dreck musste« und dies der jüngeren, weniger geschundenen vorhält.

Zur jüngeren gehört Helmut Waldemar Schmidt, der am 23. Dezember 1918 zur Welt kommt. Mutter Ludovica und Vater Gustav bewohnen mit Helmut und dem zwei Jahre jüngeren Bruder Wolfgang eine Wohnung im Hamburger Stadtteil Barmbek, keiner sehr angesehenen Ecke der Stadt. Die Jungs dort sind forsch, frech, haben eine große Klappe. Die Familie Schmidt gehört dem Mittelstand an: Der Vater ist Studienrat, der Onkel Oberschulrat. Auch Helmut Schmidts Bruder wird Lehrer und Rektor einer Schule werden. Die Brüder werden autoritär erzogen, erhalten mitunter die damals übliche Tracht Prügel. Der Vater nimmt dazu ein Meerrohr, das »der Gelbe« heißt. Bruder Wolfgang nennt das einmal die »Brachialpädagogik des Vaters«. Noch bis zum 16. Lebensjahr hat Helmut Angst, erwischt zu werden, wenn er zu spät nach Hause kommt. Der Vater trainiert den Kindern jede Albernheit und Weichlichkeit ab: Am Tisch wird nicht gefeixt, man widerspricht den Eltern nicht, Heulen, »Flennen«, gehört sich für Jungens nicht. Helmut und Wolfgang werden gehorsame, fleißige, pflichtbewusste Kinder – sie lernen, ihre Gefühle zu beherrschen, aber nicht, Gefühle zu zeigen. Der Vater gibt jene Werte und Verhaltensweisen weiter, die ihm selbst eingetrichtert wurden und mit denen er gesellschaftlich Erfolg hat: Er beginnt als Studienrat an einer Handelsschule, wird Schulleiter und schließlich Ausbilder von Anwaltslehrlingen.

Helmuts Großvater mütterlicherseits gehört, wie Helmut Schmidt später sagen wird, zur »Arbeiteraristokratie«: Er besitzt einen Laden an der Mundsburg, eine halbe Stunde Fußweg von Barmbek entfernt. Ludovica Schmidt, geborene Koch, ist musisch veranlagt und wird ihre Talente dem Sohn Helmut weitergeben. Schon als junges Mädchen singt sie im Kirchenchor von St. Michaelis in Hamburg und besucht oft Museen. Helmut und Wolfgang beginnen auf ihre Initiative früh mit dem Klavierspiel, Helmut im siebten Lebensjahr. Die musische Orientierung hat

Helmut Schmidt mit Herbert Wehner gemein, beide werden ihr Talent aber überwiegend im privaten Kreis offenbaren (von Ausnahmen abgesehen – Wehner spielt in den zwanziger Jahren in Berlin öffentlich Klavier, Schmidt setzt sich immer wieder einmal an eine Kirchenorgel).

Die Mutter ist für Helmut ein wichtiger, willkommener Einfluss, aber in diesen Zeiten und in der Schicht, der die Familie zugehört, dominieren die »Patriarchen«: die Väter und Großväter. Der Adoptiv-Großvater schlägt seine Ehefrau – Helmut Schmidt bemerkt das mit tiefer Abscheu. Helmuts Vater bezieht seine Autorität daraus, dass er für die Familie arbeitet, das Geld nach Hause bringt – bekanntlich keine Selbstverständlichkeit in den zwanziger und dreißiger Jahren. Helmut erlebt die erste Weltwirtschaftskrise Anfang der zwanziger Jahre zwar als Kind, aber doch eindrücklich mit: Die Mutter schickt ihn los, die billigste Margarine der Umgebung zu kaufen, wofür er 30 Minuten Fußweg hin und zurück benötigt.

Anfang der dreißiger Jahre gibt die Familie Schmidt eine geräumige Wohnung auf, weil sie zu teuer wird. Aber der Vater hat Arbeit, die Familie muss nicht hungern. Aufmerksam und geistig wach erlebt Helmut die Not anderer mit, so die Not der Familie Glaser. Eine der Töchter, Loki, geht in dieselbe Schulklasse, man freundet sich an, Helmut wird zu den Glasers eingeladen. Der Vater – später Helmuts Schwiegervater – ist ein arbeitsloser Elektriker, ein Mann mit musischen Begabungen, die er aber nie zu einem Beruf machen konnte. Er spielt Cello und Flöte und malt, aber weder im Brotberuf noch mit der Musik kann er Frau, vier Kinder und ein Ziehkind ernähren. Jahrelang lebt die Familie von der Sozialhilfe, auf engstem Raum, in ärmlichen Verhältnissen. Die Gespräche mit einem, der arbeiten will, aber keine Arbeit findet, schärfen in Helmut Schmidt das Bewusstsein, dass Arbeit gerecht verteilt werden muss, dass der Staat Not und Elend mit sozialen Sicherungssystemen zu bekämpfen hat. In dieser Zeit neigt er sogar zu sozialistischem Gedankengut. Aber anders als Brandt wird er nicht schon früh zum »Politiker«; Schmidt ist vielmehr Träumer, auch Tagträumer, einer, der sich bei Konflikten tausend Kilometer weit weg wünscht. So bleibt er – übrigens auch nach seiner eigenen späteren Beschreibung – in einer Art »politischem Halbbewusstsein« stecken: Er sieht und speichert viel ab, aber mangels politisch-historischer Bildung formt er noch kein eigenes Weltbild. Später, als er sich endgültig gegen einen künstlerisch-kreativen Beruf entscheidet, werden diese frühen Erfahrungen wichtig.

Nicht ärmlich, aber bescheiden sind die materiellen Lebensumstände der Schmidts. Sie sind Ursache dafür, dass Helmut Schmidt zeitlebens ein bescheidener Mensch bleiben wird. Schlicht und bieder wird er sich einrichten, zu Hause wie im Büro. Irgendwann kauft er sich ein Reihenhaus der Neuen Heimat in Hamburg-Langenhorn und, als der Platz nicht mehr reicht, das Nachbarhaus dazu. Er wird – wie Herbert Wehner und Willy Brandt – einen festen Urlaubsort wählen, allerdings nicht in Skandinavien wie die beiden anderen, sondern am Brahmsee in Schleswig-Holstein. Das Ferienhaus, das er dort erwirbt, ist einfach und klein. Statussymbole spielen für Helmut Schmidt keine Rolle: Er macht sich nichts aus gutem Essen (bevorzugt Suppen und Coca-Cola), aus Möbeln oder Autos. Er wird von seinem Geld Bücher und Bilder kaufen.

Dass Helmut Schmidt zunächst kein politisches Bewusstsein entwickelt, hat mit seiner Erziehung zu tun. »Politik ist nichts für euch«, lautet die Devise des Vaters. Für die Mutter ist es ohnehin nicht statthaft, sich politisch zu äußern. Sicher ist, dass man im Hause Schmidt die Nazis ablehnte. So lange es geht, bis 1935, hisst der Vater das kaiserliche Schwarz-Weiß-Rot, nicht die Hakenkreuzfahne, wenn wieder einmal eine Fahne auf das Haus muss. »Welch ein Glück, dass Heinrich das nicht mehr erleben musste«, sagt die Großmutter von Helmut Schmidt über den ein Jahr vorher verstorbenen Großvater. Bei Helmut und Wolfgang prägt sich aber zunächst nicht mehr ein, als dass »ein großes Unglück eingetreten« ist. »Wir Jungs merkten«, wird Helmut Schmidt später erzählen, »dass die Prügeleien und Schießereien in Barmbek und in Eilbek, in Ottensen und in ganz Hamburg aufhörten. Oder dass weniger Arbeitslose auf der Straße waren. In unserer Schule ist mit der Zeit eine Reihe von Lehrern freiwillig gegangen und ausgewandert, manche sind auch entfernt worden.« Aber darüber wird in der Wohnstube der Schmidts kein Wort verloren. Die Kinder müssen aus dem Zimmer gehen, wenn über »die Verhältnisse« geredet wird. Sie dürfen auch nicht Zeitung lesen.

Ein Konflikt mit den Eltern bahnt sich an, als Helmut Anfang der dreißiger Jahre in die Bündische Jugend, eine Unterorganisation der Hitlerjugend, eintreten will. Da würde etwas »geboten«, könnte er seine Freizeit mit Gleichaltrigen verbringen! Die Eltern erlauben aber nur die Mitgliedschaft im Ruderclub Hansa, der nahe der Lombardsbrücke ein paar Boote unterhält. Helmut Schmidt ist dort rasch der »Kapitän«, eine führende Figur. Indirekt tritt er doch noch in die Hitlerjugend ein, als alle freien Jugendgruppen »gleichgeschaltet« werden. Das HJ-Mitglied muss sich beim Nürnberger NS-Parteitag 1936 in eine Menschenmasse einfügen und dem »Führer« zujubeln – Helmut Schmidt tut es mit innerer Beklemmung und wird diese Erfahrung zeit seines Lebens nicht vergessen.

Aus dem Ruderclub – und damit aus der HJ – fliegt er dann wieder raus: Er hat eine große Klappe und will sich anderen, die er für dümmer hält, nicht unterordnen. Dieser Wesenszug wird auch den Politiker Helmut Schmidt kennzeichnen – er nimmt nichts ungefragt hin und wird körperlich krank, wenn nicht er, sondern ein anderer das Sagen hat, dazu einer, der es vermeintlich schlechter macht.

Eine weitere Eigenschaft ist bereits dem Heranwachsenden wie auch dem reifen Politiker Schmidt zu Eigen: Scheu. Dieser kleine Mann ist auffallend schüchtern, braucht Hilfsmittel wie die burschikose Kameraderie, um Kontakte zu anderen zu knüpfen. »Er braucht eigentlich immer jemanden, der im Hintergrund die sozialen Verbindungen etwas enger knüpft«, sagt Loki in ihrem Gesprächsbuch von 2003 über ihn. Schon als junger Mann sieht Helmut Schmidt gut aus, doch er ist kein Mädchenschwarm. An die Pubertät erinnert er sich, wie die meisten, nicht gern, wenngleich das »Frühlingserwachen« bei Mädchen und Jungen in den dreißiger Jahren spät beginnt, viel später als heute. Er selbst nennt sich im Gespräch mit Sandra Maischberger einen »Spätblüher«. Äußerlich bleibt sein Beziehungsleben solide wie bei wenigen (auch »dank Lokis Großherzigkeit und Beschützerinneninstinkt«, wie der Schmidt-Biograph Hartmut Soell schreibt): Loki und Helmut turteln schon miteinander, als Helmut fünfzehn ist, »da hat er mir auch den ersten verschämten Kuss gegeben«, erinnert sich Loki Schmidt. Die Liebe kommt erst viel später, als der Soldat Helmut Schmidt Dienst in Berlin tut. »Dort haben wir uns ineinander verliebt und auch schon beschlossen: Wenn Helmut heil aus Russland zurückkommt, wollen wir heiraten.« Sie werden ihr Leben lang zusammenbleiben.

Wie Herbert Wehner oder Willy Brandt versucht auch Helmut Schmidt aus Büchern Kenntnisse zu schöpfen, die ihm Eltern oder Verwandte nicht vermitteln können. Er besucht in Hamburg »öffentliche Bücherhallen«, wie die Bibliotheken damals heißen, wird aber auch in den Bücherschränken zu Hause fündig. Er besucht Konzerte oder geht in die Hamburger Oper, was für einen jungen Mann seines Standes nicht selbstverständlich ist. Er entwickelt früh eine Bindung zu seiner Heimatstadt – über die er sein Leben lang mit Stolz und Zuneigung redet. In der *Welt* schreibt er einmal anonym über Hamburg, sehr treffend, sehr viel Beobachtungsgabe verratend, in den achtziger Jahren wirkt er an einem Hamburg-Film mit, der über die Stadt ebenso viel erzählt wie über ihren Sohn und Ehrenbürger. Treffend schreibt einmal ein Beobachter, Helmut Schmidts Wurzeln seien »tiefer und breiter, als sie in Hamburg allein hätten wachsen können; aber Hamburg gab ihm Maß und Stil«.

Helmut Schmidt entwickelt sein eigenständiges, wenngleich unpolitisches Denken an seinem Gymnasium, der Hamburger Lichtwark-Schule, weiter. Namensgeber der 1925 gegründeten Schule ist ein früherer Direktor der Hamburger Kunsthalle, Alfred Lichtwark, der eine ganzheitliche Persönlichkeitsbildung – seinerzeit heißt das Menschenbildung – zum Kern seiner Pädagogik macht. Loki Schmidt schildert den Alltag in der Erinnerung so: »Es wurde musiziert und gesungen, gemalt und gezeichnet, in Holz, Metall und mit Textilien gearbeitet, Theater gespielt und Literatur gelesen. Mehrmals wöchentlich gab es eine Art Blockunterricht, der sich Kulturkunde nannte, eine Zusammenfassung von Deutsch und Geschichte, aber auch der naturwissenschaftliche Unterricht kam nicht zu kurz.« Die Schule hat zwei Orchester und zwei Chöre. Helmut Schmidt lernt, Kirchenlieder vierstimmig zu setzen. Außerdem gibt es eine so genannte Lesegesellschaft, zu der eine Lehrerin lädt. Mit der Schulklasse besucht er viele Theaterstücke und Kunstausstellungen. Eine Klassenfahrt führt sogar nach England.

Diese Ausbildung legt den Grundstein für Helmut Schmidts Belesenheit, seine Freude am Musizieren (Klavier und Orgel) und

Zeichnen (mit Wachs und Kreide) und nicht zuletzt für sein Kunstverständnis, mit dem er in den Räumen des Bundeskanzleramtes Akzente setzen wird.

An der Schule herrscht ein Freigeist, der sich der »Gleichschaltung« im Bildungswesen widersetzt, wenigstens in den Jahren, als Loki und Helmut Schmidt sie besuchen. Die Schüler werden in subtiler Weise gegen die braune Ideologie immunisiert. Zwar ist »die Politik« tabu, nicht aber zum Beispiel die Kunst, die dieser Politik als »entartet« gilt, oder die Literatur, die in dieser Zeit auf öffentlichen Scheiterhaufen verbrannt wird. Die politische Prägung erfolgt »auf Umwegen«. Helmut Schmidt wird später davon schreiben, wie »tief erschüttert« er darüber war, dass die Werke von Beckmann oder Nolde, von Pechstein oder Barlach solche Schmähungen erfuhren. Die Nationalsozialisten erscheinen ihm, der von ihrem Terror noch nichts weiß, zunächst als Kulturbanausen.

Der Widerspruch zwischen »Drinnen« und »Draußen«, wichtigen Bildungserfahrungen in Familie und Gymnasium und dem Entsetzen über den »völkischen Geist«, führt bei Schmidt zu einer Art Weltflucht, die bald einen konkreten Ort hat: Fischerhude. Der Zufall steht Pate, als Helmut und Wolfgang 1936 eine Radtour von Hamburg nach Maria Laach unternehmen und dabei in Fischerhude bei Bremen Rast machen, wo der Kriegskamerad eines Onkels lebt. Der Aufenthalt dauert länger als gedacht, die Brüder bleiben einige Tage und begegnen Malern, die sich dort zur Arbeit zurückgezogen haben. Helmut Schmidt wird häufig wiederkehren, in dieser künstlerisch-weltoffenen, politisch liberalen Atmosphäre kann er frei atmen. »Ich habe diese Landschaft geliebt«, wird er einmal als alter Mann resümieren.

Kein Wunder, dass die Malerei – vor allem des deutschen Expressionismus – und das Gespräch mit Künstlern ihren festen Platz in diesem Leben haben werden. Als der Bundeskanzler 1981 zum Staatsbesuch nach Rom kommt, erfährt er von einer Ausstellung des in Stuttgart lebenden Künstlers Otto Herbert Hajek. Spontan lässt er Hajek einfliegen und geht mit ihm durch die Engelsburg, die der Bildhauer und Maler mit seinen Farben und Formen erfüllt hat. Vor einem Triptychon mit den Nationalfarben Schwarz-Rot-Gold hält Schmidt am längsten inne. Das

Bild wird auf seine Initiative hin vom Bund gekauft und im NATO-Saal des Kanzleramtes aufgehängt.

Helmut Schmidt geht noch zur Schule, als ihm die Mutter ein gut gehütetes Familiengeheimnis anvertraut: Der Mann, zu dem er und sein Bruder »Opa« sagen, ist nicht sein leiblicher Großvater, sondern Ziehvater seines Vaters. Dessen leiblicher – und unehelicher – Vater heißt Gumpel und stammt aus einer jüdischen Familie. Er hat der Adoption seines Sohnes, des Vaters von Helmut Schmidt, durch die Eheleute Johann Gustav Schmidt und Katharina Schmidt mit einem Geldbetrag nachgeholfen. Die Summe habe dem Paar, schreiben die Forscher Gerrit Aust und Irmgard Stein, »eine Existenzsicherung für den kürzlich gegründeten Haushalt« verschafft. Ludwig Gumpel lebt nach seinem kurzen Aufenthalt in Hamburg wieder in Sachsen und schickt noch einmal 50 Mark. Danach verliert sich der Kontakt.

Es ist zu dieser Zeit ein Makel, unehelich geboren zu sein, auch Helmut Schmidts Weggefährte Willy Brandt muss das bitter erfahren. Schmidts Vater, ein Kleinbürger, der aus eigener Kraft etwas geworden ist und der will, dass seine Söhne noch weiter kommen, leidet darunter. Dabei soll er, wie Sohn Helmut versichert, kein Antisemit gewesen sein. »Man hat nicht mal wirklich gewusst, was ein Jude ist.« Eine jüdische Herkunft wird in Deutschland erst von 1933 an geächtet, als die Nazis die Juden zu Untermenschen stempeln und terrorisieren. Nach den Nürnberger Rassegesetzen ist der Vater von Helmut Schmidt ein Halbjude. Wäre das bekannt geworden, hätte man ihn des Schuldienstes verwiesen. So verliert er darüber kein Wort und verlangt, dass auch Frau und Kinder schweigen (wenn er überhaupt weiß, dass die Kinder Bescheid wissen). Vater und Söhne sprechen jedenfalls nie darüber.

Mit wachsender Sorge nimmt der junge Helmut Schmidt wahr, wie zum Boykott jüdischer Händler aufgerufen wird oder jüdische Altersgenossen auf der Straße verprügelt werden. Er bekommt mit, wie Lokis Eltern jüdische Freunde auf dem Dachboden verstecken, »die blieben immer nur eine Nacht und dann wieder bei jemand anderem«. Es gibt keine akute, aber doch eine latente Gefahr, denn die Vorsorge, die der Vater treffen konnte, eine Bescheinigung mit dem Vermerk »Vater unbekannt«, ist nicht »wasserdicht«. Hannelore Glaser und Helmut Schmidt brauchen einen Ariernachweis, um heiraten zu können. Schmidts militärischer Vorgesetzter liest den Hinweis »Vater unbekannt«, bohrt nicht weiter nach, stellt den Nachweis aus.

Das Familiengeheimnis bleibt auch nach der Nazizeit lange gehütet. Erst als Helmut Schmidt Bundeskanzler ist, erzählt er davon dem französischen Staatspräsidenten und persönlichen Freund Valéry Giscard d'Estaing. Beide sitzen in einer gepanzerten, abhörsicheren Regierungslimousine, einen Dolmetscher gibt es nicht, sie sprechen Englisch. Es vergehen noch einmal Jahre, bis Schmidt den jüdischen Großvater preisgibt, aber nicht deutschen Journalisten, sondern einem Briten und einem Amerikaner. Weshalb diese Zurückhaltung, ja Vorsicht? Er wollte Rücksicht auf seinen Vater nehmen und mit der Preisgabe bis zu dessen Tod warten. Aber sicher gibt es auch ein politisches Motiv: Er will nicht wie Willy Brandt zur Zielscheibe von Spott und Schmähreden werden. Zwar hält er die Deutschen für politisch reif genug, um nach 1945 ein demokratisches Bewusstsein zu entwickeln – aber haben sie sich auch von antisemitischem Denken ganz befreit? Da ist sich Helmut Schmidt nicht sicher und will sie lieber nicht auf die Probe stellen.

Nach dem Abitur 1937 leistet Schmidt sechs Monate seinen Reichsarbeitsdienst, in Reitbrook im Hamburger Elbmarschengebiet Vierlande. Danach muss er zur Wehrmacht – zur Flakartillerie nach Bremen-Vegesack. Er trägt sich mit Auswanderungsgedanken, »wegen der Nazis«, wie er später sagt, sondiert hierzu im Herbst 1939 bei der Firma Shell, ob er für sie als Volontär nach Batavia (Jakarta) in Niederländisch-Indien, heute Indonesien, gehen kann. Doch Hitlers Krieg gegen Polen durchkreuzt alle Pläne, Schmidt muss bei seiner Truppe bleiben.

Für einen, der gerade im Begriff ist, weit wegzugehen, ist der Kriegsausbruch ein harter Schlag. Die zweieinhalb Lebensjahre, die er dem Regime »geschenkt« hat, sind nicht genug, jetzt werden auch noch die Zukunftspläne zunichte gemacht. Aber wie der Abiturient Helmut Schmidt müssen in diesen Wochen und Monaten Millionen Deutsche an die Front!

Schmidt wird zunächst in der Heimat stationiert, wo er bis zum Sommer 1941 bleibt. Danach muss er an die Ostfront. Er gehört zur Flakabteilung 83 im Verband der 1. Panzerdivision, mit der er den Winter 1941/42 nahe dem russischen Tula ver-

bringt. 1942 beordert man ihn in das Oberkommando der Luft-
waffe nach Berlin. Danach leitet er in Bernau einen Stabsdienst,
der Vorschriften für die Ausbildung an leichten Flugabwehrwaf-
fen formuliert. Da kommt er ganz gut über die Runden. Er findet
sogar Gelegenheit, Orgelunterricht zu nehmen. Die Zeit von
1944 bis zum Kriegsende verbringt Helmut Schmidt, jetzt Oberleutnant und Chef einer Batterie, an der Westfront in Belgien.
Von dort aus gerät er in britische Kriegsgefangenschaft.

Achteinhalb Jahre in Uniform, in wenigen Sätzen skizziert – das
referiert nur sehr unzureichend, wie stark ihn diese Jahre prägen.
Während Herbert Wehner und Willy Brandt das Naziregime
vom Exil aus bekämpfen, sucht Helmut Schmidt im Militärdienst
eine Art innerer Emigration, einen Platz zum Überleben. Die
Wehrmacht ist für ihn »der einzig anständige Verein« in dem von
Nazis und Mitläufern durchsetzten Reich, hier gelten noch – wie
er es erlebt – Werte wie Kameradschaft und Solidarität. Dass er
nur wenige Male in echte Lebensgefahr gerät, dass er immer wieder Vorgesetzte findet, die seine »große Klappe« tolerieren und
ihn sogar vor einem Gerichtsverfahren schützen, dass er bis auf
ein halbtaubes rechtes Ohr heil aus dem Krieg zurückkehrt – da
hat er, sagt er später, »irgendwie Glück gehabt«. In Berlin zum
Beispiel gilt er als »roter Oberleutnant«, obwohl er ein politisch
unbeschriebenes Blatt ist. Schmidts eigener Anteil an diesem Glück
ist sein Arbeitseinsatz als Soldat, den er gewissenhaft, eben pflicht-
bewusst, leistet. Das verhilft ihm zu Fähigkeiten, die er sein Leben lang in immer verantwortungsvolleren Aufgaben einsetzen
wird. Der Journalist Harald Steffahn resümiert: »Der Front-
soldat lernt nicht nur Menschen kennen; er muss sich auch fort-
während unerwarteten Problemlagen gewachsen zeigen und
entwickelt damit eine Beweglichkeit, wie er sie sich in der ge-
mächlichen Gangart normaler Berufsbewährung so schnell nicht
aneignen kann.«

Helmut Schmidt kommt glimpflich davon, was Ort und Dauer
seiner Stationierungen angeht. Aber auch er macht schreckliche
Erfahrungen, die ihm noch Jahrzehnte später Alpträume bereiten. Er speichert »den Geruch brennender Städte und faulender
Leichen« – diese Formulierung stammt von ihm selbst – unaus-
löschlich im Gedächtnis ab. Immer wieder wird er sehen, wie
russische Gefangene »abtransportiert« werden, wird die grauen-

haften Schreie eines Kameraden hören, der an einer schweren Unterleibsverwundung stirbt. Der Krieg wird für Schmidt zur Grenzerfahrung schlechthin und zum Maßstab für das, was er privat und politisch künftig erlebt. Die Todesangst zum Beispiel, die er bei der Einkesselung von Tula im Jahr 1941 empfindet, wird für ihn zur einzig »gültigen« Angsterfahrung überhaupt.

Haben sich Schmidts musische und analytische Begabung bislang die Waage gehalten, gewinnt allmählich der Kopf die Oberhand über das Herz. Das geht nicht so schnell, ist ein Prozess von Jahren, und so gibt es Fotos von Helmut Schmidt in Uniform, die noch einen sensiblen, verletzbaren Menschen zeigen. Gequält lächelt er in die Kamera, als wolle er sagen: Was gibt es denn in dieser dunklen Zeit zu lachen? Die Züge des erwachsenen, lebenserfahrenen Schmidt hingegen wirken nicht mehr verletzbar, sondern ernst, streng, gelegentlich bitter. Es trägt jetzt »soldatische« Züge. Im Alter hat er ein Generalsgesicht.

Traumatische Erfahrungen verstärken diese Persönlichkeitsveränderung in den Kriegsjahren noch. Im Herbst 1944 erhält er die Order, den Prozess gegen die Widerstandskämpfer des 20. Juli 1944 zu besuchen. Vor dem Volksgerichtshof unter seinem Präsidenten Roland Freisler wird gegen den ehemaligen Leipziger Oberbürgermeister und Kanzlerkandidaten des Widerstands, Carl Friedrich Goerdeler, seinen potentiellen Außenminister, Botschafter a. D. Ulrich von Hassell, den früheren Gewerkschaftsführer Wilhelm Leuschner und den katholischen Rechtsanwalt Josef Wirmer, der Justizminister werden sollte, verhandelt. In anderen Verfahren stehen Adolf Reichwein oder Julius Leber, der Lübecker Sozialdemokrat und politische Förderer von Willy Brandt, vor Gericht. Schmidt muss dorthin, weil sein Vorgesetzter, der Generalstabsmajor Friedrich Georgi, Schwiegersohn des Generals Friedrich Olbricht ist, eines Widerstandskämpfers, der am 20. Juli umgebracht wurde. Georgi gilt als verdächtig (er kann sich allerdings exkulpieren) und seine Umgebung mit ihm.

Helmut Schmidt schaut an diesem Tag Freisler in die Augen und wird sich der Menschenverachtung dieses Mannes und der anderen Protagonisten des Regimes bewusst. Freisler schreit die Angeklagten an, beschuldigt sie und verweigert ihnen jede Gelegenheit zur Stellungnahme. Er führt einen Schauprozess zur Abschreckung des Volkes, der Prozessfilm wird in der »Wochen-schau« ausgestrahlt, der Tod ist Goerdeler und den anderen längst gewiss. Schmidt »rastet aus«, spricht vor Kameraden davon, dass er Freisler am liebsten umbringen würde. Zum Glück de-nunziert ihn keiner. Auch Loki gegenüber wird er deutlich: »Der Freisler ist ein widerliches Schwein.« Er meldet sich zum Rapport bei Generalleutnant Heino von Rantzau, der ihn mit den Worten empfängt: »Na Schmidtchen, was haben die Braunen jetzt wieder angestellt?« Schmidt bittet darum, diese Verhandlungen nicht mehr besuchen zu müssen, und der General entbindet ihn von die-ser Pflicht.

Helmut Schmidt könnte ungestört die letzten Kriegsmonate in Bernau bleiben, würde er nicht freche Witze über die Nazis ma-chen. Ein Linientreuer hört seine Bemerkungen und setzt ein Er-mittlungsverfahren wegen Zersetzung der Wehrkraft in Gang. Zwei Generalstabsobristen, die zu Schmidt halten, befreien ihn aus der bedrohlich gewordenen Lage, machen ihn zum Chef einer 3,7-cm-Flak-Batterie in einem Panzerkorps-Verband. Weitere Ver-setzungen folgen, so dass ihm das Verfahren »hinterherläuft«, aber bis Kriegsende nicht zum Abschluss kommt.

Es sind nicht nur die Erfahrungen von braunem Terror und Tod, die sich bei Schmidt einprägen, es ist auch ein Konflikt, der mit seiner Eigenschaft als Soldat zusammenhängt, ein Gewissens-konflikt. (Auch hier eine Parallele zu Wehner, der in einen Ge-wissenskonflikt in seinem, dem kommunistischen System gerät, während Brandt eine solche Erfahrung durch das frühe Exil er-spart bleibt.) Wie viele seiner Kameraden sieht er sich in dem Di-lemma, den Dienst für das Vaterland leisten zu müssen und Widerstand gegen die Naziherrschaft leisten zu sollen. Er weiß, dass der Krieg verloren ist und dass er mit seinem Einsatz die Agonie des Regimes verlängert. Gibt es jetzt eine höhere mora-lische Pflicht zur Sabotage, zur Zusammenarbeit mit dem Feind, zu einem Attentat gegen Führungsleute oder doch wenigstens zur Fahnenflucht? Schmidt bleibt auf seinem Platz und kämpft bis zum Schluss, aber er zermartert sich den Kopf über diese Frage, durchlebt Gewissensqualen. Als Ergebnis kommt er auf die – frei-lich für ihn nicht ganz befriedigende – Formel, er sei kein Wider-standskämpfer, aber auch kein Nazi gewesen. Anders gesagt: kein Held, aber auch kein Mitläufer. Er sagt das mit der Bitterkeit eines Menschen, der sich vom Regime »missbraucht« fühlt, missbraucht wie viele seiner Kameraden aus dieser Zeit.

Im April 1942 verloben sich Hannelore Glaser und Helmut Schmidt, im Juni heiraten sie. Sie entscheiden sich für eine kirchliche Trauung, was zu dieser Zeit nicht selbstverständlich ist. Hannelore Glaser ist weder getauft noch konfirmiert. Helmut Schmidt ging »mehr aus Konvention denn aus innerer Überzeugung« zur Konfirmation, wie er sich viel später, im Fernsehgespräch mit Ulrich Wickert, erinnert. Mit einundzwanzig macht er seine »allererste, bewusst erlebte christliche Erfahrung«, einen Trost im Glauben und in der Kirche. Diesen Trost braucht er für jenen Tag, an dem im Nachkriegsdeutschland kein Stein mehr auf dem anderen steht. »Zwar noch recht unklar, aber doch deutlich« kommt ihm zu Bewusstsein, dass Hitlers Diktatur »uns auf vielerlei Weise in den Abgrund führen« wird. »Ich dachte, wir würden alle in Erdlöchern hausen, bestenfalls in Baracken.« In dieser existentiellen Not entdecken seine Frau und er die christlichen Kirchen als letztgültige Autorität. Nur sie verfügen noch über die Kraft und den Anspruch, den Einzelnen sittlich zu formen und die Gemeinschaft neu zu begründen. Die kirchliche Trauung bedeutet deshalb auch »einen gewissen Protest gegen die Zeit«, wie Hannelore Schmidt später schreiben wird.

Diese Erfahrung mit der Kirche, in diesem Fall der protestantischen, die eigentlich mehr eine Erwartung als eine Erfahrung ist, spielt für das Politikverständnis des späteren Bundeskanzlers Helmut Schmidt eine wichtige Rolle. Denn als die Kirche seine Erwartungen nach 1945 nicht erfüllt, tritt bei ihm eine Art Ur-Enttäuschung ein, die ihn einen laizistischen Staat fordern lässt. Er engagiert sich in der Kirche, übernimmt darin Ämter, ist zum Beispiel zwischen 1965 und 1970 berufenes Mitglied der Synode der Evangelisch-Lutherischen Kirche in Hamburg. Er spricht auch häufig auf Kirchenkanzeln oder bei Evangelischen Kirchentagen; aber er verlangt eine klare Trennung von Kirche und Politik, wobei er die Kirche für »letzte« Fragen zuständig sieht und die Politik für die »vorletzten«.

Sind die Schmidts gläubige Menschen? Helmut Schmidt sucht in den letzten Kriegsmonaten Rat bei einem Pastor seiner Batterie, weil ihn der Konflikt zwischen seinem Pflichtbewusstsein und dem Gebot, politischen Widerstand zu leisten, seelisch bedrückt.

Der Pastor deutet ihm das Paulus-Wort »Jedermann sei Untertan der Obrigkeit, die Gewalt über ihn hat. Denn es ist keine Obrigkeit ohne von Gott, wo aber Obrigkeit ist, ist sie von Gott verordnet.« Schmidt macht sich die, wie er später einmal schreibt, »lutherische Ausprägung der Formel« zu Eigen und kommt zu der Gewissheit, »dass über den Ausgang der Geschichte eine letzte obrigkeitliche Instanz entscheidet: Gott bleibt der Herr der Geschichte«.

Über diese Auslegung des Glaubensbekenntnisses wird Helmut Schmidt nicht hinausgehen, sein Leben lang nicht. In einem Fernsehgespräch mit dem Komponisten und Dirigenten Leonard Bernstein räumt er einmal ein, dass er nur »ziemlich naiv« über Gott sprechen kann, und fügt hinzu: »Glaube heißt zu wissen, dass man in der Hand Gottes ist, wie immer man Gott nennt.« Der sonst so brillante Analytiker Schmidt versteht den Glauben als einen Bereich der Versenkung, und dabei helfen ihm das Vaterunser und die Gebete, die er als Anrufung Gottes, nicht als Zwiesprache mit ihm versteht. Zum Glauben regt ihn auch die Kirchenmusik, vor allem die Johann Sebastian Bachs, an. Analytiker im Glauben, das heißt Theologen und Politiker, die aus der Bibel einen konkreten politischen Handlungsauftrag begründen, sind ihm ein Graus. Der Bundeskanzler Helmut Schmidt wird auf Evangelischen Kirchentagen einem Erhard Eppler, Heinrich Albertz oder Franz Alt vorwerfen, dass sie die Bibel für fremde, eben politische Zwecke missbrauchen.

Die Gelassenheit, die Helmut Schmidt aus dem Glauben entwickelt, beruht nicht auf einem Vertrauen in das christliche Wort, sondern auf dem Vertrauen in die eigenen Kräfte und Fähigkeiten, letztlich in die Urteilskraft des eigenen Gewissens. Wer auf seine Vernunft setzt, so seine Überzeugung, und dabei christliche Werte beachtet, kann und muss eigenverantwortlich entscheiden. Dann ist er – aber nur dann! – von persönlicher Schuld frei, welche Folgen seine Entscheidungen auch immer haben. Die Gelassenheit kommt aus einer Sicherheit: »Eigentlich kann nichts passieren, was Gott nicht zulässt.«

Loki Schmidt bringt 1944 einen Sohn zur Welt, den die Eltern Helmut Walter nennen, der aber bereits im Januar 1945 an einer Krankheit stirbt. Helmut Schmidt ist zu dieser Zeit an der Front, die Feldpost funktioniert schlecht, die Nachricht vom Tod des

Jungen gelangt nicht zu ihm. »Wir pflegten unsere Briefe zu nummerieren«, schildert Schmidt viel später, »und in einem späteren Brief, der mich erreichte, war en passant eine Bemerkung enthalten, aus der ich schließen musste, dass der Junge tot war.« Als er Heimaturlaub bekommt und sich im kriegszerstörten Land zu seiner Frau durchschlägt, ist das Kind schon beerdigt – noch heute gibt es das Grab in Zepernick nahe Berlin.

Hat das Paar genug Zeit zur Trauerarbeit? Es scheint, als schiebe Helmut Schmidt die Trauer weg. Im hohen Alter wird er einmal gefragt, was für ein Vater er für einen Sohn gewesen wäre. Seine Antwort, dass er darüber nicht nachgedacht habe, klingt wenig glaubhaft. Denn Loki und Helmut sind Familienmenschen und wollen mehrere Kinder. 1947 wird Tochter Susanne geboren, danach stellt sich kein Nachwuchs mehr ein. In ihrem Gesprächsbuch aus dem Jahr 2003 bekennt die 84-jährige Hannelore Schmidt, sie habe wegen einer Infektionskrankheit sechs Fehlgeburten gehabt.

Die Tochter Susanne hat keine Kinder. Helmut Schmidts Hoffnung, eine Großfamilie zu gründen, bleibt unerfüllt; so ist ihm der Umgang mit vielen Kindern und Enkeln versagt, der ihn möglicherweise milder, nachsichtiger mit sich und der Umwelt gestimmt hätte. Tochter Susanne geht nach Großbritannien, wohl auch, weil sie in der Heimat nur »die Tochter von Helmut Schmidt« ist. So leben Loki und Helmut allein, und Helmut hat viel Zeit für die Politik.

Schmidt ist sechsundzwanzig Jahre alt, als im Mai 1945 der Krieg zu Ende geht. In diesem Alter haben die beiden anderen Mitglieder der Troika, Herbert Wehner und Willy Brandt, Persönlichkeitsbildung und politische Sozialisation schon hinter sich. Prägende Bildungserfahrungen machen Brandt und Wehner erst, nachdem sie politisch »fixiert« sind; den Krieg erleben sie außerhalb Deutschlands, im Exil.

Anders Helmut Schmidt: Er ist ein musisch und literarisch gebildeter, in militärischen Fertigkeiten geschulter Mann, als er 1945 in das Zivilleben zurückkehrt, allerdings ohne eine Berufsausbildung und ohne einen Lebensplan für die nächsten Jahre; noch kein Gedanke daran, dass er einmal in die Politik gehen würde. Eine Zeit lang neigt er zur Weltflucht – wieder einmal, muss man sagen –, sinnt darüber nach, »abseits von allzu aufgeregtem Getreibe« zu leben. Auch Herbert Wehner hat bekanntlich diese fixe Idee, angeregt durch den Roman *Das einfache Leben*.

Doch dieser »Absentismus«, wie Schmidt es selbst nennt, gründet auf »Stimmungen«, bleibt nicht bestimmend (genauso wenig bei Wehner). Letztlich sind der Wille, zu gestalten, und der Ehrgeiz stärker. Mit knapp dreißig Jahren hat Helmut Schmidt die Chance zu einem Neuanfang, wenngleich das zunächst Gefangenschaft heißt. Wieder hat er Glück, denn die Briten, die ihn in der Lüneburger Heide gefangen nehmen, und die Amerikaner wollen nicht nur strafen wie die Russen und Franzosen in ihren Zonen, sondern auch bilden, fördern, fähig machen zur Demokratie. Schmidt führt intensive politische Debatten, organisiert später zusammen mit Kameraden eine Vortragsreihe. In dieser Phase kommt bei ihm, wie er das selbst einmal nennt, der »stark ausgeprägte allgemeine Wunsch nach Berührung mit Menschen, die älter waren als ich und deshalb weiser«, zum Vorschein.

Er freundet sich mit einem Mitgefangenen an, dem fünfzehn Jahre älteren Oberstleutnant Hans Bohnenkamp, und hört dem, was dieser zu sagen hat, aufmerksam zu. Bohnenkamp, vor 1933 religiöser Sozialist, plädiert für ein Zusammengehen von Sozialismus und Sozialdemokratie. Dabei prägt ihn eine starke Erfahrung, die Helmut Schmidt auch selbst gemacht hat: die Erfahrung von Kameradschaft und Solidarität in einer Gruppe, in einem Truppenverband. Dass »einer am anderen festhalten muss, wo sonst nichts mehr hält, dass einer dem anderen helfen muss, nachdem jede Hilfe versagt, erst recht die des Staates, der die Einsamkeit und das Elend des Einzelnen verursacht hat« – davon ist Helmut Schmidt fest überzeugt, und für diese Überzeugung findet er jetzt mit der Sozialdemokratie auch ein politisches Gefäß. Keine Partei pocht so sehr auf Solidarität und Gerechtigkeit zwischen den Menschen wie sie, erläutert ihm Hans Bohnenkamp. Schmidt ist Feuer und Flamme: »Wenn das möglich gewesen wäre, wäre ich wahrscheinlich im Kriegsgefangenenlager schon in die SPD eingetreten.« Auch später wird er sich immer wieder ältere Mentoren suchen, etwa den Sozialethiker Oswald Nell-Breuning (den auch Herbert Wehner sehr schätzen lernte) oder die Bischöfe Franz Hengsbach und Eduard Lohse.

Am 31. August 1945 ist Helmut Schmidt ein freier Mann. Er muss jetzt einen Beruf erlernen. Seit er fünfzehn ist, will er Städtebauer werden. Er denkt gern in großen Linien (als Bundeskanzler wird seine »Weltwirtschaftsoper« gefürchtet sein, die Erklärung der Weltlage in zwanzig Minuten), und er versteht sich vorzüglich auf das Planen und Rechnen. Aber die Studienfach-Kombination, die er für einzig sinnvoll hält, der gleichzeitige Besuch einer Technischen Hochschule und einer Kunstakademie, würde den Umzug nach München erfordern, was schon wegen der Arbeit seiner Frau, die in Hamburg Lehrerin ist, nicht geht. Allein eine Bude in München beziehen, wieder von Loki getrennt leben, will er nicht. Helmut Schmidt muss diesen Studienwunsch »begraben«.

Das trifft ihn tief. In diese andere Welt schweifen seine Gedanken auch dann noch, als er längst mit der Politik deutlich mehr bewegt hat, als er es mit dem Städtebau je geschafft hätte. Ein Gesprächsbuch im Jahr 2001 lässt er ausdrücklich mit dem Titel *Eigentlich wollte ich Städtebauer werden* versehen. Weshalb diese wehmütige Erinnerung an das andere? Da schwingt die Melancholie eines alten Mannes mit, der auf achtzig Lebensjahre zurückblickt, aber auch die Wehmut, sich nicht künstlerisch ausgebildet, ein vermeintlich großes Talent »verspielt« zu haben. Schmidt entscheidet sich in Hamburg für die Studienkombination Volkswirtschaft und Staatswissenschaft, die eine kurze Studienzeit und eine gute Basis für spätere administrative Aufgaben verspricht.

Im März 1946 tritt Helmut Schmidt der Sozialdemokratischen Partei Deutschlands bei. Gleichzeitig engagiert er sich im Sozialistischen Deutschen Studentenbund (SDS), deren Vorsitzender er 1947/48 wird. Er studiert – unter anderem bei Karl Schiller, dem späteren Ministerkollegen – und finanziert den Lebensunterhalt mit, indem er Lohnsteuerberechnungen oder die Buchhaltung für Kleinunternehmer macht. Ansonsten liest er, denn endlich sind politische Bücher zugänglich! Was er später über die Demokratie weiß, paukt er sich in diesen Jahren ein. Dass seine Reden später, wenn er über das politische System redet, schulbuchhaft und belehrend klingen, hat mit dieser Erfahrung zu tun: Er macht sich mit dem Eifer eines spät Berufenen an die Sache. Helmut Schmidt hat die Demokratie nicht in jungen Jahren erlebt und praktiziert, er musste sich nun demokratisches Gedankengut in der Theorie aneignen.

Das Studium gilt ihm als Pflichtübung – zeit seines Lebens wird Helmut Schmidt keinen Zugang zum akademischen Leben finden. Professoren sind für ihn, dem zielorientiertes Handeln über alles geht, vom Staat bezahlte Schreibtischtäter, Theoretiker, und die Studenten zählt er, wenn sie nicht gerade in Rekordzeit studieren wie er, zu den Abzockern und Schmarotzern des modernen Sozialstaats. Hier paart sich der Hochmut eines politischen Akteurs, der weiß, dass er nicht bloß denken, sondern auch handeln muss, mit dem Neid des beruflichen Spätstarters, der zu keiner Zeit die Chance hatte, sein Studium als eigenen Lebensabschnitt zu gestalten.

Schon 1949 schließt Helmut Schmidt sein Studium mit der Examensarbeit »Die Währungsreformen in Japan und Deutschland im Vergleich« ab. Er ist der einzige »fertige« Akademiker unter den dreien – Herbert Wehner konnte nie studieren, Willy Brandt beendet sein Studium in Norwegen nicht. Schmidt ist nun Diplom-Volkswirt. Statt zu promovieren, wofür er nochmals ein, zwei Jahre aufwenden müsste, fädelt er sich gleich in das Berufsleben ein. Er wird »aufgefordert [...], in den Dienst der Freien und Hansestadt Hamburg einzutreten«, wie er später einmal sagt, und zwar als Referent in die Behörde für Wirtschaft und Verkehr. Dieser Aufforderung, die wie ein militärischer Gestellungsbefehl klingt, kommt er zum 1. Juli 1949 nach.

Die Troika entsteht

Welchen Schluss erlauben diese drei so unterschiedlichen Biographien für das Spätere, den parallelen Verlauf der Lebenswege? Zwischen Herbert Wehner und Willy Brandt gibt es Ähnlichkeiten in biographischen Details, etwa in der gemeinsamen Sozialisation durch die Jugendbewegung, doch als Persönlichkeiten fühlen sich Herbert Wehner und Helmut Schmidt einander näher – in beiden steckt ein musischer Mensch, der vom anerzogenen Pflichtethos in Schach gehalten wird. Greta Wehner fasst das in die Worte, Wehner und Schmidt seien sich, was die »innere menschliche Grundlage des Handelns und des Seins« betraf, viel näher gewesen als Wehner und Brandt oder Brandt und Schmidt. Keine Frage, das Dreiecksverhältnis gestaltet sich schon in der Anlage der Persönlichkeiten kompliziert!

Der Weg zur Troika ist lang: Erst zehn Jahre nach Gründung der Bundesrepublik, zehn Jahre nachdem sich die drei der Politik verschrieben haben, finden die unterschiedlichen Charaktere zusammen. Dass diese drei, allesamt Einzelgänger, das Team mehr aus Vernunft denn Überzeugung bilden, begründet die Festigkeit dieses Bündnisses. Sympathie mit dem oder den anderen schwingt zwar mit, aber der Adressat der Zuneigung wechselt von Zeit zu Zeit.

Zwar lässt sich kein konkretes »Geburtsdatum« der Troika festmachen, doch besteht kein Zweifel daran, wer in den ersten Jahren in der Mitte lenkt: Zugpferd ist zunächst Herbert Wehner, und aus seiner Perspektive erleben wir die ersten Jahre des Gespanns.

Herbert Wehner verfügt in der Übergangszeit vom Nazideutschland zur Bundesrepublik über mehr Erfahrung als Brandt und Schmidt und steht obendrein, mit knapp vierzig Jahren, im Zenit seiner Arbeitskraft. Schnell besetzt er im politischen Gefüge des neuen Staates eine wichtige Rolle. Er muss zwar zunächst mit ihm unliebsamen Parteifunktionären in der SPD zusammenarbeiten, schafft sich aber im Lauf eines Jahrzehnts jene personelle Konstellation, mit der er die Regierungsfähigkeit der Partei und schließlich die Kanzlerschaft eines Sozialdemokraten erreicht.

Wehner kehrt im September 1946 nach Deutschland zurück. Er lässt sich mit seiner neuen Lebenspartnerin Charlotte Burmester in Hamburg nieder. »Dort habe ich«, berichtet er dem Journalisten Günter Gaus 1964, »zunächst mal in kleinen Kreisen, in Kursen, Wochenendkursen, wie es damals in diesen Hungerjahren, Kältejahren, Ohne-Licht-Jahren war – ich selber hatte viele Monate hindurch keine Wohnung und musste mit meiner Frau bald da und bald dort wohnen –, da habe ich aus meinen Erfahrungen erzählt und habe Kurse gemacht, wie man Diskussionsreden vorbereitet und wie man aus einem großen Vortrag, den man sich angehört hat, die Punkte herausfindet, auf die es nützlich und gut ist, einzugehen, wenn man diskutieren darf. So fing es an.« Mit dieser Erfahrung und diesem Wissen will Wehner eine Volkshochschule eröffnen, muss jedoch bald feststellen, dass er die formalen Voraussetzungen für die Leitung einer Volkshochschule in Deutschland nicht besitzt.

Wehner heuert als Redakteur bei der SPD-Zeitschrift *Geist und Tat* an, die der Chefdenker der Sozialdemokraten und spätere Mitautor des Godesberger Programms, Willi Eichler, verlegt. Er tut es »mit einer gewissen Beklemmung«, wie er Günter Gaus später gestehen wird, denn er weiß, dass ihm viele Sozialdemokraten mit Misstrauen begegnen. Es fällt ihm schwer, sich mit seiner schwierigen Vorgeschichte einzuordnen. Nach einem knappen Jahr bekommt er mit Eichler den »ersten Krach«, weil er nicht alle Auffassungen des Eichler-Kreises teilt.

Wehner ist in der SPD zunächst Außenseiter: Nicht dass er der Sozialdemokratie in frühen Jahren den Rücken gekehrt hat, wird ihm übel genommen, sondern seine Vergangenheit als einer der wichtigsten deutschen Kommunisten der dreißiger Jahre. Wehner selbst hat damals die Sozialdemokraten geschmäht, bekämpft, verachtet. Jetzt soll er sich völlig gewandelt haben und sogleich, bevor wir ihn ganz genau kennen, eine wichtige Rolle bei uns spielen? »Er macht allein durch sein Hinzutreten anderen den Platz oder den Einfluss streitig – durchaus ein Grund zu Kritik und Distanz«, schreibt der Wehner-Biograph Günther Scholz.

Zum Außenseiter machen ihn nicht nur seine früheren kommunistischen Parolen, sondern auch seine in den Moskauer Jahren geprägte Persönlichkeit. Schroff, abweisend, rigoros tritt er auf. Zugleich ist er hoch empfindlich, leicht verletzbar, rasch tief gekränkt. Diese Eigenschaften sind Ausdruck der inneren Kämpfe, die Wehner durchleidet, seit er die Irrtümer und Richtungswechsel seines politischen Lebens zu verkraften hat. Er weiß, er hat Schuld auf sich geladen, und die gilt es jetzt abzutragen. Aber das geschieht nicht in einem »Zustand des inneren Gleichgewichts«, sondern im mal strengen, mal resignierten Dialog mit sich selbst oder auch in der hitzigen Auseinandersetzung mit Genossen, in der er innere Zerrissenheit und Selbsthass offenbart.

Über diesen Reflex, Schuld abzutragen, nachdem man schuldig geworden ist, hat der Schriftsteller Walter Kempowski in einem Fernsehgespräch mit Peter Voß berichtet. Kempowski hatte sich zu Beginn der sowjetischen Besatzung schuldig gemacht, weil er in der Folterhaft seine Mutter verraten und damit ebenfalls ins Gefängnis gebracht hatte. »Im Grunde ist ja jedes Unglück«, sagt Kempowski in diesem Gespräch, »das einen betrifft, eine große Gnade, denn gerade die Schmerzen, die man zugefügt bekommen hat oder auch, die man anderen zufügt, können als ein Motor wirken, besonders natürlich das, was man selbst verbrochen hat, also Schuld. Schuld kann ein großer, ein wirkungsvoller Motor sein für Sühne: Man versucht, begangenes Unrecht irgendwie wieder gutzumachen.«

Kempowski wird sich über diesen Zusammenhang – wie auch Wehner – hinter Gefängnismauern klar, am »tiefsten Punkt« seines Lebens, wie er selbst sagt. Später arbeitet er zunächst als Volksschullehrer, danach beginnt er mit dem Schreiben. Herbert Wehner denkt in der Haft daran, nach der Entlassung zunächst eine »Auszeit« zu nehmen, doch die Umstände und sein »Motor« lassen das nicht zu. Er kehrt in die Politik zurück, in ein Haifischbecken, in dem er selbst beißen muss und gebissen wird, wobei auch frühere Wunden immer wieder aufbrechen. Überhaupt erzählen viele, dass er oft mehr Wut und Zorn entlädt, als der Anlass verlangt und der Gescholtene verdient. »Wer dem Gequälten zu nahe kam, musste sich auf Schläge gefasst machen, verdiente oder unverdiente«, erinnert sich Erhard Eppler.

Leichter als mit der Gruppe um Willi Eichler tut sich das junge SPD-Mitglied Wehner als Lektor mehrerer Hamburger Verlage. Der Historiker August Leugers-Scherzberg attestiert ihm publizistischen Spürsinn und verlegerisches Geschick. Wehner sieht diese Arbeit durchaus unter politischen Vorzeichen, will etwas für die Entwicklung des Sozialismus in Deutschland tun. Aber er überschätzt den Einfluss, den er mit dieser Arbeit hat, schränkt sie 1947 stark ein und gibt sie 1948 ganz auf. Zum 1. April 1947 fängt er als Redakteur beim sozialdemokratischen *Hamburger Echo* an. Gleichzeitig intensiviert er seine Rednertätigkeit für die Partei.

Dann kommt das Angebot, beim Aufbau eines so genannten Ostbüros der SPD mitzuhelfen. Das bedarf der Billigung des Parteivorsitzenden Kurt Schumacher, mit dem Wehner einen Gesprächstermin vereinbart. Er hat Glück, denn der eigenwillige Schumacher hat keine Berührungsängste mit dem als »schwierig« avisierten Wehner. Schumacher findet, dass ein Exkommunist die Kommunisten am besten bekämpfen könne. Wehner verfüge schließlich über intime Kenntnisse der anderen Seite, ihre »Denke«, ihre Strategie und ihr Personal. Aber Schumacher ist vorsichtig. Ohne es Wehner zu sagen, lässt er dessen Verhalten in Schweden untersuchen. Die Prüfung fällt für Wehner positiv aus. Schumacher drängt ihn daraufhin zu einem Mandat im Ersten Deutschen Bundestag. »Er hat mich sozusagen mit der Faust dazu genötigt, dass ich kandidiere«, schildert Wehner im Fernsehgespräch mit Gaus. »Ich wollte arbeiten, und ich arbeitete ja für die Sozialdemokratische Partei. In den Bundestag wollte ich nicht. [...] Ich habe Kurt Schumacher gesagt: sie werden mir doch dort von allen Seiten bei lebendigem Leibe die Haut vom Leibe reißen. Ja, sagte er, das werden sie, aber das wirst du auch aushalten. So ging das.«

1949 kandidiert Wehner in dem für die SPD sicheren Wahlkreis 18 Hamburg-Harburg. Während des Wahlkampfes gibt es zwei Versuche, ihn zu entführen, wie Wehner später, in einem Fernsehgespräch mit Jürgen Kellermeier im Oktober 1979, berichtet. Wehner erzielt 48 Prozent, was einen großen persönlichen Erfolg bedeutet, und wird diesen Wahlkreis bis zum Ausscheiden aus dem Bundestag 1983 behalten.

Die Beziehung zu Kurt Schumacher ist eng. Allein 1951 gibt es 110 Besprechungen mit ihm. Kurz vor seinem Tod schreibt Schumacher dem »Freund Herbert Wehner« eine Widmung, die jahrzehntelang gerahmt in Wehners Haus auf dem Heiderhof und dann in Greta Wehners Wohnung in Dresden hängt. Manche Historiker behaupten, dass Wehner sich Schumacher angedient und die Kritik an seiner Politik bis nach dessen Tod für sich behalten habe. Diese These lässt sich jedoch nicht stützen, weder durch Quellenstudium noch durch Befragen von Zeitzeugen.

Kurt Schumacher übernimmt nach dem Krieg eine vielschichtig zusammengesetzte SPD. Die meisten Mitglieder gehören zwar zum klassischen Arbeitermilieu, doch die Führungsleute oder solche, die es werden wollen, sind Arbeiter, Beamte, Intellektuelle. Dabei treffen mehrere Generationen aufeinander: Manche haben das Dritte Reich vom Exil aus erlebt, andere saßen in Konzentrationslagern, wieder andere waren Soldaten im Krieg. Schumacher öffnet die Partei all denen, die sich ihrerseits der SPD öffnen. Das ist sein bleibendes Verdienst. (Dass es zu seinen folgenreichsten Entscheidungen gehören wird, Herbert Wehner aufgenommen und gefördert zu haben, ist ihm damals nicht bewusst.)

Das linke Lager im Deutschen Bundestag ist anfangs kaum schwächer als das bürgerliche, aber Konrad Adenauer handelt pragmatischer, geschmeidiger, schlauer, vor allem weniger prinzipiengebunden. Kurt Schumacher geht – so Egon Bahr – »angesichts der Integrität seines Wollens, der Unnachsichtigkeit sich selbst gegenüber und der selbstlosen Leidenschaft für das Schicksal seines Volkes und seines Staates« in die deutsche Geschichte ein, doch nicht nur sein Leben verläuft tragisch, auch seiner Arbeit für die Partei haftet diese Tragik an. Er koppelt seinen rigorosen Moralismus mit einem Machtanspruch, wonach die SPD als deutsche Traditionspartei, die stets für Frieden und soziale Gerechtigkeit gekämpft habe, allein zum Wiederaufbau des Landes berufen sei. Kein Wunder, dass der Schock tief sitzt, als die

Partei bei den Bundestagswahlen am 14. August 1949 nur zweitstärkste Kraft wird, mit 29,2 Prozent dicht hinter der CDU/CSU (31 Prozent). Schumacher lehnt eine Kooperation ab, entscheidet sich für Abgrenzung. Der Politikwissenschaftler Franz Walter sieht darin den in der alten SPD »eingeschliffenen Reflex, sich nach Rückschlägen in den Schmollwinkel zu verkriechen, sich dann erst recht für die Partei der besseren Menschen zu halten«.

In der Sache ist seine Blockade total: Die SPD lehnt die Westbindung der Bundesrepublik ab, das heißt ihre Integration in die NATO und die Westeuropäische Union, den Beitritt zum Europarat sowie zur so genannten Montanunion. Sie ist auch entschieden gegen jede Form der Wiederbewaffnung. Adenauer setzt auf die wachsende Souveränität des größeren deutschen Teilstaates und lässt dafür Optionen auf eine Verständigung mit den Sowjets, das heißt auf eine Wiedervereinigung, fallen.

Nach Schumachers Tod am 20. August 1952 übernimmt sein Stellvertreter Erich Ollenhauer den Partei- und Fraktionsvorsitz: ein redlicher Mann, nach dem Geschmack der Genossen, nicht aber der Mehrheit der Wähler. Ollenhauer entspricht dem Wunsch nach einer Vaterfigur, ist »unser Erich«, wie Willy Brandt später »unser Willy« sein wird, aber er hat keinen »Biss«. Er repräsentiert die Tradition der SPD als Klassenpartei, erfüllt das Bedürfnis nach Geborgenheit in dieser Klasse, verwaltet den Parteiapparat ohne Tadel und setzt dabei auch einige Reformen um, aber: Ollenhauer ist Mittelmaß.

Selbst eine mittelmäßige Figur könnte viel erreichen, hätte sie Kräfte des Aufbruchs um sich. Die gibt es aber nicht. Auch Herbert Wehner, der seit 1952 dem SPD-Parteivorstand angehört, ist keine. Ollenhauer fragt ihn in allem um Rat, wenngleich das Verhältnis zwischen beiden Schwankungen unterliegt, aber Wehner wagt keine Neuorientierung, sei es aus Angst um seine Position, sei es aufgrund der Analyse, dass die Zeit dafür nicht reif ist. Abgesehen von Wehner gibt es im Ollenhauer-Kreis eher Reformbremser, zum Beispiel den Pressesprecher Fritz Heine, dessen Augenmerk sich auf die Pflege des parteiinternen Netzwerks konzentriert. Wehner und Heine verbrauchen viel Energie im parteiinternen Machtkampf.

Neben einer schwachen Führung steht der SPD aber vor allem ihre innere Struktur im Weg: Der Parteiapparat ist ein träger Koloss. Er neigt zur Selbsterhaltung und zur krakenhaften Ausdehnung, unabhängig davon, ob die SPD Regierungsverantwortung wahrnimmt oder nicht. Unzählige Mitarbeiterinnen und Mitarbeiter kommen in diesen ersten Jahren in diesem Staat im Staate unter, wobei weniger die Fähigkeiten als die »Beziehungen« den Ausschlag geben. Die Funktionäre praktizieren im Kleinen, was Fritz Heine generalstabsmäßig betreibt: die Sicherung des eigenen Beritts. Ein Bezirksvorsitzender ist in den fünfziger Jahren noch ein wichtiger Mann.

Natürlich gibt es auch Kräfte in der Partei, die eine Modernisierung wünschen, aber die haben keinen Einfluss, noch nicht. Die programmatische Plattform der SPD ist das »Handbuch sozialdemokratischer Politik« vom Mai 1953, das als Vorläufer des Godesberger Programms angesehen werden kann. Der Initiator von »Godesberg«, Willi Eichler, gibt damals bereits das *Handbuch* heraus, eine Sammlung sozialdemokratischer Standpunkte zu Fragen der Zeit. Helmut Schmidt schreibt darin zahlreiche Lexikonartikel zu volkswirtschaftlichen Fragen, Willy Brandt widmet sich dem Thema Berlin. Die wichtigsten Beiträge, etwa zur deutschen Teilung, stammen von Herbert Wehner, der zu dieser Zeit schon zu den Vordenkern gehört.

Linker Freigeist Brandt

Mit diesem zähen Parteiapparat, in dem Funktionäre das Sagen haben und in dem die Intellektuellen mehr geduldet als willkommen sind, hat es auch der linke Freigeist Willy Brandt zu tun. Gäbe es eine andere linke und zugleich große Partei, er würde dort seine politische Heimat suchen. Aber nach den Jahren im Exil ist er kuriert von bedeutungslosen elitären Gruppen und Grüppchen: Er will jetzt nicht nur links sein, sondern auch Marksteine setzen. Und dafür ist die SPD die richtige Adresse. Brandt hat jedoch im Gegensatz zu Wehner das Handicap, kein Günstling des Parteivorsitzenden zu sein. Schumacher praktiziert und schätzt die »Autorität der Durchgestandenen«, wie es die *Stern*-Journalistin Wibke Bruhns einmal beschreibt. Willy Brandt hat nicht »durchgestanden«, sondern »changiert«, und wird deshalb von Schumacher nicht besonders gefördert. Weiter spielt eine

Rolle, dass Brandt als politisches Ziehkind des Berliner Bürgermeisters Ernst Reuter gilt, zu dem Schumacher überhaupt keinen Draht findet. Reuter ist ein volkstümlicher Typ mit einem um Ausgleich bemühten Politikverständnis – der Antipode Schumachers.

Dass Brandt, als er in die SPD kommt, ein Außenseiter ist, freilich von anderer Art als Wehner, bedarf nicht langer Erklärungen. Er ist ein unehelich geborener, geschiedener Emigrant, der obendrein einen anderen Namen angenommen hat. Er gilt nicht wenigen Genossen als linker Sonntagsjunge, eben als »Favorit des Schicksals«, und – in Anspielung auf seine bohemienhafte Art – als »Salon-Sozialist«. In einer Mischung von Stolz und Verbitterung reagiert er auf die Skepsis, die ihm in der SPD entgegenschlägt. »Ich behalte mir vor, mir über neu auftauchende Fragen selbst den Kopf zu zerbrechen«, schreibt er in einem langen Brief an Kurt Schumacher, den er für ein Bekenntnis »zu den Grundsätzen des demokratischen Sozialismus im allgemeinen und zur Politik der deutschen Sozialdemokratie im besonderen« (Brandt über Brandt) nutzt. Unverhohlen äußert er die Bitte »nach aktivem Einsatz« und einer »verantwortlichen Arbeit für die Partei«.

Willy Brandt, der inzwischen wieder in Deutschland eingebürgert ist und dafür die norwegische Staatsbürgerschaft zurückgegeben hat, bekommt eine Chance, wird Leiter des Berliner Sekretariats des SPD-Parteivorstands. Ein anderes Angebot, ein Bundestagsmandat in Schleswig-Holstein, hat er zuvor ausgeschlagen. Er wird 1949 als Berliner Abgeordneter in den Bundestag berufen, wo die Berliner nur eingeschränkt mitstimmen dürfen. Im Dezember 1950 wird er Abgeordneter im Westberliner Senat.

Im April 1952 macht er Franz Neumann den Berliner Landesvorsitz streitig, doch er unterliegt. Auch im Mai 1954 schafft er dessen Ablösung nicht, es fehlen ihm allerdings nur noch zwei Stimmen. Längst ist Neumann sein persönlicher Gegner. Zu Teilnehmern bei Landes- und Bundesparteitagen sagt er, auf Neumann zeigend: »Der sitzt da oben und ich da unten, aber eigentlich gehöre ich da hoch.« Neumann verkörpert die alte Berliner SPD, die sich zwar nicht im Politikverständnis, aber in der Rhetorik proletarisch gibt. Außerdem war er Schumacher eng verbunden, so dass er und Brandt das Duell Schumacher gegen Reuter in die nächste Generation tragen. Willy Brandt ist seit Mai 1954 immerhin stellvertretender Landesvorsitzender.

Im Januar 1955 wird er zum Berliner Parlamentspräsidenten gewählt. Sein Talent zum Krisenmanagement kann er bereits während der Ungarnkrise im November 1956 unter Beweis stellen: Es gelingt ihm, zornige Westberliner von einem Marsch in den Ostsektor, der mit einem Blutbad hätte enden können, abzuhalten.

Personelle Entscheidungen

In Bonn dümpelt derweilen die Bundes-SPD vor sich hin: Nach den 29,2 Prozent mit dem Kanzlerkandidaten Schumacher und 28,8 Prozent am 6. September 1953 mit Ollenhauer holt sie vier Jahre später bescheidene 31,8 Prozent. Manche mögen sich trösten, das sei mehr als je zuvor, aber es hält die Sozialdemokraten weitere vier Jahre von der Macht fern. In dieser Phase der Lethargie trifft die SPD, wie Fritz Erlers Biograph Hartmut Soell schreibt, »an zwei verschiedenen Orten personelle Entscheidungen, deren Tragweite erst viel später sichtbar wurde und die – im historischen Maßstab – allenfalls mit den personellen Veränderungen in der SPD-Spitze nach Bebels Tod (1913) und nach dem Ende des NS-Regimes zu vergleichen sind«.

Die erste wichtige Entscheidung fällt in der Bonner Bundestagsfraktion: Carlo Schmid, Fritz Erler und Herbert Wehner werden von der zweiten Hälfte der zweiten Legislaturperiode an, also ab 1955, stellvertretende Fraktionsvorsitzende. Sie bilden das »Triumvirat«, wie es Zeitgenossen und Historiker nannten. Es entsteht gegen den Willen des Parteivorsitzenden Erich Ollenhauer, der an den bisherigen Amtsinhabern Wilhelm Mellies und Erwin Schoettle festgehalten hätte. Die Fraktion straft ihn mit deren Abwahl für die zurückliegende Wahlniederlage und den schläfrigen Geist in der Parteizentrale ab. Weshalb steht Ollenhauer selbst nicht zur Disposition? Es ist zu dieser Zeit noch ein ungeschriebenes Gesetz, dass der Parteivorsitzende so lange im Amt bleiben kann, wie er will. Den »großen Vorsitzenden« stürzt man nicht! Geradezu rührend klingen Briefe, die Ollenhauer sanft, aber deutlich belehren sollen. Helmut Schmidt zum Beispiel schreibt ihm mit Datum vom 22. Januar 1957, »ich finde, Du solltest gern häufiger vor der Presse sprechen«. Im gleichen Schreiben übrigens empfiehlt er, bei der nächsten Bundestagswahl ein Team zu präsentieren. »Die haben bloß den einen Mann [Adenauer], aber wir haben eine Mannschaft.« Dann folgt eine Aufzählung derjenigen Sozialdemokraten, »die im Volk bekannt sind«, wobei Wehner genannt wird, Brandt nicht.

Mit dem Dreigespann Wehner-Erler-Schmid, das nach den Bundestagswahlen 1957 unangefochten als Fraktionsvizeleitung bestätigt wird, entsteht eine Art Vorläufer der Troika. Die Mitglieder des Triumvirats haben unterschiedliche Perspektiven: Wehner kann noch etwas werden, allerdings nicht in der vordersten Reihe der Politik. Fritz Erler, ein Mann von intellektueller Brillanz und festem ethischem Fundament, wird im Fraktionsvorsitz die Rolle seines Lebens finden. Carlo Schmid ist Weltbürger, Jurist und Philosoph, Übersetzer großer Literatur. Er ist der letzte große Geist der deutschen Politik, doch liegt seine politisch beste Zeit schon länger zurück. Schumacher hatte die Partei für alle, die sich engagieren wollten, geöffnet, auch für einen Carlo Schmid, der nach der Erfahrung von Weimar nicht mehr nur intellektuell brillieren, sondern die zweite Demokratie mit aufbauen wollte. Dass eine Partei für jedermann offen steht, heißt aber nicht zwangsläufig, dass sich jede Persönlichkeit zur Parteiführung eignet. Carlo Schmids langsamer, aber stetiger Fall zeigt, dass die Synthese von Geist und Macht in den allerhöchsten Ämtern nicht zustande kommt. Er wäre ein idealer Bundespräsident gewesen, aber das werden – aus Zufall und politischem Kalkül – andere, schlichtere Figuren. In dem Amt, das er für sich selbst sieht, dem Kanzleramt, wäre Carlo Schmid vermutlich ebenso rasch gescheitert wie Ludwig Erhard.

Aber greifen wir der Entwicklung nicht vor! Für den Augenblick stehen die Namen Erler und Schmid für Reform. Und Wehner? Er ist weder Reformer noch Bremser. Er gilt als Linker, aber dieses Etikett greift viel zu kurz. Wehners Rolle ist die eines Katalysators, eines Provokateurs, eines eigenwilligen Vordenkers, an dem sich die Geister scheiden.

Carlo Schmid und Fritz Erler machen sich schon seit dem Hamburger Parteitag 1950 für Reformen stark, wofür sie bei parteiinternen Wahlen abgestraft werden. Erler gelingt wie Brandt erst

1958 der Sprung in den Parteivorstand. Immerhin treten aber politische und persönliche Differenzen zwischen Wehner und Erler allmählich hinter die gemeinsame Erkenntnis zurück, dass die SPD ihre Organisation reformieren und sich eine der Adenauer-CDU ebenbürtige Schlagkraft geben muss. Des Weiteren – so wird klar – muss sie das Image einer Arbeiterpartei abstreifen, will sie am Ende nicht nur von einer Minderheit, eben den Arbeitern, gewählt werden.

Im zweiten Fall, der für die Gesamtpartei Folgen haben wird, geht es um die Nachfolge des Ende August 1957 verstorbenen Regierenden Bürgermeisters von Berlin, Otto Suhr. Willy Brandt, der bisherige Präsident des Berliner Abgeordnetenhauses, übernimmt das Amt. Nicht zuletzt sein besonnenes Auftreten anlässlich der Ungarn-Unruhen hat den Landesverband von seinem Format überzeugt. Am 7. Dezember 1958 wird seine Berufung durch einen glänzenden Wahlerfolg (52,6 Prozent gegenüber 44,6 Prozent im Jahr 1954) von den Westberlinern bestätigt. Den Sieg schafft Willy Brandt nicht ganz aus eigener Kraft, da spielt noch der Schock des Berlin-Ultimatums eine Rolle – die Sowjetunion hatte die Westmächte aufgefordert, West-Berlin zu einer entmilitarisierten freien Stadt zu machen. Aber es ist eben auch ein Erfolg des Regierenden Bürgermeisters. Brandt sitzt von jetzt an fest im Sattel. Seine Laufbahn in der Partei ist ihm nicht mehr zu nehmen. Kurze Zeit später kommt die Präsidentschaft im Deutschen Städtetag hinzu. Politisch positioniert er sich als Rechter in der SPD – als außenpolitischer Realist, den die Arbeit in Berlin als der Frontstadt des Kalten Krieges prägen wird. Adenauers Kurs in Richtung Europäischer Union und NATO hält er prinzipiell für richtig. Noch zögert Willy Brandt, in der Bundespolitik mitzureden. Er will die beginnende Zuneigung der Genossen nicht strapazieren.

Das Godesberger Programm

Auf den Austausch von Personen folgen Initiativen in Programmfragen. Nach der verlorenen Bundestagswahl beschließt der Berliner SPD-Parteitag 1954, dass der SPD-Vorstand eine Kommission zum Entwurf eines Grundsatzprogramms einsetzen soll.

Aber es folgen kräftezehrende, zeitraubende Auseinandersetzungen zwischen »Traditionalisten« und »Reformern«, wie sich die Protokollantin der Kommissionssitzung und Lebensgefährtin des Vorsitzenden Willi Eichler, Susanne Miller, erinnert. Im Winter 1958/59 wird den Forderungen der Modernisierer endlich Genüge getan: Willi Eichler, Heinrich Deist und Adolf Arndt, die Vordenker in Fragen der Gesellschafts- und Wirtschaftspolitik, schreiben ein neues Parteiprogramm und schlagen, vielleicht ohne es zu ahnen, ein wichtiges Kapitel in der SPD-Geschichte auf.

Welche Rolle spielen dabei die selbst erklärten Erneuerer, die Mitglieder des Triumvirats oder auch Hoffnungsträger wie Willy Brandt und Helmut Schmidt? Keine, wie Hartmut Soell schon in den sechziger Jahren in seiner Biographie über Fritz Erler offen legt. Allerdings beteiligt sich Erler intensiv an der Programmdiskussion im Parteipräsidium und im Vorstand. Herbert Wehner ist nach seinen Erfahrungen mit den kommunistischen Ideologen kein »Programm-Mensch« mehr, hält programmatische Festlegungen auf dem Weg zum großen Ziel, der Regierungsverantwortung, eher für hinderlich; außerdem hat er Zweifel, dass die Zeit für ein neues Programm tatsächlich reif ist.

Susanne Miller hat erst in jüngster Zeit in einem Beitrag für die SPD-nahe Zeitschrift *Neue Gesellschaft* noch einmal an den Kampf zwischen Traditionalisten und Reformern erinnert. »Die einen waren Parteifunktionäre der Weimarer Zeit, beispielhaft der Parteivorsitzende Erich Ollenhauer, sein Freund Fritz Heine, zuständig für Presse und internationale Beziehungen, der Schatzmeister der SPD, Alfred Nau, und die Leiterin der Frauenarbeit in der SPD, Herta Gotthelf.« Sie sind der geschäftsführende Vorstand, meist kurz »das Büro« genannt, der zwischen den Parteitagen die Vollmachten des höchsten Parteigremiums besitzt. Die »Reformer« schließen sich nicht formal zusammen. Zu ihnen zählen Carlo Schmid, Fritz Erler, Willy Brandt und Helmut Schmidt.

Susanne Millers Erinnerung ist eindeutig: »Keiner der ›Reformer‹ engagierte sich in der Programmkommission oder ihren Unterkommissionen.« Im Gegenteil, Erler, Schmid, Brandt und Schmidt sind eher skeptisch, sie befürchten, dass die alte, proletarische Denke und Rede neu zementiert wird und als starre Ideologie die praktische Arbeit behindert. Haben die früheren Programme die Partei nicht gerade davon abgehalten, sich der

Tagespolitik zu widmen? Die Reformer wollen ideologischen Ballast abwerfen. Ein Aktionsprogramm oder ein konkretes Regierungsprogramm ist ihnen genug.

Als die SPD die Bundestagswahlen 1957 abermals verliert (klar verliert, denn die Unionsparteien schaffen die absolute Mehrheit), antwortet Erich Ollenhauer auf die Frage, welche Konsequenzen seine Partei nun ziehe: »Wir machen ein neues Programm.« Fortan drängt er die Kommission, ihre Arbeit zu beschleunigen, und öffnet sich dabei selbst für einen neuen Kurs. Auf dem Stuttgarter Parteitag im Mai 1958 liegt der Programmentwurf vor.

Der Stuttgarter Parteitag ist allerdings in anderer Hinsicht ein Meilenstein hin zur Modernisierung der SPD: Die Delegierten beschließen die Abschaffung des »geschäftsführenden Vorstands« und ersetzen ihn durch ein vom Parteivorstand zu wählendes »Präsidium«. Damit ist die Machtbastion der »Traditionalisten« gebrochen. Größter Nutznießer ist Herbert Wehner, der nicht nur in dieses neue Präsidium einzieht, sondern auch zusammen mit dem bayerischen SPD-Politiker Waldemar von Knoeringen zum stellvertretenden Vorsitzenden gewählt wird (Wehner als Linker, von Knoeringen als Rechter). Der Bayer von Knoeringen gilt als redlicher, allerdings wenig machtbewusster Mann, der sich auf seine Domäne, die Kulturpolitik, konzentriert; Wehner muss in ihm keinen Konkurrenten sehen.

Wehner verspricht den Delegierten: »... solange ich arbeiten kann und solange ihr mich dahin wählt: Ich werde eine solche Mannschaft, eine arbeitsfähige, zusammenarbeitsfähige Mannschaft bilden und erhalten helfen. Das ist mein Wert, wenn das ein Wert ist.« Damit formuliert er die Maxime, unter die er seine weitere politische Arbeit stellt. Mannschaften bilden, Mannschaften zusammenhalten, das kann er, das bleibt seine Domäne, auch wenn er den Platz in der Mitte der Troika nicht zu behaupten weiß.

Seine beiden späteren Partner im Gespann, Willy Brandt und Helmut Schmidt, treten auf dem Stuttgarter Parteitag bereits ins Licht, wenngleich es noch ein schwaches ist. 1954 und 1956 war Willy Brandt bei den Vorstandswahlen noch gescheitert, dieses Mal zieht er mit einem mittelmäßigen Ergebnis (268 von 380 Stimmen) in den Vorstand ein. Und auch Helmut Schmidt schafft diesen Sprung, als Letzter, mit 232 Stimmen.

Motor dieser Parteireform war im Übrigen nicht Herbert

Wehner, sondern der spätere Ministerpräsident von Nordrhein-Westfalen, Heinz Kühn. Seine Initiative erfolgte unabhängig von der Entwicklung eines neuen Grundsatzprogramms, doch der zeitliche Zusammenhang zeigt, dass auf vielen Ebenen der Wind des Wandels weht. In der von Kühn geführten Kommission sitzt übrigens auch Helmut Schmidt. »Stuttgart« markiert auch eine personelle Erneuerung der Partei, deren Vorstand nun Bremser wie Fritz Heine oder Herta Gotthelf nicht mehr angehören. Damit ist »Ollenhauers Büro« degradiert.

Am 3. September 1959 verabschiedet der SPD-Vorstand einen Programmentwurf, dessen Bedeutung vor allem in dem liegt, was thematisch ausgespart wird. Dass die sozialistische Bewegung einen Vordenker namens Karl Marx hatte, findet keine Erwähnung mehr. Das Programm stellt fest, dass durch die soziale und demokratische Verfassung der Bundesrepublik der Widerspruch zwischen Kapital und Arbeit auf friedlichem Weg aufzuheben ist. Statt auf Klassenkampf setzt die SPD auf demokratische Spielregeln in einem Staat, in dem der Arbeiter mit allen Rechten und Pflichten seinen Platz hat.

Aus der Arbeiterpartei soll eine Volkspartei werden. Ihre wichtigsten Postulate sind Freiheit, Gerechtigkeit und Solidarität, in Anlehnung an die Trias der Französischen Revolution, Freiheit – Gleichheit – Brüderlichkeit. Die Sozialdemokraten ersetzen die Gleichheit durch die Gerechtigkeit, weil »Gleichheit« ein Kampfbegriff der Kommunisten war. Christentum, Humanismus und klassische Philosophie bilden fortan die geistigen Grundlagen der Sozialdemokratischen Partei. Das Programm öffnet sie zugleich für die Kirchen, deren gesellschaftliche Bedeutung ausdrücklich anerkannt wird. In der Wirtschaftspolitik macht sich auch die SPD die Idee der sozialen Marktwirtschaft zu Eigen. Die griffige Formel lautet: »Wettbewerb so viel wie möglich, Planung so weit wie nötig« – auch das eine klare Abgrenzung zu Kommunisten und Sozialisten und deren Planwirtschaft. Das alles kommt spät, sehr spät, zehn Jahre nach Gründung des westdeutschen Teilstaates, aber immerhin ist die SPD mit ihrer Politik ab den 60er Jahren auf der Höhe der Zeit.

Noch heute gehen Zeitzeugen voller Ehrfurcht an der schmucklosen Stadthalle des Bonner Vororts Bad Godesberg vorbei. Dort kommt zwischen dem 13. und 15. November 1959, als die Delegierten den Programmentwurf diskutieren, die Mehrheit zu-stande und damit der politische Erfolg Willi Eichlers und seiner Mitautoren. Dort spielt Herbert Wehner eine Schlüsselrolle, denn der als Linker geltende Sozialdemokrat, der immer wieder für proletarische Sprüche gut ist, macht sich für den Entwurf stark, und dies mit dem Hinweis auf seine politische Vergangen-heit: »Glaubt einem Gebrannten«, schwört er die verdutzten De-legierten darauf ein. Hat er sich während der vielwöchigen Pro-grammdiskussion zurückgehalten, um jetzt die Linken in der Partei zu übertölpeln? Noch am Tag vor Parteitagsbeginn sagt ein bekannter Gewerkschafter zu Susanne Miller: »Du wirst sehen, dass Wehner die Front der Ablehner anführen wird.« Oder legt er sich bis fast kurz vor Schluss nicht fest, um den Verlauf der Debatte abzuwarten und sich auf die Seite der Gewinner zu schla-gen? Für Herbert Wehner spielt neben seiner Überzeugung in der Sache auch eine Rolle, dass der Entwurf der SPD als potentieller Regierungspartei eher nutzen als schaden wird. Sein leiden-schaftlich vorgetragenes Plädoyer fruchtet: Das »Godesberger Programm«, 340 Delegierten zur Abstimmung gestellt, wird am 15. November 1959 bei nur 16 Gegenstimmen verabschiedet.

Der Erfolg hat bekanntlich viele Väter – am Ende will es eine ganze Schar von Sozialdemokraten gewesen sein, die »Godes-berg« vorbereitet und durchgesetzt hat. Den größten Anteil je-doch hat die Strategie der Hauptautoren Willi Eichler und Hein-rich Deist, die das Element der öffentlichen Meinung geschickt einzusetzen wissen. Auch einflussreiche Journalisten, die den Ge-nossen ins Gewissen reden, dass sie ihrem proletarischen Habi-tus Adieu sagen müssen, tragen zum Sinneswandel der »alten« Genossen bei. Dies sei nur erwähnt, damit der Erfolg nicht fälsch-licherweise dem Reformeifer der Partei zugeschrieben wird.

Von »Schmidt-Hamburg« zu »Schmidt-Schnauze«

Es gibt indessen einige, die in der Reihe hinter Eichler und Deist persönliche Überzeugungsarbeit leisten. Einer von ihnen ist Hel-mut Schmidt. Er habe »Anteil gehabt, wie all diese Gedanken sich entwickelten«, sagt er später, und das stimmt. Dass er allerdings das Godesberger Programm »mitgestaltet« hat, wie er dem Journalist Ben Witter versichert, ist eine Übertreibung.

Helmut Schmidt kommt in den fünfziger Jahren als Außenseiter in die SPD. Er ist ein Primus-Typ, heute würde man sagen: »Überflieger«, dem man Respekt entgegenbringt, der wegen seiner Fähigkeiten aber auch beneidet wird. Schon in der Schule ist Schmidt der Klassenbeste, am Ende des Studiums der beste Diplomand seines Jahrgangs. Ehrgeiz und eine große Klappe kommen hinzu. Der 35-jährige Volkswirt, der 1953 in den Deutschen Bundestag einzieht, führt ein offenes Wort, macht sofort klar: Ich bin kein Hinterbänkler. Er teilt mit einem gewissen Karl Wienand das MdB-Büro 018 Süd nahe dem Plenarsaal. Der gehbehinderte Wienand hat ein Anrecht auf einen kurzen Weg in das Plenum.

Schmidt fehlt der sozialdemokratische Stallgeruch, er kommt aus dem Kleinbürgertum, nicht aus der Arbeiterschaft. Über jemanden wie ihn heißt es: »Wir haben darunter gelitten, Sozialdemokraten zu sein, Schmidt hat das Parteibuch nur Vorteile gebracht.« Herbert Wehner neidet dem jungen Schmidt den unbelasteten Start der Parteikarriere; gegenüber Walter Henkels soll er die Bemerkung gemacht haben, er, Wehner, habe die Solidarität in der Arbeiterbewegung erlernt und erfahren, Helmut Schmidt dagegen im Offizierskasino. Vor einer Tischgesellschaft kanzelt er Schmidt einmal mit dem Satz ab: »Du Patent-Sozialdemokrat, du bist ja nie in einer anderen Partei gewesen.« Ein Wehner und ein Brandt nehmen genau zur Kenntnis, dass Schmidt kein politisches, gar sozialdemokratisches »Vorleben« führte, nicht Erfahrungen von Fabrikarbeit, Gelegenheitsarbeit und Klassenkampf einbringt.

Schmidt tritt in die SPD ein, um am Aufbau eines demokratischen Systems mitzuwirken. Für die Flakhelfergeneration hat, um mit Oskar Negt zu reden, »das ›Funktionieren‹ der Systeme, wenn wenigstens ein Minimum demokratischer Beteiligung gesichert ist, [...] einen besonderen Wert«, damals und später und noch heute. Gerade dieser Generation werden Kategorien wie Stabilität, Gleichgewicht und Disziplin über alles gehen.

Herbert Wehner hat die Einsicht in das Scheitern des Marxismus-Leninismus und den Kampf gegen den Nationalsozialismus mit wertvoller Lebenszeit bezahlt, Helmut Schmidt entnimmt dieses Scheitern der Literatur: Nach dem Krieg liest er Texte von Karl Marx und die Marx-Kritik des Philosophen Karl Popper, was ihm genügt, um gegen diese Weltanschauung immun zu werden.

Der Unterschied der Generationen spielt in der SPD wie in der westdeutschen Politik der ersten Jahre generell eine wichtige Rolle. Die »Alten« wie Adenauer drängen an die Schaltstellen der Macht. Zwölf Jahre und mehr haben sie im Wartestand verbracht, verzweifelt darüber, für dieses Deutschland nichts tun zu können – jetzt machen sie sich mit Fleiß an ihre Aufgabe. Deshalb muss die Generation der Flakhelfer auf der »Reservebank« Platz nehmen. »Bei Kriegsende begann die Sozialdemokratie schon eine ganze Menge für Helmut Schmidt zu bedeuten, aber für die SPD bedeutete er praktisch nichts«, schreibt sein Biograph Jonathan Carr lakonisch. Schmidt fliegt nichts zu, er muss sich hocharbeiten, als Parlamentarier bewähren, in die Provinz gehen, Wahlniederlagen hinnehmen. Aber sein Ehrgeiz steht dem der »Alten« in nichts nach.

Die wirtschaftspolitische Abteilung der Freien und Hansestadt Hamburg, in der er 1949 als Referent anfängt, leitet er binnen kurzem selbst. 1952 wird er Leiter des Hamburger Verkehrsamts. Gleichzeitig macht er sich mit seiner Intelligenz, seinem Fleiß und seiner Redegewandtheit für ein Bundestagsmandat attraktiv – gleich drei Wahlkreise wollen ihn 1953 zum Kandidaten haben, zwei in Niedersachsen, einer in Hamburg. Er entscheidet sich der Familie wegen für Hamburg.

Der Einzug in den Zweiten Deutschen Bundestag gelingt Helmut Schmidt nicht per Direktwahl, aber über die Landesliste. Als »Schmidt-Hamburg«, wie er wegen mehrerer Schmidts im Bundestag fortan genauer bezeichnet wird, trifft er auf Herbert Wehner, der ebenfalls für einen Hamburger Wahlkreis in das Parlament eingezogen ist. Beide haben sich schon kurz nach Wehners Rückkehr aus Schweden kennen gelernt, bei einem Referat, das Wehner beim Hamburger SDS, wo sich Schmidt engagiert, hält. Es bestätigt Schmidt, wie er notieren wird, in seiner »Meinung über das sowjetische System«. Die Beziehung vertieft sich, als Karl Schiller die beiden regelmäßig zu sich nach Hause, in eine Art politischen Kreis, einlädt. Herbert Wehner wirbt um Schmidts Vertrauen, gibt ihm eine Abschrift seiner in Schweden gemachten Aufzeichnungen. Schmidt sagt später, er habe Wehner von Anfang an vertraut, weil ihm auch Kurt Schumacher vertraut habe. Beide finden auch deshalb zueinander, weil Wehner im kleinen Kreis alles andere als bärbeißig auftritt, vielmehr charmant, witzig und geistvoll. Wehner und Schmidt sind zu jener Zeit noch nicht Freunde, aber die »Chemie« stimmt zwischen den beiden. Darüber hinaus sind sie keine Konkurrenten um politische Ämter. Wehner ist um einiges älter und pflegt ein anderes Beziehungsnetz als der relativ junge Schmidt. Briefe zwischen Wehner und Schmidt aus den fünfziger Jahren stellen bereits eine enge Vertrautheit unter Beweis.

Eine Arbeitsbeziehung, gar ein freundschaftliches Verhältnis zwischen Brandt und Schmidt ist dagegen nicht nachzuweisen. Helmut Schmidt selbst nennt in den *Weggefährten* den Grund dafür: »Wir waren nicht in gleichen Parlamentsausschüssen, in den Fraktionssitzungen kam es sowieso kaum zu privaten Gesprächen, und im Plenum des Bundestages saßen die Kollegen, deren Anfangsbuchstaben im Alphabet vorne rangierten, auf den ersten Bänken, während Leute mit den Buchstaben X, Y oder Z ganz hinten saßen, das heißt, Willy Brandt saß ganz vorn und ich beinah ganz hinten.« Als Willy Brandt 1956 Präsident des Berliner Abgeordnetenhauses wird, kommt er noch seltener nach Bonn. Helmut Schmidt wird zwar später behaupten, dass er Brandts Talente schon Anfang der fünfziger Jahre erkannt und dessen Arbeit als Regierender Bürgermeister verfolgt hat, aber das ist Legendenbildung.

Von Anfang an wird die Wirtschaftspolitik zur Domäne des diplomierten Volkswirts Schmidt. Er widmet sich auch intensiv der Verkehrs- und der Verteidigungspolitik. Letztere steht in der SPD, die sich traditionell als Antikriegspartei sieht, nicht hoch im Kurs. Aber Schmidt handelt – auch hier – nach seiner eigenen Überzeugung, nicht im Sinne der Parteiräson. Diese Einstellung wird auch den späteren Bundeskanzler charakterisieren. Schmidt gehört zu den Modernisierern der Partei, drängt auf eine Öffnung der SPD für neue Wählerschichten. Der Abschied von der »Traditionskompanie« (Franz Walter) fällt ihm umso leichter, als er sie nicht selbst erlebt hat.

1957 tritt Helmut Schmidt in einem anderen Hamburger Wahlkreis an. Diesmal wird er direkt in den Bundestag gewählt. 1958

Bundesparteitag in Hannover, 24. November 1960.
Rede Helmut Schmidts (oben); Willy Brandt gratuliert
Herbert Wehner zu seiner Wahl als stellvertretender Parteivorsitzender,
vorne links Erich Ollenhauer (unten).

ist er nach einem selbst inszenierten Medienspektakel in aller Munde: Seine Teilnahme an einer Wehrübung in der noch jungen Bundeswehr bricht ein Tabu. Dass ein Sozi auf Generäle und einfache Dienstgrade ohne Berührungsängste zugeht, erschreckt vor allem die eigenen Genossen. Schmidt hatte zwar vorher artig um Erlaubnis gefragt, Wehner und Erler gaben ihre Zustimmung, Ollenhauer reagierte gar nicht, aber jetzt wettert sogar Wehner, weil auch er »nicht frei vom Herdentrieb« (Hartmut Soell) ist: »Man sollte es nicht für möglich halten. Wie kann ein Sozialdemokrat Uniform anziehen wollen?« Welches Motiv hat Schmidt? Er sieht die Gefahr, dass sich die von Adenauer begründete Bundeswehr zu einer »Kreuzzugsarmee« entwickelt, »nach außen gegen den Kommunismus, nach innen gegen die Feinde der Bundesregierung«. Und er will nicht hinnehmen, dass eine wichtige gesellschaftliche Institution, deren Bedeutung in den nächsten Jahren steigen wird, zur Lobby gegen die deutsche Sozialdemokratie wird. Aber Schmidts Auffassung ist zunächst verpönt. Seine Kollegen wählen ihn zur Strafe wieder aus dem Fraktionsvorstand, in den er erst im Oktober 1957 knapp, als Zweitletzter, hineingewählt worden war.

Das nimmt er gelassen hin, weil er sich der Förderung und Unterstützung einflussreicher Männer wie Herbert Wehner und Fritz Erler sicher weiß. Wehner wird umso wichtiger, als das gute Verhältnis zwischen Erler und Schmidt bald in Rivalität umschlägt. Erler hat Schmidt auf das Feld der Sicherheits- und Verteidigungspolitik angesetzt, weil er selbst, ein passionierter Außenpolitiker, nicht genug Zeit für diese neuen und komplexen Fragen findet. Aber Außen- und Sicherheitspolitik sind nicht voneinander zu trennen. »Wie sich herausstellte, wollte Schmidt nicht nur einen kleinen Abstecher auf das Gebiet der Außenpolitik wagen; es ging ihm auch um mehr, als Erler zu vertreten«, drückt das der Historiker Hans-Georg Lehmann zurückhaltend aus.

Helmut Schmidt mit seiner Neigung zur weitläufigen Analyse eignet sich nicht zum »Fachidioten«, der sich nur auf Verkehrs- oder Finanzfragen konzentriert. Nach und nach kommen sich Erler und Schmidt in die Quere. Als Schmidt eine andere Auffassung über die maximale Truppenstärke der Bundeswehr vertritt als Erler, bittet er Wehner, seine Position zu unterstützen und in den entscheidenden Gremien für sie zu werben. Das stärkt natürlich auch Wehner gegenüber Erler, zu dem das Verhältnis im Umgang freundschaftlich, aber in der Sache kompromisslos ist. Ein anderes Mal schlägt Helmut Schmidt dem Vorsitzenden Erich Ollenhauer vor, bei einer wehrpolitischen Debatte im Bundestag sollten »sowohl Erler als auch Wehner das Wort ergreifen« – also neben dem ausgewiesenen Experten Erler auch der faktisch stärkste Mann in der Partei. Und nicht zuletzt ist es Schmidt, der beim Dortmunder SPD-Parteitag 1966 ankündigt, was Willy Brandt von 1969 an durchsetzen wird: die Anerkennung der bestehenden Grenzen, den Verzicht auf die Gebiete jenseits von Oder und Neiße. Fritz Erler ergeht es wie vorher Karl Schiller und später Willy Brandt: Helmut Schmidt bleibt nie lange im Schatten dessen, der ihn fördert und »aufbaut«. Die ihn antreibende Kraft ist aber weniger der Wunsch, einen Konkurrenten auszustechen, als seine Unduldsamkeit dem anderen gegenüber, der von der Materie vermeintlich weniger versteht. Der erste von Schmidts Biographen, Helmut Wolfgang Kahn, drückt das einmal drastisch aus: »Da das Wunderkind ehrgeizig ist – auch wenn es dies in Momenten der Depression bestreitet –, stellen sich beim lebenslangen Anblick von Vorgesetzten Gefühle der Zurückhaltung und des Neides ein.«

Was Helmut Schmidt kann, zeigt er in seiner berühmt gewordenen Bundestagsrede vom 22. März 1958, in der er sich leidenschaftlich gegen eine atomare Bewaffnung der Bundeswehr ausspricht. »Wir sagen dem deutschen Volke in voller, ernster Überzeugung, dass der Entschluss, die beiden Teile unseres Vaterlandes mit atomaren Bomben gegeneinander zu bewaffnen, in der Geschichte einmal als genauso schwerwiegend und verhängnisvoll angesehen werden wird, wie es damals das Ermächtigungsgesetz für Hitler war.« Durch diese Leidenschaft schimmern nicht nur politische Überzeugungen, sondern auch persönliche Erfahrungen, etwa wenn Schmidt daran erinnert, »wir alle gehören einem Volke an, das in einer Generation zwei Weltkriege geführt und verloren hat. Angesichts dieser Erfahrungen und der Schuld, die wir im Zusammenhang mit diesen Kriegen auf uns geladen haben – angesichts dieser Erfahrungen und dieser Schuld könnten, wenn Sie sich gezwungen glauben, zu Atomwaffen zu greifen, auch Sie das doch wohl nur mit größten Skrupeln tun, mit zweifelnder Sorge und mit abgrundtiefem Widerwillen.« Am Ende der Rede zitiert er Gustav Stresemann, 1923 bis 1929 Außenminister der Weimarer Republik, indem er der Unionsfraktion zuruft: »Legen Sie endlich Ihren deutschen Größenwahn, Ihren deutschnationalen Größenwahn ab!«

Erich Ollenhauer steht auf und schüttelt Schmidt die Hand. Damit macht er klar: Dies ist auch die Linie des Parteivorsitzenden! Helmut Schmidt ist von nun an eine gewichtige Stimme bei der parteiinternen Meinungsbildung. Die Rede bedeutet zugleich, wie der einfühlsame Schmidt-Biograph Harald Steffahn feststellt, »so etwas wie einen Durchbruch in der Öffentlichkeit«, vergleichbar mit der Publizität, die Herbert Wehner mit einer Parlamentsrede zwei Jahre später gewinnen wird. Seither trägt Helmut Schmidt den Spitznamen »Schmidt-Schnauze« und gilt bei den Sozialdemokraten als »kommender Mann«.

Brandt und der Mauerbau

Während sich Schmidt und später Wehner im Herzstück der westdeutschen Demokratie, dem Bonner Parlament, profilieren, macht Willy Brandt als Regierender Bürgermeister von Berlin von sich reden. Vom Jahr 1958 an läuft für ihn alles wie gewünscht: Im Januar wird er im dritten Anlauf zum Berliner Landesvorsitzenden gewählt. Im Mai 1958 gelingt ihm – ebenfalls im dritten Anlauf und zusammen mit Herbert Wehner und Helmut Schmidt – der Sprung in den Parteivorstand der Bundespartei. Die SPD baut bei den Wahlen zum Berliner Abgeordnetenhaus am 7. Dezember ihre Position deutlich aus, erhöht ihren Stimmenanteil von 44,6 auf 52,6 Prozent. Ein Traumergebnis! Willy Brandt setzt dennoch, wegen der gefährdeten Lage von West-Berlin, die Große Koalition mit der CDU fort.

Seinen »Durchbruch in der Öffentlichkeit« erlebt Willy Brandt im August 1961, als das SED-Regime an der Sektorengrenze in Berlin eine Mauer errichten lässt. »Ich habe schon damit gerechnet«, berichtet Brandt Jahrzehnte später, »dass die die Grenzen auf ganz andere Weise abriegeln würden; dass das die Form einer solchen schrecklichen Mauer annehmen würde, das habe ich wirklich nicht geglaubt, das hat auch keiner einem vermittelt.«

Für ihn sei es im August 1961 so gewesen, »als ob ein Schleier weggerissen oder ein Vorhang weggezogen würde, und dann war die Bühne leer«. Willy Brandt gehört zu den Ersten, die nach dem Schock intuitiv richtig handeln, die anders als Bundeskanzler Konrad Adenauer sofort an die Mauer fahren. Er mäßigt aufgebrachte Berliner und tröstet sie zugleich. Nicht das, was er sagt, ist jetzt wichtig, sondern wie er es sagt. Er kann nicht mehr tun, als Sprachrohr zu sein für kollektive Wut und Trauer, aber das tut er. Diese Krisensituation ist ein typisches Beispiel dafür, wie Willy Brandt gerade in extremen, politisch gefährlichen Phasen zum Orientierungspunkt der Menschen wird. Dieser stolze Einzelgänger, der nur eingeschränkt beziehungsfähig ist, zeigt Brillanz darin, die Masse zu erreichen. Früher als andere Politiker nimmt er sensibel die Empfindungen der Menschen wahr und fasst sie in Worte.

Willy Brandts Popularität in Berlin wächst, doch er hat bundespolitische Ambitionen. Noch braucht er Berlin, um sich im öffentlichen Bewusstsein zu halten, aber es drängt ihn nach Bonn. In Bonn gewinnt derweil die Rechte in der SPD an Boden, steigern Leute wie Fritz Erler, Carlo Schmid oder Helmut Schmidt ihren Einfluss. Letztlich bedarf es des »Eisbrechers« Herbert Wehner, um Brandt den Weg zu ebnen.

»Eisbrecher« Wehner

Wehner ist lange Zeit überhaupt kein Freund der deutschlandpolitischen Ansichten Willy Brandts. Während dieser den Schulterschluss mit den westlichen Alliierten sucht, setzt Wehner zunächst auf deutsch-deutsche Gespräche (nicht zuletzt auf seine persönlichen Kontakte), um Bewegung in die Deutschlandpolitik zu bringen. Er wäre im Zweifel zu mehr Zugeständnissen an »Pankow« bereit als Brandt.

Doch Wehner durchläuft eine Phase der Desillusionierung. Sie mündet in seine legendäre Bundestagsrede vom 30. Juni 1960, in der er klarmacht, dass die SPD die Westbindung uneingeschränkt als Grundlage künftiger Außen- und Deutschlandpolitik akzeptiert. Damit anerkennt Wehner indirekt Adenauers Kurs, der das enge Bündnis mit den Westalliierten höher bewertet als eine Verständigung mit den Sowjets über eine möglicherweise rasche Wiedervereinigung. Wehner erreicht damit zweierlei: Er bringt sich bei der Union als Regierungspartner ins Gespräch und postuliert die Regierungsfähigkeit der SPD; er tut dies in dem Bewusstsein, dass sich die Ära Adenauer dem Ende zuneigt und die Macht am Rhein neu zu verteilen ist. »Auch wenn [...] die SPD die nächste Regierung bilden sollte, würde sich die Bonner Außenpolitik in den Grundfragen trotz aller derzeitigen Unterschiede in der Beurteilung der Methoden und der Einschätzung der Weltlage wahrscheinlich nicht ändern«, versichert Wehner dem Bundestag und der deutschen Öffentlichkeit. »Das geteilte Deutschland [...] kann nicht unheilbar miteinander verfeindete christliche Demokraten und Sozialdemokraten ertragen«, formuliert er am Ende seiner Rede. Abgeordnete der SPD und FDP applaudieren ihm lebhaft, die Union ist überrascht und konsterniert. Der Christdemokrat Heinrich Krone schreibt in sein Tagebuch: »Wehners Rede ist eine Sensation.«

Allgemein wird behauptet, Wehner habe seine Parteifreunde vor dieser Rede nicht eingeweiht. Das klingt durchaus glaubhaft: Wehners Talent zu überraschen war bekannt. Willy Brandt schickt erfreut ein Telegramm: »Zu Deiner großartigen Rede möchte ich Dich herzlich beglückwünschen und Dir meinen freundschaftlichen Dank sagen. Du hast der gemeinsamen Sache einen bedeutenden Dienst erwiesen.« Er hat allen Grund zur Freude, denn Wehner hat sich ausdrücklich auf sechs Punkte berufen, die Brandt zuvor als Eckpunkte einer neuen Außenpolitik formuliert hatte.

Wehner zielt auf den Überraschungseffekt, um seine Parteifreunde zu disziplinieren. Allerdings war es kein völliger Alleingang – ein weitsichtiger Außenpolitiker wie Fritz Erler in Bonn oder Berlins Bürgermeister Willy Brandt, dessen Stadt die Westalliierten dringend braucht, vertreten diese Haltung schon lange. Doch Brandt hat noch nicht die Autorität, um für die ganze Partei zu sprechen. Wehner, der vormalige Linke, besitzt sie und durchbricht damit den außenpolitischen Isolationismus, in den Schumacher die SPD geführt hat.

Wehner zahlt für seinen Vorstoß freilich einen nicht unerheblichen Preis: Spätestens von diesem Tag an gilt er als opportunistisch und unberechenbar. Schon während er seine Rede vorträgt, überziehen ihn die Regierungsparteien mit Spott. Als Wehner erklärt, die Sozialdemokratische Partei Deutschlands bekenne sich in Wort und Tat zur Verteidigung der freiheitlich-demokratischen Grundrechte und zur Grundordnung und bejahe die Landesverteidigung, ruft ihm ein CDU-Abgeordneter zu: »... und die Feuerwehr.« Das Zerrbild eines opportunistischen Politikers Wehner hat keiner bildhafter gezeichnet als *Spiegel*-Chef Rudolf Augstein, ein entschiedener Wehner-Kritiker. Augstein kann nicht vergessen, dass Wehner während der *Spiegel*-Krise mit dem Nachrichtenmagazin und dessen Herausgeber zwar persönliche Verbundenheit zeigte (er brachte Augstein und Ahlers Kuchen in die Gefängniszellen), aber keine politische Aktivität entwickelte. »Es gibt kaum einen so wenig wandlungsfähigen Mann«, schreibt Augstein über Wehner, »der sich so glaubhaft, und das muss hier nicht heißen glaubwürdig, wandelt.« Jede Änderung der Taktik, jeder Stellungswechsel, jede Standortlosigkeit sei erlaubt, Gesinnung und Überzeugung seien hinderlich, wenn nur die Partei dadurch an die Macht komme. »Wenn er um 180 Grad schwenkt, gelingt es ihm, selbst nicht an Taktik, sondern an das von ihm den Genossen einzuprügelnde Motiv zu glauben.« Übrigens schenkt auch Wehner Augstein nichts, denn er nennt ihn »einen kranken Gnom«, bei dem manches nur zu erklären sei, »weil er ein solcher Gnom ist«.

Auch wenn Augstein überzieht, hat seine Analyse doch etwas für sich. Die Union und die politische Öffentlichkeit erinnern daran, dass Herbert Wehner ein Jahr zuvor seinen »Deutschlandplan« vorgelegt hat, der die politische Neutralisierung und Wiedervereinigung aller deutschen Besatzungszonen verlangt (einer der Mitautoren war übrigens Helmut Schmidt). In dem Papier vom 18. März 1959 wird eine »Entspannungszone« mit beiden Teilen Deutschlands, Polen, der Tschechoslowakei und Ungarn gefordert. »Innerhalb dieser Entspannungszone und ihrer möglichen Erweiterungen treten Vereinbarungen über die Rüstungsbeschränkungen der nationalen Truppen und über den gleichwertigen Abzug der Fremdtruppen der NATO und des Warschauer Paktes in Kraft.« Das »selbstgemachte Feuer«, wie ein Beobachter den Plan beschreibt, bringt den früheren Kommunisten Wehner in den Verdacht, die Freiheit Deutschlands für die Einheit eintauschen zu wollen. Die Rede vom 30. Juni 1960 räumt mit

diesem Verdacht auf. Sie entspringt tieferer Einsicht in weltge-
schichtliche Ereignisse, denn binnen eines Jahres waren Westmächte und »Ostblock« so weit auseinander gedriftet, dass Verhandlungen über eine deutsche Wiedervereinigung nicht mehr in
Frage kamen.

Brandt Kanzlerkandidat

In der Zeit des Übergangs von der Traditions- zur modernen
Volkspartei SPD, bei schwindender Autorität des Partei- und
Fraktionsvorsitzenden Erich Ollenhauer, steht Herbert Wehner
im Zenit seiner Macht. Er verfügt über mehr Gestaltungsspiel-
raum denn je. Er ist so mächtig, dass er nach dem Durchpauken
von »Godesberg« und dem Einschwenken auf Adenauers
Außenpolitik gleich einen dritten Paukenschlag wagt: Willy
Brandt soll als Kanzlerkandidat für die Bundestagswahl 1961
durchgesetzt werden.

Das bricht nun wirklich mit aller Tradition! Mindestens zwei
andere, Carlo Schmid und Fritz Erler, haben als ältere, verdiente
Sozialdemokraten ein Vorrecht. Ohne Zweifel wäre ein blitzge-
scheiter und rhetorisch geschliffener Kopf wie Erler für eine Kanzlerschaft geeignet, aber sein intellektuelles Auftreten passt nicht
mehr in eine Zeit, die bereits Werte wie Jugendlichkeit und persönliche Ausstrahlung hoch handelt. Amerika hat einen jugend-
lich wirkenden John F. Kennedy gerade zum Präsidenten gekürt – genau ein solcher Typ müsste als Gegner des greisen
Adenauer her! Die SPD soll sich einen Ruck geben!

Das Gefühl, dass es mit »Erich« ein drittes Mal nicht gut gehen
kann, macht sich schon auf dem Stuttgarter Parteitag 1958 breit.
Es ist Helmut Schmidt, der das sich wandelnde Bewusstsein vieler Parteifreunde artikuliert, wenn er sagt: »Ich meine, die Partei
muss sich vor der nächsten Bundestagswahl zu zwei eindeutigen
Entschließungen durchringen: einmal im sachlichen Bereich zu
einem Punkt für Punkt bestimmt gefassten Regierungsprogramm
anstelle von Thesen oder allgemeinen Grundsatzprogrammen
und zweitens zu einer klaren Entscheidung über die Personen der
potentiellen Regierungsmannschaft der Sozialdemokratie und
des potentiellen Regierungschefs.« Ein mutiger Satz von einem,

der in der Partei erst wenige Stunden ein hohes Amt (als Mitglied des Parteivorstandes) bekleidet, zumal viele Sozialdemokraten gar nicht daran glauben, so bald zur Regierungsverantwortung zu gelangen.

Hat Helmut Schmidt in diesem Moment ebenfalls einen Kanzlerkandidaten Willy Brandt im Blick? Im Sommer 1959 erklärt er während einer Parteikonferenz, »dass wir uns die Suche nach dem besten Mann nicht so leicht machen dürfen und dass da auch andere Namen, ich denke an Berlin, ins Spiel kommen werden«. Schmidts Initiative ist erstaunlich, denn noch anderthalb Jahre zuvor kam Brandt in seiner bundespolitischen Optik nicht vor. In seinem Brief vom 22. Januar 1957 an Erich Ollenhauer zählte er »diejenigen Leute« in der deutschen Sozialdemokratie auf, »die im Volk bekannt sind«. Herbert Wehner stand auf der Liste, Brandts Name fehlte.

Hartmut Soell hat im ersten Teil seiner Schmidt-Biographie berichtet, dass Schmidt im Januar 1960 an einem Gespräch mit Fritz Erler über dessen Absichten für eine Kanzlerkandidatur teilgenommen habe. Bei dieser Begegnung im Haus von Annemarie Renger soll Erler selbstkritisch eingeräumt haben, sich nicht für einen Ersten Mann zu eignen, stattdessen habe er auf Willy Brandt verwiesen. Es gibt also Grund anzunehmen, dass sich Schmidt und andere rechte Sozialdemokraten erst nach dem ausdrücklichen Verzicht von Erler, verbunden mit einer Empfehlung für Brandt, für den Mann aus Berlin einsetzten.

Willy Brandt und Helmut Schmidt machen in der Folgezeit gemeinsame Sache. Klaus Schütz, ein enger Vertrauter Brandts, ruft im Juli 1960 achtzig junge Mandatsträger, zwischen dreißig und fünfzig Jahre alt, zu einer Konferenz in das Sporthotel Barsinghausen, ein Fußballerheim nahe Hannover. Keiner der »Alten«, weder Ollenhauer noch Wehner, ist eingeladen. Offiziell wird über Sachfragen mit Blick auf den Wahlkampf 1961 diskutiert, aber eigentlich geht es um eine informelle Verständigung über den kommenden Kanzlerkandidaten, um eine Mobilisierung der Jungen für Willy Brandt. Ein Mitarbeiter der SPD-Parteizentrale, Karl Garbe, führt in Barsinghausen Protokoll und erinnert sich mehr als vierzig Jahre später lebhaft daran, wie sehr Helmut Schmidt bei der Konferenz für Willy Brandt geworben hat. »Barsinghausen« bedeutet für Brandt wie für Schmidt ein persönliches

Risiko. »Wir handelten uns damit den Unwillen und das Misstrauen der Parteiführung ein«, sagt Helmut Schmidt später. Erich Ollenhauer gibt ihm zu verstehen, dass sich solche Extratouren nicht wiederholen dürfen.

Eine nächste, entscheidende Sitzung folgt kurz darauf. Herbert Wehner hat eine Klausurtagung des SPD-Präsidiums auf Schloss Auel nahe Bonn einberufen. Der Tagesordnungspunkt klingt harmlos, »Vorbereitung des geplanten Wahlparteitags«. Erich Ollenhauer ahnt nicht, dass ihm Wehner hier jede Führungsrolle im Wahlkampf und auch die Teilnahme im »Schattenkabinett« entziehen wird. Carlo Schmid muss dort ebenfalls erkennen, dass er nicht Kanzlerkandidat werden kann. Er ist von Wehner tief enttäuscht, haben doch er, Wehner und Erler lange Zeit das »Frühstückskartell« gebildet, benannt nach dem wöchentlichen Frühstück, das sie zur Abstimmung ihrer Reformarbeit nutzten. Schmid fühlte sich Wehner persönlich nah, ja freundschaftlich verbunden. Wehner hat Schmid Trost gespendet, nachdem dessen Sohn Raimund im Juli 1956 Selbstmord begangen hatte. Schmid hatte Wehner immer wieder gegen Angriffe wegen seiner Vergangenheit in Schutz genommen.

Aber politisches Kalkül geht vor menschliche Rücksichtnahme, wenn die SPD, wozu Wehner entschlossen ist, tatsächlich den langen Weg zur Macht antreten will. Wehner hat in dieser Frage lange taktiert, wie er das bei wichtigen Fragen zu tun pflegt, und wohl auch Carlo Schmid lange in dem Glauben belassen, ihn unterstützen zu wollen. Bis zum Jahr 1960 setzt Wehner noch auf Schmid, doch dann erkennt er, dass seine – mittlerweile korrigierten – außenpolitischen Vorstellungen nur schwer mit diesem Kandidaten umzusetzen sind. Wehner ist zum Beispiel empört, als Schmid eine Anerkennung der DDR vorschlägt, um Bewegung in die deutsch-deutschen Fragen zu bringen. Er setzt alles daran, sein außenpolitisches Konzept, wie er es am 30. Juni 1960 im Deutschen Bundestag verkündet hat, zur SPD-Parteilinie zu machen, und sei es um den Preis, dass der Kandidat nicht voll seinen Vorstellungen entspricht.

Unabhängig von politischen Fragen spürt Wehner, dass Brandt ein Mann der Zukunft ist. Er weiß, dass Brandt den Vorsprung der Union 1961 noch nicht einholen kann, aber die Politik hat zu dieser Zeit noch einen längeren Atem, bleibt nicht auf eine Legislaturperiode fixiert und lässt auch zwei Anläufe eines Kandidaten zu. (Bei Brandt werden es, begünstigt durch die unerwartete Vizekanzlerschaft, sogar drei sein.) Wehner setzt auf das Charisma Willy Brandts, ein unter Politikern seltenes Gut. Auf Schloss Auel wird Brandt zum nächsten SPD-Kanzlerkandidaten gekürt.

August Leugers-Scherzberg weist darauf hin, dass Wehner noch im September 1960, also nach Brandts inoffizieller Nominierung, nicht sicher ist, ob die Zusammenarbeit mit ihm überhaupt gelingt. Eine Begegnung zwischen den beiden beruhigt ihn dann. Wie sehr Wehner ein Stein vom Herzen fällt, zeigt, dass er seiner Frau Lotte in einem Brief über dieses Treffen mit Brandt berichtet.

Wehner und Brandt: ein gemeinsames Ziel

Gibt es neben dem politischen Kalkül auch eine persönliche Sympathie zwischen dem Königsmacher und dem König? Sicher hat Wehner Brandt zu überzeugen vermocht, dass er vom Kommunismus vollständig geheilt ist. Das gelang ihm ja auch bei einem Schumacher oder einem Schmidt, bei jedem, der in der SPD wichtig war und den Wehner selbst für ein Talent hielt. Darin äußert sich sein Bedürfnis, seine Außenseiterrolle in dieser Partei zu mildern, Verbündete, Vertraute (soweit das bei Wehner überhaupt möglich ist) zu finden. Wehner ist ein einsamer Mann, er sagt es gelegentlich selbst, und diese Einsamkeit tut weh. So unwirsch er Leute behandeln kann, ist er doch selbst offen und dankbar für Nähe und Zuwendung.

Einige Historiker, zuletzt auch der Filmemacher Heinrich Breloer, schildern den verkorksten Anfang von Wehners Werben um Brandt – eine Geschichte, die Karl Wienand gern erzählt: Bei vielen Flaschen Wein – den Wein brauchen die beiden immer wieder, um sich zusammenzuraufen – berichtet Wehner vom Scheitern seiner ersten Ehe, von Lotte Loebingers frühem Treuebruch, die nur den »roten Mönch« habe herumbekommen wollen. Wehner möchte damit, so Breloer, das Vertrauen von Brandt gewinnen, doch der missbraucht es, indem er Wehners Geheimnis in fröhlicher Runde zum Besten gibt und sich über ihn noch lustig macht. Vielleicht ist diese Anekdote erfunden, dann allerdings gut, denn auch bei anderen Gelegenheiten pflegt der eigentlich vornehmere Brandt über Wehner zu lästern, etwa über dessen Begleitung schwer kranker Weggefährten bis an das Totenbett (»Wie ein Pfaffe sitzt er da an den Betten rum«).

Kein Zweifel, Wehner und Brandt haben von Anfang an mehr Mühe miteinander als etwa Wehner und Schmidt, hinter deren Verhältnis »schon ein bisschen mehr steckte als reine Arbeit, wenn es auch hauptsächlich darauf basierte« (Greta Wehner). Wehners und Brandts Gemeinsamkeiten in der Biographie, etwa der politische Start in der Sozialistischen Arbeiterjugend, die Kaufmannslehre oder der jahrelange Kampf gegen das Hitler-Regime, reichen zu keiner Zeit aus, die so unterschiedlichen Charaktere einander wirklich nahe zu bringen. Herbert, Lotte und Greta Wehner laden oft Freunde zu sich nach Hause ein, die Brandts sind nicht darunter.

Herbert Wehner plagt sich und andere, praktiziert proletarische Bescheidenheit und trägt seelische Gebrochenheit zur Schau. Er freut sich über Anerkennung, tut aber nichts dafür, sie zu bekommen. Brandt hat Zeiten, in denen er hart arbeitet, und Zeiten, in denen er »durchhängt«, er kann die Dinge auch mal schleifen lassen. Er liebt das gute Leben. Er gibt von sich selbst möglichst nichts preis. Ihm fliegen die Sympathien zu, vor allem die der Frauen. Schon wenn er den Raum betritt, bindet er Aufmerksamkeit. Auch Wehner eignet sich Techniken an, um Aufmerksamkeit zu binden, allerdings Techniken anderer Art: Mit seinem Schweigen und seiner Dunstglocke aus Pfeifenrauch flößt er Furcht ein. Er missgönnt Brandt den lockeren Lebensstil (»Für den gibt's nur Pferde, Weiber, Sekt«) und bemängelt dessen Unfähigkeit zur psychischen Konstanz. Brandt seinerseits findet Wehners Enthaltsamkeit unnötig und selbstkasteiend, anerkennt aber seine analytische Kraft und politische Erfahrung.

Trotz aller Fremdheit, die zwischen Wehner und Brandt herrscht, ist es zwischen Ende der fünfziger und Anfang der siebziger Jahre keineswegs nur Hass und Verachtung, was die beiden verbindet. »Da war eine gewisse Anlehnung da«, sagt der Psychoanalytiker Horst-Eberhard Richter über Brandts Empfindungen gegenüber Wehner. Umgekehrt wohl auch.

Brandt weiß natürlich um den Schönheitsfehler seiner Inthro-

nisation, die nur durch die – laut Gregor Schöllgen – »beacht-
lichen taktischen und intriganten Fähigkeiten« Wehners zustande kommt. Aber er nimmt das hin, setzt sich auch der komplexen Persönlichkeit Wehner aus, übergeht dessen Ausbrüche
und schlechte Nachreden, weil er sich für klüger hält und überlegen glaubt. »Brandt weiß, dass ihm ohne Wehner der Rückhalt
im Apparat fehlt, der eine wichtige Voraussetzung für den politischen Erfolg im Bund darstellt«, resümiert Peter Merseburger.
Denn auch Brandt denkt wie Wehner nicht kurzfristig, sondern
plant einen »langen Marsch« seiner Partei und seiner Person an
die Macht.

Brandt wird stets den Eindruck zu zerstreuen suchen, dass ihn
Wehner als Führungspolitiker aufgebaut hat. »Mir ist die Mit-
teilung [dass die Kanzlerkandidatur ihm übertragen wurde] nicht
durch Herbert Wehner, sondern durch Waldemar von Knoeringen überbracht worden«, sagt er fast 75-jährig im Fernsehgespräch mit Horst Schättle, »und mir hat Erich Ollenhauer sagen
lassen, er halte dies für richtig, und halte es für richtig, dass ich
in der Folge auch ihm nachfolgen würde als Parteivorsitzender.«
Wehner sei sicher nicht dagegen gewesen, »aber er war doch
wohl nicht auf eine Person fixiert«.

Dass es Brandt selbst besser weiß, zeigt ein Brief von ihm an
Herbert Wehner, geschrieben am 13. Dezember 1960. Brandt
spannt ein paar Tage aus, ordnet seine Gedanken, »weil ich ein
wenig wenn nicht durcheinander, so doch deprimiert« war. Es
geht um die Frage, ob er bei der Wahl 1961 ein Abgeordnetenmandat in Berlin antreten soll oder über einen Listenplatz für einen westdeutschen Wahlkreis in den Bundestag einzieht. Brandt
an Wehner: »Heinrich A. [Albertz] erzählte mir am Telefon von
Deinen Erwägungen wegen meiner Kandidatur. Am Vorabend
des Parteitages warf Erich Ollenhauer diese Frage in Hannover
auf. Ich sagte ihm, daß ich persönlich dazu neige, mich in Berlin
nominieren zu lassen.« Später im Brief drückt Brandt aber doch
seine »Überraschung« über einen Zeitungsartikel aus, wonach
er auf keinen Fall im »Bundesgebiet« (das schreibt er in Anführungszeichen) kandidieren werde. Jetzt wägt er ausführlich die
Vor- und Nachteile der Varianten ab und kommt zu dem Ergebnis: »So sympathisch mir persönlich die Berliner Kandidatur
wäre, so sehr vermute ich, daß allgemeine Gesichtspunkte zur

anderen Beantwortung führen können. In Frage käme dann wohl eine Landesliste. Ich möchte mich hierum aber nicht ›bewerben‹. Es muß objektiv geprüft werden, was wichtig ist, und dann müßte man mir geg.falls eine ›westdeutsche‹ Kandidatur nahe legen.«

Mit diesem Brief ist die Zweckgemeinschaft zwischen diesen beiden der drei »Troikaner« begründet. Wehner und Brandt führt ein gemeinsames Ziel zusammen, nicht mehr und nicht weniger. Wehner wird für Brandt fortan offensiv politisch werben, ihn zum Beispiel »zu den unverbrauchten Kräften« zählen, die »im Stande sein werden, die beiden großen Fragen Ost-West-Konflikt und Partnerschaft zu den armen Völkern zu lösen« (ein geradezu prophetisches Wort!). Doch wissen beide auch vom ersten Augenblick ihres Bündnisses an, dass sie in einer Spannung zueinander stehen, die sich nicht auflösen lässt, und eine Rivalität austragen, deren Ende offen ist. Dabei bezieht sich diese Rivalität nicht auf ein Amt (unmöglich, dass Wehner einmal Bundeskanzler werden könnte), sondern auf die Macht in der Partei. Für die nächste Zeit brauchen sie einander – der Chefstratege den Medienwirksamen, der junge Hoffnungsträger der Partei den erfahrenen Haudegen. Wie gefährdet, riskant und brüchig ihre Beziehung ist, spüren sie vom ersten Moment an. Denn nachdem Brandt seine Kanzlerkandidatur angemeldet hat, fügt er in jenem Brief vom 13. Dezember »ein persönliches Wort« an, wie er es nennt:

»Ein guter Freund schrieb mir dieser Tage aus Schweden, zwischen uns beiden müsse eine Vereinbarung vorliegen oder mindestens ein ›gentlemen's agreement‹. Das erinnerte mich an eine Unterhaltung in Stockholm, über die Du mir im Sommer einmal berichtetest. Nun sind wir ja wohl einigermaßen unterschiedliche Typen. Aber wir haben, neben anderem, eine gewisse Verschlossenheit gemeinsam. Wichtig ist nur für alles, was auf uns zukommt, daß wir einander offen die Meinung sagen, wann und wo immer es notwendig werden sollte. Ich habe Dir für vieles zu danken, was Du ohne viel Palaver angepackt hast. Zusätzlich zu Deiner Klugheit und Energie habe ich Deine Loyalität und Menschlichkeit kennengelernt. Du sollst wissen, daß ich den ehrlichen Willen habe, Dir offen und freundschaftlich zu begegnen.«

Herbert Wehner nutzt die Weihnachtstage 1960, um Willy Brandt ausführlich zu antworten:

»Bonn, am 26. Dezember 1960
Lieber Willy!
Für Deinen Brief vom 13. Dezember habe ich Dir zwar mündlich gedankt, aber es drängt mich, Dir nochmals deutlich zu machen, wie dankbar ich Dir für ihn bin.
Ich hatte manchmal das Gefühl, als stünde zwischen uns etwas, das sich der Klärung und Überwindung entzieht. Von mir aus war ich außerstande, es zu begreifen. Ab und zu stellte sich bei mir der Verdacht ein, es sei auf Deiner Seite vielleicht die taktische Überlegung, mit mir nicht in einen Topf geworfen werden zu wollen. Mir blieb, so schien es mir, nur die Möglichkeit, öffentlich und intern das zu tun, was ich meiner Überzeugung gemäß tun muß, um zu der Lösung beizutragen, die ich aus eigener Überlegung für richtig halte. Ich wäre froh, wenn ich mich nicht in der Annahme irrte, daß doch durch den Nebel von Verzerrung und Entstellung davon so viel bis zu Dir gedrungen ist, wie es mir aus Deinen persönlichen Bemerkungen im Brief widerzuklingen scheint.
Vorgestern bekam ich endlich ein Exemplar der nachgedruckten Rede, die ich am 9. Oktober in Hamburg vor den Delegierten der Landesorganisation gehalten habe. Dort wurde damals gewünscht, diese Rede möge auch gedruckt verbreitet werden. Das ist, mit einiger Verspätung, nun geschehen. Wenn ich Dir diese Rede schicke, so nimm bitte nicht an, ich wolle Dir zu einer politischen Lektüre verhelfen. Mir liegt daran, Dich an diesem Beispiel erkennen zu lassen, wie ich versucht habe, die mit Deiner Kandidatur zusammenhängenden Fragen zu behandeln. Du wirst daraus erkennen, daß ich ›aufs Ganze‹ gehe. So habe ich es überall gehalten. Diese Rede ist eine unter vielen.
Mit anderen Worten: Für mich war Stuttgart 1958 nicht eine kosmetische Operation, sondern der Beginn einer Rekreation, für die es endlich notwendige Voraussetzungen gab, die aber eigentlich schon früher hätte beginnen sollen. Wenn mich etwas bedrückt und enttäuscht, so ist es die Engherzigkeit, mit der manche, die eigentlich dabei vor allem mit Hand anlegen müßten, nun dabei sind.

Wenn es Dir darauf ankommt, so wirst Du in mir immer einen Genossen und Freund haben, auf den Du bauen kannst. Ich bin durch andere Schulen und Lehrjahre gegangen. Vielleicht weiß ich gerade deshalb manches, was andere nicht wissen oder gering achten. Ich wäre glücklich, Willy, wenn ich einmal von mir sagen dürfte, daß ich mit Erfolg daran mitgearbeitet habe, eine Sozialdemokratie zustande zu bringen, die den Anforderungen der zweiten Hälfte dieses Jahrhunderts gerecht werden kann, das heißt, die nicht am Kommunismus zerbricht und in ihrem Volk eine unentbehrliche gestaltende Kraft nicht nur in ihrer eigenen Vorstellung wird.

Mir ist der ›auferlegte‹ Radikalismus ein Greuel. Ich meine damit jenes Rouge, das man auflegt, weil es gerade zu passen scheint. Ich bin für den Radikalismus in der Sache, der es sich leisten kann, auf äußerliches Getue zu verzichten, weil er weiß, wie wichtig jede wirkliche Veränderung sein kann, wenn die richtigen Leute sich ihrer zu bemächtigen verstehen. Daß die Sozialdemokratie endlich die richtigen Leute an die für sie passenden richtigen Stellen bringt, das ist politisch vordringlich. Wenn das erreicht werden soll, müssen die Methoden und das Klima der inneren Parteiarbeit wesentlich verändert werden. Mit Stuttgart sind dazu einige Voraussetzungen in die Wirklichkeit getreten. Andere müssen noch folgen.

Aus diesen Bemerkungen ersiehst Du vielleicht, daß es mir darauf ankommt, mitzuhelfen, jene Verfassung und innere Haltung der Partei zustande zu bringen, die es ihr endlich möglich machen wird, sich den Problemen so zu stellen, wie es von einer wirklichen Reformpartei erwartet werden kann.

Im Wahlkampf muß vieles zurückstehen. Aber auch im Wahlkampf können und sollen Elemente dieser Grundvorstellung wirksam werden. Die Partei wird das brauchen.

Was den Wahlkampf selbst angeht, so wäre ich Dir dankbar, wenn Du Gelegenheit geben und nehmen wolltest, die Punkte, an denen um jeden Preis Voraussetzungen für Maximalleistungen geschaffen werden müssen, genau zu durchforschen. Ich bin dafür, in jedem Punkt auch die gebotene personelle Voraussetzung zu schaffen. Dabei wirst Du bei mir weder Sonderinteressen noch Hintergedanken finden. Mir liegt daran, die Fähigkeit zu den bei unseren Verhältnissen möglichen Maximalleistungen mit dem Gefühl der inneren Sicherheit der Parteimitglieder zu vermählen, das für die Handlungsfähigkeit unserer Partei notwendig ist. Wir haben Unglück mit dem personellen Fundament unserer Propaganda. Wenn wir in gemeinsamen Bemühungen zustande brächten, diesen Bestand aufzuweichen, hätten wir noch Glück. Dabei im Auge zu behalten, nicht ›hinter Stuttgart‹ zurück zu gehen, hatte ich Dir schon gesagt. Hier dürfen wir meines Erachtens nicht dem Augenblick opfern wollen, was wir mit der inneren Unsicherheit der Partei bezahlen müßten.

Wegen Deiner Gedanken zur Bundestagsliste lass' uns bitte am 8. Januar Klarheit schaffen. Mir sind Deine Erwägungen verständlich und so vertraut, als müßte ich sie für meine eigene Person anstellen. Deshalb bin ich dafür, sie so zu diskutieren, daß alle in Frage kommenden Gesichtspunkte gewertet werden können. Mein Vorschlag, die Listenbezeichnung durch Deinen Namen zu verdeutlichen, wird von mir am 8. Januar wieder aufgebracht werden. Also etwa: Sozialdemokratische Partei Deutschlands (Kanzlerkandidatur Brandt). [...]

Mit herzlichen Grüßen an Dich und Deine Familie, auch von Lotte und Greta,
Dein
Herbert Wehner«

Dass Wehner Brandt durchgesetzt hat, bedeutet für die Reformer in der SPD einen Etappensieg. Doch auf dem Parteitag von Hannover, der den Kanzlerkandidaten kürt, wird Brandt ein fester Sitz im Präsidium, sozusagen der Operationszentrale der Partei, verweigert (er erhält dafür einen Gast-Status), und bei den Vorstandswahlen schneidet er schlecht ab. Erst zwei Jahre später, beim Parteitag in Köln, zieht er auch formell in das Präsidium ein.

Keine Frage, Brandts Persönlichkeit scheidet noch immer die Geister. Er kann seine Gegner auch nicht im anschließenden Bundestagswahlkampf 1961 überzeugen – eine schwache Rhetorik und ein unbeholfener Auftritt machen deutlich, dass er kein geborener Wahlsieger ist, sondern noch viel an sich arbeiten muss. Seine Berliner und Bonner Identität finden nicht zueinander. Zu seinen Schwächen zählt auch, dass er sich zu sehr in persönliche Dinge hineinreden lässt. Waldemar von Knoeringen hatte für die SPD eine Amerikareise unternommen, um die dortigen Wahlkampfmethoden zu studieren, und glaubte, mit den neu gewonnenen Erkenntnissen den »deutschen Kennedy« beglücken zu müssen. Er, Brandt, sehe in hellen Anzügen besonders schick aus. Der »Quatsch mit dem Image«, wie Brandt es selbst später nennt, passt jedoch nicht zu ihm. Brandt spielte eine Rolle, die gar nicht zu ihm passte.

Und doch: Als die SPD am 17. September 1961 36,2 Prozent der Stimmen schafft (nach 31,8 Prozent vier Jahre zuvor), wird dies vor allem dem Kandidaten gutgeschrieben. »Willy Brandts große Leistung bestand darin, die Partei aus dem Ghetto der 30 Prozent herausgeführt zu haben. Kein anderer hätte das geschafft«, drückt Helmut Schmidt aus, was viele in der Partei denken.

Auch Herbert Wehner sieht die SPD mit Brandt auf dem richtigen Weg. Er geht daran, dessen Stellung in der Partei institutionell zu festigen. So drängt er Ollenhauer dazu, Brandt als stellvertretenden Parteivorsitzenden vorzuschlagen, was dieser beim Parteitag im Mai 1962 in Köln auch tut. Brandt wird in dieses wichtige Amt gewählt. Monate später spielt Wehner mit dem Gedanken, den Parteivorsitzenden nach den nächsten Bundestagswahlen auszuwechseln. Brandt solle den Posten bekommen, Ollenhauer »abdanken«. Aber Brandt, der mit großer Verbissenheit den Berliner Widersacher Franz Neumann aus dem Feld geschlagen hat, lehnt rundheraus ab. Er ist kein Machtmensch à la Wehner, der schnell die schweren Geschütze in Stellung bringt. Brandt ficht Florett.

Schmidt und die Hamburger Sturmflut

Ein anderer wagt unterdessen einen Stellungswechsel: Helmut Schmidt. Er geht nach acht Jahren als Bundestagsabgeordneter, allesamt Jahre in der politischen Opposition, als Innensenator nach Hamburg. Schmidt selbst behauptet, Ollenhauer habe dafür den Ausschlag gegeben mit dem Hinweis: Helmut, du musst jetzt mal ein bisschen regieren.

Kurz vor seiner Vereidigung platzt der Vorschlag herein, Schmidt solle Innensenator in Berlin werden, verbunden mit der

Zusage, die Nachfolge Brandts als Regierender Bürgermeister anzutreten, wenn dieser in Bonn Vizekanzler würde (in welcher parteipolitischen Konstellation auch immer). Doch Schmidt hat sich schon an Hamburg gebunden. Er hat nicht mehr wirklich die Wahl, was er nach außen hin leicht nimmt, aber was ihn, den Ehrgeizigen, wahrscheinlich innerlich »wurmt«.

In Hamburg muss Helmut Schmidt bald zeigen, was er kann. In der Nacht des 16. Februar 1962 treibt ein Nordwestorkan den Pegel der Elbe auf eine noch nie da gewesene Höhe. Gegen 1.15 Uhr reißt das Wasser den Reiherstieg-Deich auf und begräbt ganze Stadtteile, insgesamt ein Sechstel des Stadtstaates, unter sich. Es spielen sich katastrophale Szenen ab, wie sie die Bundesrepublik seit Kriegsende nicht mehr erlebt hat. Nicht nur Autos, ganze Häuser werden von den Fluten mitgerissen. Viele Menschen ertrinken im Schlaf. Innensenator Helmut Schmidt kommt gerade mit dem Wagen aus Berlin zurück, als ihn die Alarmmeldung erreicht. Er lässt sich sofort ins Polizeipräsidium bringen und übernimmt das Kommando über alle Einsatzkräfte. »Es ist«, beschreibt Harald Steffahn die Szene, »wie im Krieg in einem Armeehauptquartier, das laufend Einzelmeldungen über schwere Feindeinbrüche empfängt, aber die Gesamtlage nur erahnen kann. Wie dort der Generaloberst improvisieren muss, mit dem Instinkt für möglichst wirkungsvolle Befehle zur Stabilisierung der Front, genauso verfuhr der einstige Batteriechef Schmidt ohne die Lehrzeit in den höheren Stäben.« Schmidt bindet die Bundeswehr und alliierte Streitkräfte (insgesamt 7500 Soldaten) in die Rettungsarbeiten ein, ordert Soldaten, Hubschrauber, Sturmboote. Sein Glück ist, dass er vor der Hamburger Zeit dem Verteidigungsausschuss des Bundestages angehört und dabei Entscheidungsträger bei der Bundeswehr und im NATO-Oberkommando kennen gelernt hat. Es gelingt die Rettung von immerhin 1130 Menschen aus unmittelbarer Lebensgefahr, weitere 17 800 werden vorsorglich evakuiert. Für 287 Menschen kommt jede Hilfe zu spät. Außerdem sterben 45 000 Tiere.

Seit der Sturmflut kann Helmut Schmidt von sich sagen, Tausende von Menschen durch beherzte Führung gerettet zu haben. Die Tat ist auch für die spätere Troika wichtig: Sie schweißt Herbert Wehner und Helmut Schmidt enger zusammen. Es war nämlich neben anderen der Wahlkreis des Hamburger SPD-Bundestagsabgeordneten Wehner, den die Flut heimgesucht hat, vor allem Hamburg-Wilhelmsburg. Wehner fliegt in einem Bundeswehrhubschrauber in das Katastrophengebiet und erfährt aus nächster Nähe, welche Fertigkeiten in dem begabten Manager Schmidt stecken. Wehner stehen »viele Wochen des Umherkriechens und Umherstapfens hinter dem gebrochenen Deich und manche lange nachwirkende Begegnung mit Bauern« bevor. Jedem kann er sagen: Wäre Schmidt nicht gewesen, hätte alles noch schlimmer geendet.

An Schmidt selbst schreibt Wehner mit Datum vom 25. Februar: »Du warst großartig. Jetzt wirst Du großzügig sein müssen [...]. Es werden nun noch viele und darunter manche bösartige Nachgefechte kommen. Du wirst sie bestehen und damit mehr leisten, als nur Dich selbst durchzusetzen, wenn Du Maß hältst.« Unter dem 5. März ist auch ein Brief von Brandt an Schmidt datiert, gleichfalls in einer Mischung aus Lob und Mahnung gehalten: »Du weißt selbst, daß diese große Bewährungsprobe für Dich und für uns alle viel bedeutet. Sie legt allerdings auch zusätzliche Lasten auf Deine Schultern.«

Helmut Schmidt hatte sich 1958 mit seiner Bundestagsrede, in der er gegen die atomare Wiederbewaffnung Stellung bezog, als politisches Talent bereits einen Namen gemacht. Doch in diesen Februartagen wird er in der deutschen Öffentlichkeit bekannt. Er ist fortan der »Krisenmanager«, der zulangt und anpackt, wo »Not am Mann« ist. Das ist seine Lieblingsrolle. »Meine glücklichste Zeit hatte ich während der Flutkatastrophe in Hamburg. Ich musste nach vielen Richtungen schnell und entschlossen vorgehen«, wird Schmidt im April 1968 zu dem *Zeit*-Journalisten Ben Witter sagen.

Erst später tritt in das Bewusstsein – auch in Schmidts eigenes –, dass sich der Innensenator Schmidt während der Flutkatastrophe nicht um Gesetze scherte, sondern einfach tat, was er für richtig hielt. Keine hamburgische oder Bundesverfassung sieht für eine einzelne Person so viele Vollmachten vor, wie sie Schmidt in diesen Tagen innehatte. »Schmidt übernahm ganz selbstverständlich die Regierungsgewalt, und keiner hatte etwas dagegen einzuwenden«, erinnert sich einer seiner Mitarbeiter.

In Bonn wüten keine Sturmfluten, aber es weht ein rauer Wind. Der Mauerbau in Berlin legt offen, dass Adenauers Politik der Westbindung einen hohen Preis hat – eine Zementierung der deutschen Teilung auf nicht absehbare Zeit. Bei den Wahlen zum Vierten Bundestag büßen CDU und CSU ihre absolute Mehrheit ein; zugleich muss sich der greise Adenauer mit einer befristeten Kanzlerschaft abfinden. Die Bundesrepublik Deutschland kommt in die Wechseljahre – eine Zeit des Abschieds von der Ära Adenauer, auf die zunächst nichts Neues folgt, weder personell noch programmatisch. Die *Spiegel*-Affäre, die in der absurden Festnahme des Herausgebers Rudolf Augstein gipfelt, ist ein weiteres Indiz für eine »Republik in der Krise«.

Herbert Wehner gehört zu den Ersten, die selbst kleinste Risse im System Adenauer wahrnehmen. Bereits im Januar und dann wieder im April 1961 denkt er laut über eine Große Koalition von Union und SPD nach. Seit 1960 beschäftigt ihn dieser Gedanke, seit 1962 sind auch in den Unionsparteien entsprechende Neigungen erkennbar, vor allem bei Adenauer persönlich, der die der FDP zugesagte Abdankung doch noch verhindern will. »Immer wieder«, stellt die Historikerin Andrea Schneider fest, »bestätigten sich Union und SPD gegenseitig in geheimen Gesprächen ihre prinzipielle Koalitionsbereitschaft.« Wehner trifft sich unter anderem mit dem Fraktionsvorsitzenden der CDU/CSU, Heinrich von Brentano, dem CSU-Abgeordneten Karl-Theodor Baron von und zu Guttenberg (der eine schriftliche Legitimation von Konrad Adenauer mitbringt) und Richard Jäger. Waldemar von Knoeringen und Baron Guttenberg, die beiden adligen Bayern, kennen sich aus der Kriegszeit, was die Kontaktaufnahme über die Parteigrenzen hinweg erleichtert. Helmut Schmidt führt Gespräche mit Wohnungsbauminister Paul Lücke. Dieser sowie Baron Guttenberg liebäugeln mit einer Allparteienregierung, sprechen darüber mit den Fraktionsvorsitzenden Krone, Ollenhauer und Mende. Mit Lücke trifft sich auch Herbert Wehner.

Seit dieser Zeit spukt die Idee eines Mehrheitswahlrechts durch Bonn, das die FDP aus dem Parlament werfen und sie damit ihrer Rolle als »Zünglein an der Waage« berauben würde. Wobei das häufig gebrauchte Bild vom »Zünglein« die Sache nicht ganz trifft, wie der Politikwissenschaftler Wilhelm Hennis zu Recht angemerkt hat. Ein Zünglein bewege sich, ohne auf die Waage Einfluss nehmen zu können. Gerade das wolle die FDP aber nicht sein. Die sieht sich, so Hennis, am liebsten als »Metronom der deutschen Politik« – wem sie erlaube, sich an das Klavier zu setzen, dem wolle sie den Takt schlagen.

Allerdings müssen bei Einführung des Mehrheitswahlrechts Abgeordnete in der Union und auch in der SPD fürchten, nicht mehr in den Bundestag zu kommen. Und wo in der Politik Angst herrscht, bewegt sich nichts vom Fleck. Über Jahre wird das Thema die beiden Volksparteien beschäftigen.

Auf jeden Fall darf sich die SPD nach diesen Gesprächen aufgewertet fühlen, denn sie war der machtverwöhnten Union erstmals ein ebenbürtiger Gesprächspartner. Die SPD ist jetzt »eine Koalitionspartei im Wartestand«, wie es der Historiker Klaus Hildebrand formuliert.

Doch es kommt anders, ein letztes Mal. Der FDP-Vorsitzende Erich Mende bricht ein früheres Versprechen und akzeptiert einen Bundeskanzler Adenauer, der allerdings nach zwei Jahren zurücktreten muss. Und doch, die Mehrheitsverhältnisse beginnen sich zu ändern: Erstmals ist, wenn auch mit ganz knapper Mehrheit, eine Koalition aus SPD und FDP theoretisch möglich. Darüber wird auch offen gesprochen. Der Brandt-Biograph Peter Merseburger berichtet, dass sich Willy Brandt und Erich Mende im Haus eines Industriellen im Ruhrgebiet treffen, »aber es kam über den freundlich-unverbindlichen Austausch von Meinungen und ein vorsichtiges Abtasten künftiger Intentionen kaum hinaus«. Brandt und Mende bleiben sich persönlich fremd. Brandt ist damals auch eher auf eine Allparteienregierung aus, die auch beim SPD-Präsidium und bei Bundespräsident Heinrich Lübke auf Gegenliebe stieße. Ein möglicher Bundeskanzler wäre auch schon gefunden, der CDU-Politiker Eugen Gerstenmaier. Aber die wichtigen Unionspolitiker – Adenauer, Erhard, Schröder, Strauß – sehen keinen Anlass, jetzt schon ihre Macht mit anderen zu teilen, weder in einer Allparteienregierung noch in einer Großen Koalition.

Die weitere Bonner Entwicklung wird einmal mehr von Ereignissen in West-Berlin beeinflusst. 1963 ist Willy Brandts bestes Jahr. Seine Partei holt bei den Wahlen zum Abgeordnetenhaus 61,9 Prozent. Als der amerikanische Präsident John F. Kennedy im Juni Berlin besucht, sitzt der Regierende Bürgermeister mit Kennedy und Adenauer in der offenen Limousine, die an jubelnden Westberlinern vorbeifährt. Sogar Wehner ist angetan. »Brandt war und ist«, sagt er 1964 zu Günter Gaus, »der Mann, der an der schwierigsten Stelle, an der in Deutschland Politik gemacht werden muss und kann, nämlich im geteilten Berlin, Politik macht. Das ist eine große Sache.«

Im selben Herbst erkrankt der SPD-Parteivorsitzende Erich Ollenhauer schwer, so dass die Diskussion über einen Nachfolger losbricht. Schon Anfang Dezember 1963 erklärt der Vorstand der SPD-Bundestagsfraktion (also auch Erler, der als möglicher Konkurrent gehandelt wurde), dass die Partei auch 1965 mit dem Kanzlerkandidaten Brandt in den Bundestagswahlkampf ziehen wird. Herbert Wehner stellt die Konstellation auf einem SPD-Bundeskongress in Bad Godesberg klar: »Willy Brandt ist, solange die Krankheit Erich Ollenhauers dauert, der amtierende Vorsitzende. Ich bin der stellvertretende Vorsitzende und mache einige Überstunden. Fritz Erler ist der amtierende Fraktionsvorsitzende und hat auch da ein erkleckliches Maß zu tun. Und wir – wie man das sonst sagt – verzahnen uns miteinander.« Wenige Stunden später trifft in Godesberg die Meldung ein, dass Erich Ollenhauer gestorben ist.

Herbert Wehners Erklärung beim Bundeskongress nimmt bereits die Entwicklung nach Ollenhauers Tod vorweg. Am 23. Dezember schreibt Wehner an Willy Brandt: »Am wichtigsten ist für mich, daß Du die Führung übernimmst. […] Gut erschiene mir, wenn Fritz Erler und ich als stellvertretende Vorsitzende gewählt würden und fungierten.« So kommt es auch. Damit ist das Vorläufer-Gespann der Troika perfekt: Wehner, Erler und Brandt führen die SPD recht harmonisch, trotz ihrer unterschiedlichen Persönlichkeiten. Rivalitäten werden nicht offen ausgetragen. Diese drei haben es auch leichter als die spätere Troika: Das gemeinsame Ziel, von der Oppositionsbank wegzukommen, schweißt zusammen; später in der Regierungsverantwortung driften die Ansichten über erfolgreiche Politik wieder auseinander.

Es gibt schon in dieser »Vor-Troika« klare Absprachen, wer was tun darf. Willy Brandt definiert sie beim SPD-Parteitag in Karlsruhe Ende November 1964, indem er sie in ein Lob für seine Kollegen packt: »Fritz Erler ist ein brillanter Vorsitzender unserer Fraktion. Er ist der sachkundige und unangefochtene Oppositionsführer im Deutschen Bundestag.« Wehner nennt er »die vorwärts drängende Kraft in den kleinen und großen Fragen der Organisation und der Politik«. In derselben Rede spricht er von »drei Männern an der Spitze der Partei«, wobei er sich selbst als Parteivorsitzenden und Kanzlerkandidaten sieht.

Helmut Schmidt gehört noch nicht zur Führungsriege der Partei, er wird auf dem Weg nach oben sogar »ausgebremst«. Willy Brandt schlägt nämlich – entgegen einer Zusage – nicht ihn, sondern Egon Franke für einen Platz im Parteipräsidium vor. Franke ist der Kopf der »Kanalarbeiter«, der Rechten in der Bundestagsfraktion, die Brandt durch Frankes Berufung an sich binden will. Schmidt ist sauer, aber nicht auf Franke, den er, da ebenfalls ein Parteirechter, als Verbündeten braucht, sondern auf Brandt. Später wird er stets behaupten, sein Verhältnis zu Brandt sei bis Ende der sechziger Jahre intakt gewesen. Schwer zu glauben, dass Schmidts missglückter Einzug ins Präsidium nicht schon für einen ersten Knacks gesorgt hat. Auf jeden Fall weiß Schmidt jetzt, dass er sich auf Brandt nicht hundertprozentig verlassen kann.

Weniger harmonisch als in der SPD-Führung geht es in der Unionsspitze zu. Konrad Adenauer wird zum Rücktritt genötigt, zu seinem Leidwesen muss er Ludwig Erhard das Kanzleramt überlassen. Der vermeintliche Vater des Wirtschaftswunders, ein populärer Mann, bringt die Sozialdemokraten in die Bredouille. *Spiegel*-Chef Rudolf Augstein formuliert das scharfsichtig, wenn er die Schwäche der SPD darin sieht, dass sie einen Strategen (Wehner), einen Fraktionsführer (Erler) und einen Volksliebling (Brandt), aber keinen Oppositionsführer habe. Diese Meinung wird selbst in der SPD geteilt. Sozialdemokraten aus Baden-Württemberg, darunter Erhard Eppler, wollen Willy Brandt im November 1963 dazu bringen, dass er als Kanzlerkandidat zurück-

SPD-Präsidiumssitzung in Berlin am 11. Juni 1965.
V. l. n. r.: Helmut Schmidt, Willy Brandt, Herbert Wehner,
Fritz Erler, Carlo Schmid.

tritt und im folgenden Jahr für das Amt des Bundespräsidenten kandidiert. Sie setzen auf Fritz Erler als Kanzlerkandidaten und nächsten Parteivorsitzenden. Erhard Eppler wird das später mit den »Rollen« begründen, die sich Brandt immer wieder habe aufdrängen lassen und »die er dann mehr oder minder überzeugend gespielt hat. Das galt noch bis ins Jahr 1965, wo mir ein Kanzlerkandidat Erler lieber gewesen wäre als Willy Brandt.« Das passt aber überhaupt nicht in das Konzept von Herbert Wehner. Er nennt den Vorstoß des Schwaben »politisch kindisch und taktlos«.

Willy Brandt tritt bei der Bundestagswahl am 19. September 1965 zum zweiten Mal als Kanzlerkandidat an, unter anderem mit Helmut Schmidt als Verteidigungsminister seines Schattenkabinetts. Die Partei rechnet fest damit, endlich stärkste Fraktion im Bundestag und damit Regierungspartei zu werden. Brandt tritt routinierter auf als vier Jahre zuvor, wirft seinen guten Ruf als Regierender Bürgermeister von Berlin in die Waagschale. Aber so schwach Erhard auch als Kanzler auftritt, seine Wirkung als »Wahlkampflokomotive« ist ungebrochen. Die SPD verbessert sich von 36,2 auf 39,3 Prozent, aber auch die Union legt von 45,3 auf 47,6 Prozent zu, bleibt also stärkste politische Kraft.

Willy Brandt reagiert tief deprimiert. Ohne sich mit Wehner oder anderen Parteifreunden abzustimmen, erklärt er vor der Presse: »Ich stehe für eine Kanzlerkandidatur nicht mehr zur Verfügung.« Der entgeisterte Wehner sagt hinterher zu ihm: »Bist du verrückt geworden?« Das Gerücht macht die Runde, Brandt wolle sich aus der Politik zurückziehen und mit seiner Frau in deren norwegische Heimat übersiedeln. Freunde wie Pfarrer Heinrich Albertz reisen ihm hinterher, um ihn aufzurichten. In den Tagen nach der Wahl schlägt Herbert Wehner vor, dass Fritz Erler und Willy Brandt die Plätze tauschen, Erler Regierender Bürgermeister in Berlin und Brandt Vorsitzender der SPD-Bundestagsfraktion wird. Helmut Schmidt unterstützt diesen Vorschlag.

Wehner hatte Brandt schon vor der Wahl, im Mai 1961, nach Bonn holen wollen und Helmut Schmidt als Regierenden Bürgermeister von Berlin vorgesehen. Jetzt also Erler statt Schmidt für die geteilte Stadt? Erler ist über den Vorschlag empört und lehnt kategorisch ab. Was die Kanzlerkandidatur angeht, war Erler immer ein Zauberer, doch die Aufgabe des Fraktionsvorsitzenden, die er gut und gern macht, lässt er sich nicht nehmen. Hier kann er politisch gestalten; außerdem wäre dieser Posten auch das bessere Sprungbrett für die – jetzt wieder offene – Kanzlerkandidatur 1969. Auch Brandt stellt sich gegen Wehners Rochadepläne, denn er hat den Eindruck, dass Wehner ihn wie eine Schachfigur hin und her schieben will. Wehner wiederum quittiert Brandts Abfuhr mit großem Unmut. Vielleicht ist es Taktik, vielleicht feste Absicht, dass er von jetzt an auch über eine Alternative zu Brandt öffentlich redet. Er könne sich gut vorstellen, so Wehner im Jahr 1966, »dass da noch der eine oder andere Name ins Rennen kommt ... das muss nicht wie in einer Monarchie, sondern das kann wie in einer Republik vor sich gehen«. Gunter Hofmann geht sogar so weit anzunehmen, dass Wehner jetzt Brandt loswerden will.

Schmidt zurück nach Bonn

Unterdessen sucht Helmut Schmidt die Nähe, ja Freundschaft zu Brandt. Nach der Bundestagswahl schreibt er ihm einen Brief, den er auch in seinem Memoirenbuch *Weggefährten* zitieren wird, die Vielschichtigkeit ihrer weiteren Beziehung verschleiernd:

»Sosehr man als Mann auch weit über das Jünglingsalter hinaus einer geliebten Frau Briefe der Liebe schreiben mag, so sehr zögert man – jedenfalls in diesem Jahrhundert –, einem Freunde seine Freundschaft anders darzutun, als durch Handeln oder Unterlassen. Trotzdem, Willy, ohne Rücksicht auf die Gefahr pathetischer Pose: dies ist ein Brief tiefer Freundschaft und zugleich großen Respekts. Ich habe in den letzten vierzehn Tagen vielfach gesagt, Du seist der beste Mann, den unsere Partei zur Verfügung hat. Ich meine das auch so. Und ich habe von Deiner großen menschlichen und politischen Autorität über den ganzen Bereich der zu unserer Partei gehörenden Menschen gesprochen, die ein heute doch unschätzbares Kapital sei – ich meinte das ebenfalls so. Es wird Tausende geben, die ähnlich empfinden oder urteilen, und Hunderte, die Dir ähnliches schreiben. Nimm solche Briefe nicht nur als Zeichen der Solidarität und des Dankes, sondern auch als Indices des Vertrauens pro futuro, das wir in Dich setzen, und der Erwartung. Deine künftige Doppelrolle in der deutschen Politik wird kaum leichter werden als die bisherige Tripel-Rolle. Gerade deswegen hast Du gute Wünsche nötig. Bitte, nimm sie an.«

Weiter ermuntert er Brandt, sich nicht von der Verleumdungskampagne im zurückliegenden Wahlkampf entmutigen zu lassen. Brandt soll erkennen, was er schon geleistet hat, und auf diesem Weg weitergehen: »Niemand von uns Übrigen hätte in diesen fünf Jahren seit Hannover die Partei und die Demokratie in Deutschland auch nur annähernd so weit voranbringen können, wie Du es vermocht hast. Niemand wird in Zukunft dieser Arbeit mit größerer Autorität dienen können.«

So sehr, wie sich Schmidt bei der Abfassung dieses Briefes in der »relativen Ruhe eines amerikanischen Hotelzimmers« (so Schmidt selbst) öffnet, wird er das Brandt gegenüber nie wieder tun. Mit dieser Selbstauskunft, die einem so verschlossenen Menschen wie Schmidt schwer gefallen ist, korrespondiert die spätere Enttäuschung darüber, dass Brandt die Herzlichkeit des Tons und die Tiefe der freundschaftlichen Gefühle nicht erwidert, wenigstens diese Erwiderung nicht ausdrückt. »Es ist gut, bestätigt zu finden«, eröffnet Willy Brandt seinen Antwortbrief, »daß sich unsere Zusammenarbeit auf eine so freundschaftliche Gesinnung stützen kann.« Immerhin bietet er Schmidt seinen persönlichen Rat an – »zögere bitte nicht, Dich an mich zu wenden, wenn immer Du es für zweckmäßig hältst«. Trotzdem muss Helmut Schmidt sein Werben wenn nicht als gescheitert, so doch als ins Leere gehend betrachten; die verschlossene Persönlichkeit Schmidt traf auf eine verschlossene Persönlichkeit Brandt. Beide werden in den späteren Jahren stets politische Gründe dafür ins Feld führen, dass sie sich persönlich schlecht verstehen, aber vor den politischen Motiven liegen menschliche, wie Briefe wie diese zeigen.

Schmidts Signal sucht das Binnenverhältnis zu Brandt auf eine neue Grundlage zu stellen, politisch relevant ist es im Augenblick nicht. Der politisch Starke unter den »Troikanern« ist weiterhin Wehner, und auch der setzt – wenn auch mit Vorbehalten – auf einen Kanzlerkandidaten Brandt. Um ihn keiner Kritik auszusetzen, übernimmt Wehner die Verantwortung für die Wahlkampagne 1965. Zugleich ruft er zwei verdiente Sozialdemokraten in die Bundeshauptstadt zurück: Karl Schiller, Wirtschaftssenator in Berlin, und Helmut Schmidt, Innensenator in Hamburg. Mit beiden sichert Wehner die politische Potenz der SPD in der Bundeshauptstadt ab. »Wir müssen den müden Willy ersetzen«, soll Wehner dem Schmidt-Biographen Kahn zufolge gesagt haben, »gebt eure Ämter auf und kommt in die Fraktion nach Bonn.« Schiller wird stellvertretender Fraktionsvorsitzender und wirtschaftspolitischer Sprecher der SPD-Fraktion, und auch Schmidt besetzt wieder einen Platz im Deutschen Bundestag und wird einer der Stellvertreter des Fraktionsvorsitzenden Fritz Erler. Kahn sieht in dem Köder, Brandt beerben zu können, jenen Konflikt angelegt, der zwischen dem Wirtschaftsprofessor Schiller und dessen früherem Mitarbeiter Schmidt Jahre später im Kabinett Willy Brandts ausbrechen wird.

Schmidt ist sich des Wohlwollens von Herbert Wehner sicher – erst zu Weihnachten 1965 hat ihm Wehner geschrieben: »Soweit ich Dir mit Rat und Hilfe beistehen kann, will ich es immer gern tun. Es bedarf sicher mehr als anfeuernder Zurufe.« Seit Jahren hatte er ihm auch persönlich geholfen, wo er konnte. Als im März 1957 wieder einmal eine Kampagne zu Wehners Vergangenheit gestartet wurde, setzte Helmut Schmidt durch, dass statt eines anderen, schon Benannten Herbert Wehner eine öffentlichkeitswirksame Rede im Deutschen Bundestag hielt. Schmidt wollte nicht, dass von der SPD gesagt werden konnte: Jetzt, da Wehner im Kreuzfeuer der Kritik steht, versteckt sie ihn.

Schmidt entspricht auch der häufigen Bitte Wehners, bei Parteiveranstaltungen zu sprechen und bestimmte Zielgruppen zu pflegen. Im Wehner-Archiv liegt zum Beispiel ein Brief, in dem Wehner einen Besuch Schmidts an einem großen Bundeswehr-Standort anregt. So wenig Schmidt für seine Nähe zur Truppe in den eigenen Reihen geschätzt wird, wirkt er dort imagebildend für seine Partei.

Doch bei allem Wohlwollen, das Schmidt bei Wehner sucht und findet, will er sich von ihm nicht politisch abhängig machen. Im Frühjahr 1966 tragen ihm Hamburger Sozialdemokraten den Parteivorsitz des Stadtstaates an. Der bisherige Amtsinhaber Karl

Vittinghoff hatte erklärt, nicht mehr anzutreten, so dass der Weg für Schmidt frei zu sein scheint. Die Parteipresse meldet bereits, dass Schmidt Vittinghoff im Amt beerbt. Aber dann kommt die große Überraschung: Bei der Wahl am 14. Mai 1966 tritt plötzlich der 64-jährige Paul Nevermann gegen Schmidt an; Nevermann war ein Jahr zuvor wegen einer persönlichen Affäre als Hamburgs Erster Bürgermeister zurückgetreten und galt eigentlich schon als politisch tot.

Helmut Schmidt schadet es jetzt, dass er – wie seine Gegner lancieren – mit der Ehefrau eines Hamburger Parteifreundes ein »Techtelmechtel« (Kahn) hatte (was der Schmidt-Biograph Hartmut Soell bestätigt, ein anderer, Michael Schwelien, dagegen bestreitet – Soells Version ist glaubwürdiger, weil durch Aussagen von Zeitzeugen gedeckt). Das »Techtelmechtel« hatte bereits einen Hamburger Bürgermeister Schmidt, der als Nachfolger des zurückgetretenen Nevermann im Gespräch war, verhindert.

Was auch immer stimmen mag – entscheidend dafür, dass Schmidt am Ende 37 Stimmen fehlen (176 Nevermann, 139 Schmidt), ist das Memento Wehners, Schmidt solle bei aller Vitalität nicht glauben, auch noch in Hamburg Politik machen zu müssen. Öffentlich äußert er »aus praktischen Erfahrungen geschöpfte Zweifel« daran, dass Helmut Schmidt bei seinen Verpflichtungen in Bonn ein guter Landesvorsitzender sein kann. Wehners Absicht ist klar: Er will nicht, dass neben Brandt auch Schmidt seine Kraft an einem Wirkungsfeld außerhalb Bonns verzehrt.

Schmidt bekommt also schon vor Brandt zu spüren, wie sehr Wehner politisches Kalkül über persönliche Verbindungen stellt. Wenige Wochen nach der Wahl in Hamburg schreibt Wehner dem Unterlegenen einen Brief. Mit Datum vom 15. Juni heißt es:

»[...] Leider bist Du nicht ganz schuldlos an Vorstellungen, wie es die vom Bonner Wind, der Dir ins Gesicht blase, ist. Du mußt Dich zwar nicht entscheiden, ob Du die Führung in Hamburg in die Hand nehmen willst oder nicht (denn das hast Du schon getan), aber entscheiden mußt Du, ob Du nicht besser manche an Selbstmitleid rührende interessante Bemerkung unterlassen solltest, weil sie a) die wirkliche Situation und Tendenz nicht ausdrückt und b) schließlich auf Dich selbst zurückfällt oder abfärbt. Du selbst gehörst zu den ›Partei-Oberen‹ und mußt Dich damit befassen, wie Du das so selbstverständlich deutlich machst, daß keiner daran drehen kann, sei es in der Art, Dich zu bedauern, sei es in der Art, Dich zurückzusetzen. Das ist Deiner Kunst überlassen, und wie Du es fertig bringst, das wird dafür entscheidend sein, wie die Kontinuität der Parteiführung durch Fähigkeit und Naturgesetze gesichert wird.«

Der Spott, den Wehner über Schmidts Entscheidung für Hamburg einfließen lässt (zu einer Zeit, als bereits alles gelaufen ist!), muss Schmidt verletzen. Aber wie fast immer bei Vorgängen in der Troika sind auch dieses Mal die Verantwortlichkeiten gleichmäßig verteilt, denn Schmidt neigt neben seinem Ehrgeiz tatsächlich zum Selbstmitleid, wenn er Ziele nicht in der von ihm erwarteten Zeit erreicht. Da hält er sich für ungerecht behandelt, weil übergangen, obwohl er schlichtweg für den Augenblick zu viel gewollt hat.

Der Schmidt-Biograph Michael Schwelien hat jüngst die Meinung vertreten, Wehners Intervention habe das Verhältnis zwischen den beiden auf Jahre getrübt. Auch Hartmut Soell glaubt, das Scheitern in Hamburg sei für Schmidt ein »sehr schmerzhaftes und lange nachklingendes Ereignis« gewesen. Das misst der Hamburger Episode zu viel Bedeutung bei. Wer die Fahrt der Troika über eine längere Zeit hin beobachtet, erkennt ständige Versuche der drei, den einen, der gerade vermeintlich schwächer ist, zu stärken, und den anderen, vermeintlich Stärkeren, zu schwächen. Jeder ist auf der Hut, dass die anderen nicht »ausreißen«, nicht zu viel Macht bekommen. So wie Schmidt nach seinem von Brandt zugesagten, dann verweigerten Einzug in das Parteipräsidium 1964 mit Blick auf diesen vorsichtiger geworden ist, muss er es von jetzt an auch bei Wehner sein. Schmidt wird später ebenfalls Mittel und Wege finden, die anderen beiden in Schach zu halten. Da schenken sich die drei nichts.

Aber die Episode ist mit Blick auf die Entwicklung der Troika in zweierlei Hinsicht wichtig: Zum einen zeigt sie Wehners starke Position im Dreigespann Mitte der sechziger Jahre – er gibt sowohl Brandts als auch Schmidts Richtung vor. Zum anderen legt sie den Schluss nahe, dass Wehner zunächst den Jüngeren,

Schmidt, zu disziplinieren sucht, bevor er sich – besonders von 1969 an – Brandt vornimmt. Zunächst bei Schmidt, dann auch bei Brandt entwickelt er wie wenige andere die Gabe, das Gute mit dem Nützlichen zu verbinden – tatsächlich verhilft er den beiden zu ihren Erfolgen, will sagen, er macht sie zu den Großen, die sie dann werden, aber das nützt immer auch ihm selbst, seiner starken Stellung in der Partei und seinen strategischen politischen Zielen. So eigennützig zu denken und zugleich uneigennützig zu handeln wie Wehner dürfte keinem anderen Politiker der Bundesrepublik gelungen sein.

Dass Helmut Schmidt zu dieser Zeit parteiintern niedrig im Kurs steht, merkt er auch bei den turnusmäßigen Wahlen für den SPD-Fraktionsvorstand: Er kassiert mehr Gegenstimmen als erwartet. Willy Brandt schreibt ihm: »Du leidest hoffentlich nicht darunter, dass Du in der Fraktion nicht alle Stimmen bekommen hast. Demokratie bleibt halt eine schwere Sache.«

Helmut Schmidt muss übrigens nicht lange mit dem Schicksal hadern, denn schon auf dem Parteitag in Dortmund Anfang Juni 1966 wird er endlich in das Präsidium gewählt, was nicht gegen den Willen von Wehner und Brandt gelingen konnte. In der Parteihierarchie steht er jetzt eine Stufe unter dem stellvertretenden Vorsitzenden Wehner und zwei Stufen unter dem Vorsitzenden Brandt.

Geburt der Großen Koalition – Brandt Vizekanzler

Zurück auf die Bonner Bühne, wo Bundeskanzler Ludwig Erhard unterdessen schwere innen- und außenpolitische Fehler unterlaufen, so dass die Koalition aus Union und FDP vorzeitig zerbricht: Die vier FDP-Minister treten am 27. Oktober 1966 aus der Regierung aus. Damit entsteht eine unübersichtliche Situation – die SPD fordert Neuwahlen, Erhard bemüht sich vergebens um eine neue Parlamentsmehrheit. Konrad Adenauer will den jungen Rainer Barzel zum Nachfolger machen, doch der setzt sich gegen seine Konkurrenten – Eugen Gerstenmaier, Gerhard Schröder und Kurt-Georg Kiesinger – nicht durch. Am 10. November 1966 erhält Kiesinger den Zuschlag. Er soll Kanzler werden, aber mit welchem Partner? »Nie zuvor«, stellt Andrea

Schneider fest, »gab es in der Bundesrepublik für alle drei Bundestagsfraktionen in gleichem Maße berechtigte Hoffnungen auf eine Regierungsbeteiligung.« Die CDU könnte erneut mit der FDP oder zum ersten Mal mit der SPD koalieren. Die SPD hätte gemeinsam mit der FDP eine knappe Regierungsmehrheit im Bundestag.

Zwischen Union und SPD gab es, wie ausgeführt, bereits informelle Gespräche über ein Zusammengehen. Dass man Herbert Wehner beim Wort nehmen kann, hat er schon zwei Jahre zuvor gezeigt, als er Heinrich Lübkes Wiederwahl als Bundespräsident geradezu erzwang. Er legte die SPD noch vor der Union auf den CDU-Politiker fest, so dass jetzt auch dessen eigene Partei nicht mehr zurückkonnte. Der CDU-Mann war eigentlich nicht nach dem Geschmack der Genossen, doch die Argumente Wehners – etwa, dass Lübke wegen seines Eintretens für Berlin Loyalität verdiene – zogen. Lübke hatte auch versprochen, eines nahen Tages eine Große Koalition mit der Regierungsbildung zu beauftragen (er wollte das schon 1961, mit Eugen Gerstenmaier statt Konrad Adenauer als Kanzler), und konnte nun bei Wehner Wort halten.

Zu den Gegnern von Wehners Vorpreschen hatte übrigens Willy Brandt gehört, der jetzt nicht mehr, wie Anfang der sechziger Jahre, eine Allparteienregierung anstrebt, sondern bereits eine sozialliberale Koalition im Blick hat. Brandt will Thomas Dehler, zeitweilig FDP-Parteivorsitzender und jetzt Vizepräsident des Bundestages, zum gemeinsamen Kandidaten von SPD und FDP machen, doch er trifft auf den Widerstand vieler Genossen, nicht zuletzt auf den von Wehner.

Herbert Wehner setzt sich in diesen Wochen mit aller Kraft für die Bildung einer Großen Koalition ein. Ihm ist klar, dass sich die konservative Wählerschaft, der Adenauer immer wieder versichert hatte, die SPD sei der »Untergang Deutschlands«, noch nicht mit einer sozialdemokratisch geführten Bundesregierung anfreunden kann. »Er glaubt«, drückt das der Wehner-Kritiker Rudolf Augstein in seiner bissigen Wehner-Studie aus, »ohne den Segen der alten Mächte nicht in der guten Stube der deutschen Wahlbürgerseele Fuß fassen zu können.«

Für eine Große Koalition kämpft auch Helmut Schmidt, der ein solches Bündnis jedoch grundsätzlich auf Krisensituationen beschränkt wissen will. Eine kleine Koalition mit den Liberalen kommt für ihn, der ein abgrundtiefes Misstrauen gegenüber der FDP entwickelt hat, nicht in Frage. Mendes Einknicken zugunsten einer weiteren Kanzlerschaft Adenauers ist ihm noch in guter Erinnerung. Schmidt ist überzeugt: Die FDP wird immer dann den Partner wechseln, wenn sie das für opportun hält.

Fritz Erler ist vom Freiburger Krankenbett aus in die Gespräche einbezogen, schreibt an Brandt, dass er Wehners Linie unterstütze. Das hat ein starkes moralisches Gewicht, denn es ist Erlers letzte politische Äußerung und damit so etwas wie sein politisches Vermächtnis.

Anders Willy Brandt: Er spricht sich für eine »kleine Lösung« mit der FDP aus. Ein persönliches Motiv liegt auf der Hand: Er möchte Bundeskanzler werden. In der Sache drängt es ihn, Bewegung in die deutsche Außenpolitik zu bringen, deren Symbol des Scheiterns, die Berliner Mauer, er täglich vor Augen hat. Brandt mag auch Kiesinger nicht. Der war einmal Mitglied in der Partei der Nazis, und das in einem Alter, als man sich, wie er selbst, auch für den Widerstand entscheiden konnte. Mit diesem Mann gemeinsame Sache machen? Ein Vorbild für die kleine Lösung gebe doch auch Nordrhein-Westfalen, wo sich der Sozialdemokrat Heinz Kühn gerade mit den Freien Demokraten zusammengetan hat. Und nicht zuletzt machte sich auch bereits eine Gruppe namhafter Intellektueller (darunter Martin Walser und Hans Magnus Enzensberger) für ihn als Kanzler stark.

Doch Herbert Wehner ist von seinem Ziel nicht abzubringen. Er verhandelt mit der Union, während Brandt in Berlin erkrankt. Wehner schreibt ihm per Telegramm, dass er »mit Bestürzung« von der Erkrankung gehört habe. »Laß mich wissen, ob und was ich tun kann, wenn Du etwas wünschst und falls Du von mir angerufen werden kannst und willst.« Zur Schlussrunde ist Brandt wieder fit, doch startet wegen Nebel kein Flugzeug, so dass er mit dem Wagen nach Bonn chauffiert werden muss. Bei seinem Eintreffen haben Wehner und Schmidt die Regierungsbildung schon »abgekartet«.

Als Parteivorsitzender trägt Willy Brandt das Verhandlungsergebnis loyal mit, und es bedarf nicht zuletzt seiner Autorität, um den beträchtlichen Widerstand in der SPD gegen eine Große Koalition zu brechen. Vielen Genossen erscheint diese Option

Helmut Schmidt im Gespräch mit Willy Brandt und Herbert Wehner
während einer Sitzung des Parteivorstands in Bad Godesberg am
25. September 1965.

wenig verlockend, müssten sie doch die Regierungsbank mit einem skandalträchtigen Politiker wie Franz Josef Strauß teilen. Häufig haben sie Strauß zum Rücktritt vom Ministeramt aufgefordert, von jetzt an sollen sie ihn gegen Kritik in Schutz nehmen? In diesem Sinn wird Willy Brandt auch von Egon Bahr, einem seiner engsten Mitarbeiter, beraten: Die Große Koalition mit der CDU sei in der aktuellen Lage »widernatürliche Unzucht«.

Im Grunde seines Herzens sieht das auch Brandt so. Wehner und Schmidt jedoch sind, verglichen mit Brandt, Dickhäuter, sie schauen über frühere Verletzungen durch den politischen Gegner geflissentlich hinweg. Öffentlich rückt Willy Brandt nicht von dem Kurs ab, den Wehner und Schmidt gesteckt haben. Doch hinter geschlossenen Türen »bockt« er, als ihm Wehner die Vizekanzlerschaft und das Außenministerium anträgt. Wehner sinngemäß zu Brandt: Entweder bist du an der Regierung beteiligt oder es ist keiner von uns. Wieder einmal fühlt sich Brandt von diesem in eine Rolle gedrängt, die er nicht spielen will. Er möchte sich nicht an vorderster Front mit dieser Regierung identifizieren. Das Forschungs- oder Gesundheitsministerium wäre ihm genug. Wehner und Alex Möller, einer der wichtigen Sozialdemokraten der zweiten Reihe, sind entsetzt und erklären Brandt, dass sie unter diesen Umständen die Koalition platzen lassen. (Eine andere Auffassung vertritt August Leugers-Scherzberg: Ihm zufolge hätte es Wehner lieber gesehen, Brandt würde Vizekanzler und »nur« Forschungsminister, so dass ihm mehr Zeit für die Parteiführung bliebe.)

Wie immer es genau gewesen ist – am Ende akzeptiert Brandt Vizekanzlerschaft und Außenamt. »Wieder Machtpolitik«, schreibt Egon Bahr darüber in seinen Memoiren, »wieder in der Sache richtig, wieder mit kalkuliertem Risiko eine neue Lage schaffen, andere mitreißen oder zwingen. Wehner führte, Brandt wurde geführt. Beiden blieb das im Gedächtnis.« Schon bei dieser Gelegenheit, nicht erst 1969 oder 1973 oder 1974, entfernen sich Brandt und Wehner voneinander, entsteht eine Entfremdung, die im Lauf der Jahre wachsen wird.

Wehner selbst tritt ebenfalls in das Kabinett ein, als Minister für gesamtdeutsche Fragen. Kein Amt ist ihm wichtiger als dieses. Für den zähen Politiker, dessen Credo »Helfen und arbeiten und nicht verzweifeln« lautet, ist die schwierige Deutschlandpolitik das Handlungsfeld schlechthin. Sogar Rudolf Augstein räumt ein, Wehner sei »vielleicht der menschlichste Sozialdemokrat«. Essen bringen und Geld zustecken, das hat er schon als junger Mann in der »Roten Hilfe« getan, als Minister organisiert er jetzt Familienzusammenführungen und unterstützt Existenzgründungen von Ostdeutschen im Westen. Er weiß, er kann keine großen Sprünge machen, die großen Linien der Deutschlandpolitik ziehen die Alliierten. Aber er weiß auch, dass eine Politik der kleinen und stillen Schritte auf Dauer Erfolg hat, schließlich ist er seit 1949 Vorsitzender des Gesamtdeutschen Ausschusses im Bundestag. Was sein Amtsvorgänger Rainer Barzel begonnen hat, setzt er jetzt fort.

Helmut Schmidt wäre eigentlich prädestiniert für das Innen-, Finanz- oder Verteidigungsressort. Doch diese Ressorts fallen der Union zu, nicht zuletzt, weil Kurt-Georg Kiesinger ursprünglich seinem Parteifreund Eugen Gerstenmaier das Außenministerium versprochen hat, es aber dann an die SPD und damit Willy Brandt abtreten muss. Innenminister wird Paul Lücke, Verteidigungsminister Gerhard Schröder, die Finanzen übernimmt Franz Josef Strauß. Im Wirtschaftsressort kommt ein anderer Genosse, Karl Schiller, zum Zug, er hat auf diesem Feld mehr Reputation als Schmidt. Der könnte Verkehrsminister werden, aber das ist ihm zu wenig. »Ein Fraktionsvorsitzender ist einer«, sagt er, »ein Minister ist einer von zwanzig.« So wird er zunächst kommissarischer, später gewählter Fraktionsvorsitzender, denn am 22. Februar 1967 stirbt der bisherige Amtsinhaber Fritz Erler.

Festzuhalten bleibt, dass die Troika Brandt-Wehner-Schmidt erst nach dem frühen Tod Erlers entstehen kann. Fritz Erler, nicht Helmut Schmidt wäre ansonsten der Dritte neben Wehner und Brandt geblieben. Schmidt ordnet sich besser als Erler in das Dreigespann ein, denn er ist viel jünger als Wehner und auch jünger als Brandt. Er kommt als Juniorpartner. Wehner und Schmidt sind keine Rivalen, anders als Wehner und Erler. Mit dem Einstieg von Schmidt wird das Konfliktpotential in der Troika partiell entschärft – allein der Konflikt zwischen Wehner und Brandt wird das Gespann an die Grenze seiner Belastbarkeit bringen.

Die Troika ist mit der Wahl Schmidts zum SPD-Fraktionsvorsitzenden sowie dem Eintritt Brandts und Wehners in die Regierung Kiesinger »konstituiert«. Dabei hat das Gespann schon agiert, bevor ein Journalist diesen Begriff geprägt hat. Was ist während der Entstehungszeit der Troika, die keiner so vorausgeahnt, schon gar nicht vorausgeplant hat, mit den dreien passiert? Mit welchen Absichten gehen sie, die sich doch schon seit Jahren kennen,·in dieses Bündnis? Was ist von jedem von ihnen für die kommenden Jahre zu erwarten? Nach dem getrennten Verlauf der Lebenswege bündeln sich jetzt diese drei Biographien, um ein gemeinsames Ziel zu erreichen: die Sozialdemokratie an die Regierungsmacht zu führen und diese Macht persönlich wahrzunehmen.

Es war schon davon die Rede: In seiner Totenrede auf Herbert Wehner sagte Bundespräsident Richard von Weizsäcker, dass Wehner eine starke Macht ausgeübt habe, ohne je selbst ganz nach oben gekommen zu sein. Das gilt besonders für die Jahre 1958 bis 1966, als er zusammen mit Carlo Schmid, Fritz Erler, bedingt auch mit Erich Ollenhauer, aber nicht zuletzt mit Willy Brandt und Helmut Schmidt den schwerfälligen Tanker SPD millimeterweise bewegt. Er nimmt Kurs in Richtung »Mitte«, denn Wehner hat erkannt, dass nur dort die notwendigen Stimmen für eine SPD-Mehrheit gewonnen werden können. Die SPD muss neue Wählerschichten erreichen, etwa Beamte und Katholiken. Das geht quälend langsam, kostet Kraft, fordert parteiinternen Widerspruch heraus. Noch 1966 sind die Widerstände innerhalb der SPD-Fraktion gegen eine Große Koalition so groß, dass es der intensiven Fürsprache Willy Brandts, ursprünglich Gegner dieses Bündnisses, bedarf, um die Genossen auf Kurs zu bringen. Der Parteivorsitzende verkündet über die Medien, die längst zu strategischen Zwecken instrumentalisiert werden, dass sich die Fraktion klar zugunsten der Großen Koalition ausspreche – und das zu einer Zeit, als die Fürsprecher dieser Koalition, angeführt von Wehner und Schmidt, eindeutig eine Minderheit bilden. Damit sind vor der Öffentlichkeit Fakten geschaffen.

Es ist also kein »Durchmarsch«, den Herbert Wehner sich zu unternehmen anschickt, sondern »ein kräftezehrendes Bohren dicker Bretter«, um ein viel benutztes Bild von Max Weber zu bemühen. Wehner hätte es leichter, wäre er als Person unangefochten. Aber das ist er nicht, zu keiner Zeit – ihn und auch Willy Brandt treffen immer wieder Pfeile aus der Partei und natürlich vom politischen Gegner. Übrigens wirkt an dieser Kampagne auch das Ministerium für Staatssicherheit der DDR mit.

Wenn der Historiker August Leugers-Scherzberg Recht hat, sind Carl Guggomos, Chef vom Dienst bei der SPD-Parteizeitung *Vorwärts,* Adalbert Wiemer, ebenfalls *Vorwärts*-Mitarbeiter, und Ulrich Blank, Bonner Korrespondent der *Süddeutschen Zeitung* und späterer Mitautor eines Buches über Helmut Schmidt, die Autoren der heftigsten, treffsichersten Attacke. Sie schreiben ein 26 Seiten starkes Memorandum, für das sie (so Leugers-Scherzberg) von Wehners Intimfeind Fritz Heine, dem geschassten SPD-Pressesprecher, und Stephan Thomas, der 1947/48 für Kurt Schumacher über Herbert Wehner recherchiert hat, munitioniert wurden.

Die drei Autoren machen Herbert Wehner für die Wahlniederlage der SPD am 19. September 1965 verantwortlich. Angeblich hat er eine Prognose des parteieigenen Meinungsinstituts »ifas«, das zehn Tage vor der Wahl das spätere Ergebnis genau vorhersagt, gekannt, aber nicht dem Kanzlerkandidaten Willy Brandt übermittelt. »Man schrieb den 20. September. Die SPD war geschlagen – nun wusste das auch ihr Kandidat.«

Hauptkritikpunkt des Memorandums ist jedoch die Vorgehensweise, mit der Wehner seit seiner Wahl zum stellvertretenden Parteivorsitzenden die »Baracke« organisatorisch und personell umgebaut hat. Wehner verfolge, so die anonymen Verfasser, sein politisches Ziel, die SPD zur stärksten Partei zu machen, mit kommunistischen Methoden, wie er sie vor 1945 gelernt habe. Er gehe rabiat vor, dulde keinen Widerspruch, hieve Vertrauensleute eigenmächtig in einflussreiche Ämter. Seine Gegner greife er mit Beschimpfungen an, übergehe oder entmachte sie. Ergebnis sei die »Gleichschaltung« innerhalb einer einstmals demokratischen Partei, die jetzt »nach dem Schema einer bolschewistischen Organisation gegliedert« sei und von einem »amtierenden Generalsekretär […] ohne Titel« (nämlich Wehner) regiert werde. »Die einst so lebendige Diskussionspartei SPD ist ein Leichnam. Das Grab dazu schaufelte Herbert Wehner.« Im dritten Teil fördert das Papier Wehners Vergangenheit zu Tage. Hier kennen sich die Autoren gut aus, können sogar aus Akten zitieren. »Niemand weiß, wann Wehner aus der KPD ausgeschlossen wurde. Er selbst hat sein Austrittsdatum auch nie bekannt gegeben.«

Eine Zeit lang kursiert das Papier nur im politischen Bonn. Die *Zeit* druckt es schließlich in der Ausgabe vom 11. März 1966 ab, versehen mit drei Sternchen anstatt eines Autorennamens. Der Text ist in seiner analytischen Klarheit und seiner Offenheit eine Sensation.

Ganz gleich, wie der eine oder andere SPD-Politiker über Details aus dem Memorandum denkt – Partei- und Fraktionsvorstand, Kontrollkommission sowie die Landes- und Bezirksvorsitzenden der SPD erklären in »Fünf Feststellungen von Willy Brandt« ihre »volle Solidarität« mit Herbert Wehner. »Wir haben keine Veranlassung, uns durch eine anonyme Schmähschrift in eine Parteikrise hineinreden zu lassen«, heißt es in der Erklärung vom 18. März 1966. Ausführlich wird in dem Papier erläutert, dass Struktur- und Personalentscheidungen nicht von Wehner allein, sondern im Einvernehmen der SPD-Führungspersonen getroffen werden. Gegen Ende wird der Ton ungewöhnlich rau: »Demokratie kann nicht heißen, dass man sich verstecken und den anderen aus dem Hinterhalt mit Dreck bewerfen darf!« Zuletzt kündigt Willy Brandt mit Blick auf »Gerüchteschmiede, die meinen Verzicht auf die Kandidatur zum Parteivorsitz in Aussicht stellen« an, er werde sich auf dem Parteitag in Dortmund zur Wiederwahl stellen.

Willy Brandt sucht Herbert Wehner auch direkt aufzumuntern. »Du bräuchtest Dich wirklich nicht so einsam zu fühlen, wie Du es offensichtlich tust«, schreibt er ihm am 11. März 1966.

Helmut Schmidt nimmt Wehner in einem Beitrag für die Münchner *Abendzeitung* vom 15. März 1966 in Schutz. Er nennt die Autoren des Memorandums unverhohlen »Dreckskerle«, die den »Versuch des Rufmordes« unternommen hätten. In der SPD gibt es, so stellt er klar, weder einen Streit um politische Grundsatzfragen noch um die Führungsspitze. Wehner sei einer von neun Führungsleuten, »wieso er den anderen acht seinen Willen sollte aufzwingen können, bleibt unerfindlich«. Wehner sei zweifellos einer von denen, die »das Rad der sozialdemokratischen Geschichte in den letzten 15 Jahren entscheidend bewegt haben« – Schmidt nennt ihn kantig, barsch, explosiv, doch es lohne sich, mit ihm zu streiten.

Herbert Wehner selbst äußert sich am 12. März 1966 zu den Vorwürfen. »Es ist unausbleiblich«, sagt er dem Diplomatischen Korrespondenten der *Welt,* Hans-Werner Graf Finck von Finckenstein, »dass jemand, der solche Aufgaben übertragen bekommt, wie es bei mir der Fall gewesen ist, in manchmal harte politische und methodische Auseinandersetzungen gerät.« Er selbst habe dabei sicher auch Fehler gemacht. »Mein Temperament geht, wenn man so sagen darf, mit mir durch.«

Wichtiger sind die Passagen des Interviews, in denen er auf eigene Empfindungen zu sprechen kommt: »Ich bin mir jetzt weniger sicher, als ich es noch vor einiger Zeit zu sein schien, ob die demokratische Ordnung fähig ist und Gelegenheit gibt, Menschen meiner Art, die sich bemühen, dieser Ordnung zu dienen und sie gegen autokratische und totalitäre Gegner sichern zu helfen, ihr mit ihren Kräften dienen. Das muss ich Ihnen offen gestehen.«

Das Memorandum enthält auch nachvollziehbare Passagen. Wehner spielt die Rolle des Patriarchen, der an die ganze »Familie« denkt und dabei Einzelne nicht schont, schon deshalb nicht, weil er sich selbst auch nicht schont. Eine Vielzahl von Mitarbeitern hat traumatische Erlebnisse mit ihm. Karl Garbe, der bei Wehner in der »Baracke« arbeitet, sagt einmal zu ihm: »Wenn ich einen Adoptivvater zu wählen hätte, du wärst der Letzte.« Erhard Eppler erinnert sich lebhaft daran, wie er sich wenige Wochen nach seinem Einzug in den Bundestag 1961 mit Wehner angelegt hat. »Es war auf einer großen Funktionärskonferenz, wo er mich dann mit der Brutalität niedermachte, die ihn gelegentlich auszeichnet.« Später tritt auch die Erfahrung einer »erstaunlichen Menschlichkeit« hinzu, aber eben erst *post festum.* Auf die Frage, ob er unter Wehner gelitten habe, antwortet Eppler: »Zeitweise ja.« Im Alter wird er ihm allerdings in seinem Buch *Kavalleriepferde beim Hornsignal* ein Denkmal setzen als einem, der über Sprachgenie verfügte.

Letztlich wird Wehners Position durch solche Anfeindungen auch immer gestärkt. Wenn Kritiker immer wieder in seiner Vergangenheit wühlen, und das im Dunkel der Anonymität, entsteht ein Mitleids- und Solidarisierungseffekt. So wird er für seine Parteifreunde und für die Öffentlichkeit zur festen, unverzichtbaren Größe. Ihm haftet nach all diesen Kampagnen etwas an, das man letztlich nicht in Worte fassen kann, das ihn aber dauerhaft als Führungsfigur in Bonn verankert. Er wird zu einem Mythos. Auch später, als die anderen Mitglieder der Troika an Stärke gewinnen, als Wehner Fehler macht, als schließlich seine Kräfte schwinden, ist seine Stellung zu keiner Zeit gefährdet. »Einen Herbert Wehner stürzt man nicht«, wird sogar Willy Brandt über ihn sagen.

Wie wird Wehner damit fertig, dass er in der SPD die wichtigste Zielscheibe des politischen Gegners bleibt? Zum einen dadurch, dass er diese Rolle kultiviert. »Einer muss es ja machen«, kommentiert er seine kleineren und größeren Grausamkeiten. Was er denkt, gibt er auch preis, getreu dem Sprichwort »Ist der Ruf erst ruiniert, lebt es sich ganz ungeniert«. In Interviews ist Wehner oft von entwaffnender Offenheit, offenbart auch Privates, was Willy Brandt oder Helmut Schmidt stets unterlassen.

Dabei führt Herbert Wehner einen stark geregelten Lebenswandel: Vom frühen Morgen an sitzt er an seinem Schreibtisch, voller Stolz darauf, die Zeitungen als Erster studiert zu haben. Er liest mehr Akten als andere, fehlt bei nahezu keiner Bundestagssitzung. Nichts darf ihm entgehen, über alles will er sich persönlich ein Bild machen. Er stellt hohe Ansprüche an sich selbst – hier ist ihm Helmut Schmidt ähnlich – und empfindet gleichzeitig Genugtuung darüber, dass andere nicht das gleiche Pensum leisten, weder leisten wollen noch können. Wehner und Schmidt sind anderen nicht nur jeweils einen Schritt voraus, im Denken wie im Fleiß, sie halten dies anderen mitunter auch gnadenlos vor, zum Beispiel Willy Brandt.

Die beiden ähneln sich auch darin, öfter mal »Dampf abzulassen« und andere zur Zielscheibe von Spott und herablassenden Äußerungen zu machen. Lästern gehört zum privaten und beruflichen Alltag, und seit Alexander Mitscherlichs Essay darüber dürfen wir auch glauben, dass wir das so dringend brauchen wie Wasser und Brot. Weshalb sollen Spitzenpolitiker hier die Ausnahme von der Regel sein? Auch in der Troika geht es da um ganz menschliche Themen: Willy Brandt sei eine Nachteule, das heißt am frühen Morgen nicht ansprechbar, außerdem »faul«, »ein Weichei«, »ein Zeitverschwender«. »Unflätigst«, erinnert sich Kurt-Georg Kiesinger, habe Wehner über Brandt geredet. Aber auch Schmidt bekommt bei Wehner, wenn der mal wieder »kocht«, sein Fett weg. Zu Wehners Schimpfwortschatz gehört folgende Steigerung: »Du Renegat, du Schwein, und außerdem bist du ein Freund von Helmut Schmidt!« Schmidt habe »scharfe Zähne, ja, aber die sind falsch«. Auf einem Kongress der Jungsozialisten bekennt er einmal: »Ich gebe zu, reden mit Helmut Schmidt ist sehr schwer.«

Zumeist sind Wehners Beschimpfungen »Situationsrhetorik«, ausgesprochen von einem intelligenten Kopf, der gern mit der Sprache jongliert. Über den CSU-Abgeordneten Niegel sagt er einmal, er müsse mit Vornamen »Schwei« heißen. Über eine Bemerkung von BILD-Chefredakteur Peter Boenisch (später Regierungssprecher von Helmut Kohl) gerät Wehner so in Rage, dass er ihn als »Pimpf« bezeichnet, aber nicht einmal, sondern in einem schauerlichen Wutausbruch gleich zwanzig oder dreißig Mal. (Boenisch nimmt es ihm übrigens nicht übel, sondern fühlt sich – wie viele nach einer Wehner-Standpauke – geadelt. Am übernächsten Tag erscheint in BILD eine Lobeshymne von Boenisch auf Wehner.)

Wehners Sprache ist aufgeladen mit Sexualbildern. Er macht den Jargon, der in der Bundestagskantine schon immer gang und gäbe ist, salonfähig. Auf Brandts und Scheels Lebenslust anspielend, frotzelt er, sie seien »Gigolos«, sie sollten nicht »erigieren, sondern regieren«. Ein anderes Mal kritisiert er, bei einigen Politikern in der »Baracke« stünden »die Schwänze meterlang«.

Walter Scheel liebt den Luxus. Als gewählter Bundespräsident wird er den noch amtierenden Gustav Heinemann bitten, ihm einen neuen Dienstwagen zu bestellen, mit allen möglichen Schikanen – was der Asket Heinemann empört ablehnt. Scheel wird es auch sein, der die Villa Hammerschmidt, den Dienstsitz des Bundespräsidenten, sündhaft teuer umbauen lässt. Wehner nimmt solche und andere Charakterzüge an Brandt und Scheel mit Adleraugen wahr.

Wer Wehner allerdings nur im Lichte seiner Selbstkasteiung und der Boshaftigkeit anderen gegenüber sieht, wird dieser facettenreichen Persönlichkeit nicht gerecht. Er ist zu Mitgefühl, Herzlichkeit und einem tief empfundenen Glauben fähig. Richard von Weizsäcker weist darauf in seiner Totenrede hin: »Wer einmal im kleinen Kreis miterlebt hat, mit welcher tiefen inneren Beteiligung Herbert Wehner aus dem 13. Kapitel des ersten Paulusbriefes an die Korinther die Verse über die Liebe las, wird es gewiss nicht vergessen.«

Der bekennende Christ Wehner hält am 18. Oktober 1964 in der Hamburger Michaeliskirche eine Ansprache. Er ist eingeladen, von der Kanzel aus zu sprechen, aber das lehnt er ab, entscheidet sich für ein Mikrofon direkt vor den Kirchenbänken. »Ich kenne die Situation des Menschen, der versucht, ohne die Kirche zu leben, und meint, er vermöge ja dennoch mit dem Evangelium zu leben«, bekennt Herbert Wehner. »In Wirklichkeit hält er die Spannung nicht aus. Sie geht über seine Kraft. Entweder zerbricht er an ihr, oder sein Glaube und seine Hoffnung zerbrechen.« Zugleich zollt er jenen Respekt, die nach dem »Strohhalm des Atheismus« greifen.

Als Politiker verlangt Wehner von der Kirche, dass sie ihren Raum »in einer offenen Gesellschaft« findet, »deren Säkularisierung weitgehend fortgeschritten ist«. Die Kirche könne eine Gerechtigkeit verkünden, wie sie die Politik nie herstellen werde, aber umgekehrt sei es Aufgabe der Politik, nicht der Kirche, die Gesellschaft zu organisieren. Wehner nimmt hier die Debatte um die so genannten Grundwerte vorweg, die Mitte der siebziger Jahre entbrennt und an der sich auch der sozialdemokratische Bundeskanzler Schmidt beteiligen wird. Schmidt wird aufgreifen, was Wehner anspricht: Die Politik kümmert sich um vorletzte, die Kirche um letzte Wahrheiten. Deutlicher als Wehner wird Schmidt sagen, was daraus folgt: Die Kirche habe sich nicht in tagespolitische Streitfragen einzumischen.

Während der Kanzlerzeit von Ludwig Erhard, noch vor Beginn der Großen Koalition, erkrankt Herbert Wehner an Diabetes. Der Arzt verordnet Insulin-Tabletten, später Spritzen, er braucht regelmäßig belegte Brote, die ihm Greta Wehner bereithält. Diabetiker neigen zu Stimmungsschwankungen und zu spontanen Ausbrüchen – das ist folgenreich für jemanden, der ohnehin keinen inneren Frieden kennt und seine seelischen Konflikte nach außen kehrt. Natürlich steht das politische Handeln Wehners nicht in direktem Zusammenhang mit seinem Insulinspiegel. Aber Krankheit und Temperament führen gemeinsam dazu, dass es mitunter nur einer kurzfristigen Unterzuckerung und eines belanglosen Ärgernisses bedarf, bis Wehner die Contenance verliert. Dann denkt und redet er sich in Rage, beleidigt sein Gegenüber und bereut dies erst, nachdem er wieder »auf dem Boden« ist. Man darf diese gesundheitliche Beeinträchtigung, zu der mit steigendem Alter weitere hinzukommen, nicht außer Acht lassen. Was Wehner gern von anderen zu sagen pflegt – »Es menschelt!« –, gilt auch für ihn und die anderen Mitglieder der Troika.

Wo steht Herbert Wehner am Vorabend der Großen Koalition? Er kann über die Zwischenbilanz seiner politischen Karriere tiefe Genugtuung empfinden. »Wehner und Brandt an die Wand«, hatte es noch in den Hasskampagnen der Bundestagswahlen 1961 und 1965 geheißen. Jetzt wird dieser Wehner mit seiner umstrittenen Vergangenheit in den höchsten Regierungskreis dieses Landes aufgenommen.

Mythos Brandt

Ein Mythos bildet sich auch um das zweite, etwas jüngere Mitglied der Troika, um Willy Brandt. Auch dieser Mythos hat mit der Vergangenheit des Politikers vor 1945 zu tun. Unionspolitiker hetzen im Wahlkampf gegen Brandt wegen dessen unehelicher Geburt und Exilzeit in Skandinavien. Das beginnt vor den Wahlen zum Berliner Abgeordnetenhaus 1958 und setzt sich in den Bundestagswahlen 1961 und 1965 fort, ebenfalls unter heftiger Mitwirkung des Staatssicherheitsdienstes der DDR. Konrad Adenauer selbst erinnert an den Namen der Mutter, Frahm, Franz Josef Strauß stellt in einer seiner Aschermittwochsreden die rhetorische Frage, was ein Willy Brandt denn zwischen 1933 und 1945 im Ausland gemacht habe.

Brandt und seine politischen Vertrauten leiden sehr unter dieser Kampagne. Sie glauben, gegenüber der Union das bessere politische Konzept zu haben, bemühen sich auf demokratischem Weg um die Macht, werden aber mit dubiosen Methoden öffentlich desavouiert. Brandt hat eine Veranlagung zu depressiven Phasen, die – für alle sichtbar – immer häufiger wiederkehren, als er in hohe Ämter kommt und die Erwartungshaltung an ihn steigt; auch bei Schmutzkampagnen gegen seine Person stellen sie sich regelmäßig ein. Holger Börner, ein langjähriger Vertrauter Brandts, bricht noch Jahrzehnte später in Tränen aus, wenn er an diese Zeit der Verunglimpfungen denkt.

Niedergeschlagenheit über die unfairen Methoden des Gegners, gepaart mit der Enttäuschung über das erneute Scheitern als Kanzlerkandidat, stürzt Willy Brandt nach der Bundestagswahl 1965 in eine schwere Krise. »Alkohol zur Betäubung der Melancholie, langes Schweigen, Grübeln, Anzeichen von Klaustrophobie, Nachsinnen über die Vergänglichkeit des Lebens«, so heißt es im *Stern,* bestimmen seine Existenz. Brandt braucht Monate, bis er sich wieder erholt, Monate, in denen er lieber in Berlin bleibt, statt in Bonn die Oppositionsbank zu drücken. Einmal mehr ist er in dieser Zeit auf Wehner angewiesen, der zwar seinen größer gewordenen Spielraum weidlich nutzt, sich aber auch über die undankbare Rolle eines »Ausputzers« grämt.

Mit der Gefahr, psychisch abzustürzen, geht bei Brandt eine erstaunliche Fähigkeit zur Regeneration, zur Selbsterneuerung einher. Dies zeigt sich auch nach der Krise zur Jahreswende 1965/66. Er kommt als gefestigte Persönlichkeit zurück, zeigt sich jetzt selbstbewusster, nimmt weniger Rücksichten auf Staatsräson und Partei. Zu Beginn der Verhandlungen über die Große Koalititon Ende November 1966 sträubt er sich noch, das Amt des Außenministers zu übernehmen, weil ihm der Regierungschef Kurt-Georg Kiesinger nicht behagt. Auch als er dann doch einwilligt, macht er aus der Ablehnung gegen den Chef keinen Hehl. Die Kommunikation zwischen Kiesinger und Brandt versiegt, je länger die Große Koalition andauert.

Willy Brandts Rückkehr manifestiert sich auf dem SPD-Parteitag Anfang Juni 1966 in Dortmund, wo er eine Art Comeback feiert. »Plötzlich habe ich gemerkt, was das für ein feiner Kerl ist«, erinnert sich Erhard Eppler, der jetzt zum Brandt-Fan und etwas später zum größten Schmidt-Kritiker wird. »Er wusste, er kann nicht mehr Kanzler werden. Er spielte keine Rollen mehr, sondern war nur noch Willy Brandt.«

Seine politischen Freunde – Pfarrer Heinrich Albertz, Klaus Schütz, Egon Bahr – bestärken Brandt darin, ein Regierungsamt anzunehmen und bis zu einer Kanzlerschaft durchzuhalten. Dieses Land brauche ihn, den »anderen Deutschen«, als Bundeskanzler, es brauche eine moralische Autorität und kein NSDAP-

Mitglied wie Kiesinger, es bedürfe eines unbelasteten Politikers, der eine neue und glaubwürdige Politik betreibe. Willy Brandt findet in dieser Zeit zu jenem Sendungsbewusstsein, das ihn drei Jahre später kraftvoller als je zuvor nach der Macht greifen lässt.

Schmidt Fraktionschef

Das dritte, jüngste Mitglied der Troika, Helmut Schmidt, führt im Dezember 1966 kommissarisch die SPD-Bundestagsfraktion. Schmidts Arbeitseinsatz für die Partei ist phänomenal – seine Bundestagsreden erzielen eine starke öffentliche Wirkung, als Hamburger Innensenator hat er gezeigt, dass er Politik in die Praxis umzusetzen versteht, und seine Bücher über sicherheitspolitische Fragen, die er in diesen Jahren vorlegt, weisen ihn als Experten auf diesem Feld aus. Auch für die Gesamtpartei setzt er schon längst Akzente, hat er doch an der von Heinz Kühn betriebenen Reform der Parteispitze mitgewirkt oder den Prozess von Godesberg beschleunigt. Willy Brandt verdankt auch ihm seine Ernennung zum Kanzlerkandidaten. Viele junge Sozialdemokraten sehen Mitte der sechziger Jahre in Helmut Schmidt, nicht in Willy Brandt ein Vorbild. Ein gewisser Gerhard Schröder zum Beispiel ist von Schmidts Rhetorik und Politikverständnis so fasziniert, dass er nicht zuletzt wegen dieses Vorbilds in die SPD eintritt. Und doch, Helmut Schmidt fehlt noch ein fester Standort und eine klare Perspektive in der Partei.

Er mag im Herzen noch so sehr Sozialdemokrat sein – seine Biographie verwehrt ihm vorerst, dass er in dieser Partei ganz nach oben kommt, genauso wie das einem Carlo Schmid verwehrt blieb oder den anderen Führungsfiguren, die nicht aus der Arbeiterbewegung kamen. Schmidt hat das Talent eines Krisenmanagers, was ihn in der öffentlichen Meinung zu hohen und höchsten Ämtern befähigt. Dies zeigte sein Einsatz bei der Hamburger Sturmflut 1962. Nicht im politischen Alltagsgeschäft demonstriert er Format, sondern im Ausnahmezustand. Zwei weitere Ausnahmezustände sind zu meistern, bis er in die ganz hohe politische Verantwortung gelangt: 1966/67 die Krankheit und der Tod von Fritz Erler, 1974 der Rücktritt Willy Brandts.

Weil sich Helmut Schmidt nicht ausgelastet fühlt, erkundet er neues politisches Terrain. Bereits 1966 unternimmt er »Außenpolitik auf eigene Faust« – zusammen mit Frau und Tochter bereist er mehrere Staaten des Ostblocks, so die Sowjetunion, Polen und die Tschechoslowakei. Der Bonner Historiker Hans-Georg Lehmann hat die Ergebnisse dieser Reisen in einem Buch zusammengefasst, sichtlich bemüht, Schmidt zu einem der Väter der neuen Ostpolitik zu stilisieren. Zwar hat er durchaus Anteil daran, aber nicht mehr als andere, die in dieser Zeit informell Kontakte knüpfen. 1966 herrscht noch »Eiszeit«, und Termine mit ranghohen Gesprächspartnern kommen mitunter nach langen beschwerlichen Reisen erst kurzfristig zustande.

Was fängt Helmut Schmidt mit dieser wachsenden Erfahrung, den neuen Einsichten an? Einstweilen muß er sich beschränken. Am Vorabend der Großen Koalition wirkt er wie einer, der für einen Lauf trainiert, aber nicht weiß, ob er die Startgenehmigung erhält.

Guter Start

Neue Rollenverteilung

Die Kanzlerschaft des Schwaben Kurt-Georg Kiesinger dauert vom 1. Dezember 1966 bis zum 21. Oktober 1969, dem Tag der Vereidigung seines Nachfolgers. Knapp drei Jahre sind in den vier Jahrzehnten, die die alte Bundesrepublik besteht, nur eine Episode. Kein Wunder, dass Kiesinger nicht zu den »Großen« unter den deutschen Kanzlern gehört. Er selbst sieht seine Regierung von Anfang an als Übergangsregierung, freilich sich selbst nicht als Übergangskanzler – von 1969 an will er mit der Union allein regieren, und wenn das rechnerisch nicht geht, gemeinsam mit den Liberalen.

Und doch ist die Zeit, die sich mit seinem Namen verbindet, keine für das Land verlorene Zeit – Historiker erkennen das große Arbeitspensum an, das in der Großen Koalition bewältigt wird, auch Kiesingers persönliches Geschick, sein Kabinett der Primadonnen zusammenzuhalten, sich auf die Rolle des »wandelnden Vermittlungsausschusses«, so sein Spitzname, zu konzentrieren. Ständig droht seine Regierung zu platzen, sind Union und SPD bei Sachfragen meilenweit voneinander entfernt, ehe bestimmte Allianzen für Bewegung sorgen. Im letzten halben Jahr der Koalitionsregierung geht fast gar nichts mehr, weil sich Union und SPD mit Blick auf die Bundestagswahlen gegeneinander profilieren. Immerhin erledigt der Kanzler alle »Hausaufgaben«, die er sich in seiner Regierungserklärung aufgibt, bis auf eine: die Einführung des Mehrheitswahlrechts.

Nicht nur für die Bundesrepublik Deutschland bedeutet die Große Koalition eine Phase des Übergangs, auch die Mitglieder der Troika orientieren sich neu. Am Ende der knapp drei Jahre hat sich die »Frackordnung« geändert. Herbert Wehner, Willy Brandt und Helmut Schmidt spielen jeweils einen neuen Part.

Zunächst schweißt die drei zusammen, dass sie für dieses Regierungsbündnis Fraktion und Gesamtpartei gewinnen müssen. Der Parteivorsitzende Willy Brandt wirft seine gesamte Autorität in die Waagschale, um SPD-Funktionäre und die Fraktion zu überzeugen. Eine erste Hürde wird bei einem »kleinen Parteitag« im Dezember 1966 in Bad Godesberg genommen. Dort überlässt Herbert Wehner dem Parteivorsitzenden eine goldene Taschenuhr aus dem Besitz des Arbeiterführers August Bebel, auf den sich Willy Brandt so gern beruft. Willy Brandt behält die Uhr bis zu seinem Lebensende, was für ihn, der sich gern von Dingen und Menschen aus früheren Lebensphasen trennt, viel heißen will.

Noch der Nürnberger SPD-Parteitag 1968 kulminiert in turbulenten Debatten, an deren Ende die Beteiligung an der Großen Koalition mit einer hauchdünnen Mehrheit gebilligt wird. »Nürnberg« bedeutet die Zementierung der Troika, denn Herbert Wehner und Helmut Schmidt sind jetzt gemeinsam stellvertretende SPD-Vorsitzende unter Willy Brandt.

Die Schwierigkeit der Regierung Kiesinger liegt von Anfang an in der großen Anzahl prominenter, sich profilierender Persönlichkeiten am Kabinettstisch. Erfahrung, Sachverstand, Ehrgeiz und Eitelkeit treten im Übermaß auf. »Plisch und Plum« zum Beispiel, der Minister für Wirtschaft Karl Schiller und der Minister der Finanzen Franz Josef Strauß, leisten eine eindrucksvolle kongeniale Arbeit, aber ihr Konkurrenzdenken ist beträchtlich. Kiesinger ruft in Kabinettssitzungen stets zunächst Strauß auf, worauf Schiller auf die Uhr sieht. Ist Strauß fertig, kommt Schiller an die Reihe und achtet peinlich genau darauf, dass seine Vorträge fünf Minuten länger dauern als die von Strauß.

Ein anderes Problem dieser Regierung ist das schon erwähnte Nicht-Verhältnis von Kanzler und Vizekanzler. Kiesinger und Brandt können und wollen nicht miteinander. Schon nach wenigen Regierungsmonaten gibt es einen »unangenehmen Zusammenstoß«, wie Brandt am 18. Juli 1967 an Herbert Wehner schreibt. Willy Brandt reist viel, um unter anderem Kiesinger nicht zu begegnen. In Kabinettssitzungen pflegt er zu versteinern, wenn der Bundeskanzler seine Sicht der Dinge darlegt. Es bedarf deshalb anderer Allianzen, um eine Zusammenarbeit sicherzustellen, Informationen auszutauschen, Kompromisse zu erzielen: der »Achse« Kiesinger-Wehner sowie der engen Kooperation von Barzel und Schmidt.

Dass der bürgerliche, stolze, wortverliebte Kiesinger und der proletarische, eckige, wortkarge Wehner einen Draht zueinander finden, hat eine Vorgeschichte. Als Kurt Schumacher im Oktober 1949 Wehner zum Vorsitzenden im Bundestagsausschuss für Gesamtdeutsche und Berliner Fragen vorschlägt, ist Konrad Adenauer heftig dagegen. Ein früherer Kommunist an diesem Platz? Niemals! Kurt-Georg Kiesinger gehört zu denen, die Wehner als Vorsitzenden billigen. Auch in der parlamentarischen Arbeit später haben Wehner und Kiesinger immer wieder miteinander zu tun. Als Kiesinger 1958 den Bundestag verlässt und Ministerpräsident von Baden-Württemberg wird, erhält er ein Telegramm mit der Zeile: »Bonn wird ärmer, Wehner«. Wehner ist pragmatisch genug, mit jedem zusammenzuarbeiten, der dazu willig ist, gleich welche politische Vergangenheit er hat. Er wirbt um Kiesingers Wertschätzung und erhält sie auch. »Von Wehner sagt man ja, er sei ein Wortterrorist«, so Kiesinger einmal in einem Gespräch mit Giselher Wirsing, »mir gegenüber ist er das nicht, er verhält sich im Gegenteil nicht nur freundschaftlich, sondern deutlich verehrungsvoll.« Kiesinger und Wehner treffen sich zu wöchentlichen, oft stundenlangen Gesprächen im Kanzlerbungalow. Bevorzugtes Getränk ist Rotwein.

Wehners gute Beziehungen, aber natürlich auch seine starke Stellung in der Troika führen dazu, dass er in der Großen Koalition mehr Potenz hat, als normalerweise einem Minister für innerdeutsche Fragen zukommt. Heinrich Krone, der frühere Unions-Fraktionsvorsitzende im Bundestag, schreibt 1967 in sein Tagebuch: »Der stärkste Mann im Kabinett ist Wehner!« Lob erntet Wehner auch vom greisen Konrad Adenauer, der ihn erst mit der Zeit schätzen lernte und der auf einem CDU-Parteitag sagt, Wehner sei der beste Parteimanager, den er jemals kennen gelernt habe.

Willy Brandt wird nach seinen anfänglichen Vorbehalten zu einem engagierten, fleißigen Chef des Außenamtes. Die konservativen Beamten, die ihm ebenfalls zunächst Vorbehalte entgegenbringen, korrigieren rasch ihr Bild von ihm: Er ist keineswegs faul, wie ihnen aus Berlin kolportiert wurde, und ein Utopist in der Außenpolitik ist er auch nicht. Brandt hört zu, lernt, recherchiert, argumentiert, bevor er sich eine eigene Meinung bildet.

In seine neue Rolle findet sich auch Helmut Schmidt, der verhinderte Verteidigungsminister und zunächst kommissarische, dann offizielle Vorsitzende der SPD-Bundestagsfraktion. Schmidt verdankt seinen Einfluss auf die Regierung nicht zuletzt einem guten Verhältnis zum Fraktionsvorsitzenden der Union, Rainer Barzel. Sie gelten bald als die »coalition brothers«.

»Jeder wusste, was er von dem Gegenüber zu halten hatte«, so Schmidt über Barzel. Beide verbindet das Gefühl, nicht wirklich gefordert zu sein, und die Hoffnung, den Fraktionsvorsitz als Sprungbrett für Höheres zu nutzen. »Das wird denen noch leid tun, dass sie uns nicht ins Kabinett gelassen haben«, wird als Zitat von Barzel kolportiert (in das Kabinett hätten sie zwar eintreten, aber nicht die wichtigen Ressorts besetzen können). Barzel und Schmidt verfügen über denkerische Brillanz, aber auch eine gewisse Kühle im Ton und im Umgang mit Menschen. Das setzt ihnen Grenzen. Rainer Barzel und Helmut Schmidt können sich noch so sehr ins Zeug legen – ihre intellektuelle Überlegenheit wird die Fähigkeit, Menschen zu begeistern und auf die Partei einzuschwören, diese unabdingbare Fähigkeit eines erfolgreichen Parteivorsitzenden, nie aufwiegen. Nicht zufällig sind sie erst durch Krankheit und Tod ihrer Vorgänger im Amt Fraktionsvorsitzende geworden – 1964 starb Heinrich von Brentano, der frühere Außenminister und Unions-Fraktionschef, drei Jahre später Fritz Erler.

Die Historikerin Andrea Schneider glaubt nach ihren Forschungen über die Spätzeit der Großen Koalition von einer »heimlichen Regierung« Barzel-Schmidt sprechen zu können. Sicher sehen das auch die Protagonisten selbst so. Schon im Januar 1968 schreibt Schmidt an Barzel: »Sie und ich werden es auch in diesem Jahr in gemeinsamer Verfolgung gemeinsamer Aufgaben nicht leichter haben als im vorigen. Möglicherweise können wir uns das Geschäft dadurch etwas erleichtern, dass wir der Umwelt ein wenig verheimlichen, wie sehr wir im praktischen Vollzug zur kollegialen Kooperation gefunden haben.«

Helmut Schmidt betrachtet allerdings die Fraktion auch als notwendiges Korrektiv zur Regierung, nachdem das Parlament über keine starke parlamentarische Opposition mehr verfügt. Er

Bundesparteitag in Dortmund am 4. Juni 1966.
Der wiedergewählte Vorsitzende Willy Brandt nimmt den Applaus
der Delegierten und seiner beiden Stellvertreter Herbert Wehner
und Fritz Erler entgegen.

Brandt, Schmidt und Wehner während der Beratungen über die
Große Koalition mit der CDU, 30. November 1966.

hält es insoweit mit dem Theoretiker der Gewaltenteilung, Montesquieu, der die strikte Trennung und Kontrolle von Exekutive, Legislative und Judikative gefordert hat.

Eigentlich müsste in der Troika jetzt beste Harmonie herrschen! Aber Macht und Ämter sind nur scheinbar klar verteilt. Die zwei, die von Amts wegen am meisten Macht haben, Minister sind, können sich nicht mehr intensiv ihrer bisherigen Machtbastion, der Partei, widmen. Helmut Schmidt, »nur« Bundestagsabgeordneter und Vorsitzender einer Gruppe von Abgeordneten, erkennt dies und versucht seinerseits, in Präsidium und Vorstand an Einfluss zu gewinnen. Er schafft sich das, was die beiden anderen schon längst um sich geschart haben: eine parteiinterne Lobby. Wehner und Brandt betrachten diese Entwicklung mit Argwohn.

Äußere Ereignisse erschweren die Zusammenarbeit zusätzlich. Im Oktober 1967 geht der SPD die absolute Mehrheit in Bremen verloren. Ein halbes Jahr später erlebt die Partei auch in Baden-Württemberg ein Debakel – bei dieser Wahl zieht sogar die ultrarechte NPD in den Landtag ein. *Spiegel*-Herausgeber Rudolf Augstein schwingt sich zu der in der Geschichte der Troika einzigartigen Forderung auf, dass die drei Herren ihre Hüte nehmen sollen. »Eine nur taktisch operierende Partei verbraucht ihre Führer dreimal so schnell. Diese hier sind verbraucht«, konstatiert er. Laut Augstein führt der Anbiederungskurs der SPD an die Union – schließlich will sie ja einmal den Kanzler stellen – zum Erstarken nichtdemokratischer Parteien wie der NPD. Nicht die Bevölkerung in Baden-Württemberg und anderswo habe versagt, sondern »die wunschdenkerisch opportunierende SPD-Führung«.

Willy Brandt spürt, dass der innerparteiliche Druck auf den Parteivorstand, insbesondere ihn als Vorsitzenden wächst. Im Frühjahr 1968 liebäugelt er damit, sein Außenamt wieder aufzugeben und eine Art Parteivorsitzender und Generalsekretär in einem zu werden. In der Nachfolge seines Vorbilds August Bebel versteht er sich als Parteivorsitzender nach der Devise: Regierungen kommen und gehen, die Sozialdemokratische Partei und ich als ihr Vorsitzender bleiben! Als Parteiführer, nicht als Bundeskanzler will er seinen Platz in der Geschichte finden. In diesem Punkt unterscheidet sich Brandt fundamental von Wehner, der für eine Regierungsbeteiligung viel preiszugeben bereit ist.

Brandt stellt den Plan, sein Ministeramt gegen eine Vollzeit-Arbeit für die Partei einzutauschen, im Präsidium zur Diskussion. Wehners Reaktion lässt sich ausmalen! Das Präsidium verwirft Brandts Ansinnen rasch. Immerhin kann man sich für die Idee, den Posten eines »Bundesgeschäftsführers« zu besetzen, erwärmen. Aber wer soll den Job bekommen? Helmut Schmidt schlägt Heinz Ruhnau vor, den er immer wieder fördern wird und der es später bis an die Spitze der Lufthansa bringt. Willy Brandt setzt sich für Hans-Jürgen Wischnewski ein, den in den Siebzigern eine Freundschaft mit Helmut Schmidt verbinden wird. Brandt droht mit seinem Rücktritt für den Fall, dass Wischnewski im Präsidium durchfällt. Egon Franke, eine rechte Führungsfigur in der SPD, versucht noch den Brandt-Günstling bei den Präsidiumsmitgliedern in Misskredit zu bringen, aber vergeblich; Hans-Jürgen Wischnewski wird am 31. Mai 1968 zum Bundesgeschäftsführer gewählt. Das bedeutet für die SPD einen Linksruck (auch wenn Wischnewski nicht wirklich links steht), denn Erhard Eppler, ein echter Linker, übernimmt jetzt Wischnewskis Amt als Bundesminister für wirtschaftliche Zusammenarbeit. Helmut Schmidt muss erkennen, dass ihm Willy Brandt Grenzen setzt.

Notstandsgesetze

Die schwierige Geburt des Bundesgeschäftsführer-Amtes zeigt, dass in der Troika bisweilen ein rauer Wind weht. Manche Konflikte schwelen schon, brechen aber erst in der Regierung Brandt aus, als die Union nicht mehr mit auf der Regierungsbank sitzt und die Not, sich gegen den gemeinsamen Kontrahenten profilieren zu müssen, nicht mehr eint. Eine Herausforderung jedoch hält die Agenda für die Regierung Kiesinger, aber auch für die Troika noch bereit: die Debatte und Verabschiedung der so genannten Notstandsgesetze und ihre Einfügung in das Grundgesetz.

Eigentlich müsste das Vorhaben, für einen staatlichen Notstand Gesetze zu schaffen, eine unspektakuläre Angelegenheit sein, für Deutschland gilt das nicht. In der Bundesrepublik der sechziger Jahre jedenfalls kommen Erinnerungen an die Untergangszeit der Weimarer Republik hoch, als Reichspräsident und -kanzler mit so genannten Notverordnungen regierten und das Parlament keine

Mitsprache mehr hatte. Mit der Notstandsgesetzgebung, so die Kritiker, wird es den Regierungen der Bundesrepublik wieder ermöglicht, unkontrolliert Politik umzusetzen. Vor allem die Gewerkschaften fürchten, dass die Masse der Arbeitnehmer bei einem Notstand ihre zentralen Rechte, etwa das Streikrecht, verlieren könnte. Kritiker des so genannten CDU-Staates, vor allem Studenten, sehen sich in ihrer Auffassung bestätigt, dass diese Demokratie nicht ihren Namen verdient, sondern in Wahrheit eine autoritäre Herrschaft weniger Gesellschaftsgruppen ist.

Die Debatte um die Notstandsgesetzgebung beginnt bereits 1955 nach Abschluss des Deutschlandvertrages, in dem es heißt, dass die Alliierten im Fall eines Notstands die Regierungsgewalt übernehmen. Für eine souveräne demokratische Regierung ist das nicht hinnehmbar, muss sie doch fürchten, dass die Alliierten den Eintritt eines Notstands anders interpretieren als sie selbst. Immerhin dauert es mehr als zehn Jahre, bis sich die deutsche Politik im Bundestag intensiv mit Fragen beschäftigt wie: Soll es in einer Krisensituation eine Art Notparlament geben? Was darf der Bundeskanzler allein entscheiden, was nicht? Darf man die im Grundgesetz verankerten Grundrechte außer Kraft setzen? Wann tritt ein Notstand überhaupt ein, etwa schon mit einem Generalstreik, der das öffentliche Leben lahm legen kann?

Helmut Schmidt, bei schwierigen Themen von jeher unerschrocken, weil sie ihn fordern, herausfordern, hatte sich schon als Hamburger Innensenator mit der Problematik von Notstandsgesetzen befasst. Noch bevor die Große Koalition zustande kommt, vom Januar 1966 an, tauscht sich Schmidt eng mit Wohnungsbauminister Lücke über diesen Komplex aus. Seiner Meinung nach wird die Debatte vom »Umfeld der Studentenbewegung« hochstilisiert, putschen Angstmacher die Öffentlichkeit auf.

Und doch, die Front der Befürworter und Gegner verläuft am Ende nicht nur zwischen Politik und Straße, sondern zieht sich mitten durch die Parteien, vor allem die SPD-Fraktion, hindurch. Die Historikerin Andrea Schneider hat die Details dieser Auseinandersetzung in jüngster Zeit aufgearbeitet und festgestellt, dass Gruppierungen der SPD das Gesetzgebungsverfahren durch immer neue Änderungsvorschläge systematisch zu verschleppen suchten. Nachbesserungswünsche kommen auch von der Parteirechten. Die Jusos sind kategorisch gegen die Gesetze. Helmut

Schmidt beginnt nun ein taktisch ausgeklügeltes Spiel: Zusammen mit Paul Lücke bringt er den Gesetzentwurf, über den unter den Koalitionsspitzen Einigkeit besteht, im Kabinett ein, bittet aber die eigene Partei, noch nicht zuzustimmen. Vielmehr soll sie sich ein Jahr lang mit dem Inhalt vertraut machen, um das Unspektakuläre dieses Gesetzeswerks zu erkennen. Gleichzeitig drängt er im SPD-Präsidium auf Zustimmung dafür, dass der Bundestag den Gesetzentwurf in einer ersten Lesung behandelt, damit der Prozess unumkehrbar wird. Schmidt erreicht sein Ziel, der Entwurf wird im Parlament erörtert. Parallel dazu segnet der Bundesrat die Notstandsgesetze ab. Derweil bricht der Protest auf der Straße mit voller Wucht los.

Am Ende sind es immer noch 62 Abgeordnete der SPD-Fraktion, die deutliche Korrekturen anmahnen. Die Fraktion bleibt gespalten, eine »offizielle« Meinung der Partei gibt es nicht. Schmidt versteht sich in den weiteren Monaten als Vermittler zwischen den Flügeln der SPD-Fraktion, dem Verhandlungspartner der Union, Rainer Barzel, und außerparlamentarischen Gegnern der Notstandsgesetze, Gewerkschaftsbund und Aktionsgruppen, mit denen die SPD im Gespräch zu bleiben sucht. Als sich Schmidt mit Barzel einig ist, wobei beide Abstriche an ihren Entwürfen hinnehmen müssen, bittet er Brandt um ein zustimmendes Votum der Parteiführung. Schmidt weiß Wehner auf seiner Seite. Am 16. März 1968 stimmt der Parteirat zu, Schmidts Entwurf steht auf dem SPD-Parteitag in Nürnberg zur Diskussion.

Der Parteitag, auf dem Wehner vehement für den vom Parteirat eingeschlagenen Kurs plädiert, erzwingt noch Änderungen, aber keine wesentlichen. Eine knappe Mehrheit stimmt dem geringfügig geänderten Papier zu. Gleichzeitig entlädt sich der »Druck der Straße«. Die traditionellen Ostermärsche der Friedensbewegung werden 1968 zum Anlass für schwere Unruhen und einen »Sternmarsch auf Bonn« (für den es Jahre später, ebenfalls aufgrund einer von Helmut Schmidt forcierten Politik, ein Pendant gibt: die Massendemonstration wegen des NATO-Doppelbeschlusses im Bonner Hofgarten).

Im Mai 1968, noch unter dem Eindruck der Osterunruhen, kommt es zur zweiten Lesung der Notstandsgesetze im Bundestag. Hier setzt der Rechtsausschuss des Bundestages nach interner Beratung, aber auch nach öffentlichen Anhörungen Änderungen durch. Der Entwurf, der in die dritte und entscheidende Lesung des Bundestages gehen soll, wird in der SPD-Bundestags-fraktion noch immer kontrovers diskutiert. Zwei Drittel stimmen dafür, ein Drittel dagegen, aber Mehrheit ist Mehrheit. Sollen die Gegner in der Schlussabstimmung nochmals zu Wort kommen? Helmut Schmidt hat sie im Lauf der Monate so sehr von seiner persönlichen Fairness überzeugt, dass sie ihn beauftragen, in dieser Schlusslesung sowohl die Position der Befürworter als auch die der Gegner zu referieren. Damit zollen sie Helmut Schmidt auch persönlich Respekt, nachdem er bei allen Differenzen in der Sache konstruktiv vorgegangen ist.

Nichts wird den Parlamentarier Helmut Schmidt mehr freuen als dieses ihm zugesprochene Vertrauen. »Wir hatten tage- und nächtelang über jeden einzelnen Satz debattiert und gerungen«, schreibt Schmidt Jahrzehnte später. »Dass mich am Schluss die Minderheit beauftragte, zugleich mit den Argumenten der Mehrheit auch die Gründe und Argumente der Minderheit vorzutragen, hat mich mit tiefer Befriedigung erfüllt.«

»Meisterhaft«, bescheinigt ihm sogar der Bundestagsabgeordnete des linken Flügels und Schmidt-Kritiker Peter Conradi, habe Schmidt das Für und Wider der jetzt zu beschließenden Notstandsgesetze vorgetragen. Schmidt sagt, die jetzt behandelte Vorlage sei die beste seit acht Jahren und bedeute eben kein Notverordnungsrecht, sondern ein parlamentarisches Notstandsrecht. Am 29. Mai 1968 passieren die Notstandsgesetze die letzte parlamentarische Hürde, wobei 53 SPD-Abgeordnete dagegen stimmen. Einen Tag später werden auch die so genannten einfachen Notstandsgesetze per Bundestagsbeschluss wirksam. Demnach gibt es kein Notverordnungsrecht der Bundesregierung, sondern ein Notparlament. Presse- und Meinungsfreiheit, Versammlungsfreiheit, Koalitions- und Streikrecht gelten auch bei einem Notstand unverändert. Bei Katastrophen, nicht generell bei einem Notstand können Bürger angewiesen werden, an ihrem Wohnort zu bleiben. Soldaten dürfen für zivile Katastropheneinsätze herangezogen werden. Ein Arbeitskampf ist noch kein Anlass, einen Notstand auszurufen. Außerdem setzt die SPD eine Art Widerstandsrecht gegen Politiker durch, die einen Notstand zur eigenen Machtergreifung missbrauchen. »Gegen jeden, der es unternimmt, diese Ordnung zu beseitigen, haben alle Deutschen das

Recht zum Widerstand, wenn andere Abhilfe nicht möglich ist«, heißt es seither in Artikel 20 des Grundgesetzes.

Zwei Gründe gibt es dafür, diesen »Gesetzgebungs-Krimi« so ausführlich zu schildern: Zum einen markiert er einen Wendepunkt in den bislang guten Beziehungen zwischen Schmidt und Brandt, denn Schmidt ist über Brandts Verhalten sehr enttäuscht; zum anderen lässt er an den jeweils unterschiedlichen Reaktionen auf die Studentenunruhen deutlich werden, wie verschieden die Politiker Brandt und Schmidt je nach Demokratieverständnis auf gesellschaftliche Entwicklungen reagieren.

In den sechziger Jahren, erinnert sich der über 80-jährige Helmut Schmidt im Gespräch mit Sandra Maischberger, wäre er für Willy Brandt »durchs Feuer gegangen, da gibt es gar keinen Zweifel«. Die Große Koalition hat zwar mit Sozialdemokraten im Kabinett, Brandt, Wehner und Heinemann, Entwürfe für eine Notstandsgesetzgebung beschlossen, Letztere haben sich aber an der mühsamen Überzeugungsarbeit in der SPD-Bundestagsfraktion nicht beteiligt. »Die von mir damals etwas ironisch so genannten Hohen Herren aus dem Kabinett ließen mich diese Überzeugungsarbeit gegenüber der eigenen Fraktion allein machen und hielten sich sehr zurück.« Das habe, mindestens vorübergehend, die Freundschaft zu einigen der damaligen sozialdemokratischen Kabinettsmitglieder abgekühlt.

Schmidt gibt seine Enttäuschung über Brandts Taktieren nicht erst im Gespräch mit Sandra Maischberger, sondern zuvor bereits in einem Fernsehinterview mit Ulrich Wickert preis: »Als die Regierung Kiesinger-Brandt ihren Gesetzesentwurf fertig hatte, brachte sie ihn im Parlament ein, wo Brandt, obwohl ursächlich daran beteiligt, bei den eigenen Leuten nicht dafür gekämpft hat«, heißt es darin. Es habe Barzels und seiner Überzeugungsarbeit bedurft, »damit wir die Sache, zwar mit wesentlichen Änderungen, aber auf jeden Fall im Paket, hinbekommen haben«.

Entscheidend ist hier – wie stets im Binnenverhältnis der »Troikaner« – die persönliche Wahrnehmung, nicht die historische Wahrheit. Der Brandt-Biograph Peter Merseburger ist überzeugt, dass gerade Willy Brandt mit seiner Rede auf dem SPD-Parteitag 1968 und einer Rede im Bundestag die SPD-Abgeordneten und auch SPD-nahe Interessengruppen für die Notstandsgesetze gewonnen hat. Wie dem auch sei – die Art und Weise, wie Brandt den ebenso fleißigen wie anerkennungsbedürftigen Kollegen würdigt, bedeutet eine Kränkung für Schmidt. In seiner Bundestagsrede hatte Brandt gerade einmal die »ungewöhnliche zusätzliche Arbeitsbelastung« gelobt, die »die Herren Fraktionsvorsitzenden auf sich genommen haben, um dieses Werk zu einem soliden Ergebnis zu bringen«.

Mehrheitswahlrecht

Ein anderes Thema, bei dem Schmidt glaubt, nicht auf Willy Brandts Unterstützung zählen zu können, ist die von ihm energisch betriebene Einführung des Mehrheitswahlrechts. Wenige Projekte sind ihm als Fraktionsvorsitzendem wichtiger. In einem *Spiegel*-Gespräch legt er die Argumente dar, die für eine Wahlrechtsreform sprechen, und dieser Analyse bescheinigt der Politikwissenschaftler Wilhelm Hennis, dass sie »bis heute eine der klarsten, in sich schlüssigsten Beweisführungen für die Notwendigkeit des relativen Mehrheitswahlrechts« sei. Doch Hennis ergänzt auch, den Kern des Problems treffend: »Aber wiederum war es nur eine prinzipielle und nur eine persönliche Erklärung.«

Zwei starke Parteien, die darum konkurrieren, die Regierung bilden zu können – das ist die klarere, ordentlichere, übersichtlichere Form der Demokratie für einen »gelernten Demokraten« wie Helmut Schmidt. »Es geht darum«, sagt Schmidt im *Spiegel*, »den Wähler entscheiden zu lassen, welche Regierung er haben will. Diese Entscheidung soll der Wähler bei der Wahl fällen, das sollen nicht die Parteien nach der Wahl hinter dem Rücken des Wählers tun.« Im Klartext: Keine Partei mit marginalem Stimmenanteil soll entscheiden dürfen, welche Partei den Kanzler stellt. »Bisher hat eine ganz kleine Minderheit mit gegenwärtig 50 Sitzen im Parlament praktisch entschieden, wer regiert, welche Koalition gebildet wird.« Schmidt in nicht zu übertreffender Deutlichkeit: »Ich halte es, um im Bilde zu bleiben, für unsportlich, dass es bislang jemanden gab – die FDP –, der bei der Wahl die Unzufriedenheit der Wähler gegenüber der CDU auffing und dann trotzdem mit eben dieser CDU zusammen wieder koalierte und regierte.« Je mehr Partner, so Schmidts Gedankengang weiter, an einer politischen Entscheidung beteiligt seien, umso größer werde die Gefahr eines faulen Kompromisses. Schmidt will kein Geschacher um Personen und Themen, er kämpft mit offenem Visier und erwartet das auch von anderen.

In der Rückschau auf die Entwicklung der »Bonner Republik« überzeugen Schmidts Argumente durchaus. Gerade in Koalitionen mit mehreren Partnern, etwa den Regierungen Kohl, hat sich das Machtzentrum der deutschen Politik aus dem Kabinett heraus in so genannte Koalitionsrunden von CDU, CSU und FDP verlagert. Kompromisse sind in der Tendenz nicht mehr Ergebnisse nach dem leidenschaftlichen Austausch von Argumenten, sondern Vor-Absprachen. Möglicherweise hätte sich auch eine andere negative Entwicklung der deutschen Demokratie, die Entmachtung des Parlaments zugunsten von Regierung und Bundesverfassungsgericht, verhindern lassen. In der Gegenwart verkündet ein Regierungschef seine Politik zuerst vor der Presse und erst Tage oder Wochen später im Parlament. Außerdem ist die Politik mehr und mehr versucht, Streitfragen durch die Verfassungsrichter in Karlsruhe lösen zu lassen.

Bundeskanzler Kiesinger erwähnt die Absicht, das Mehrheitswahlrecht einzuführen, in seiner Regierungserklärung. Im ersten Jahr der Großen Koalition gibt es eine gewisse Chance, den Plan zu verwirklichen, einflussreiche Politiker von SPD und Union sind dafür, bei der SPD neben Schmidt auch Wehner. Weshalb scheitert die Idee dennoch? Von der Sorge einzelner CDU- und SPD-Abgeordneter, nicht mehr in den Bundestag zu kommen, war schon die Rede. Ein weiterer wichtiger Grund ist, dass sie einige Jahre zu spät kommt. Eine FDP unter Erich Mende, der seiner Partei den Ruf der »Umfallerpartei« einbrachte, hätte den Ärger der großen Parteien noch geschlossen mobilisiert, nicht mehr aber die Liberalen im Wandel, die Walter Scheel seit 1968 führt. Die FDP gewinnt in dem Maße an Zustimmung, wie Union und SPD sie verlieren: Die Liberalen werden von vielen als Wahrer der freiheitlichen Gesellschaftsordnung gesehen, nachdem die beiden großen Parteien im Verdacht stehen, nicht erst im Notstandsfall, sondern bereits im Alltag Demokratie »rückbauen« zu wollen.

Mit der Verabschiedung der Notstandsgesetze erbringt die Große Koalition den Beweis dafür, dass sie auch Gesetzesvorhaben zu realisieren vermag, bei denen die Meinungen quer durch die Fraktionen geteilt sind. Nun könnte sich die Troika zusammen mit Unionspolitikern auch noch an das heiße Eisen »Mehrheitswahlrecht« herantrauen, es wäre aus der Sicht von Schmidt jedenfalls einen Versuch wert. Doch Willy Brandt macht nicht mehr mit. Auch er verfolgt wie Schmidt prinzipielle und strategische Motive: Für ihn kann es in der Demokratie nicht darum gehen, eine Partei auszugrenzen; politischer Wettstreit ja, aber nicht bis zum Matt eines Gegners! Postulate wie Klarheit und Reinheit eines Systems bedeuten ihm nichts. Außerdem will er Bundeskanzler werden, eine neue Außenpolitik gestalten, und das hält er realistischerweise nur mit Hilfe der FDP für möglich.

Die »68er«

Nichts offenbart die Mentalitätsunterschiede von Brandt und Schmidt mehr als ihre Reaktionen auf die »Studentenbewegung«. Die Bewegung der »68er« ist oft thematisiert worden, sie wird hier nicht noch einmal zur Sprache gebracht. Was Arnulf Baring und Manfred Görtemaker in ihrem Buch *Machtwechsel* darüber geschrieben haben, bleibt gültig. Die Bedeutung der Studentenbewegung für die Troika liegt darin, dass sie die SPD, vor allem die SPD unter dem Bundeskanzler und Parteichef Brandt, verändert und dass sie für den »Troikaner« Helmut Schmidt zu einem lebenslangen Schreckgespenst wird.

Das Anliegen der »68er« ist ursprünglich nicht nur ein politisches, es geht auch um neue, dem modernen Menschen gemäßere Lebensformen. »Man wollte«, so führen Baring und Görtemaker aus, »einerseits den Ausbruch aus dem Alltag oder Apparaturen, den persönlichen Ausdruck, die Spontaneität, das freie Gefühl, das Leben als Fest. Andererseits und zugleich sehnt man sich nach neuer Geborgenheit, nach Schutz und Gemeinschaft, nach der gleichgesinnten Gruppe, wollte in neuen Urgemeinden aufgehoben sein.« In politischer Hinsicht ist es der – vor allem vom Sozialistischen Deutschen Studentenbund artikulierte – Unmut über den autoritär und restaurativ erlebten »CDU-Staat« mit einem selbstgerechten Erhard als Regierungschef.

Mit der Erschießung des Studenten Benno Ohnesorg und dem Attentat auf den wichtigsten Studentenführer Rudi Dutschke verliert die Protestbewegung ihre politische Unschuld, ein explosives Gebräu aus Resignation, Trauer, Wut und Gewaltbereitschaft entsteht. Sprache und Auftreten radikalisieren sich, desgleichen die Reaktion des Staates, der sich zum ersten Mal seit 1949 in seinen Grundfesten bedroht fühlt.

Es wäre zu platt zu sagen, Willy Brandt hätte dieser vielschichtigen Bewegung offen, Helmut Schmidt dagegen ablehnend gegenübergestanden. Brandt bekennt Jahrzehnte später, zunächst große Vorbehalte gehabt zu haben. Es ist ja auch nicht Brandt, sondern Justizminister Heinemann, der diesen jungen Leuten symbolträchtiger, wirkungsvoller als andere, weil mit der glaubwürdigen Moral des Christenmenschen unterlegt, die Hand reicht. Vom Schlage Heinemanns gibt es zu dieser Zeit noch andere, Heinrich Albertz (bekanntlich eng mit Brandt verbunden), Martin Niemöller, Dorothee Sölle, Erhard Eppler. Heinemann mahnt: »Wer mit dem Zeigefinger allgemeiner Vorwürfe auf den oder die vermeintlichen Anstifter oder Drahtzieher zeigt, sollte daran denken, dass in der Hand mit dem ausgestreckten Zeigefinger zugleich drei andere Finger auf ihn selbst zurückweisen.« Heinemanns Ansprache wird am 14. April 1968 in allen Rundfunksendern und den zwei Fernsehprogrammen der Bundesrepublik ausgestrahlt. »Heißt das nicht, dass wir Älteren den Kontakt mit Teilen der Jugend verloren haben oder ihnen unglaubwürdig wurden? [...] Auch die junge Generation hat einen Anspruch darauf, mit ihren Wünschen und Vorschlägen gehört und ernst genommen zu werden.« Indem Heinemann für christliche Toleranz plädiert, erreicht er auch konservative Schichten.

Heinemann bereitet einem Politiker wie Willy Brandt den Boden, der zwar nicht so unvoreingenommen auf die jungen Leute zugeht, ihre Anliegen aber ernst nimmt. Er hat selbst Sturm-und-Drang-Jahre erlebt, hat mittlerweile drei Kinder, mit denen er schwer zurechtkommt. Vor allem die zwei pubertierenden Söhne machen ihm zu schaffen, einer marschiert auch öffentlich politisch weit nach links. Willy Brandt rüffelt die Protestierer nicht, teilt sie nicht in friedliche und gewaltbereite Gruppen, akzeptiert ihr So-Sein. Die friedlich demonstrierenden Jugendlichen, deren Protest auch eine Sehnsucht nach Bindung ausdrückt – einer politischen Bindung, nicht zuletzt einer Vaterbindung –, registrieren das. Brandt räsoniert, wägt ab, schließt nichts und niemanden aus, gibt zu bedenken, bleibt letztlich vieldeutig. »Vieles ist in Bewegung«, sagt er am 30. Mai 1968 im Bundestag, »Erfreuliches und Bedenkliches, Aufrüttelndes und Gefährliches zugleich.« Brandt geriert sich wie der gnädige Hausvater und Patriarch, der auch dem ungezogenen Jungen über das Haar streicht und seufzt: »So ist sie eben, die Jugend!«

Noch in den neunziger Jahren erinnert sich zum Beispiel der Berliner Chansonnier Klaus Hoffmann (nicht zu verwechseln mit dem Opernsänger gleichen Namens) im Fernsehgespräch mit Roger Willemsen: »Brandt – das war der Vater!« Er zwinkert dabei mit den Augen und ist sich dabei sicher, dass ihn die Zuschauer seiner Generation verstehen.

Brandt findet jetzt zu einem neuen Selbstverständnis seiner Arbeit, öffnet die Sozialdemokratie für »Menschen verschiedener Herkunft, unterschiedlicher Erfahrungswelten und Temperamente«, wie er Helmut Schmidt in einem Brief zu dessen Geburtstag 1968 informiert. Schmidt muss das als Tadel und Belehrung auffassen. »Der weitaus größte Teil der Jugendbewegung ging zur SPD. Zehntausende, Hunderttausende. Die Partei Willy Brandts wurde die Partei der kritischen Jugend, was ihre politischen Chancen und ihre Schwierigkeiten sehr vergrößern musste«, so Baring und Görtemaker. Aber diese Schwierigkeiten kommen erst später. Brandt lässt Bundeskanzler Kiesinger wissen, dass er die Reaktion der Staatsmacht auf die Proteste für überzogen hält.

Man tut Helmut Schmidt Unrecht, ignoriert man seine intensive Auseinandersetzung mit den »68ern«. Die Historikerin Andrea Schneider hat daran erinnert, dass Schmidt Vertreter dieser Gruppe anhört oder selbst bei ihnen vorträgt, zum Beispiel um für seine Position in Sachen Notstandsverfassung zu werben. Auch in Bundestagsreden äußert er Verständnis für die Kritik der jungen Leute. So weist er darauf hin, dass Polizeieinsätze immer dem Grundsatz der Verhältnismäßigkeit der Mittel entsprechen müssen. Unerträglich findet er aber die »elitäre Arroganz« einiger Vertreter der Studentenbewegung – eine Arroganz, »die genauso gut von rechts außen kommen könnte«. Einige Jugendliche seien in Gefahr, »radikalen Verführern zu verfallen«. Er kritisiert, dass die Bewegung »keine Opposition im Sinne der Alternative, sondern nur Opposition im Sinne des Protests« ist. Und er erinnert daran, dass die Demokratie nicht Freiraum dafür zu schaffen habe, dass Protest mit Mitteln der Gewalt kundgetan werden könne. Die Revoluzzer artikulierten, so Schmidt, Luxus-Probleme in einer politischen Freiheit, wie sie Deutschland noch nie zuvor besessen hat! Um diese Freiheit zu erringen, hat das Land einen hohen Preis zahlen müssen. Bitter bemerkt er, dass die jungen Leute »unseren Stolz auf das nicht verstehen, was wir miteinander gemeinsam zustande gebracht haben. Sie haben ja all diese Trümmer und Katastrophen nicht selber erfahren.«

Schmidt erlebt auch persönlich mit seiner Tochter Susanne nicht entfernt den Generationenkonflikt, wie er in Willy Brandts Familie aufbricht. Er analysiert und wertet die Studentenbewegung mit einer klaren, kritischen Position, Brandt hält sich mit einer deutlichen Stellungnahme in »dieser diffusen Stimmungslage« zurück und zeigt Verständnis für die Protestler.

Kein Zweifel, für Helmut Schmidt beginnen schwierige Jahre. Sein Typ, der Typ des Krisenmanagers, des Verfechters der »reinen« Systeme und klaren Entscheidungen ist nicht gefragt, noch nicht. Auch die Politik eines Barzel oder Strauß findet jetzt keinen Anklang. Anfang der sechziger Jahre, als Verkrustungen aus den Adenauer- und Erhard-Jahren aufbrechen, als gesellschaftliche Stürme heraufziehen und sich Mitte bis Ende der sechziger Jahre in schweren Gewittern entladen, sind die Bonner Gesetze von Machtgewinn und Machterhalt außer Kraft gesetzt. Wer jetzt taktiert, auf Minderheiten setzt, wer darauf spekuliert, dass die Minderheiten von heute die Mehrheiten von morgen sind, liegt richtig. Der Historiker Joachim Fest nennt die Protestbedürfnisse jener Zeit »ungenau« und voller »aggressiver Zuversicht«. Dem sei mit der Ratio nicht beizukommen. Willy Brandt hat genug politischen Instinkt, um die Zeichen der Zeit zu erkennen: Er integriert Teile der Protestbewegung in seine Partei und konzipiert eine neue Ostpolitik, für die zunächst nur eine Minderheit plädiert, einige linksliberale Journalisten und Intellektuelle. In der Troika ist Brandt der »Mann der Stunde«, er wechselt in dieser Phase in die Mitte des Gespanns und wird im wahrsten Sinn des Wortes zum »Zugpferd«.

Und Herbert Wehner? Mit der Bildung der Großen Koalition ist Wehners jahrelang verfolgtes Großprojekt, die SPD regierungsfähig zu machen, zu Ende. Zwangsläufig wandelt sich jetzt seine Rolle von der eines Gestalters zu der des obersten Verwalters, vom Antreiber der SPD zu einer Art Wachmann über das Erreichte. Auf dem Nürnberger Parteitag 1968, der von den Turbulenzen der Studentenbewegung überschattet wird, ist ihm kein Triumph vergönnt, sondern lediglich ein knapper Etappensieg. Persönlich erlebt Wehner mit den gegen ihn verübten Handgreiflichkeiten vor der Meistersingerhalle einmal mehr, dass er ein »Gebrannter«, Gehasster bleibt, der ewige Blitzableiter, den die negativen Energien treffen, damit andere (zum Beispiel Brandt, wie er überzeugt ist) sich befreit entfalten können. »Wer ihn auf diesem Konvent sah«, schreibt Hermann Schreiber nach dem Parteitag im *Spiegel,* »mochte wohl glauben, Herbert Wehner sei unterwegs dem Erlkönig begegnet.« Meist habe er schweigend dagesessen, »seiner Pfeife verhaftet und den Notizen hingegeben, ein Abbild seiner selbst, eine Vorstudie zum eigenen Denkmal, ein Mann mit einem endgültigen Gesicht«. Schreiber glaubt zu erkennen, dass die Partei »ihrem Meister Wehner«, aber auch Wehner der Partei entgleitet. »Vermeintlich am Ziel seiner Wünsche, ist Herbert Wehner in Wahrheit unterwegs zu einer Art Parteilosigkeit – zu seinem neuen Utopia.«

Ende der Großen Koalition

Und doch, die Troika fährt weiter, wenngleich sich die drei über die Fahrtrichtung nicht immer einig werden. Peter Merseburger berichtet in seiner Brandt-Biographie über einen schwerwiegenden Dissens zwischen Wehner und Brandt. Das kleine Kambodscha erkennt 1968 die DDR als eigenen Staat an, worauf die so genannte Hallstein-Doktrin greifen soll: Die Bundesrepublik, für deren Kanzler die DDR ein »Phänomen« bleibt, bricht im Gegenzug die diplomatischen Beziehungen zu Kambodscha ab. Kiesinger besteht denn auch auf Abbruch, Brandt will ihn nicht, weil er überzeugt ist, dass die Hallstein-Doktrin nicht mehr in die Zeit passt. Brandt könnte jetzt mit Rücktritt drohen, aber ihm wird zugetragen, dass Herbert Wehner bereits mit dem Kanzler eine Absprache getroffen hat: Wegen Kambodscha wird die Koalition nicht platzen, Brandt mag da seine Autorität noch so sehr in die Waagschale werfen. Es kommt zu einem schiefen Kompromiss, die

diplomatischen Beziehungen zu Kambodscha werden nicht ab-
gebrochen, nur »eingefroren«. Brandt zieht sich deprimiert in sein
Haus auf dem Venusberg zurück, will sein Amt aufgeben, schimpft
auf Wehner und Schmidt, die ihn nicht unterstützt hätten.

Doch auch in diesem Fall – wie in allen anderen Streitigkeiten
in der Troika – ist die Verantwortlichkeit nicht klar verteilt.
Horst Ehmke erzählt die Geschichte in seinen Erinnerungen weiter: Brandt »meldet sich ab« und sagt Ehmke, dass er zwar in der
Regierung bleibe, aber an der Kabinettssitzung, in der dieser Beschluss förmlich fallen soll, nicht teilnehme. Tatsächlich erscheint er nicht. Jetzt tobt Wehner, wie sich Ehmke erinnert,
denn der Außenminister hat damit aller Welt gezeigt, was er von
dem Beschluss hält. »Das Beispiel zeigt«, schreibt Peter Merseburger, »wie sensibel und mimosenhaft Brandt auf Kränkungen
reagiert, von denen robustere Naturen wie Schmidt oder Wehner
oft nicht einmal ahnen, dass sie sie ihm zugefügt haben.« Denn
Brandt ist machtbewusst und empfindsam zugleich, ehrgeizig
und verletzlich, was die Zusammenarbeit mit ihm erschwert.

Vom Frühjahr 1969 an »geht nichts mehr« in der Großen Koalition. Man schließt nur noch mehr oder weniger faule Kompromisse, plant aber bereits für den Tag danach. Erschwerend
kommt das Nicht-Verhältnis zwischen Kanzler und Vizekanzler
hinzu. Sie haben keine Lust mehr aufeinander zuzugehen und
sind froh, dass Barzel und Schmidt die Arbeit machen. Schmidt
nutzt die Machtfülle, über die der Vorsitzende einer Bundestagsfraktion eigentlich nicht verfügt, um Beschlüsse in seinem
und im Fraktionssinn herbeizuführen, er wirft Brandt aber auch
vor, nicht mehr selbst Konflikte auszutragen, sondern das schwierige Geschäft anderen zu überlassen.

Ein weiteres Indiz für die Entfremdung zwischen Union und
SPD wird die Wahl Gustav Heinemanns zum Bundespräsidenten. Ein Sozialdemokrat zieht in die Villa Hammerschmidt ein,
obwohl die SPD zu dieser Zeit nicht stärkste Bundestagsfraktion
ist und über weniger Stimmen in der Bundesversammlung verfügt als CDU und CSU! In der Rückschau betrachtet, verdanken
die Sozialdemokraten dieses Stück »Machtwechsel«, wie es Heinemann selbst nennen wird, einer Fehleinschätzung der Union.
Die wollte einen gemeinsamen Kandidaten mit der SPD, aber
diesmal sieht sich der Juniorpartner an der Reihe, den Anwärter

zu stellen. Der gemäßigte Gewerkschafter Georg Leber (SPD) wäre einer, mit dem auch die Union leben könnte, aber Kiesinger gelingt es nicht, seiner Partei diesen Kompromisskandidaten zu vermitteln; er bemüht sich auch nicht darum, wie Peter Merseburger ausführt.

Die Union ist machtverwöhnt und stolz. Sie hält eine Allianz von SPD und FDP schlichtweg für unmöglich nach dem Motto: »Sie haben es bisher nicht gewagt, sie werden es auch dieses Mal nicht wagen.« Das weckt den Ehrgeiz der Sozialdemokraten, die einen eigenen Kandidaten nominieren – übrigens eine Aktion, bei der Brandt und Wehner vorzüglich zusammenarbeiten: Gustav Heinemann, der Puritaner, der Christ mit der trockenen Rhetorik, der so gar nicht nach dem Geschmack von CDU und CSU ist, soll Bundespräsident werden! Für seine Wahl braucht er die Stimmen der kleinen FDP. Sie stimmt letztlich für ihn, im dritten Wahlgang, teils aus Überzeugung, teils weil sie ohne einen wohlwollenden Fürsprecher ihren politischen Untergang fürchtet. »Motivation« für das Abstimmungsverhalten der Liberalen ist Brandts Zusicherung an Walter Scheel, dass mit der SPD kein Mehrheitswahlrecht zu machen sei – auch hier ein Beispiel dafür, wie der Machtpolitiker Brandt geschickt operiert, in diesem Fall gegen den Willen von Wehner und Schmidt. Am 5. März 1969 wird Heinemann im dritten Wahlgang mit denkbar knapper Mehrheit, 512 zu 506 Stimmen, in das höchste Staatsamt gewählt. Die Union hat eine ihr wichtige Bastion zu räumen.

Heinemanns Wort vom »Machtwechsel« – darauf weist Peter Merseburger zu Recht hin – fällt in einer Zeit, als dieser Wechsel noch keinesfalls eingeleitet ist. Seit 1967 gewinnt die Union alle entscheidenden Wahlen, und auch die Meinungsumfragen 1969 sehen für die SPD nicht gut aus. Zu den ungeschriebenen Gesetzen der Demokratie gehört es, dass der Wähler die Leistungen einer Großen Koalition tendenziell mit dem jeweils größeren Partner identifiziert. So fällt das Ergebnis der Bundestagswahl am 28. September 1969 denn auch erwartungsgemäß aus: die SPD legt zu, von 39,3 auf 42,7 Prozent, bleibt aber klar zweitstärkste Kraft, die Union erzielt 46,1 Prozent der Stimmen gegenüber 47,6 Prozent vier Jahre zuvor. Die FDP erlebt ein Debakel, halbiert die Zahl ihrer Wählerstimmen von 9,5 auf 5,8 Prozent: Die Wähler haben ihre Oppositionsarbeit nicht wahrgenommen.

Putsch in der Troika

Die sozialliberale Koalition

Gelegentlich gehen nicht nur Wahlen, sondern auch Wahlabende in die Zeitgeschichte ein. Der Abend des 28. September 1969 gehört dazu. Kurt-Georg Kiesinger gilt während der Stimmenauszählung als Wahlsieger, will eine Alleinregierung bilden oder mit einem geschwächten Partner, sei es SPD, sei es FDP, zusammengehen. Mitglieder der Jungen Union ehren den Schwaben mit einem Fackelzug. US-Präsident Richard Nixon erhält die Information, auch der nächste deutsche Bundeskanzler heiße Kurt-Georg Kiesinger, und gratuliert ihm am Telefon. Kiesinger selbst bedeutet der Öffentlichkeit, dass er sich mit der Regierungsbildung Zeit lassen werde, eben in der sicheren Gewissheit, dass die Initiative allein bei ihm liegt. Aber die rechnerische Majorität der Union schmilzt im Lauf des Abends dahin, vergleichbar mit dem Abend der Bundestagswahl 2002, als der CDU/CSU-Kandidat Edmund Stoiber schon »über die 50« ist und am Ende doch zum Verlierer wird. Gegen Kiesinger bringen SPD und FDP eine knappe Mehrheit zustande und können regieren.

Herbert Wehner will das nicht. Er misstraut den Liberalen und fürchtet bei der knappen Parlamentsmehrheit eine Abhängigkeit der großen SPD von dieser »alten Pendlerpartei«, wie er über die FDP auch an diesem Abend noch einmal schimpft. Die FDP hat sich auch noch nicht, wie Wehner überzeugt ist, von ihrer zeitweiligen Rolle als Interessengruppe der Industrie frei gemacht. Er ahnt, wie schwer das gemeinsame Regieren von Sozial- und Freidemokraten und auch seine persönliche Arbeit für diese Regierung werden würde. Wehner weiß, dass die Bundesrepublik mit der DDR, die man seinerzeit noch in Anführungszeichen schreibt, endlich in einen konstruktiven Dialog treten muss und dass dies einer breiten Unterstützung im Bundestag bedarf. Der Kurs der Bundesregierung soll gerade in dieser Frage nicht Erpressungsversuchen einzelner Abgeordneter ausgesetzt sein.

Bei Helmut Schmidt steht einem vergleichbar tiefen Misstrauen gegen die Liberalen eine persönlich gute Erfahrung, die gedeihliche Zusammenarbeit mit dem CDU-Fraktionsvorsitzenden Rainer Barzel, gegenüber. Für Schmidt kann es in einer kleinen Koalition nur schlechter werden – sei es, dass er als Fraktionsvorsitzender mit einem weniger geschätzten Partner zusammenarbeiten muss, sei es, dass er ein Ministeramt übernimmt, also in die Kabinettsdisziplin eingebunden wird.

Die Regierung soll nach der Vorstellung Wehners und Schmidts also erst einmal so bleiben wie bisher. Und: Weshalb soll die SPD der FDP das Leben retten? Es steht der glückliche Fall in Aussicht, dass die FDP auch ohne Wahlrechtsreform langsam per Wählervotum von der Bildfläche verschwindet. Herbert Wehner und Helmut Schmidt mögen in dieser Stunde auch an die vage Möglichkeit denken, an einem nicht so fernen Tag doch noch einmal den – wie sie finden – besseren Mann zum Kanzler zu machen, Helmut Schmidt. So möglicherweise die Gedanken der beiden »Troikaner«.

Es herrscht eine unübersichtliche Situation. Der FDP-Vorsitzende Walter Scheel ist wegen der herben Stimmenverluste am Boden zerstört und denkt daran, alles hinzuschmeißen. Peter Merseburger weist darauf hin, dass es jetzt nicht die beiden Köpfe Brandt und Scheel sind, die den Bund schließen. Vielmehr entwickelt die zweite Reihe der FDP – Hans-Dietrich Genscher, Wolfgang Mischnick, Willi Weyer – eine erstaunliche Aktivität: Sie sehen inhaltliche Berührungspunkte mit der SPD, ahnen aber vor allem, dass ihre Partei weitere vier Oppositionsjahre nicht übersteht. Die FDP muss wieder regieren, damit sie beim Wähler auffällt und sich profilieren kann! Brandt wird am späten Abend des Wahlsonntags gemeldet, dass die FDP eine Koalition mit der SPD eingehen will.

Schon vor der Wahl hat Willy Brandt angekündigt, er würde eine sozialliberale Ehe auch mit nur zwei Stimmen Mehrheit schließen, und dafür nur ein Kopfschütteln seiner Parteifreunde geerntet. Als sich eine Ehe aus SPD und FDP anbahnt, sagt Wehner erst einmal nichts. Er versteht die Welt nicht mehr, eine Welt, die nicht mehr nach seinem Plan abläuft. Auch Schmidt ist sauer, schon deshalb, weil er nicht gefragt wird, und sagt zu Brandt: »Wenn du's willst, mach's doch!« Nach einem Signal von Bundespräsident Heinemann, dass er Brandt mit der Regierungsbildung beauftragen würde, tritt dieser vor die Journalisten und verkündet seinen Anspruch, eine Regierung zu bilden. Dies mit einer Bestimmtheit, die man vorher nicht gekannt hat und die er dann lange Jahre auch nicht mehr zeigen wird. Man erlebt jenes charismatische Auftreten Willy Brandts, mit dem er die Menschen erreicht und in seinen Bann schlägt. Entschlossen nimmt er seine Chance wahr, wo andere (Kiesinger und Barzel mit dem Hinweis, die Union sei doch die stärkste Fraktion, also müsse sie auch regieren) im Lamento verharren. Wie sagte doch Erhard Eppler über ihn? Brandt wäge lange ab und schweige dabei, aber wenn er einen Entschluss gefasst habe, sei er ein Machtpolitiker reinsten Wassers. Brandt handelt nicht oft mit dieser keinen Widerspruch duldenden Entschiedenheit, aber er tut es in jener Wahlnacht. In der Nacht, in der er, wie Baring und Görtemaker schreiben, seinem Ziehvater und Zuchtmeister Wehner »entläuft«.

Brandts ziemlich einsamer Entschluss hat einen Preis: die Skepsis, ja das Misstrauen der zwei anderen »Troikaner«, die nicht nur den Liberalen nicht trauen, sondern die jetzt ihre persönlichen Ambitionen zurückstellen müssen. Schmidt könnte sich das Außenamt für sich vorstellen. Brandt selbst hatte in einem *Spiegel*-Gespräch vor der Bundestagswahl klargemacht, dass er ihm diese Aufgabe zutraut (»Wer wollte seine Fähigkeiten bestreiten?«). Aber später fällt diese öffentlichkeitswirksame Rolle dem Chef des bei der Bundestagswahl abgestraften Koalitionspartners, Walter Scheel, zu. Und es kommt noch schlimmer für den Hanseaten – er kann auch nicht Fraktionsvorsitzender bleiben! FDP-Politiker erinnern sich in den Koalitionsverhandlungen gut daran, mit welcher Virtuosität Schmidt in die Große Koalition hineinregiert hat. Das darf jetzt nicht mehr vorkommen. Die FDP droht Zeitzeugen zufolge sogar damit, die Koalitionsverhandlungen abzubrechen, falls Helmut Schmidt weiter die SPD-Bundestagsfraktion führen sollte.

Einer derjenigen, die Schmidts Fähigkeiten am besten einzuschätzen wissen, ist Hans-Dietrich Genscher, seinerzeit zwar erst die Nummer drei nach Scheel und Mischnick, aber strategisch der brillanteste Kopf. Dass Genscher Schmidt ausbremst, sorgt für eine frühe Belastung ihres Verhältnisses. Immer wieder verstehen sie sich auch, so nimmt Schmidt den Innenminister nach der gescheiterten Befreiung von israelischen Sportlern während der Olympiade 1972 in Schutz. Die beiden werden aber nie mehr als einen nüchternen geschäftsmäßigen Umgang miteinander pflegen. Genscher, eine hoch empfindliche Persönlichkeit, bräuchte aber nichts dringender als diese Pflege! Auf diesem Feld wird es Helmut Kohl einmal besser machen als Helmut Schmidt.

Schmidt fühlt sich in seiner Abneigung gegen Genscher von Wehner bestärkt, der Genscher nur »den Mann mit den Ohren« nennt. Abgesehen davon, dass Wehner sich durch eine frühe Indiskretion von Genscher brüskiert fühlt – laut Greta Wehner hat Genscher einmal etwas sehr Vertrauliches freimütig ausgeplaudert –, spürt er, dass Genscher genauso strategisch-taktisch denken kann wie er. Zeithistoriker werden einmal darauf hinweisen, wie meisterhaft Genscher die Klaviatur der Politik beherrscht. In gewisser Weise ist Genscher der Wehner der deutschen Politik in dieser Zeit! Der Historiker Klaus Wigrefe legte zum Beispiel dar, dass Genscher sogar den Sicherheitspolitiker und Bundeskanzler Helmut Schmidt in seinem Aktionsradius beschnitt, als dieser für den NATO-Doppelbeschluss eintrat. Damals entwickelte Genscher ein eigenes militärstrategisches Konzept, das er mit der Koalitionsfrage verknüpfte und dann auch durchsetzte. Nach dem Ende der gemeinsamen Regierung, Genscher hatte schon längst auf ein schwarz-gelbes Bündnis hingearbeitet, wird Schmidt mit Genscher kein Wort mehr wechseln und ihn auch in seinen Memoiren mit Nichtachtung strafen. Schmidt begründet das mit den »Machenschaften« Genschers beim Koalitionsbruch im September 1982. Der Konflikt zwischen den beiden hatte sich schon viel länger abgezeichnet.

In den Koalitionsverhandlungen des Jahres 1969 gibt Schmidt unter der Bedingung nach, dass Herbert Wehner sein Amt als Fraktionsvorsitzender übernimmt. »Nach langem Zögern und unter Überwindung großer Abneigung«, behauptet Schmidt später von sich, sei er schließlich »dem Gestellungsbefehl meiner Parteifreunde« gefolgt. Und ergänzt: »Man regiert, weil die eigene Partei einen dazu bestimmt hat und weil man glaubt, ihr dienen zu sollen und zu müssen.« Damit schlägt er einen qualifizierten Mann für diese Schlüsselfunktion vor und bindet Wehner zugleich persönlich enger an sich. Wehner weiß dies zu schätzen. Schmidt selbst wird Verteidigungsminister.

Brandts »Ostpolitik«

Am 21. Oktober 1969 wird Willy Brandt mit der knappen Mehrheit von drei Stimmen (251 von 496) zum Bundeskanzler gewählt. Brandts Biograph Gregor Schöllgen berichtete jüngst, was auf einer der vier ungültigen Stimmkarten zu lesen ist: »Frahm nein«. Noch in der Stunde des Triumphs wird Brandt von seiner Vergangenheit eingeholt. Nach der Wahl gratuliert Helmut Schmidt als Erster. Ein anderer kommt bei seiner Gratulation ohne Worte aus: Wehner und Brandt liegen sich einen Augenblick lang schweigend in den Armen.

Mit der Regierungserklärung, die Willy Brandt am 28. Oktober 1969 abgibt, provoziert er eine nicht geringe Gefühlsaufwallung. Brandts Motto »Wir fangen erst richtig an« drückt nichts weniger als den Anspruch aus, die Bundesrepublik Deutschland als gelebte Demokratie neu zu begründen. Es offenbart den Hochmut desjenigen, der das Amt lange ersehnt hat und es jetzt mit einer eigenen Handschrift versehen will. Eine nie da gewesene Aufbruchstimmung erfasst auch Brandts Kabinettsmitglieder, die von ihm geführte Partei und nicht zuletzt jene Gruppen, die gerade noch für eine neue demokratische Ordnung demonstriert haben und die in diesem Regierungschef nun ihren Messias sehen. Ein Beobachter beschreibt diesen Willy Brandt, der schon mit seiner ersten Regierungserklärung zu bezaubern und zu beschwören weiß, als jemanden, der den natürlichen Gegensatz zwischen Kunst und Macht, zwischen Schamane und Häuptling aufheben kann. Was manche Hörer und Leser stört, Brandts ständiges Einerseits-andererseits, Sowohl-als-auch, sein Zweifeln und Bekennen, ist demnach gerade das Markenzeichen seiner Politik.

Manches von dem, was jetzt seinen Lauf nimmt, ist auf das politische Können Willy Brandts zurückzuführen, aber es kommt auch eine Gunst der Umstände hinzu. Brandt beschleunigt einige

Entwicklungen, die, wie ein bekanntes Sprachbild lautet, »in der Luft liegen«, sie wären so mit einem Kanzler Kiesinger nicht möglich gewesen. Dazu gehört auch die Neue Ostpolitik. In atemberaubendem Tempo schließt Brandt Verträge zwischen der Bundesrepublik Deutschland und ihren Nachbarn im so genannten Ostblock, wobei die Bundesregierung die durch den Zweiten Weltkrieg in Europa geschaffenen Realitäten anerkennt und den territorialen Status quo akzeptiert. Brandt bedient sich eines Tricks, schließt Nichtangriffs-, noch keine Friedensverträge. Doch mit seinem Versprechen, nichts preiszugeben, was nicht ohnehin schon verloren ist, macht er den Prozess unumkehrbar. »Die langfristigen Perspektiven von Brandts Ostpolitik«, fasst Walther Bernecker in seinem Brandt-Porträt zusammen, »waren der Ost-West-Ausgleich und die Ost-West-Kooperation in Europa. Da die Spaltung Deutschlands vorerst nicht überwunden werden konnte, sollten die Grenzen durchlässiger gemacht und das Zusammengehörigkeitsgefühl der Menschen durch vielerlei Kontaktmöglichkeiten gestärkt werden.«

Bereits als Außenminister in der Großen Koalition war Brandt klar, dass man mit außenpolitischem Säbelrasseln das Los der ostdeutschen Mitbürger im geteilten Deutschland nicht erleichtern würde. »Pankow«, wie die DDR damals noch in Westdeutschland genannt wird, stellte menschliche Erleichterungen nur für den Fall einer politischen Anerkennung in Aussicht. Bundeskanzler Kiesinger, der selbst gern in die Außenpolitik hineinregierte, war dazu nicht in ausreichendem Maße bereit. Eine außenpolitische Resolution der SPD, beschlossen auf dem Nürnberger Parteitag 1968, übrigens im Wesentlichen von Erhard Eppler entworfen, umging das strittige Thema.

Erst der neue Bundeskanzler Willy Brandt, der einstige Widerstandskämpfer gegen Hitler, wird zur glaubwürdigen Symbolfigur für eine sich öffnende Bundesrepublik. Dank seiner von braunen Flecken freien Vergangenheit und seines glaubwürdigen moralischen Auftretens wird er in Ost und West zu einer Vertrauensfigur; Politiker anderer Länder stellen fest: »Mit dem kann man verhandeln! So wie er denken zwar nicht alle Westdeutschen, aber hinter seine Zusagen und vertraglichen Regelungen kann das Land nicht mehr zurück.« Dieses Vertrauen hätte man damals zu keinem anderen deutschen Politiker gehabt.

Die »Troika« während der Wahl von Gustav Heinemann
(vorne links) zum Bundespräsidenten am 5. März 1969 in Berlin.

Willy Brandt

Herbert Wehner

Brandt, Schmidt und Wehner während eines Außerordentlichen
Parteitags in Bad Godesberg am 16. April 1969 mit Karl Schiller
(2. v. l.), Jürgen Wischnewski und Alfred Nau (rechts).

»Seine Außenpolitik«, schrieb Willy Brandt einmal über den großen Außenminister der Weimarer Republik, Gustav Stresemann, wobei er zugleich seine eigene Analyse für die damalige Bundesrepublik darlegte, »ging aus von der klaren Erkenntnis, dass Deutschland besiegt und wehrlos war, dass aber durch Verhandlungsbereitschaft und diplomatisches Geschick ausgeglichen werden konnte, was ihm an realer Macht fehlte.« Energisch, geradezu atemlos, packt er das Thema an, nicht nur weil die Parlamentsmehrheit von SPD und FDP durch Übertritte einzelner Abgeordneter zur Opposition dahinschwindet, sondern auch, weil die Verträge nur »im Paket« Sinn machen, wenn kein wichtiger Nachbar im Osten ausgeklammert wird. 1970 trifft Willy Brandt den DDR-Ministerpräsidenten Willi Stoph in Erfurt und Kassel. Schon in seiner Regierungserklärung hatte er ein Signal nach Ostberlin gesandt, indem er von »zwei Staaten in Deutschland«, aber nicht ausdrücklich von der »Wiedervereinigung« sprach. Im August 1970 unterzeichnet er in Moskau das Gewaltverzichtsabkommen mit der UdSSR, mit einem »Brief zur deutschen Einheit« als Anlage, der diese Option juristisch offen hält. Im Dezember 1970 stellen die Bundesrepublik und Polen ihre Beziehungen auf eine neue Grundlage. Bei seinem Besuch in Warschau macht Willy Brandt am Ghetto-Mahnmal den berühmten Kniefall, um bei den Polen für die deutschen Verbrechen im Zweiten Weltkrieg um Vergebung zu bitten. Im September 1971 schließen die Westmächte mit der Sowjetunion das Viermächteabkommen über Berlin, das einen Alleinanspruch der Sowjets ausschließt. Ende 1971 unterzeichnen die Bundesrepublik und die DDR innerdeutsche Verträge, die den Transit- und Besucherverkehr regeln, später kommt ein »Grundlagenvertrag« zwischen beiden deutschen Staaten hinzu. Die neue Ostpolitik findet im Dezember 1973 durch Verträge mit der Tschechoslowakei, Ungarn und Bulgarien einen vorläufigen Abschluss.

Mit Brandts Politik der Öffnung geht die Entwicklung einher, Deutschland ein Vierteljahrhundert nach Kriegsende wieder als gleichberechtigtes Mitglied in die Weltgemeinschaft aufzunehmen. Die »kleine« Bundesrepublik hat gezeigt, dass sie politisch nicht mehr für einen Faschismus anfällig ist und dass sie enorme Kräfte für den Aufbau der Wirtschaft mobilisieren kann. Das verdient Respekt. Nicht zufällig hagelt es für Deutsche jener Zeit

internationale Auszeichnungen, die zwar einzelnen Personen gelten, aber immer auch dem Land, aus dem die Geehrten kommen.
Heinrich Böll erhält den Literatur-Nobelpreis, Willy Brandt
selbst wird am 10. Dezember 1971 der Friedensnobelpreis ver-
liehen. Die Ehrung für Brandt bezweckt zweierlei: Sie honoriert
das mit seiner Politik Erreichte, mahnt aber zugleich, diese Politik nicht mehr umzukehren. Auf jeden Fall trägt sie stark dazu
bei, dass Willy Brandt – anders als die anderen beiden »Troikaner« – zur Symbolfigur wird.

Ausbau des Sozialstaats

Die Periode zwischen Mitte der sechziger und Mitte der siebziger Jahre ist für die westlichen Industrienationen die glücklichste
Zeit des Jahrhunderts. Popkultur, sexuelle Befreiung, Arbeitsplätze für alle, technischer Fortschritt und ein scheinbar unbe-
grenztes Wohlstandswachstum sind Errungenschaften, auf die
man sich zu Beginn des 21. Jahrhunderts melancholisch besinnt.
Brandts Kanzlerschaft wird assoziiert mit einem Deutschland,
das sich tausendfach Fußgängerzonen schafft, nachdem das
Auto jahrzehntelang alle Stadtplanungen dominiert hat, und in
dem man mit neuen Lebens- und Begegnungsformen experi-
mentiert. Hippie-Klamotten, die jede Billigboutique in ihre Stän-
der hängt, und die grell lackierten Plastikmöbel stehen auch in
der Alltagskultur für den Wunsch, Neues zu wagen. Künstler wie
Otto Herbert Hajek, übrigens mit Willy Brandt persönlich befreundet, sprengen mit ihrer Arbeit den Raum: Bunte Kondens-
streifen von Flugzeugen, die er steigen lässt, verlagern den Farb-
rausch in den weiten Himmel. Farben, die reizen, Farben, die
leuchten und auffallen, verdrängen den »Einheits-Look« der Vergangenheit. Die Plastiksitze des neuen, phänomenalen Münchner Olympiastadions sind hellgrün lackiert – undenkbar, dass ein
Architekt das fünf Jahre früher verantwortet hätte. Vergegen-
wärtigt man sich die Sinnlichkeit jener Zeit, ist man versucht,
diese Dekade mit einer fortwährenden Party gut gelaunter Dauer-
gäste zu vergleichen. Umso härter trifft die Menschen die Wende,
die ebenfalls noch in Brandts Amtszeit fällt. Davon später mehr.
    In diese Zeit also »regiert« Willy Brandt hinein und setzt, wo

er kann, politische Akzente, die wichtigsten mit der überfälligen, mutigen Ostpolitik. Doch die Neuorientierung der deutschen Außenpolitik steht nicht im Zentrum seiner ersten Regierungserklärung. Willy Brandt darf noch nicht alles verraten, was er außenpolitisch vorhat, er muss die Westdeutschen peu à peu darauf vorbereiten. Diese erste Erklärung handelt von der Vision, die Brandt für das demokratische Gemeinwesen »Bundesrepublik Deutschland« hat. Er belebt August Bebels Traum von einem »Vaterland der Liebe und Gerechtigkeit« neu und stellt sich damit in die direkte Nachfolge dieses großen deutschen Arbeiterführers. Ihm reicht der von Adenauer bis Kiesinger etablierte Rechtsstaat nicht aus, er will eine soziale Demokratie, wie es sie nach seiner Überzeugung noch nicht gibt (»Wir stehen nicht am Ende unserer Demokratie, wir fangen erst richtig an«). Willy Brandt sind auch die »weichen Faktoren« in der Politik wichtig: Gerechtigkeit, Gleichheit, eben alte sozialdemokratische Ideale. Der Zeitpunkt, diese Ideale nunmehr in die westdeutsche Demokratie einzubringen, erscheint günstig. Es ist die Zeit der Vollbeschäftigung und hoher ökonomischer Wachstumsraten, die eine Neuverteilung des Volkseinkommens, den Ausbau des Sozialstaats und der öffentlichen Infrastruktur erlauben. Gesundheits-, Bildungs- und Hochschulsystem werden mit dem Geld des Staates reformiert. Kein Bereich der Gesellschaft darf von der demokratischen Erneuerung ausgeschlossen sein! Willy Brandt wird zum Hoffnungsträger all jener, die sich einen Sozialstaat mit Chancengleichheit, Wohlstand und mehr Solidarität unter den Menschen wünschen.

Nun weiß der Kanzler, dass ehrgeizige Ziele nur mit einer kompetenten, produktiven, kooperativen Mannschaft zu erreichen sind. Doch Brandt steht eher einem Kabinett kapriziöser Primadonnen vor. Für die Minister der wichtigen Ressorts gilt: intellektuell brillant, kommunikativ, zugleich herrschsüchtig und – gelegentlich bis zur Krankhaftigkeit – eitel. Wirtschaftsminister Karl Schiller, der Eitelste von allen, droht ständig mit Rücktritt, aber er scheint unverzichtbar, verkörpert er doch die wirtschaftliche Kompetenz der SPD, die viele Wähler, vor allem die so genannten neuen Mittelschichten, der Partei zugeführt hat. Mit Schiller wird Verteidigungsminister Schmidt, bekanntlich auch kein Einfacher, eine Dauerfehde austragen.

Auch Finanzminister Alex Möller ist eine Mimose, nicht minder der übersensible Postminister Georg Leber. Schließlich gibt es noch den Minister für besondere Aufgaben und Chef des Kanzleramtes Horst Ehmke, ein analytisch starker Kopf, allerdings egozentrisch und im Umgang mit andern nicht gerade zimperlich (»Urteilsfähigkeit überwog psychologische Einfühlsamkeit«, schreibt Egon Bahr über ihn); nicht zu vergessen den Staatssekretär im Bundeskanzleramt und späteren Minister für besondere Aufgaben (von 1972 an) Egon Bahr, der Außenminister Walter Scheel bei den Vertragsverhandlungen mit dem Osten die Schau stiehlt. Mit Scheel, den FDP-Ministern Genscher und Ertl hat es Brandt derweilen leichter, denn die danken es ihm, dass sie wieder regieren und so die Existenzberechtigung der FDP nachweisen dürfen. Das ändert sich erst nach der Wahl 1972, als die FDP endgültig wieder »auf eigenen Beinen« steht.

In keinem Bundeskabinett stauen sich so viel Talent und Energie, keines erinnert mehr an eine Großfamilie, in der ein antiautoritär erziehender Vater (Brandt) seine Kinder (Schiller, Möller, Schmidt) immer wieder aufs Neue zur Räson rufen muss. Das kommt nicht schicksalhaft über den Kanzler, er hat sich die Leute selbst ausgesucht, weil er weiß, dass er von einigen Politikfeldern, etwa der Wirtschafts- und Finanzpolitik, wenig versteht und deshalb Experten braucht. Brandt fühlt sich der Situation gewachsen, glaubt er doch, dass er mit seinem Führungsstil die Kinder laufen lassen, aber letztlich immer wieder einfangen kann.

Verteidigungsminister Schmidt, Fraktionschef Wehner

Was Brandt bevorsteht, erfährt er früh. Schon Ende Dezember 1969 schreibt ihm Helmut Schmidt, dass er »sehr unzufrieden von der letzten Kabinettssitzung weggegangen« sei. Willy Brandt gibt die Verantwortung an Schmidt zurück – es komme ganz entscheidend auf ihn an, »ob aus dem Kabinett auch nur Annäherungswerte in Richtung auf ein Team entwickelt werden können«.

Dabei wächst der »Troikaner«, der diese Regierung eigentlich nicht will, auch sein Amt nicht will, rasch mit seiner neuen Aufgabe zusammen: Schon 1961 legte Helmut Schmidt das Buch

Verteidigung oder Vergeltung vor, 1969 den Titel *Strategie des Gleichgewichts.* Das werden Standardwerke zu Fragen der europäischen Sicherheitspolitik. Das Militär ist Schmidts Welt. Zweimal in seinem Leben hat man Helmut Schmidt das Angebot gemacht, Berufsoffizier zu werden, immer hat er abgelehnt. Doch er schätzt soldatische Disziplin und soldatische Ordnung, er schätzt Soldaten und sie schätzen ihn. Soldaten sind für ihn ganze Kerls. Schmidt bemüht sich um ihre Bildung – forciert die Gründung der Bundeswehrhochschulen in Hamburg und München (im Herbst 2003 wird man sie »Helmut-Schmidt-Universität« taufen). Mit dem Unternehmer Ernst Wolf Mommsen, dem späteren Chefredakteur der Wochenzeitung *Die Zeit,* Theo Sommer, und Christoph Bertram, der später bei der *Zeit* als Diplomatischer Korrespondent arbeitet, schafft er sich einen »think tank«, ein »Consulting-Team«, das der Armee in der Manier einer Unternehmensberatung assistiert. Als Schmidt dieses Amt aufgibt, wird das unter den führenden Offizieren sehr bedauert – sie wissen, was sie an dem zweiten Sozialdemokraten im Amt des Verteidigungsministers hatten (der erste war Gustav Noske zur Zeit der Weimarer Republik).

Aber einstweilen ist Helmut Schmidt Verteidigungsminister, und Herbert Wehner führt die Fraktion, wie von Schmidt gewünscht. Wehner hat es schwerer als sein Vorgänger im Amt – anders als unter Schmidt ist die SPD-Bundestagsfraktion nicht mehr »Juniorpartner«, sondern trägt die hauptsächliche Regierungsverantwortung. Schon das verlangt einen klaren, disziplinierten Auftritt des »Haufens« in der Öffentlichkeit. Außerdem ist die parlamentarische Mehrheit knapp, wird im Lauf der Zeit immer knapper, denn einzelne Abgeordnete tragen Brandts neue Ostpolitik nicht mit und wechseln die Seite. Herbert Wehner gibt eine Losung aus, die der britische Premierminister Harold Wilson erfunden hat: »Wenn das Boot flach im Wasser liegt, darf keiner tanzen.« Wehner praktiziert einen autoritären Führungsstil, der ihn schon früher, als führenden SPD-Politiker, seit 1958 auch formell als stellvertretenden Parteivorsitzenden, gekennzeichnet hat. Wieder tritt er als Raubauz auf, grob und unflätig, aber mit weichem Kern unter der harten Schale. Typisch Wehner eben!

Mit Herbert Wehner lebt in der SPD-Fraktion der deutsche Obrigkeitsstaat fort. Wer neu in »seine« Fraktion kommt, hat zunächst zu parieren. »Goldene Worte – wir lassen uns gerne hier belehren«, erinnert sich der Abgeordnete Peter Conradi an Wehners Kommentar, als er, soeben in den Bundestag gewählt, in einer Fraktionssitzung das Wort ergreift. Jeder Abgeordnete hat seine Geschichte mit ihm, meistens eine Leidensgeschichte. Einige zahlen ihm das heim. »Ein Mann wie Herbert Wehner fehlt uns heute wirklich nicht«, schreibt zum Beispiel in den neunziger Jahren Klaus von Dohnanyi, den Wehner stets wegen der großbürgerlichen Herkunft verachtet hat. Für ihn prägte Wehner eigens ein Verb – »dohnanyieren«.

Wehners Härte ist aber nicht Selbstzweck, sondern folgt einem politischen Kalkül: Er weiß, dass Genossen diskussions- und meinungsfreudiger sind als Abgeordnete der anderen Parteien (wenigstens gilt das bis zur Gründung der Grünen). Er sieht in ihnen schwer erziehbare Kinder, die mit harter Hand geführt sein wollen. Schließlich ist die knappe Parlamentsmehrheit rasch verspielt! Einen Vorgeschmack bietet schon die Kanzlerwahl, bei der die Koalition rechnerisch über 254 Stimmen verfügte, die Opposition über 242. Brandt erhält nur 251 Stimmen. Wehner ahnt, dass die Abweichler nicht nur in den Reihen der FDP sitzen.

Herbert Wehner ist nicht zimperlich, wenn es um das letzte, wichtigste Ziel seines Lebens geht, nämlich die Parlamentsmehrheit zweier sozialdemokratischer Bundeskanzler zu sichern. Da nimmt er auch hin, dass er mit vielem, was der neue Kanzler macht, nicht einverstanden ist. Was auch immer Wehner von Brandt hält – als Fraktionsvorsitzender arbeitet er ihm loyal zu. Egon Bahr äußert den Gedanken, dass Wehner selbst zwar nie konzeptionell hervorgetreten ist, »es war nicht seine Sache, ein neues Konzept zu entwickeln oder eine Theorie oder ein Grundsatzprogramm oder die Ostpolitik«, aber dass er unübertroffen darin war, einer Regierungspolitik parlamentarische Mehrheiten zu verschaffen. »Es gab keinen, der wie Wehner mit vergleichbarer Kraft, Stärke, Entschiedenheit, Konsequenz eine politische Entscheidung, wenn sie einmal gefallen oder klar war, wie sie fallen würde, durchsetzte, verfocht, erzwang, verteidigte.« Dieses Kompliment klingt besonders glaubwürdig, weil Egon Bahr zu jenen gehört, die Herbert Wehner mit Argwohn beobachten und sich von ihm in ihrem Handlungsradius beschnitten fühlen.

Zu einem wichtigen Verbündeten wird für Wehner in dieser

Zeit Karl Wienand, der von Helmut Schmidt übernommene parlamentarische Geschäftsführer der Fraktion. Wienand besorgt die »Mund-zu-Mund-Beatmung« der Fraktionsmitglieder, hört sich deren kleine und große Nöte an, wird mehr und mehr zum Drahtzieher im Hintergrund.

Wienand behauptet, dass Willy Brandt ihm die Wahl zum Bundeskanzler zu verdanken hat, da er die potentiellen Abweichler unter den Genossen ausgiebig »massiert« habe. Er vermittelt unzählige Male zwischen Brandt und Wehner oder zwischen Brandt und Schmidt, wenn wieder einmal »Eiszeit« zwischen den Titanen herrscht. Spricht da einer, der die Wahrheit sagt, oder ist das Prahlerei, weil auch er gerne im Geschichtsbuch erwähnt sein will? Bisweilen hat Wienand nicht die Wahrheit gesagt, wie Gerichte festgestellt haben, und darunter leidet seine Glaubwürdigkeit generell.

Wehner führt mit Wienand, der schon parlamentarischer Geschäftsführer unter Schmidt war, ein erinnerungswürdiges Einstellungsgespräch (von Wienand aus Prahlerei erfunden, wie Greta Wehner meint): Wehner sitzt am Schreibtisch und arbeitet, Wienand wartet an einem Besprechungstisch darauf, dass sich Wehner zu ihm setzt und die Unterhaltung eröffnet. Wienand sagt nichts nach dem Motto: »Wer zuerst spricht, verliert«. Aber Wehner arbeitet stundenlang, und Wienand sitzt regungslos da, ebenfalls stundenlang, und muss zu allem Unglück auch noch dringend aufs Klo. Wienand erinnert sich: »Ich war fest entschlossen, eher in die Hose zu pinkeln als das erste Wort zu sagen. Ich merkte, das ist eine Kraftprobe.« Spät am Abend hebt Wehner den Kopf und sagt zu dem schweigenden Gast, dass er es mit ihm versuchen wird, und zwar vom nächsten Tag an. Damit ist Wienand eingestellt, kann gehen und marschiert schnurstracks aufs Klo.

Wehner verschafft Wienand die Rolle seines Lebens, indem er ihn mit mehr Machtfülle ausstattet als jeden parlamentarischen Geschäftsführer zuvor und danach. Und Wienand ist mit allen Wassern gewaschen. Wenn er erfährt, dass einer oder mehrere SPD-Abgeordnete einen Gesetzentwurf nicht mittragen, schickt er sie auf Dienstreisen. Hinterher macht er ihnen Vorhaltungen, weshalb sie ihn und Wehner gerade in dieser wichtigen Abstimmung nicht unterstützt haben. Oder er warnt einen Fraktionskollegen, dem die eifersüchtige Ehefrau einen Privatdetektiv hinterherschickt: »Ab sofort Einzelzimmer nehmen, wenn dich die Freundin auf Reisen begleitet!«

Wem er Wehners Gunst verschaffen will, den meldet er für frühmorgens zum Termin an, da ist Wehner körperlich fit. Nachmittags ist der Zuckerkranke zumeist unwirsch. Wer jetzt zu ihm kommt, hat selten etwas zu lachen. Will Wienand, dass Brandt und Schmidt ein Papier von Wehner gutheißen, lässt er es ihnen am Nachmittag oder besser am frühen Abend bringen: Brandt und Schmidt sind Nachteulen, sie kommen erst spät am Tag »in die Gänge«.

Karl Wienand kommt das Verdienst zu, dass er sich von Wehners Stimmungsschwankungen nicht irritieren lässt, weil er, selbst eine geplagte Persönlichkeit, Leiden und Selbstquälerei seines Chefs nachfühlen kann. Aber letztlich überreizt Wienand seine Karten, agiert zu oft jenseits der Seriosität.

Querelen

Willy Brandt weiß Herbert Wehners Rolle für die Regierung und für ihn als Kanzler zu schätzen. Die Kommunikation funktioniert nach der Regierungsbildung bis zur Wahl 1972 besser denn je. Wehner gehört zu den Auserwählten, denen Brandt nachts seine legendären, mit der Hand beschriebenen DIN-A5-Zettel zuschiebt, etwa durch die Tür von Hotelzimmern, um für den kommenden Tag etwas abzustimmen oder vorzuschlagen (»Lieber Herbert, ich bin bis 1.00 und ab 7.00 erreichbar + wäre für Hinweise dankbar. Dein Willy«). Im Sommer 1972 bittet er Günter Gaus, mit dem schwedischen Regierungschef Olof Palme ein *Spiegel*-Gespräch »über Unterstellungen zu führen«, wie Gaus Wehner mit Datum vom 21. Juli 1972 unterrichtet, »die im Zus.hang mit Ihrer Stockholmer Zeit im Kriege immer wieder einmal erhoben werden«.

Eine Fraktion, die unter schwierigen Bedingungen zusammenhält, ein Kabinett, das zwar geräuschvoll, aber auch effektiv arbeitet, Aufbruchstimmung mitten im Herbst, weil die Regierungserklärung eine starke Resonanz findet – Willy Brandt kann darauf hoffen, dass das sozialliberale Experiment gelingt. Doch allmählich ringt die Regierung nicht nur mit dem politischen

Gegner, sondern auch mit den Geistern, die sie selbst gerufen hat. Eine Vielzahl von Projekten, Plänen und Visionen bringen eine schwer kontrollierbare Dynamik in die Regierungsarbeit. Das Kabinett »entgleitet« dem Kanzler, der jetzt entschiedener, autoritärer auftreten müsste.

Querelen sind im Kabinett der Regierung Brandt an der Tagesordnung. Erhard Eppler erinnert sich, Karl Schiller und Alex Möller hätten sich aufgeführt wie zwei Kinder auf einer Schaukel – wenn der eine gerade obenauf ist, fühlt sich der andere ganz unten und sinnt auf Revanche. Auch Schiller und Leber geraten aneinander. Jeder Minister will sich profilieren, sein Ressort (zuweilen auf Kosten anderer) aufwerten. Auch Verteidigungsminister Schmidt hält sich da nicht zurück und verlangt eine beträchtliche Aufstockung des Wehretats. Er will die Bundeswehr modernisieren.

Die FDP-Minister halten sich aus den Streitigkeiten der SPD-Minister heraus. Als zwei Minister der SPD mal wieder Händel miteinander haben und Brandt unter Rücktrittsdrohungen den Kabinettssaal verlässt, meint Vizekanzler Walter Scheel: Das ist eine Sache der SPD, die müsst ihr untereinander klären. Scheel hat mit seiner rheinischen Frohnatur eine Gabe dafür, Unangenehmes nicht an sich heranzulassen. Die SPD-Minister zeigen nicht nur Undiszipliniertheit im Umgang miteinander, sondern auch im Verwalten ihrer Etats. Die Konsequenz ist, dass Finanzminister Alex Möller zurücktritt, nachdem er dies schon unzählige Male angedroht hat.

Brandt taktiert und weiht zunächst nur Wehner in seinen Plan für die Möller-Nachfolge ein, nicht jedoch Schmidt. Wehner gesteht einmal dem *Spiegel*-Journalisten Hermann Schreiber, Brandt und er hätten, als sie über die Neubesetzung des Finanzressorts sprachen, »in zwei parallel geschalteten Köpfen dieselben Gedanken« gehabt: Schiller soll Möllers Ressort mit verwalten. Brandt informiert nach der Unterredung mit Wehner gleich Schiller, der erfreut zustimmt. Abends erfahren es Scheel und Genscher, am nächsten Morgen die SPD-Minister Leber und Schmidt. Auch Helmut Schmidt wäre gern Finanzminister geworden, wenigstens hätte es seiner Eitelkeit gut getan, wäre ihm Möllers Aufgabe angetragen worden, aber Brandt und Wehner stellen ihn vor vollendete Tatsachen. Horst Ehmke zitiert Herbert Wehner in diesem Zusammenhang mit den Worten, »wenn die Entscheidung Schmidt nicht passe, könne er ja gehen«. Wehner und Schmidt sind freundschaftlich miteinander verbunden, doch Sachentscheidungen treffen sie ohne Rücksicht aufeinander, mehr noch: Trotz des zwischen ihnen bestehenden Vertrauensverhältnisses halten sie sich in der Öffentlichkeit gegenseitig Fehler unverblümt vor.

Mit Hans Leussink, dem für Bildung und Forschung zuständigen Minister, tritt ein weiteres Kabinettsmitglied zurück. Der Mann ohne Parteibuch ist die ewige Kritik der SPD-Linken leid. Karl Schiller wird mehr und mehr zum Enfant terrible der Regierung, hält sich als »Superminister« für die allein wissende Instanz in allen Fragen. Seine oberlehrerhaften Auftritte erschweren zunehmend die Arbeit im Kabinett. So nimmt Brandt auch Schillers Demissionsgesuch, das er als »Sieg der Eitelkeit über die Intelligenz« bezeichnet, letztlich gerne an. Schiller tritt aus der SPD aus und macht später Wahlkampf für die CDU.

Schillers Nachfolger wird Helmut Schmidt. Willy Brandt sagt zu ihm: »Und dann machen wir beide die nächsten vier Jahre zusammen.« Schmidt entgegnet: »Nein, nur die nächsten vier Monate.« Er sagt Brandt, er wolle nicht mitverantwortlich dafür sein, dass der Parteivorsitzende Brandt aus der SPD eine »Nenni-Partei« mache. Damit spielt er auf Pietro Nenni an, den Vorsitzenden der italienischen Linkssozialisten.

In diese Zeit fällt eine Entscheidung, auf die Schmidt zeit seines Lebens zurückkommen wird, und zwar als den angeblich einzigen Fall, bei dem die Troika nicht einträchtig entschieden hat, sondern Wehner und Brandt zusammen gegen Schmidt. Gemeint sind die am 28. Januar 1972 von den Regierungschefs der Länder unter Vorsitz des Bundeskanzlers verabschiedeten Grundsätze über die Mitgliedschaft von Beamten in extremistischen Organisationen. Dieser so genannte Extremistenbeschluss ist kein neues Gesetz, sondern erinnert an frühere, wonach Mitglieder einer verfassungsfeindlichen Gruppe oder Partei nicht in den öffentlichen Dienst aufgenommen werden können. Weshalb diese plakative Klarstellung? Seit dem Aufkommen des Terrorismus Anfang der siebziger Jahre hat sich das öffentliche Klima gegen Verfassungsgegner von rechts und links aufgeheizt, so dass die Politik glaubt, ein Zeichen setzen zu müssen. Wehner tritt für den »Extremistenbeschluss«, den seine Gegner bald »Radikalenerlass« nennen, ein, um weitergehende Pläne der CDU-geführten Bundesländer zu verhindern. Brandt stimmt in Unkenntnis der Art und Weise zu, mit der dieser Beschluss in einigen Ländern Anwendung finden wird: nicht einmal der so genannte kleine Mann darf Lokomotivführer oder Postbote werden, weil er zum Beispiel der Deutschen Kommunistischen Partei (DKP) angehört. Die deutsche Demokratie zeigt hier keinen Großmut, obwohl sie es könnte, und bringt damit viele gegen sich auf. Unter den »Troikanern« hatte nur Schmidt die Gefahr erkannt und in dem Beschluss eine offene Flanke für eine außerparlamentarische Opposition gesehen – er war als früherer Innensenator des Stadtstaates Hamburg mit diesem Themenfeld gut vertraut. Für die Troika selbst hat die Angelegenheit keine Folgen, doch entbehrt es nicht einer gewissen Komik, dass Brandt, dessen Politikverständnis im Zweifel der Freiheit den Vorzug gibt, in dieser wichtigen Frage einen Fehler macht, Schmidt dagegen, der zur Sicherung von Recht und Ordnung neigt, dagegen richtig liegt.

Der Psychoanalytiker Horst-Eberhard Richter hat eine noch immer lesenswerte Studie darüber geschrieben, wie die Minister der Regierung Brandt ihre Eifersüchteleien, Rivalitäten und Zerwürfnisse auslebten und dabei dem Kanzler (und letztlich sich selbst!) immer mehr den Boden unter den Füßen wegzogen. Die Hauptschuld gibt er Karl Schiller, dessen »anmaßende und kompromisslose Attitüde« einen Dauerkonflikt zumal mit solchen Kabinettskollegen auslöst, »die ihm in ihrer psychologischen Struktur noch am ähnlichsten sind«. Gemeint ist Helmut Schmidt. »Auch die übrigen Kabinettsmitglieder«, so Richter an anderer Stelle, »mögen in der Kabinettskrise von ihren affektiven Impulsen fortgerissen worden sein und dazu beigetragen haben, dass es in einem Augenblick zu einer Vernichtungsschlacht kam, in dem alle allen Grund gehabt hätten, um der gemeinsamen Verantwortung für die Gesamtpolitik willen einen momentanen konstruktiven Ausweg zu finden.«

Mangelnder Teamgeist entzieht Brandt, was gerade dieser Kanzler so dringend braucht: Zuspruch, Vertrauen, das Gefühl des Getragenseins. Stattdessen kommt es zu offenen Konflikten, die Brandt nicht erträgt. Er hat keine Lust, sich zu streiten, nicht die Kraft und schon gar nicht die Mentalität dafür, in Zeus'scher

Manier mit Blitz und Donner für Disziplin zu sorgen. Wenn sich seine Minister zanken, verlässt er den Raum und zieht sich zu einem Spaziergang zurück.

Bisweilen dauert der Rückzug länger. Horst Ehmke erzählt, wie sich der Bundeskanzler eines Tages in die Dachkammer seines Hauses, acht Quadratmeter groß, zurückgezogen hat und mit nichts und niemandem mehr zu tun haben will. Nach ein paar Tagen braucht Ehmke Unterschriften. Er lässt sich von Rut, die schon keinen Einfluss mehr auf Willy hat, eine Flasche Rotwein und zwei Gläser geben und betritt Brandts Zimmer. Brandt sitzt wie versteinert da. Ehmke ruft: »Willy, aufstehen, wir müssen regieren!« Brandt sagt noch immer nichts, trinkt aber Wein und brummt dann: »Schmidt und Wehner sind Arschlöcher.« Ehmke bekommt seine Unterschriften und erlebt den Kanzler am nächsten Tag mit neuer Kraft im Amt.

Nicht nur die Regierung leidet unter Verschleißerscheinungen, auch die Troika kommt in die Jahre, man wird auch dort unduldsamer und intoleranter. »Ich habe es aufgegeben, mir zu wünschen, was ich mir von Dir wünsche«, schreibt Herbert Wehner in einem Geburtstagsbrief an Willy Brandt, »ich nehme Dich so, wie Du bist, und von mir kannst Du sicher sein, daß ich Dich bedingungslos unterstütze.« Der *FAZ*-Journalist Helmut Herles meint, die drei »leben in einer zerrütteten Vernunftehe miteinander, in der zum Schluss die beharrenden Kräfte überwiegen«.

An einem anderen Geburtstag, als der Jubilar Brandt krank ist, schickt ihm Wehner eine klassische Doppelbotschaft – einerseits äußert er die echte Sorge um Brandts Gesundheit, der sich von Amts wegen viel zumutet. Andererseits fürchtet Wehner die politische Symbolik dieser Erkrankung und sorgt sich schon um die Regierungsverantwortung der Partei, die ihm über alles geht. »Du darfst auch nicht riskieren«, schreibt er an diesen mit Datum vom 17. Dezember 1969, »daß diejenigen, die mit Dir zusammentreffen, einen kranken, erschöpften oder dahinkrankenden Bundeskanzler erleben.« Wehner ängstigt die Vorstellung, »daß Du in den bevorstehenden Monaten schwach oder auch nur matt wirst«. Der Brief schließt mit der Aufforderung, einmal richtig auszuspannen.

Aber es gibt auch Momente der Eintracht zwischen diesen drei Männern, wenigstens einer »offiziellen« Eintracht. Willy Brandt nutzt das Vorwort für eine Sammlung von Wehners Bundestagsreden, um Herbert Wehner zu loben. »Ich bin stolz darauf, diesen Mann zu meinen Freunden rechnen zu können«, heißt es in dem Artikel. Brandt würdigt »die Lauterkeit von Wehners Charakter« und versichert: »Herbert Wehner gehört schon jetzt zu den großen Arbeiterführern und Volksmännern der deutschen Geschichte.« Ein solches Lob kostet nichts und liest sich gut. Es wiederholt sich allerdings auch nicht.

Auch Helmut Schmidt zeigt »Ermüdungserscheinungen« als Minister und »Troikaner«. Schon in der zweiten Halbzeit der Großen Koalition, mitten in der Auseinandersetzung um die Notstandsgesetze und auf dem Höhepunkt der Studentenbewegung, findet er sich in einer Lebenskrise wieder, sinniert in immer kürzeren Abständen über einen Abschied von der Politik. Schmidt liebäugelt mit einer gut bezahlten Führungsaufgabe in der Wirtschaft. Seine damalige Gefühlslage offenbart er bei einem Spaziergang mit dem *Zeit*-Journalisten Ben Witter im April 1968. Ben Witter reizt ihn, prophezeit ihm, dass er in zehn Jahren Bundeskanzler sein werde. »Wenn wir davon ausgehen«, kommentiert das Schmidt, »dass über die Hälfte der Bevölkerung nach 1933 geboren wurde, dürfte ein Bundeskanzler, der sechzig ist, bereits zu alt sein.« Mit Blick auf den anderen »Troikaner« heißt es, »alle vierzehn Tage sage ich Herbert Wehner Bescheid, dass er nicht mit Menschen umgehen kann«. Weiter meint Schmidt, er müsse allmählich zusehen, noch ein paar Mark zu verdienen, »damit ich eines Tages nicht von dem Wohlwollen anderer abhängig bin«. Bei diesem Spaziergang macht Schmidt die schon erwähnte Äußerung, seine glücklichste Zeit sei während der Flutkatastrophe in Hamburg gewesen. Da habe er nach vielen Richtungen schnell und entschlossen vorgehen müssen.

Schmidts Biograph Helmut Wolfgang Kahn berichtet später, Helmut Schmidt sei die Veröffentlichung dieses Gesprächs ganz ungelegen gekommen. Als die Zitate in der *Zeit* Wirbel machen, wiegelt er ab nach dem Motto: Das habe ich alles so nicht gesagt. Doch Belege für seine damalige Mutlosigkeit gibt es viele. Als Helmut Schmidt erfährt, dass Herbert Wehner seinen Posten als stellvertretender Parteivorsitzender zurückgeben will (er wird es dann erst vier Jahre später tun), schreibt ihm Schmidt am 9. Juli 1969, »wenn Du tatsächlich im nächsten Jahr aus der Führungsspitze solltest ausscheiden wollen, so würde die Sache für mich gewiß sehr schwierig und meine gelegentlichen Neigungen zum Umsteigen würden wachsen«.

Schmidts Resignation hängt auch mit seiner Wahrnehmung Willy Brandts zusammen. »Willy bleibt ein Mann mit großen Fähigkeiten auf der einen und mit labiler Verletzlichkeit auf der anderen Seite«, heißt es in diesem Brief an anderer Stelle weiter. »Er will die Partei weniger führen als vielmehr sie durch sich darstellen und repräsentieren [...] Insofern wird er Erich O. [Ollenhauer] sehr ähnlich.«

»Ein bisschen skeptisch« sei er in jenen Tagen gewesen, sagt Helmut Schmidt einmal Anfang der neunziger Jahre über die Regierung Brandt, weil sich zu viele Ansprüche breit machen konnten, für die das Geld nicht da war (womit er Recht behalten sollte). Auch innerhalb der Troika wächst die Distanz: Helmut Schmidt schreibt am 10. Januar 1970 an Herbert Wehner, »was mich bei alledem bedrückt, ist nach wie vor das durch zu wenig Gespräch gekennzeichnete Klima in unserer Parteispitze«. Das zielt auf Willy Brandt. Schmidt beklagt »zwischen den führend Verantwortlichen bestehende Kontaktlücken«, die einige dazu einladen, Woche für Woche den *Spiegel* und andere Blätter mit Indiskretionen zu versorgen.

Wie denkt Brandt selbst? Er hat von Anfang an den Eindruck, dass ihm Wehner und Schmidt die Kanzlerschaft nicht gönnen, sich mit einem Platz in der zweiten Reihe nicht abfinden wollen. Er hält sich für den Vernünftigsten der drei, bringt es aber nicht fertig, auf die beiden anderen zuzugehen, um das Verhältnis zu verbessern.

Hier beeinflussen die Mitarbeiter und Helfer der »Troikaner« deren Meinung übereinander in beträchtlichem Maße. Herbert Wehner wird von Karl Wienand unterstützt, von dem schon die Rede war, Helmut Schmidts Intimus ist Willi Berkhan, der zeitweilig auch sein parlamentarischer Staatssekretär und später Wehrbeauftragter ist, Willy Brandts Ohr haben seine Weggefährten Klaus Harpprecht, Günter Gaus und Egon Bahr. Zeitweise bezieht Brandt auch Horst Ehmke und Erhard Eppler stark ein. Nur wenige SPD-Politiker kommen mit mehr als einem »Troikaner« gut aus, etwa Hans-Jürgen Wischnewski mit Willy Brandt und Helmut Schmidt, Holger Börner gar mit allen dreien.

Welche Rolle spielen sie genau? Eine helfende und lähmende zugleich, je nach Lage. Vor der »Nachwelt« wollen aber alle hervorragend dastehen: Nach Bahrs oder Ehmkes Deutungen, nach Wienands und Epplers Erinnerungen ist es ausschließlich die »zweite Reihe«, die die Kommunikation zwischen Wehner, Brandt und Schmidt aufrechterhält.

Misstrauensvotum und vorgezogene Neuwahlen

Sind es die Spannungen in der Troika, die um ihren Einfluss bangenden Einflüsterer um die drei herum, die Streitigkeiten im Kabinett, die die Regierung Brandt in immer stärkere Turbulenzen bringen? Horst-Eberhard Richter hält jeden der genannten Faktoren für mitursächlich, bemängelt aber noch Weiteres: Dafür, dass es Willy Brandt bis in das wichtigste Staatsamt geschafft hat, bringe er erstaunlich wenig Konfliktfähigkeit mit. Er vertraue darauf, dass sein eigentlich sympathischer Führungsstil, der die Fähigkeiten jedes Einzelnen achtet, anerkannt und nicht zur eigenen Profilierung missbraucht werde. Willy Brandt weist gelegentlich selbst darauf hin, dass er zur Naivität neigt, aber die Einsicht allein macht das Defizit noch nicht wett. Für seine Nachfolger Schmidt und Kohl wird er diesbezüglich zum Paradebeispiel, wie man es gerade nicht machen darf. Schmidt beruft, wie noch zu erzählen ist, keine Primadonnen, sondern effiziente Zuarbeiter in sein Kabinett; Kohl entmachtet sein Kabinett, indem er jeweils in wechselnden »Koalitionsrunden« Entscheidungen vorbereitet.

Mit jedem Meter allerdings, den Willy Brandt den Kabinettssaal im Palais Schaumburg hinter sich lässt, gewinnt er an Format und Achtung. Auf seinen Auslandsreisen weckt er weltweit Sympathie, wobei er in seiner attraktiven, jedoch zurückhaltenden Frau Rut eine ideale Partnerin hat. Die Brandts sind ein schönes Paar, »verkaufen« sich im Medienzeitalter perfekt.

Sosehr Brandts Politik der »Öffnung nach Osten« im Ausland geschätzt und gewürdigt wird, so sehr stellt sie die SPD innenpolitisch vor eine große Zerreißprobe: SPD-Politiker aus den Vertriebenenverbänden sehen in der faktischen Preisgabe der Ostgebiete einen Verrat und suchen in der Union eine neue politische Heimat.

Rainer Barzel, der neue starke Mann der CDU, wählt die Strategie des »Häuserkampfes«, buhlt um jede Stimme im Bundestag und bringt, als er sich einer parlamentarischen Mehrheit sicher weiß, ein Konstruktives Misstrauensvotum gegen Bundeskanzler Brandt ein. Barzel weiß, dass er damit nicht nur das Parlament spaltet, sondern auch die Öffentlichkeit polarisiert. Diese Polarisierung nimmt er hin. Er will als Bundeskanzler rasch Statur gewinnen und die Union als Regierungspartei in den Wahlkampf führen.

Barzel »sammelt« die Abweichler aus dem Regierungslager, weiß die Macht greifbar nahe. Am 27. April 1972 setzt er zum Sprung an – und stürzt ab. Die Bilder nach Bekanntgabe des Abstimmungsergebnisses sind längst in das kollektive Gedächtnis der Bundesrepublik eingegangen: Willy Brandt sitzt regungslos auf seinem Kanzlersessel, kann das Ergebnis nicht fassen. Es scheint, als habe ihn eine höhere Macht im letzten Augenblick gerettet. Rainer Barzel blickt zu Boden, schüttelt immer wieder den Kopf, ist verstört. Es hat nicht gereicht. Von 260 Abgeordneten, die sich an der Abstimmung beteiligen, haben 247 für Barzel, zehn gegen ihn gestimmt, drei enthielten sich der Stimme. Barzel hätte 249 Stimmen zur Annahme des Antrags gebraucht. Der Jubel bei der SPD ist grenzenlos. Am Abend ziehen junge SPD-Mitglieder mit Fackeln zu Willy Brandts Wohnhaus auf dem Venusberg.

Wie es genau gekommen ist, weiß die historische Forschung noch immer nicht. Bis zur Öffnung der DDR-Archive galt Barings und Görtemakers Buch *Machtwechsel* als detaillierte Darstellung der Intrigen und Abwerbeversuche im Vorfeld der Abstimmung. Seit 1990 tauchen immer neue Akten auf, aber genauere Fakten gibt es nicht. Einer, der die Namen der Barzel-Abweichler zu wissen behauptet, ist Karl Wienand. Wenn er sie kannte, hat sie mit großer Wahrscheinlichkeit auch Herbert Wehner gekannt. »Dies war schmutzig, und das musste man wissen«, macht der in einem Fernsehgespräch mit Jürgen Kellermeier eine vielsagende Andeutung. »Ein Fraktionsvorsitzender muss wissen, was geschieht und was versucht wird, um einer Regierung den Boden unter den Füßen zu entziehen.« Die Regierung selbst müsse das alles gar nicht wissen – Wehner übernimmt die Verantwortung, um Brandt zu exkulpieren.

Aber schon das Patt bei der Abstimmung über den Haushalt beendet die kurzfristige Euphorie. Einmal mehr denkt Brandt über einen Rücktritt nach. Doch Herbert Wehner rät entschieden ab. Wenn man jetzt vom Zipfel der Macht lasse, sagt er Brandt und den anderen eindringlich, könne es Jahre, vielleicht Jahrzehnte dauern, ehe die SPD wieder Regierungspartei werde. Zwischen Regierung und Opposition beginnt ein zähes Tauziehen, am Ende kommt es zu einer Einigung auf vorgezogene Neuwahlen im Herbst 1972.

Der glückliche Ausgang des Misstrauensvotums führt dazu, dass eine Regierung, die bei vielen Problemen mit ihrem Latein am Ende ist und der ein von Kabinettsquerelen erschöpfter Kanzler vorsitzt, wieder neuen Schwung erhält. Regierungsfraktionen und -parteien solidarisieren sich mit Kanzler Brandt, als ihnen klar wird, wie knapp sie auch selbst einer verheerenden Niederlage entronnen sind.

Brandt erhält im Wahlkampf Unterstützung von einer Vielzahl sozialdemokratischer Wählerinitiativen sowie von Intellektuellen und den Medien, die das Misstrauensvotum als »fehlgeschlagenen Putsch« werten. Doch die Meinungsumfragen wenige Monate vor der vorgezogenen Bundestagswahl im November 1972 sagen einen klaren Sieg der Union voraus. Nach dem Massaker im Münchner Olympiadorf Anfang September ist die Sehnsucht nach einer mehr Sicherheit versprechenden Partei groß, CDU und CSU liegen in Umfragen bei 52 Prozent.

In der Troika kommt Nervosität auf. Im Sommer lädt Helmut Schmidt einige Politiker des rechten Flügels in sein Ferienhaus am Brahmsee ein, darunter Hans-Jochen Vogel. Sie diskutieren Konsequenzen für den Fall einer Wahlniederlage (eigentlich in Erwartung dieser Niederlage). Längst gibt es zwischen Brandt und Schmidt Meinungsverschiedenheiten über die Führung der Partei. Auch das ist am Brahmsee Thema. Helmut Schmidt stellt in diesen Wochen eine Mängelliste der Regierungspolitik Brandts zusammen – klar strukturiert, ebenso scharf formuliert. Es ist Schmidts erster Akt offener Illoyalität gegenüber Brandt. Dass Schmidt die Art und Weise, wie Brandt Politik macht, missbilligt, hat er ihm schon häufig zu verstehen gegeben. Er kann bekanntlich nicht »die Klappe halten«! Jetzt aber will er öffentlich den Stab über ihn brechen, hat er doch lange genug dem »Schlamas-

*Brandt und Wehner während einer SPD-Fraktionssitzung
am 17. Mai 1972.*

*Wahlparteitag in Dortmund am 13. Oktober 1972 mit Wehner,
Brandt (verdeckt) und Schmidt.*

sel« (Originalton Schmidt) im Kabinett zugesehen. Er schreibt sich den aufgestauten Ärger von der Seele, er will auch nicht für die erwartete Wahlniederlage haftbar gemacht werden.

Folgt man Peter Merseburgers Darstellung, behält Schmidt das Manuskript bei sich und legt es erst am Tag nach der Wahl dem alten und neuen Kanzler auf den Tisch. Erhard Eppler glaubt sich zu erinnern, dass Brandt das Papier bereits vor der Wahl über Umwege zugespielt wurde. Wie dem auch sei – dem Kanzler bleibt schon im Sommer und Herbst 1972 nicht verborgen, dass führende Sozialdemokraten die Wahl verloren geben. Zu Albrecht Müller, der seine Kampagne 1972 organisiert, sagt er sinngemäß: Wehner und Schmidt unterstützen mich nicht. Es verbittert ihn, dass die Partner sich von ihm abwenden. Er fühlt sich im Stich gelassen.

Am 19. November 1972 feiert Willy Brandt jedoch eine triumphale Wiederauferstehung. Die SPD erreicht das zweitbeste Ergebnis ihrer Geschichte, sie wird mit 45,8 Prozent stärkste Fraktion im Deutschen Bundestag, die CDU kommt auf 44,9 Prozent, die FDP – sie hat sich im Wahlkampf klar zur SPD bekannt – legt mit 8,4 Prozent deutlich zu. Die Regierungskoalition verfügt jetzt über 271 Bundestagsmandate gegenüber 225 der Opposition. Dass es eine »Willy-Wahl« ist, zeigt auch der hohe Mobilisierungsgrad der Wähler – 91,1 Prozent Wahlbeteiligung dürften in der Geschichte der Bundesrepublik nie mehr erreicht werden.

An diesem Abend versammelt sich die Troika vor einem Fernsehapparat, um gebannt, mehr staunend als jubelnd, die Hochrechnungen zu verfolgen. Alle drei rauchen, Wehner und Schmidt ziehen an Pfeifen, Brandt greift zu Zigarillos. Der Fotograf Jupp Darchinger hält die Szene fest, sie ist das Titelbild dieses Buches, eines der wenigen Troika-Motive, die nicht vor Vorstands- oder Fraktionssitzungen aufgenommen wurden.

Erst als sich Brandt unter seine Wähler mischt, sich von SPD-Anhängern feiern lässt, strahlt er und wischt andere Gedanken, die er auch haben mag, beiseite. Er ahnt, dass sein Erfolg ambivalent ist. Die Vorahnung eines möglicherweise bitter erkauften Sieges steht ihm im Gesicht geschrieben, das der *Stern*-Fotograf Thomas Höpker am Ende der langen Wahlnacht ablichtet. Es ist eines der eindrucksvollsten Fotos von Willy Brandt überhaupt:

In sich zusammengesunken sitzt er in einem Sessel, sinniert mit gesenktem Kopf. Es scheint, als sei ihm nur zu deutlich bewusst, dass die Last der Verantwortung nicht leichter, die folgende Legislaturperiode nicht sorgenfreier werden wird.

Das Zugpferd lahmt

Fehlstart

Willy Brandt ist nach seinem Wahlsieg nicht beflügelt, sondern zunächst geschwächt. Er ist erschöpft vom mühsamen Regierungs-
geschäft der vergangenen Legislaturperiode und entkräftet vom
Wahlkampf, der stark auf seine Person zugeschnitten war. Diese
Entkräftung erfasst so ziemlich alle Sieger jener Wahlnacht – die
Sozialdemokratin Annemarie Renger pflegt über diese Zeit zu sagen, die Sozialdemokraten hätten nach dieser Legislaturperiode
und diesem Wahlkampf erst einmal drei Monate Pause gebraucht;
noch unter dem Weihnachtsbaum habe sie mit müden Augen gesessen. Eine ähnliche Erschöpfung nach dem Sieg werden auch
Helmut Kohl 1994 und Gerhard Schröder 1998 erleben.

Bei Willy Brandt wirkt sich die Erschöpfung gleich folgen-
schwer aus, seine »Gefährdung für Verstimmungen« (Horst-Eberhard Richter) steigt. Und dann muss nach der Wahl auch noch
ein Abszess an den Stimmbändern entfernt werden. Eine Zeit
lang ist nicht sicher, ob es sich um eine Wucherung oder ein bös-
artiges Krebsgeschwür handelt. Solange die Ärzte nicht Entwar-
nung geben, rechnet der Patient mit dem Schlimmsten. In dieser
denkbar ungünstigen Verfassung hat er gleichwohl Koalitionsverhandlungen zu führen, ein Kabinett zu bilden und eine Regierungserklärung zu entwerfen.

Fünf Tage vor der Bundestagswahl, am 14. November 1972,
schreibt Brandt an Wehner, er sei von Alex Möller auf die Vizeprä-
sidentschaft des Deutschen Bundestages angesprochen worden.
Inzwischen höre er, Brandt, dass einige in Möller den künftigen
Fraktionsvorsitzenden sehen. »Du mußt, bitte, den Fraktionsvorsitz wieder übernehmen«, fährt Brandt fort. »Einzige Variante:

falls wir, wider Erwarten, mit einer Nasenlänge vor den anderen liegen sollten, müßte *mein* Vorschlag dahin gehen, Dir die Präsidentschaft anzutragen. Falls Du das dann nicht glaubst, machen zu sollen, sollte als unser *gemeinsamer* Vorschlag die Frauenlösung kommen« (Hervorhebungen W. B.). Falls Wehner jedoch Präsident werden wolle, so Brandt weiter, wisse er allerdings nicht, wer die Fraktionsführung übernehmen soll. Brandt hält Möller als Vorsitzenden »für unmöglich«.

Ein mehrdeutiger Brief. Wie mag ihn Wehner aufnehmen? Als Ermunterung, sich ein ruhigeres politisches Dasein zu gönnen, als zaghaften Versuch, ihn aus dem Dreigespann zu lotsen? Willy Brandt kennt Herbert Wehner lange genug, dass er nicht ernstlich glauben kann, der selbst erklärte »Kärrner« würde sich (s)einer Pflicht entziehen. So empfindlich, wie Wehner ist, mag der auch denken: Bis jetzt hat mich Willy Brandt gebraucht, damit ich seine dünne parlamentarische Mehrheit sicherstelle, jetzt, wo er mit komfortabler Mehrheit regiert, will er mich loshaben! Ob Brandt und Wehner über den Vorschlag sprechen, ist nicht überliefert. Auf jeden Fall wird dann die »Frauenlösung« gefunden. Nachdem Marie Schlei aus Gesundheitsgründen abgesagt hat, wird Annemarie Renger, eine Rechte in der Partei, mit Helmut Schmidt politisch eng verbunden, die erste Bundestagspräsidentin in der Geschichte dieses Parlaments.

Am Tag nach den Wahlen, als der alte und neue Bundeskanzler an seinen Schreibtisch zurückkehrt, findet er die bereits erwähnte Bestandsaufnahme Helmut Schmidts vor, einen 17 Seiten langen Brief, in dem Fehler aufgelistet sind und Forderungen gestellt werden. Es sind Schmidts »Voraussetzungen für meinen Eintritt ins Kabinett«. Brandt ist enttäuscht. Anstatt sich endlich solidarisch zu erklären, den Wahlsieg als Chance zum gemeinsamen Aufbruch zu nutzen, stellt Schmidt ihm Bedingungen. Er beklagt sich bei Parteifreunden wie Erhard Eppler über diese Illoyalität, scheut aber auch jetzt wieder die direkte Konfrontation. Brandt weiß, dass er Schmidt nicht abschütteln kann, nach Schillers Weggang steht Helmut Schmidt mehr als jeder andere SPD-Politiker für die finanz- und wirtschaftspolitische Kompetenz der Sozialdemokraten.

Was in der Folge passiert, liegt für Horst-Eberhard Richter auf der Hand: Die »Gruppenkooperation« (Richter), die einer wie

Brandt so dringend braucht, zerbricht am Egoismus ihrer Mitglieder. »Nun geschah es wohl«, schreibt Richter am 20. Mai 1974, nach Brandts Rücktritt und der anschließenden Wahl Helmut Schmidts zum Bundeskanzler, im *Spiegel*, »dass diese Freunde seit 1972 allmählich zu vergessen anfingen, was ihre spezifische Gruppenkonstellation um und mit Brandt für ihre gemeinsamen politischen Erfolge und ihre weiteren Chancen wert war.« Die »Verwöhnung mit Macht«, ausgelöst durch den grandiosen Wahlsieg, habe als Verführungsreiz auf diejenigen Gruppenmitglieder gewirkt, »die in letzter Zeit schon offensichtlich Mühe gehabt hatten, ihre ambitiösen Größenideen und Rivalitätsimpulse den gemeinsamen Interessen der Mannschaft unterzuordnen«. So sah der Außenstehende nach dem Wahlsieg irritiert einen isolierten Willy Brandt, der sich »mehr schlecht als recht der Kompetenz- und Postenbegehrlichkeiten seiner Umgebung zu erwehren hatte«.

Als Gruppenmitglieder mit »ambitiösen Größenideen« identifiziert Richter Herbert Wehner und Helmut Schmidt. In der Tat fällt ihnen in den Wochen der Regierungsbildung eine Schlüsselrolle zu. Weil Brandt nach der Operation nicht sprechen darf, übergibt er Wehner Notizen über seine Pläne. Wehner hält sich nur zum Teil an die Vorgaben. Einmal erlaubt er sich die sarkastische Bemerkung, er habe sie in seiner Aktentasche vergessen.

Die Wahrheit ist vielschichtiger, als sie Richter unter dem unmittelbaren Eindruck von Brandts Rücktritt beschreibt. Herbert Wehner und Helmut Schmidt haben zwar in der Tat sehr konkrete Vorstellungen davon, wie die zweite Legislaturperiode der sozialliberalen Koalition verlaufen soll. Ihnen sitzen aber auch Vertreter des Koalitionspartners gegenüber, die nach dem Stimmenzuwachs von 5,8 auf 8,4 Prozent neues Selbstbewusstsein zeigen. Die FDP meldet jetzt größere Ansprüche an, will ihren Einfluss im Kabinett ausweiten. Arnulf Baring und Manfred Görtemaker haben beschrieben, wie energisch der kleine Partner plötzlich Posten für sich reklamiert und damit Willy Brandt, der ein herzliches Verhältnis zum Parteivorsitzenden Walter Scheel pflegt, überrascht und irritiert. Dabei hatte Brandt selbst dem Partner Scheel schon vor der Wahl das Wirtschaftsministerium zugesagt; »Superminister« Schmidt sollte es ohnehin nur bis zum Ende der vergangenen Legislaturperiode leiten. Die FDP brauchte

einen Posten, mit dem sie wirtschaftspolitische Kompetenz verkörpern konnte, sie bekam ihn, in der Person von Hans Friederichs, vom Chef persönlich.

Übrigens geht auch eine andere Schlüsselentscheidung, die Ab-
schiebung von Kanzleramtschef Horst Ehmke in das Ministerium
für Forschung und Technologie, auf Brandt zurück. Schmidt
hatte sich dieses Versprechen lange vor der Wahl bei ihm geholt.

Welche Verantwortung kommt Herbert Wehner und Helmut
Schmidt für den Fehlstart der Regierung zu? Sie selbst handeln
in dem Bewusstsein, dass »eben einer die Arbeit machen muss«.
Wehner und Schmidt gewinnen den Eindruck, dass Brandt die
mit dem Wahlsieg gestiegenen Erwartungen an ihn nicht erfüllen
kann und die Krankheit als eine Art Fluchtweg nutzt. Der Ver-
suchung, mehr den eigenen Vorstellungen als denen des Kanzlers
zu folgen, widerstehen sie nicht, insbesondere bei wichtigen Personalentscheidungen. Dass Horst Ehmke nicht Chef des Kanzleramtes bleiben darf, geht wie gesagt auf Helmut Schmidts Konto,
die Berufung Egon Bahrs zum Minister für besondere Aufgaben,
das heißt, den Entzug eines regulären Ressorts, verantwortet
Herbert Wehner. Kein Wunder, dass Ehmke seine Memoiren zur
Abrechnung mit Schmidt nutzt und Bahr in seinem Erinnerungsbuch wenig Gutes über Wehner sagt.

Willy Brandt findet nach seiner Rückkehr vom Krankenbett ein
Personaltableau vor, das nur zum Teil nach seinem Geschmack
ist. Kann er die von Wehner, Schmidt, Scheel, Genscher und
Mischnick vollzogene Kabinettsbildung noch revidieren? Politische Beobachter unterstellen ihm eine List höheren Grades –
Brandt habe seine Krankheit dazu benutzt, die Wehners und
Scheels aneinander reiben zu lassen und jetzt selbst zu diktieren,
was Sache ist. Aber dieses »Diktat« findet nicht statt. Brandt vergibt sogar die Chance, wenigstens symbolische Korrekturen vor-
zunehmen. Zumindest eine oder zwei Positionen könnte er »drehen«! Aber auch das tut er nicht. Zornig und resigniert gibt er
im Kabinett bekannt, was andere abgekartet haben.

Wieder einmal erleben Wehner und Schmidt den »Schwäch-
ling« Brandt, der alles hinnimmt und deshalb als »Weichei« gilt.
Brandt selbst fühlt sich hintergangen und nach seiner Krankheit
noch nicht stark genug für den Kraftakt, der von ihm erwartet
wird. Auch Bequemlichkeit spielt eine Rolle und Resignation

nach dem Motto: »Sollen doch die anderen die Arbeit machen!«
Ein wichtiger, oft übersehener Faktor ist aber auch, dass Willy
Brandt in Bonn keine engen Vertrauten und Freunde hat wie einst
in Berlin, als Klaus Schütz oder Heinrich Albertz politische Berater und Seelentröster zugleich waren. Klaus Schütz war nicht nur
stets loyal, er stellte auch eigene Ambitionen zurück, wenn sie
dem Chef schadeten. Auch Ehmke oder Bahr waren loyal, aber ge-
räuschvoller, ehrgeiziger. Brandt musste Ehmke, der eine für die
Koalition wichtige Achse zu Genscher bildete, wie gehört »ziehen
lassen«, Walter Arendt und Egon Bahr sicherten sich zur Wahl
1972 mit einem Bundestagsmandat ab. Nach der Regierungsbildung durch Wehner und Schmidt hat Bahr keinen eigenen Ge-
schäftsbereich mehr und fühlt sich unausgelastet.

Auch im engeren Kreis um Brandt herrscht kein Teamgeist:
Günter Gaus und Klaus Harpprecht zum Beispiel sind wie Feuer
und Wasser. Wie Erhard Eppler erzählt, wird er von Brandt um
Redetexte gebeten, die Mitarbeiter im Kanzleramt bis zur Un-
kenntlichkeit entstellen. Baring und Görtemaker beschreiben,
wie dilettantisch eine so wichtige Personalentscheidung wie die
Leitung des Kanzleramts vorbereitet wird – Horst Grabert bekommt erst kurz vor Abgabe der Regierungserklärung, mehr aus
Zeitnot denn aus allgemeiner Überzeugung, den Zuschlag. Solche Managementfehler rächen sich, zumal in einem Machtzentrum wie dem Kanzleramt.

Wehner und Schmidt realisieren
eigene Vorstellungen

Herbert Wehner und Helmut Schmidt haben auf die Auswahl
von Brandts engsten Vertrauten keinen Einfluss, aber sie machen
keinen Hehl daraus, dass sie seine Mitarbeiter für unfähig halten.
Helmut Schmidt nennt sie »Hofschranzen«, für die Macht etwas
Ästhetisches ist, bar jeder Verantwortung. Gaus, Harpprecht
und die anderen reagieren tief verletzt auf diese Kränkung. Harpprecht wird sich dafür rächen und später Wehner und Schmidt
zu Brandts Königsmördern stilisieren, die ihre Dolche aus persönlichen Motiven – sie konnten Brandts Wahlsieg nicht ertragen – gezückt haben.

Am 18. Januar 1973 gibt Willy Brandt seine zweite Regierungserklärung ab. Sie trägt die Handschrift von Klaus Harpprecht, der nicht an die Euphorie der ersten anknüpft, sondern nüchterner, ja konservativer formuliert und damit viele junge Sozialdemokraten enttäuscht. Sie wollen nicht einsehen, dass eine Sensation – Öffnung nach Osten, »mehr Demokratie wagen« – nur einmal möglich ist. Auch dieses Mal wird es eine für Willy Brandt authentische, weil Werte betonende Rede. Der alte und neue Kanzler will die Normalität, die jetzt einkehrt – Normalität in der Ostpolitik, Normalität beim Vollzug der inneren Reformen – positiv besetzen, sieht in ihr eine eigene Qualität. Den Westdeutschen gehe es gut, sie hätten ihr wirtschaftliches Auskommen, lebten frei von Angst und Not. Diese Freiheit müsse aber wertgebunden sein, müsse einhergehen mit der Bereitschaft zur Solidarität mit allen gesellschaftlichen Schichten.

Einmal mehr spricht Willy Brandt ausdrücklich auch junge Leute an. Der Kanzler plant den Abbau des Numerus clausus, der Zulassungsbeschränkung für begehrte Studienfächer auf Abiturienten mit allerbesten Noten. Er wünscht sich Menschen, die kritisch mitdenken, mitentscheiden und mitverantworten, »wir wollen Bürger, nicht den Bourgeois«. Kein Zweifel, der Kanzler und Parteivorsitzende Willy Brandt betreibt die Öffnung der SPD konsequent weiter.

Brandts politischer Spielraum ist eng, obwohl sein Wahlsieg und die daraus resultierende deutliche Regierungsmehrheit das Kanzlerdasein eigentlich kommoder machen müsste. Aber Brandt hat Erwartungen gerecht zu werden und muss Versprechen einlösen: Erwartungen der osteuropäischen Nachbarn an ihn, Versprechen, die er den Arbeiterkindern gemacht hat, Zusagen, auf deren Erfüllung Studenten und Hochschullehrer pochen, Hoffnungen, die Rentner und kleine Leute in ihn setzen. Der Reformkanzler ist ein Getriebener geworden, dessen hehre Ideale sich ständig an einer unbefriedigenden Realität reiben.

Herbert Wehner und Helmut Schmidt erkennen früh, dass die Kluft zwischen Wollen und Können immer größer wird. Sie verlangen, dass Brandt, sowohl als Bundeskanzler wie als Parteivorsitzender, seine Linie ändert. Da Brandt trotz sinkender Zustimmung zur Regierungspolitik über kaum wahrnehmbare Korrekturen nicht hinauskommt, beschließen Schmidt und Wehner, den Druck auf den Regierungschef zu verstärken. Dies umso mehr, als die von Brandt betriebene fortgesetzte Öffnung der SPD die unverhohlene und entschiedene Missbilligung der beiden anderen »Troikaner« erfährt.

Neues Erscheinungsbild der SPD

Brandt liegt sehr daran, auf die kritische Nachkriegsgeneration zuzugehen. Es gehört zu seinem Demokratieverständnis ebenso wie zu seinem Selbstverständnis, niemanden auszugrenzen, auch nicht um den Preis, dass es bei der Integration heftig rumort. Integrieren, was sich integrieren lässt, ist die Maxime, die ihn bereits am Ende der Nazizeit leitet, als er wieder zur Sozialdemokratie zurückfindet, und nach dieser Devise führt er auch den Vorsitz der SPD. In seiner Dankesrede für den Friedensnobelpreis sagt Willy Brandt, er habe gelernt, »an die Vielfalt und also an den Zweifel zu glauben«. Das ist keine philosophische Sentenz, mit der er sich schmückt, das ist seine Lebenseinstellung.

Brandt selbst ist ein schlechter Vater, der sich vor dem Streit mit den pubertierenden Söhnen drückt, weil er auch zu Hause jeder Konfrontation aus dem Wege geht. Aber als Politiker glaubt er an die moralische Legitimation der protestierenden jungen Leute und ist fest davon überzeugt, »dass sie einmal reif und menschlich werden würden, wenn sie es jetzt noch nicht waren«, wie der Historiker Golo Mann süffisant schreibt. Es entsteht eine »besondere Art von Einvernehmen« zwischen diesen jungen Leuten und Brandt, so die Beobachtung des Psychoanalytikers Horst-Eberhard Richter. »Es war eine verdeckte Liebe ohne die traditionellen deutschen Züge von kultischer Ergebenheit.« Die Ideen der Jugendlichen treffen sich mit denen eines charismatischen Anführers, der ihnen in einer sich öffnenden Gesellschaft Spielraum für kreative Mitwirkung bietet.

Der »große Zulauf«, wie Baring und Görtemaker es nennen, beginnt in den Tagen, da sich Willy Brandt als Bundeskanzler etabliert hat. Dieser Zulauf führt dazu, dass sich die SPD in zehn Jahren stärker verändert als in den 100 Jahren davor, die Partei der frühen siebziger Jahre nichts mehr mit jener der frühen Sechziger gemein hat. War die SPD bis jetzt eine Partei älterer Leute, zumeist Facharbeiter, bilden bald heißspornige Jungakademiker und Angehörige des öffentlichen Dienstes, also des wirtschaftlich abgesicherten Mittelstandes, ihren Kern. Es kommt zu einem Mitgliederaustausch in großem Stil – 1964, als Willy Brandt die Parteiführung übernimmt, zählt die SPD 650 000 Mitglieder, aber von denen sind 1973 350 000 nicht mehr dabei. Jetzt gehören fast eine Million Menschen der Partei an, mehr als die Hälfte in der jüngsten Zeit »integriert«. Das Gros der Neuen gehört der gehobenen Bildungsschicht an, rekrutiert sich aus Studenten und Berufstätigen mit akademischem Abschluss. Fast jedes fünfte Parteimitglied ist nicht älter als 30 Jahre. Die Jungen verlangen Mitsprache, wollen das im Studium erworbene Wissen verwerten, »ausdiskutieren«, wie ein Modewort in dieser Zeit heißt. Ihr Soziologen-Deutsch und ihre Theoriewut versetzen sogar geduldige Geister in Angst und Schrecken. Wer ohnehin zur Ungeduld neigt, wie etwa Helmut Schmidt, reagiert besonders abweisend.

Nicht Theoretisieren über die Frage, was die Linke mit diesem historischen Wahlsieg machen kann, ist jetzt Gebot der Stunde, sondern Regieren, Entscheiden, Gesetze verabschieden – so ungefähr lautet Schmidts Maxime. Während Brandt die Partei als Organisation betrachtet, die sich durchaus unabhängig von einer SPD-geführten Regierung und Bundestagsfraktion zu entwickeln hat, zum Beispiel als Sammelbecken für nachwachsende Generationen, verlangt Schmidt von der Partei Rückendeckung für die Regierungsarbeit. Solange die SPD den Bundeskanzler stellt, haben sich alle Parteigliederungen zu mäßigen, damit kein Schaden auf dessen Ansehen fällt. Hier drängt sich der Vergleich mit einer Truppeneinheit auf, die geordnet nach dem Befehlsprinzip marschiert. Helmut Schmidt, der langjährige Soldat, denkt auch als Politiker in militärischen Kategorien. Die Disziplin ist ihm aber nicht Selbstzweck, sondern Strategie zur Sicherung der Regierungsfähigkeit.

Helmut Schmidt hält es für einen großen strategischen Fehler, dass Willy Brandt gerade dann die Schleusen öffnet, als das große Ziel erreicht und die SPD erstmals stärkste Partei ist. Willy Brandt nimmt es hin, dass die Entwicklung der Integration erst einmal nicht planbar, nicht beherrschbar ist. Helmut Schmidt hält genau das für fatal. Wäre er der Vorsitzende, würde er die Genossen zu bändigen suchen, auch um den Preis, dass einige von ihnen mit Getöse austreten. Wäre er Bundeskanzler, würde er die SPD zu einer Art »Kanzlerwahlverein« machen, so wie es Adenauer mit seiner Partei vorexerziert hat. Das brächte Ruhe in die Regierungsarbeit und schützte vor Debatten, die auf die Öffentlichkeit irritierend wirken.

Kritik am Erscheinungsbild der SPD übt erwartungsgemäß auch der politische Gegner. Unter dem Namen Sozialdemokratische Partei Deutschlands agierten in der Bundesrepublik heute, schreibt der kommende CDU-Generalsekretär Kurt Biedenkopf im Mai 1973, »zwei in Programm und Prinzip verschiedene politische Gruppen: eine sozialistische und eine marxistische«. Der SPD-Führung sei es mit Willy Brandt gelungen, die Konturen des Godesberger Programms in Wortwolken aufzulösen.

Die »jungen Wilden« in der SPD bleiben nicht nur Episode. Der intellektuelle Streit zwischen den gemäßigten, »klassischen« Sozialdemokraten und jungen Mitgliedergruppen, für die ein Theoretiker wie Karl Marx noch keineswegs diskreditiert ist, bindet Zeit und Energien und schadet dem Image der Partei. Von den »Troikanern« schadet er am meisten Helmut Schmidt, dem man als Traditionalisten und Reformgegner beim SPD-Parteitag in Hannover im April 1973 einen Denkzettel verpasst: Er wird als stellvertretender Parteivorsitzender bestätigt, aber nur mit 286 Stimmen, während 145 Genossen ihn nicht wählen. Brandt hat als Vorsitzender 404 Ja- und 20 Neinstimmen erhalten. Für die Parteilinken ist Helmut Schmidt ein »schwarzes Tuch«. Einflussreiche Sozialdemokraten wie Erhard Eppler wenden sich nicht nur von ihm ab, sondern erklären ihn zu ihrem politischen Gegner.

Auch für Herbert Wehner markiert Hannover ein wichtiges Datum – nach 15 Jahren gibt er das Amt als stellvertretender Parteivorsitzender ab. Er gehört künftig »nur noch« dem Vorstand und dem Präsidium an. Manche Kommentatoren deuten das als gewollten Affront gegen Brandt; Wehner selbst, mittlerweile 67 Jahre alt, führt die zu hohe Arbeitsbelastung ins Feld. Im selben Jahr übernimmt er eine Aufgabe, die vergleichsweise wenig Zeit beansprucht, aber eine wichtige Kontrollfunktion bedeutet: die Chefredaktion der SPD-Zeitschrift *Neue Gesellschaft*.

Schon vor dem Parteitag von Hannover fällt Willy Brandt in eine Art »Kanzler-Starre«, aus der er sich viele Monate lang nicht löst. Erhard Eppler erzählt von einem Besuch bei Willy Brandt in dessen Privathaus kurz vor Weihnachten 1972. In Ausdruck und in der Sprache habe er völlig abwesend gewirkt, wie sein eigenes Denkmal. Er sei in Selbstbewunderung über sich, den Nobelpreisträger, versunken gewesen und habe jeden Appell, rasch die Regierungsgeschäfte wieder aufzunehmen, mit abweisenden Gesten bedacht. Eppler und die anderen Genossen haben schon mehr als einmal erlebt, dass Brandt »Auszeiten« nimmt. »Er hat einfach die Kurve nicht gekriegt«, sagt Eppler rückblickend. Monate vergehen, in denen Willy Brandt im politischen Bonn, in den Medien und in der Öffentlichkeit nicht präsent ist.

Jeder im Dreigespann nimmt sich seit einiger Zeit die Freiheit, Politik auf eigene Faust zu machen. Man informiert sich gegenseitig (zu spät, wie die jeweils anderen finden), spricht sich in Grundzügen ab (gelegentlich, nicht immer) und unternimmt ansonsten Alleingänge. Insbesondere Herbert Wehner führt ein politisches Eigenleben, das Hermann Schreiber wie folgt kommentiert: »Er hat aufgehört, jene Art von Rücksicht zu nehmen, die auf taktische Ziele gerichtet ist. Er wird tun, was er kann, solange er es noch kann, und er wird niemand vorher fragen.«

Der Bundeskanzler ist eingeweiht, »sagt aber weder ja noch nein«, so die Erinnerung Greta Wehners, was Herbert Wehner »sehr gequält« habe. Auf eigene Faust trifft dieser am 30. Mai 1973 Erich Honecker zunächst allein (nur in Begleitung Gretas), am 31. Mai ist der FDP-Fraktionsvorsitzende Wolfgang Mischnick mit dabei. Der DDR-Staatsratsvorsitzende empfängt sie in einem Gästehaus in der Schorfheide. Greta Wehner erinnert sich, dass Häftlingsaustausch und Familienzusammenführung im Mittelpunkt der Gespräche stehen. Der Freikauf von inhaftierten DDR-Bürgern durch die Bundesrepublik ist ins Stocken geraten, es häufen sich die »Kofferfälle«, Ausreisewillige warten, bereits auf gepackten Koffern sitzend, auf das erlösende Signal. Herbert Wehner will wieder Bewegung in die Sache bringen. Nach Darstellung Egon Bahrs, der formal zuständig ist und mit dem Wehner um die deutschlandpolitische Zuständigkeit streitet, geht es aber nur nebensächlich um diese Frage. Wehner habe Honecker vielmehr erläutert, »wie er sich das Verhältnis zwischen den beiden deutschen Staaten vorstellt, als Partner für den Staatsratsvorsitzenden«.

Wehners DDR-Fahrt wird umso kontroverser diskutiert, je länger sie zeitlich zurückliegt. Als Brandt seinen Rücktritt zu bereuen beginnt, zieht er Erkundigungen über Wehners Verhalten ihm gegenüber ein. Brandt verdächtigt den langjährigen Weggefährten, seit dem Honecker-Besuch systematisch an seiner Demontage zu arbeiten. Herbert Wehner selbst bringt sich ins Zwielicht, weil er Willy Brandt – wie dieser behauptet – nach dem Treffen nicht vollständig informiert. Brandt irritiert überhaupt, dass Wehner das Vertrauen der Kommunisten sucht und findet.

Herbert Wehner nimmt die Situation genau umgekehrt wahr, ist laut eigenen Äußerungen bemüht, Brandt umfassend zu informieren, aber der zeigt sich desinteressiert. In einem Brief an seine Frau Lotte, datiert auf den 18. September 1973, schreibt Wehner: »Brandt habe ich heute in einer halben Stunde vorgelesen, was ich gestern von meinem Besucher gehört und mitgeschrieben hatte: jeder Satz ein Grund zu gründlichen Überlegungen, aber es ist, als schriebe man in Wasser. [...] Über alles wird weggeglitten, Hauptsache, man hat Unangenehmes oder Forderndes für den ›Moment‹ vom Halse. Irgendeine ›Prozedur‹ findet sich immer, mit der sich solches auf- oder abschieben läßt.«

Sicher ist, dass Herbert Wehner mit diesem Besuch einen eigenen Gesprächsfaden in höchste SED-Kreise hinein knüpft, den er bis zum Schluss seiner politischen Arbeit nutzen wird. Über seine Gespräche mit den Machthabern der DDR schreibt Wehner »Gedanken« nieder. Diese »Gedanken« enthält er Willy Brandt vor, nicht jedoch Helmut Schmidt (der sie mit Antritt seiner Kanzlerschaft ausgehändigt bekommt). In seinen Aufzeichnungen bezeichnet Wehner Bahrs Auftreten als provozierend, arrogant, persönlich verletzend: Bahr ist der falsche Gesprächspartner für die empfindlichen, kleinkarierten Sozialisten im DDR-Staat. Bahr selbst nennt das Dokument »den persönlichen Grundlagenvertrag zwischen Herbert Wehner und Erich Honecker«. Er findet die Niederschrift verleumderisch, ein »Bubenstück«.

Eklat in Moskau

Herbert Wehner wähnt wegen der Unentschlossenheit Brandts bereits sein Lebenswerk zerstört und macht seinem Ärger über den Chef bei einer Moskaureise Luft. Wehner wird von Journalisten mit Sätzen zitiert wie: Die »Nummer eins« sei »entrückt« und »abgeschlafft«, der Herr bade gerne lau, »so in einem Schaumbad«. Brandt sei ein »schlaffer Kanzler«, der zwar im Ausland gut ankomme, aber nicht merke, »wie unten alles zusammenbricht«. Was der Regierung fehle, sei ein Kopf. »Da läuft nichts mehr.« Der Eklat ist perfekt. Journalisten trauen ihren Ohren nicht, die Opposition jubelt.

Wehner verteidigt seine rüde Wortwahl damit, dass seine nicht-öffentlichen Standpauken bisher fruchtlos gewesen seien. Sollte Brandt, gibt er sinngemäß zu Protokoll, auch jetzt nicht in die Gänge kommen, sei nichts mehr zu machen, aber wenigstens habe er, Wehner, aller Welt das Unglück vorhergesagt.

Zugute halten muss man ihm, dass er gegenüber seinen sowjetischen Gesprächspartnern für Brandts Politik wirbt. Die Sowjetunion, sagt er bei verschiedenen Gelegenheiten, darf keine Politik betreiben, die Kanzler Brandt in Schwierigkeiten bringt. Es gibt niemanden in Deutschland, mit dem besser zu verhandeln ist.

Dieser ambivalente, in der Geschichte der Bundesrepublik beispiellose Auftritt ist auch auf Wehners Verärgerung darüber zurückzuführen, dass die Ostverträge nicht mit Leben erfüllt werden. Vor allem auf dem deutsch-deutschen Feld, um das er sich seit 1949 kümmert und das er als Minister zwischen 1966 und 1969 selbst verantwortet hat, herrscht Stillstand, so Wehners Wahrnehmung. Ausgegrenzt muss er zusehen, wie Dilettanten die Früchte seiner Vorarbeiten nicht zu ernten in der Lage sind. Wehner macht jetzt wahr, was er in dem zitierten Brief an Willy Brandt vom 26. Dezember 1960 als Mechanismus aus einer Not heraus so beschrieben hat: Ihm bleibt nur die Möglichkeit, »öffentlich und intern das zu tun, was ich meiner Überzeugung gemäß tun muss, um zu der Lösung beizutragen, die ich aus eigener Überzeugung für richtig halte«.

Schon vor der Moskaureise, Mitte September, beginnt Wehner in diesem Sinn mit öffentlichen Nadelstichen. In der ARD-Sendung *Bericht aus Bonn* am 14. September sagt er, dass in den

Verhandlungen mit der ČSSR das Berlin-Abkommen »überstra-paziert« worden sei und es am nötigen »Fingerspitzengefühl« ge-mangelt habe. In Erwartung eines Protestschreies heißt es in ei-nem Brief vom gleichen Tag an Ehefrau Lotte, »die ›Springers‹ werden sich daran scheuern wie die Wildschweine am Eich-baum«. Aber niemand scheuert sich an einem Baum, und so fährt Wehner in anderen Interviews mit seiner Kritik fort. Als er auf Moskauer Boden das Wort ergreift, entsteht die gewünschte Re-sonanz. Wehner geht es um eine gezielte rhetorische Attacke, die das Verhältnis zu Brandt zwar kurzfristig belasten, aber nicht zerstören soll. Später sagt er aus seiner Sicht folgerichtig: »Die Aufregung hätte vor dieser Reise liegen müssen, aber man hat totgeschwiegen, was ich gesagt habe.«

Dass Wehner mit seinen Äußerungen für so viel Aufregung sorgt, hängt nicht wenig mit einem seiner Gesprächspartner, dem *Spiegel*-Reporter Hermann Schreiber, zusammen. Keine Frage, Schreiber ist einer der besten, psychologisch einfühlsamsten Be-obachter der Bonner Szene jener Zeit. Doch er provoziert gern und hat den Ehrgeiz eines *Spiegel*-Mannes, zwischen Politiker ei-nen Keil zu treiben und dort, wo es Streit gibt, zusätzlich Zwie-tracht zu säen. Erst in seinem Buch *Kanzlersturz*, das dreißig Jahre später erscheint, räumt Schreiber ein (und auch das mehr beiläufig): »Den berühmt gewordenen Spruch über den Herrn, der gern lau bade, hat er [Wehner] übrigens erst auf dem Rückflug nach Bonn getan, unter sechs Augen und eher mild gestimmt.«

Über Wehners anderes legendäres Wort in Moskau – »Was der Regierung fehlt, ist ein Kopf« – gibt es schon kurz nach der Reise einen Briefwechsel zwischen Wehner und Schreiber. Wehner schreibt dem *Spiegel*-Redakteur mit Blick auf dessen Berichter-stattung mit Datum vom 9. Oktober, der Satz sei »in Verbindung mit dem, was vorher gedruckt steht, schlichtweg falsch«. Weh-ner meinte einen »Kopf«, der die neue Ostpolitik koordiniert, mit Leben erfüllt, ohne ein eigenes Amt dafür aufbauen zu wollen. »Weder der Bundeskanzler noch der Außenminister werden von mir als kopflos gesehen oder bewertet.«

Hermann Schreiber antwortet Wehner nach einer Israelreise am 15. Oktober. Er erklärt, dass das umstrittene Zitat in der *Spie-gel*-Titelgeschichte nicht von ihm stamme, räumt aber ein, das Manuskript dieser Titelgeschichte vor Drucklegung gesehen und den Satz nicht moniert zu haben, »da er mir durchaus ins Bild, nicht bloß ins ›Spiegel‹-Bild, zu passen schien. Wenn das eine Fehleinschätzung war, bitte ich um Entschuldigung.« Danach gibt Schreiber dem gekränkten Wehner noch ein Stück Zucker, indem er schlecht über Brandt schreibt, dem er sonst sehr zugetan ist. »Im Unterschied zum Bundeskanzler nämlich«, so Schreiber, »wächst bei mir mit den Jahren – mindestens noch – die Bereitschaft, belehrt zu werden. Und ich habe von Ihnen, gerade in der Sowjet-Union und während der Woche nach der Reise, viel gelernt – mehr jedenfalls, als man in Zitate packen oder überhaupt journalistisch umsetzen kann.«

Willy Brandt nimmt die Nachricht von Wehners Invektiven äußerlich gelassen auf. Seine erste Reaktion: Das war eben wieder einer von Wehners typischen »Ausrastern«. Der Journalist Hans-Ulrich Kempski, der dabei ist, als Willy Brandt die ersten Fernschreiben mit Wehners Attacken gereicht bekommt, erinnert sich an keine Erschütterung. Brandt habe sich seine Brille aufgesetzt und das ihm von seinem Regierungssprecher übergebene dpa-Material schnell überflogen, dann konzentriert gelesen, »kein Laut, keine Regung«. Kempski sagt, als er gleich danach von den Zitaten erfährt, zu Brandt: »Schmeißen Sie ihn raus, auf der Stelle.« Da habe ihn der Kanzler stumm angeschaut, den Kopf geschüttelt und ihn gefragt (wobei Kempski überzeugt ist, dass sich Brandt die Antwort schon selbst gegeben hat): »Und was dann?« Nach einer Pause folgt die Ergänzung: »Dann kommt Schmidt.«

Nicht nur Kempski, auch Harpprecht und andere suchen Brandt die Dimension klarzumachen, die Wehners Unverfrorenheit diesmal angenommen hat. Sei es, dass sie den Chef aufstacheln, sei es, dass dem Chef selbst die Wirkung der vermeintlichen Wehner-Äußerungen bewusst wird – voller Zorn auf Wehner und, so glauben Baring und Görtemaker, zu seiner Absetzung als Fraktionsvorsitzender entschlossen, bricht der Kanzler seine USA-Reise vorzeitig ab und ist noch vor Wehner, am 30. September, zurück auf deutschem Boden. Bahr zitiert Brandt mit den Worten: »Jetzt ist es genug. Er oder ich.«

Brandt ist tief verletzt. Er hatte Wehner vor dessen Abflug nach Moskau sogar noch schriftlich eine gute Reise gewünscht! Brandt und Wehner führen am 2. Oktober ein Vieraugengespräch, bei dem ein zorniger Kanzler auf einen im Ton, aber nicht in der

Sache konzilianten Fraktionsvorsitzenden trifft. »Kein gutes Wort«, so Wehner später, fällt bei dieser Begegnung, ein Vorwurf provoziert den nächsten. »Brandt wirkte verstimmt und abweisend«, schreibt Wehner hinterher an seine Frau Lotte.

Heinz Kühn und Helmut Schmidt verwenden sich bei Brandt für Wehner. Auch andere, weniger bekannte Genossen, etwa der fränkische Sozialdemokrat Bruno Friedrich, werden bei Brandt vorstellig; Brandt sondiert in den Parteigremien die Stimmung, die, wie er glaubt, zu seinen Gunsten neigt, und stellt zu seiner Überraschung das Gegenteil fest. Weder kann er jetzt noch verhindern, dass der Parteivorstand über den Streit formal berät, noch dass er bei der folgenden Abstimmung über Wehners inhaltliche Kritik mit elf zu zwölf Stimmen den Kürzeren zieht. »Das ist mir noch nicht passiert. Jetzt reicht's mir aber«, schimpft Brandt und verlässt abrupt die Sitzung des Parteivorstandes.

Was tut das dritte Mitglied der Troika in dieser Situation? Helmut Schmidt solidarisiert sich in der Bundestagsfraktion mit Herbert Wehner. Beobachter deuten das als Opportunismus eines in Wartestellung Lauernden, der plötzlich wieder auf die Kanzlerschaft hofft und sich hierzu mit dem Kanzlermacher verbündet. Aber Schmidt kann nicht wirklich darauf hoffen, dass die SPD ihren Parteivorsitzenden, der gerade mal vor einem Jahr als Bundeskanzler wiedergewählt wurde, aus Angst vor einer Wahlniederlage bei den erst in drei Jahren stattfindenden Bundestagswahlen »aus dem Verkehr zieht«.

Brandt zieht sich erst einmal schmollend zurück und ärgert sich darüber, dass er Wehner nicht sofort zum Rücktritt aufgefordert hat. Er weiß, er steht nach dieser Kraftprobe als Verlierer da. Wehner fürchtet Rache. »Ja, das ist schrecklich«, zitieren ihn Baring und Görtemaker in diesem Zusammenhang, »weil mich das viel kosten wird bei Brandt. Das wird er mir nicht nur nie vergessen, sondern er wird sich rächen.«

Für die Entwicklung der Troika bedeutet Wehners Auftritt in Moskau eine tiefe Zäsur. Schon lange verstehen sich Wehner und Brandt nicht mehr gut, jetzt ist die Distanz unüberbrückbar geworden. Sie gleichen zwei alten, verbitterten Eheleuten, die voneinander abhängig sind, aber genau das verabscheuen.

Karl Wienand drängt Brandt und Wehner zu einer Aussprache in Brandts Privathaus auf dem Venusberg. Auch Sven Backlund, schwedischer Sozialdemokrat, Botschafter Schwedens zwischen 1972 und 1983 und mit beiden befreundet, sucht zu schlichten. Brandt und Wehner pflegen Backlund in der Regel getrennt zu besuchen.

Zweimal kommt Herbert Wehner zu Willy Brandt. Rut Brandt erzählt in ihrem Erinnerungsband, wie sich da zwei Männer zurückziehen und erst nach viel Wein zum Thema kommen. Herbert Wehner bittet Brandt, er solle es noch einmal mit ihm versuchen. Brandt bleibt weiter zornig, widerspricht aber auch nicht. Hinterher beschwert er sich bei Dritten darüber, in welch bettelndem, unterwürfigem Ton ihm Wehner geschrieben habe und dann auch begegnet sei. Noch knapp 75-jährig, im Fernsehgespräch mit Horst Schättle, nennt er Wehners Wort, er, Brandt, solle es noch einmal mit ihm versuchen, »eine Wendung, die ich eher aus anderen Zusammenhängen kenne oder in umgekehrter Richtung«. Er empfindet Genugtuung darüber, dass Wehner den »Gang nach Canossa« antreten musste. Aber er verzeiht sich auch zeit seines Lebens nicht, dass er nicht die Machtfrage im Sinne von »du oder ich« gestellt hat.

Auch wenn das Kriegsbeil zwischen Wehner und Brandt mehr schlecht als recht begraben ist, bleibt der Eindruck von Mattigkeit, den diese Regierung verbreitet, natürlich bestehen. Das treibt Wehner um. Als Gustav Heinemann, mittlerweile 75 Jahre alt, erklärt, er wolle keine zweite Amtsperiode als Bundespräsident absolvieren, versucht Wehner ihn umzustimmen, damit der angesehene SPD-Politiker nicht dem Land und das Amt des Bundespräsidenten nicht der SPD verloren geht. Doch Heinemann weigert sich hartnäckig, fast kommt es zum Bruch zwischen den beiden, die privat eng befreundet sind. Als Wehner merkt, dass sein Drängen aussichtslos ist, schlägt er Brandt vor, im Jahr 1974 als Bundespräsident zu kandidieren. Zwar lässt auch Walter Scheel durchblicken, dass er nachfolgen möchte, lässt aber Willy Brandt ausdrücklich den Vortritt. Scheel hätte auch keine Chance, wenn Brandt selbst will. Aber der Bundeskanzler geht auf diesen Vorschlag Wehners ebenso wenig ein (was Scheel sich schon dachte) wie Wehner ein Jahr zuvor auf Brandts Angebot, Präsident des Bundestages zu werden. So schwer die Zeiten auch sind (besonders für Willy Brandt), will doch kein »Troikaner« das politische Geschäft den beiden anderen überlassen.

Der Prozess, der nun einsetzt, lässt sich nur mit dem Führungsstil erklären, dessen sich Brandt bedient: Es ist der des »charismatischen Herrschers«, um eine Vokabel des Soziologen Max
Weber zu gebrauchen. Der charismatische Herrscher bindet seine
Anhänger so stark wie kein anderer Führungstyp, doch diese
Stärke geht mit der Gefahr einher, die Anhänger bei Erfolglosig-
keit abrupt zu verlieren. Wie kommt das? Die Anerkennung des
Herrschers steht und fällt mit den politischen Wundern, die er
vollbringt, mit den Erfolgen, die er erzielt, wodurch das »Wohl-
ergehen der Gefolgschaft oder der Untertanen« (Max Weber) gesichert ist. Bleibt der Erfolg aus, wankt die Herrschaft. In diesem
Fall: Wird das Bild, das man sich von Willy Brandt macht, nicht
immer wieder neu bestätigt, sozusagen mit immer neuen Reizen
genährt, schlägt die Verehrung in Wut um. Die Anhänger sind
ganz wörtlich enttäuscht von ihrem Idol, aber noch mehr sind sie
enttäuscht über sich selbst, dass sie sich, wie sie jetzt finden, von
diesem Mann haben blenden lassen.

Jetzt wäre es vernünftig zu sagen: »Ich habe mich geirrt, der
Fehler lag bei mir«, aber wer gesteht sich schon gern einen Irrtum ein? Die Verehrer – Wähler, Politikerkollegen, Journalisten,
angebliche Freunde – machen nicht sich selbst, sondern das Objekt ihrer Täuschung, Willy Brandt, für ihre falsche Wahrnehmung verantwortlich. Die gleiche Wucht, die ihn auf eine Sympa-
thiewelle gehoben und zu einem historischen Wahlsieg getragen
hat, wendet sich jetzt gegen ihn.

Bezeichnend für die Reaktion der kritischen Öffentlichkeit auf
Brandts Passivität ist der Fernsehauftritt des Schriftstellers Günter Grass am 26. November 1973. In einer Ausgabe des Politik-
magazins *Panorama* verliest er ein Pamphlet gegen die soziallli-
berale Koalition, die in einen schlafmützigen Trott verfallen sei.
Der sichere Wahlsieg vom Herbst habe Sozialdemokraten und
Liberale zu allseits lähmender Selbstgefälligkeit verführt. »Ver-
drossen hat sich Willy Brandt, wieder einmal, in die Außenpolitik geflüchtet.« Er lasse sich Abschirmung durch übereifrige Berater gefallen. »Einen entrückten Willy Brandt kann sich die
Gesellschaft der Bundesrepublik nicht leisten.«

In diesem Pfeil steckt Gift. Grass spricht nicht nur als weltweit

Herbert Wehner im Deutschen Bundestag während der Debatte über den Grundlagenvertrag und den Beitritt der Bundesrepublik in die UNO am 11. Mai 1973, im Hintergrund Kanzler Brandt.

Willy Brandt und Helmut Schmidt während einer SPD-Präsidiums-sitzung am 30. April 1974, kurz vor Brandts Rücktritt als Kanzler.

angesehener Schriftsteller, sondern auch als Anhänger Brandts, der sich seit Jahren in der sozialdemokratischen Wählerinitiative für ihn engagiert. Dabei ist die Anspielung auf »übereifrige Berater« nicht zufällig – Grass ist auch persönlich beleidigt darüber, dass er unter dem Kanzler Brandt kein politisches Amt bekommen hat. Er hätte sich gerne als eine Art Kultur-Staatsminister gesehen. Der Bildhauer Otto Herbert Hajek vermutet, Grass wäre gern deutscher Botschafter in Paris geworden. Dass er leer ausgeht, lastet er Brandts Beratern an. Was Grass und andere Prominente jetzt öffentlich beklagen, wird auch von der Journaille gnadenlos kritisiert: Brandts Ausstrahlungskraft sei erloschen, er sei kein Vordenker und keine Führungsfigur mehr.

Es gibt in diesen Monaten keine politischen Akzente, die Brandt zu setzen vermag, nichts Spektakuläres nach den Aufsehen erregenden Besuchen in Osteuropa während der ersten Kanzlerjahre. Das Jahr 1973 ist – außenpolitisch – kein gutes Jahr für die deutsche Regierung. Im Gegenteil! Im Nahen Osten bricht der Krieg aus, und die arabische Welt straft alle Israel-freundlichen Länder mit einem Ölboykott ab. Westeuropa, auch der Bundesrepublik, wird der »Ölhahn zugedreht«. Es geht den Arabern nicht nur um eine politische Demonstration, sondern auch um die Erhöhung des lächerlich niedrigen Rohölpreises. Die Folgen für die Weltwirtschaft und jede einzelne Industrienation sind gravierend: Die Bundesrepublik muss 1974 17 Milliarden Mark mehr für Öl bezahlen als im Jahr zuvor, obwohl sie sechs Prozent weniger bezieht. Den Bundesbürgern wird zum ersten Mal deutlich bewusst, dass der materielle Wohlstand nicht in den Himmel wächst. Sie verlieren die Unbekümmertheit und den Glauben an ständig steigende Zuwachsraten.

Wer Zeuge der grauen, wolkenverhangenen Novembersonntage wird, an denen auf Deutschlands Autobahnen kein Auto fahren darf, Sonntage, an denen Polizisten jeden Fahrer anhalten, um sich die Ausnahmegenehmigung zeigen zu lassen, wird die Zeit der »Ölkrise« nicht vergessen. Auch der Kanzler lässt sich von der November-Melancholie anstecken, er sagt im Bundestag das treffende, aber unkluge Wort, dass sich die Wahrheit von Tag zu Tag verändere. Da nützt es auch nichts, dass die Bundesrepublik mit der Krise besser fertig wird als andere europäische Staaten, der Schatten der Ölkrise fällt auch auf die Regierung Brandt.

Auch in der Innenpolitik will dem Kanzler nichts mehr gelingen. Die deutschen Fluglotsen treten in den Ausstand, und das nicht tage-, sondern monatelang, zumal in der Urlaubszeit, die den Deutschen doch so heilig ist. Der Unmut der Bürger trifft auch hier die Regierung, die dem Arbeitskampf kein Ende setzen kann.

Ein noch größeres Desaster werden für Willy Brandt die Tarifverhandlungen mit Heinz Kluncker, dem Vorsitzenden der Gewerkschaft Öffentliche Dienste, Transport und Verkehr. Kluncker verlangt eine »zweistellige« Lohnerhöhung für seine Klientel, die Arbeitgeber bieten 7,5 Prozent. Der Kanzler erklärt, er werde nie einem zweistelligen Abschluss zustimmen. Bundespräsident Gustav Heinemann rät Brandt, hart zu bleiben, sagt ihm sinngemäß: Bevor du etwas akzeptierst, das ökonomisch nicht vertretbar ist, musst du mit deinem Rücktritt drohen. Kluncker reizt das ganze Arsenal seiner »Folterinstrumente« aus, droht zuletzt damit, Müllhalden vor das Palais Schaumburg zu kippen. »Sinn für Streit«, schreibt Golo Mann, der Willy Brandt persönlich schätzt, »Sinn für Macht – wäre der so komplett in ihm ausgebildet gewesen wie beispielshalber in de Gaulle, er hätte die Streikdrohung und die partiellen Streiks der ÖTV durchgehalten. Es wäre ein solcher Streik an seiner eigenen Absurdität zusammengebrochen.« Aber Brandt knickt ein. Als ihm die Bürgermeister großer deutscher Städte das Ultimatum setzen, »dass von morgen an der deutsche Müll zum Himmel stinkt«, gibt er nach. Der öffentliche Dienst erhält durchschnittlich elf Prozent mehr Lohn.

Als Willy Brandt im Mai 1974 zurücktritt, begründet er dies unter anderem mit dem Eindruck, erpressbar gewesen zu sein, den er nach der Enttarnung des Spions Günter Guillaume hinterlässt. Tatsächlich hat er sich schon Monate vorher von Heinz Kluncker erpressen lassen. Der lässt sich seither feiern wie ein Held, der den unteren Schichten den Wohlstand gebracht hat, und bleibt sein Leben lang stolz auf seine Tat. Busfahrer halten noch heute an, wenn sie ihn sehen, und nehmen ihn gratis mit. Kluncker kommt nie zu Bewusstsein, dass er ein ökonomisch fatales Signal gesetzt und dazu einem SPD-Kanzler, der ihm eigentlich politisch genehm sein musste, schweren Schaden zugefügt hat.

Helmut Schmidt:
Kritik am Kurs der Partei

1974, bei den Bürgerschaftswahlen in Hamburg und den Kommunalwahlen in Rheinland-Pfalz, Schleswig-Holstein und Hessen, erlebt die SPD ein Debakel nach dem anderen: 1970 hat sie in Hamburg 55,3 Prozent der Stimmen erzielt, am 3. März 1974 sind es nur noch 45 Prozent. Gleichzeitig holt die CDU von 32,8 auf 40,6 Prozent auf. Die FDP erreicht 10,9 gegenüber 7,1 Prozent vier Jahre zuvor – der Wähler straft also nur die größere der beiden Regierungsparteien ab.

Diesmal ist es der »Troikaner« Helmut Schmidt, der öffentlich Kritik am Kurs der Partei übt. Wenn der SPD bereits in ihren Hochburgen die Wähler davonlaufen, wie wird es dann erst in anderen Teilen der Republik aussehen? In einer Sitzung des SPD-Vorstandes am 8. März 1974 sagt er: »Jeder Politiker sieht in einer Fernsehdemokratie auf die Dauer so aus, wie er ist.« Schon zwei Tage zuvor hat er im Fernsehen die Führung des Parteivorsitzenden und Bundeskanzlers kritisiert. »Der Versuch, diese vielen hunderttausend neuen Mitglieder, die da in die SPD hineingeströmt sind, zu integrieren, ist sehr großzügig vorgenommen worden und hat vielen relativ neuen Mitgliedern der SPD erlaubt, Meinungen zu vertreten – öffentlich, die wurden dann auch dick gedruckt – als ob hier die SPD spräche [...] Und ich glaube, dass auf diesem Felde die Sozialdemokratische Partei bei weitem zu großzügig gewesen ist. Sie können auch sagen: sie war zu lax. Und das gilt nicht nur für Bonn, das gilt für die ganze Bundesrepublik.«

Schmidt setzt sich »in der Stunde der Niederlage«, wie man an Abenden verlorener Wahlen zu sagen pflegt, offen von Brandt und Wehner ab. Er distanziert sich klipp und klar von dem »Schlamassel«, wie er die unorganisierte Parteiführung einer undiszipliniert gewordenen Partei nennt. Das hat er auch schon vorher im kleinen Kreis getan – Genossen erzählen mit Schrecken von Flugreisen, bei denen Schmidt über Brandt »ablästert«, und das in einer Lautstärke, dass Mitreisende alles mithören können. Jetzt fällt Schmidt – wieder einmal, muss man sagen – in eine Stimmung überspannter Nervosität, bei der seine widerstreitenden Empfindungen voll aufeinander schlagen: Wenn man ihn nur ließe, würde er sofort für Ordnung sorgen, den »Saustall« aufräumen, die Partei disziplinieren, den Staat beherzt regieren, und dafür hält er sich aus Pflichtgefühl gegenüber Amt und Demokratie weiter bereit, dafür gibt er seine wertvolle Lebenszeit her, mit der er in der Wirtschaft gutes Geld verdienen könnte; gleichzeitig weiß er, dass er nie die Möglichkeit bekommen wird, Primus zu sein, also will er diesen »Schlamassel« nicht mehr mit ansehen und schon gar nicht dafür geradestehen. In Schmidts Wahrnehmung geht es jetzt einfach nicht mehr – er hat zwar seit 1966, als die SPD erstmals an einer Regierung beteiligt wurde, mehr und mehr erreicht, etwa die Kraftproben gegen Horst Ehmke und Karl Schiller gewonnen, aber noch immer, und mit jedem Mal mehr, gerät der sonst so krisenfeste, eisern wirkende Mann in einen emotionalen Ausnahmezustand.

Schmidts Urteile werden jetzt härter und unerbittlicher: Für »die jungen Leute« hat er kein gutes Wort mehr übrig. Schmidt erbittert es, dass die Studenten – er selbst spricht von »Jungakademikern« – seiner Generation nicht den Respekt zollen, den sie aus seiner Sicht verdient, sondern ihr dauernd Vorhaltungen machen: Was habt ihr gegen Hitler unternommen? Wie habt ihr die braune Vergangenheit bewältigt? »Es war eine schlimme Erfindung der 68er«, sagt noch der fast 85-jährige Helmut Schmidt, »eine Generation anzuklagen, nach dem Motto: Sie verweigern sich der Wahrheit. Das war eine heillose Übertreibung, die die große Aufbauleistung dieser Generation ins Lächerliche zog.« Diese nachwachsende Generation von SPD-Mitgliedern ist es im Übrigen auch, die, wie er überzeugt ist, einen Aufstieg von Helmut Schmidt zum Parteivorsitzenden immer verhindern wird.

In diese Zeit fällt auch das Interview, bei dem Schmidt nur noch eine Art Galgenhumor für seinen Chef übrig hat. Liselotte Millauer von *Bild am Sonntag* sagt zu ihm in einem am 17. März 1974 abgedruckten Gespräch, Willy Brandt habe ihn, seinen Stellvertreter, als Nummer eins im Kabinett bezeichnet, worauf Schmidt höhnt: »Da hat er selber schuld.« Direkt gefragt, ob er gern Bundeskanzler wäre, kommt ein resignatives »Mein Sinnen ist nicht mehr … ist nicht auf ein Avancement gerichtet.« Zu Jahresanfang 1971 hat Helmut Schmidt schon einmal auf die gleiche Frage geantwortet: »Ich halte mich nicht für ungeeignet. Aber ich sehe in der überschaubaren Zukunft überhaupt keinen

Grund für einen Wechsel. Und wenn einmal ein Wechsel notwendig werden sollte – ich bin nur fünf Jahre jünger als Willy Brandt, und dann müsste man wohl in eine jüngere Kiste greifen ...« Gleichzeitig sagt er, er wäre gern wieder Fraktionsvorsitzender.

Einige Biographen beschreiben Schmidt als ungeduldig, ehrgeizig, machthungrig. Sie zeichnen das Bild eines Mannes, der Brandt auf dem Weg zur Macht am liebsten aus dem Amt jagen würde. Doch Schmidts Verhältnis zu Brandt ist längst nicht so negativ, das bestätigen auch Freunde von Willy Brandt. Schmidt verachtet den etwas älteren Weggefährten nicht einfach deswegen, weil er ihn für weich hält und in vielen Situationen politisch unbeholfen findet; Schmidt, der Tiefsinnige, tief Empfindsame, tief Empfängliche, buhlte ja auch um die Zuneigung dieses Mannes, dessen Lebensweg und Lebensleistung er insgeheim bewundert. Mit seinem starken Bedürfnis nach Anerkennung täte es ihm gut, wenn Brandt ihn nicht nur akzeptieren, sondern sich aktiv um ihn bemühen würde.

Schmidt wirbt lange um Brandt, so noch im Dezember 1966, als er ihm schreibt, er könne nicht nur über den Sozialdemokraten, sondern ebenso über den Mann Helmut Schmidt verfügen, wenn er ihn je brauchen sollte. Aber Brandt wahrt Distanz, ja sucht den Jüngeren zu belehren. »Die Geduld des zur Aktivität Drängenden«, schreibt er Schmidt zu dessen 50. Geburtstag im Dezember 1968, also kurz nach dem Zerwürfnis wegen der Notstandsgesetzgebung, »wird in Partei und Staat immer wieder auf harte Proben gestellt. Und es wäre schade, wenn schöpferische Ungeduld durch das Lebensalter überspielt würde. Wir haben große Aufgaben vor uns: Dazu wünsche ich Dir und uns Erfolg.« Brandt kann so schreiben, weil er selbst durch die Schulen »harter Proben« gegangen ist, während Schmidt, wie er offensichtlich meint, das zu umgehen sucht. Doch Helmut Schmidt steht nicht der Sinn nach Belehrung! (Ganz anders verhält sich übrigens Wehner Schmidt gegenüber, der anlässlich dieses Geburtstages seine Freude darüber ausdrückt, »Dir begegnet zu sein und manches mit Dir habe tun zu können«.)

Einer, der Schmidts Bedürfnis nach Anerkennung durch Brandt zu erkennen glaubt, ist Horst Ehmke, der seinerseits für Anerkennung höchst empfänglich ist. Zu Hans Leussink, dem Bildungsminister des ersten Kabinetts Brandt, sagt er einmal, vielleicht habe er, Ehmke, dem Schmidt den Brandt ja weggenommen.

Der Hinweis, dass Schmidt insgeheim um die Nähe, ja Liebe zu Brandt buhlt, sich aber von ihm zurückgewiesen fühlt, findet sich auch bei Horst-Eberhard Richter, der Brandt ziemlich gut (Brandt fragt ihn mit Blick auf die Erziehung der Söhne um Rat) und Schmidt aus einer Reihe von Begegnungen kennt. Richter erklärt mit der Zurückweisung durch Brandt die Schübe, in denen Schmidt sich Brandt geradezu als Feindbild aufbaut, und zwar auf eine Weise, dass er nicht nur Brandt, sondern auch sich selbst politisch schadet. Brandt repräsentiert etwas, so meint Richter, das Schmidt in sich stark unterdrückt. »Diejenigen, die das repräsentieren, was man verdrängt, muss man abwerten bis hin zur Verfeindung.«

Rational ist Schmidts Verhalten nicht zu erklären, vor allem nicht bei einem Rationalisten wie ihm. Was hat denn der Finanzminister davon, dass er über seinen Bundeskanzler spottet, »der hat ja vor kurzem noch nicht gewusst, ob hundert oder tausend Millionen 'ne Milliarde machen«? Oder weshalb hadert noch der über achtzigjährige Helmut Schmidt mit dem inzwischen Verstorbenen, wie er das im Interview mit der Journalistin Sandra Maischberger tut? Davon wird noch die Rede sein.

Wehner solidarisiert sich mit Brandt

Zurück in die ersten Märztage 1974, als Helmut Schmidt unverhohlener denn je Willy Brandt kritisiert. Er hofft, dass ihm Wehner bei seinem Vorstoß beispringt, so wie er Wehner unterstützt hat, als der im vorigen Herbst wegen seiner Moskauer Attacke angegriffen wurde. Doch Wehner solidarisiert sich – obwohl er die verfahrene Situation der SPD ähnlich analysiert und wertet wie Schmidt – nicht mit Schmidt, sondern – erstmals seit Jahren – mit Brandt. Wehner hat bei Brandt nach seinem Fehltritt von Moskau noch etwas gutzumachen. Gemeinsamer Ärger über Schmidt hatte ihnen bereits bei den Gesprächen auf dem Venusberg Gelegenheit gegeben, sich anzunähern. Seither hat Wehner systematisch an einer neuen Verständigung mit Brandt gearbeitet. Zu Brandts 60. Geburtstag am 18. Dezember 1973 schreibt er ihm: »Dank Willy Brandt! Und es sei erlaubt, Dank Deiner Mutter!«

In diesem Frühjahr findet Wehner, dass der dritte »Troikaner« Schmidt sich seine Standpauke hätte verkneifen sollen. In Form und Inhalt schädigt sie nicht nur das Image des Bundeskanzlers, sondern das der ganzen Partei. Am 17. März sagt Wehner beim Landesparteitag der Bremer SPD, er habe nicht nur nichts gegen Brandt, »ich habe immer für ihn geworben. Es gibt keinen Ersatz für ihn, keinen Besseren. Wer ihm das Leben in Fragen der Ostpolitik und in anderen Fragen schwer macht, der vergisst, dass er nicht zu ersetzen ist.«

Mit gestärktem Rücken reagiert Brandt deshalb auf Schmidts Forderung, das Kabinett umzubilden: Er finde es unerträglich, geben ihn Baring und Görtemaker in ihrem Buch *Machtwechsel* wieder, wenn man ihn bei der Frage der Kabinettsumbildung präjudizieren wolle. Er lasse sich in dieser Sache nicht drängen; schließlich sei er es, der die letzte Entscheidung treffen müsse. Dann kündigt er doch Veränderungen im Kabinett an, und zwar zum 15. Mai, allerdings nicht aus eigenem Willen, sondern gewissermaßen aufgrund »höherer Gewalt« – an diesem Tag soll der bisherige Außenminister Walter Scheel zum Bundespräsidenten gewählt werden. Helmut Schmidt donnert noch einmal zurück, schreibt Brandt sinngemäß, wenn er denn schon personelle Veränderungen plane, dann solle er sie nicht vor sich herschieben. Der zweite Mann sagt dem ersten, wie er sein Geschäft zu machen hat.

Jetzt verrohen auch die Sitten. Im Fernsehen darf das »Ekel Alfred«, gespielt von Heinz Schubert, Bundeskanzler Brandt als »norwegischen Emigranten-Kanzler« und »uneheliches Kind« beschimpfen, worüber sich Zuschauer in vielen Briefen begeistern. Bereits Rudi Carrell hatte den Brandt-Imitator Achim Striezel engagiert, um den Kanzler in der »Fernsehdemokratie«, von der Helmut Schmidt spricht, zu verulken: Die Kanzlerstimme schwatzt durch einen Telefonhörer Gemeinplätze daher – zunächst ins Publikum, später in ein schwarz-rot-goldenes Kissen, und das bis zum Ende der Sendung.

Günter Grass kommt im März 1974 in die SPD-Bundestagsfraktion und erklärt den Abgeordneten, »ich bin heute Ihr ratloser Gast«.

Immerhin geht die Kritik Schmidts nicht spurlos an Brandt vorbei. In den ersten Apriltagen gibt der SPD-Vorsitzende eine »Erklärung des SPD-Vorstands zur Lage der Partei« ab, die deutlich unter dem Einfluss Schmidts zustande gekommen ist: »Die theoretische Fundierung der Politik ist wichtig«, heißt es darin, »aber die Partei ist kein Debattierclub.« Ohne die Mitte gebe es in der Demokratie keine Mehrheit. »Wer die Mitte preisgibt, opfert seine Regierungsfähigkeit.« Die »Erklärung« steht am Beginn einer Phase, in der sich der Kanzler aus seiner »Starre« zu lösen sucht. Brandt bereitet entschlossen ein größeres Revirement in seinem Kabinett vor: Helmut Schmidt soll wieder Fraktionsvorsitzender werden, ein paar Minister im Kabinett müssen gehen, Günter Gaus ist als neuer Leiter des Presseamtes vorgesehen, Egon Bahr soll Horst Grabert als Chef des Kanzleramts ablösen. Brandt will es also noch einmal packen. Er scheint jetzt entschlossen, die sozialliberale Koalition bis 1976 fortzusetzen und sie zu einem weiteren Wahlsieg zu führen. Wehner verhält sich aus Loyalität zur Partei still, Schmidt beißt einstweilen die Zähne zusammen.

Die Guillaume-Affäre, »Frauengeschichten«

Am 24. April 1974 wird Brandts Referent, Günter Guillaume, wegen Spionageverdachts für die DDR verhaftet, wobei der Verdacht rasch zur Gewissheit wird, denn Guillaume »outet« sich, wie man heute sagt, bei der Festnahme als Offizier der Nationalen Volksarmee. Guillaume hatte alle staatlichen Sicherheitskontrollen überstanden. 1969 wird er Hilfsreferent im Bundeskanzleramt, wo er sich um den Kontakt mit dem Deutschen Gewerkschaftsbund bemühen soll. Die Gewerkschafter Herbert Ehrenberg, der spätere Arbeitsminister, und Horst Ehmke schätzen seinen Fleiß und empfehlen ihn. Egon Bahr erkennt zwar »ein gewisses Sicherheitsrisiko«, aber das führt nicht zu intensiven Nachforschungen, die dem Mann gefährlich werden könnten. Im Herbst 1972 wird Guillaume in das persönliche Büro des Bundeskanzlers versetzt, wo er sich durch Zuverlässigkeit und Umsicht auszeichnet. Brandt schätzt sein ruhiges, ausgeglichenes Naturell ebenso wie seine effiziente Zuarbeit. Er nimmt ihn auf

Reisen mit, gestattet ihm Kenntnisse über sein privates, ja intimes Leben.

Die Guillaume-Affäre gehört zu den am besten erforschten Ereignissen der so genannten alten Bundesrepublik. Hermann Schreiber zum Beispiel kommt das Verdienst zu, im neuen Jahrtausend noch einmal alle Akteure gesprochen und die letzten zehn Kanzlertage Willy Brandts protokolliert zu haben. Die so genannte Aktenlage ist aufgearbeitet, die Zeitzeugen sind ausführlich befragt, auch von den unmittelbar Betroffenen selbst – etwa mit Willy Brandts posthum veröffentlichten »Notizen zum Fall G.« – liegen Darstellungen vor. Und doch: Die historische Wahrheit ist bis heute nicht ermittelt, auf jeden Fall nicht gesagt, und die Chancen stehen schlecht, dass dies noch geschehen wird. Es gibt viele Akten und Protokolle, sie fügen sich aber nicht zu einer schlüssigen, widerspruchsfreien These.

Die Zeitzeugen präsentieren sich mehr oder minder interessengeleitet. Auch Willy Brandt nährt Legenden, indem er in seinen »Notizen zum Fall G.« nichts ausschließt und alles für möglich hält. Fast jeder wird unter Verdacht gestellt, Herbert Wehner, sein mächtigster Kritiker, Hans-Dietrich Genscher, der Innenminister, Wehners Freund Günther Nollau, der Präsident des Bundesamtes für Verfassungsschutz, und so mancher Namenlose, der es dem Sozi, Lebemann und Emigranten auf dem Kanzlerstuhl schon länger habe heimzahlen wollen. Brandt hält sich selbst für das Opfer, frei nach dem Motto: Kann man es denn einem redlichen Mann verübeln, dass er seine Mitmenschen nicht für Intriganten gehalten hat?

Willy Brandt trägt zweifellos eine Mitverantwortung: Obwohl ihm der Verdacht gegen Guillaume bekannt war, hat er diesem nach wie vor ungehinderten Zugang zu Dokumenten sowie vollen Einblick in die privaten Angelegenheiten gewährt. Dies zeugt zumindest von Naivität, wenn nicht gar Fahrlässigkeit. Es zeugt nicht zuletzt auch von der persönlichen Verfassung, in der sich Willy Brandt in den Jahren 1973/74 befindet. Er lässt auch in seinem privaten Umfeld »die Dinge schleifen«.

Knapp zwei Wochen nach Guillaumes Festnahme, am Abend des 6. Mai, schreibt Brandt sein Rücktrittsgesuch an den Bundespräsidenten. Schon die Zeitspanne zwischen der Festnahme Guillaumes und dem Rücktritt Brandts ist Indiz dafür, dass die Enttarnung des Spions nicht ausreicht, um den Kanzler zu stürzen. Nein, nicht Guillaume bringt Brandt um das Amt, sondern Brandt bringt sich selbst darum.

Genauer gesagt sind es seine »Frauengeschichten«, über die seit der Enttarnung des Spions in deutschen Boulevardblättern gemunkelt wird. Zwar lässt sich keiner der Journalisten, die vermeintlich Bescheid wissen, über Details aus, da dies als degoutant gilt und gegen den Ehrenkodex verstößt. Aber bereits die Gerüchte, dass solche Geschichten in Umlauf kommen könnten, beschädigen Person und Amt des Kanzlers schwer.

Einer, der Details recherchieren lässt, ist der oberste Verfassungsschützer Günther Nollau. Er gibt den Bericht Brandt, Wehner und wenigen anderen zu lesen. Guillaume habe, so wird in deutschen Klatschspalten kolportiert, Brandt Frauen besorgt (»Sind Sie bereit, mit Willy Brandt die Nacht zu verbringen?«) und Brandt mit diesen Frauen durch das Schlüsselloch hindurch fotografiert. Solche Fotos sind bis heute nicht aufgetaucht. Und doch, dass Willy Brandt sich bei Frauen nicht zurückhält, ist seit langem bekannt.

Weshalb verbringt Willy Brandt, dieser durch und durch kultivierte Mensch, seine freie Zeit auf eine Weise, die einem deutschen Bundeskanzler nicht »adäquat« ist? Horst-Eberhard Richter versucht darauf eine Antwort: »Er ist komplizierter, als es scheint. Er ist dünnhäutig, nicht nur souverän.« Sein »Unser Willy«-Lächeln ist eine Fassade. Einer wie er braucht Warmherzigkeit, ausgedrückt in körperlicher Nähe, im Einhaken und Unterhaken bei jemand anderem. In und vor den Wahlkampfzügen nimmt er gern rechts und links Schaffnerinnen in seine Arme, und bisweilen muss es auch mehr sein. Er hat, so Richter weiter, »aus der Gesellschaft mit Frauen Kraft bezogen«, denn für sie ist er eine »geradezu ideale Kombination«: stark im Auftritt, männlich, und zugleich anfällig für weiblichen Zuspruch.

Willy Brandt blüht sichtlich auf, wenn eine Frau ihm zeigt, dass sie ihn bewundert. In Männern sieht er Gegner, deren Rituale er schlechter beherrscht und denen er, der Konfliktscheue, Konfliktunfähige, sich nicht immer gewachsen fühlt. Frauen wirken stimulierend auf ihn. Allerdings öffnet er sich ihnen nicht, er lässt sie nur zu. Eine Frau sagte einmal über ihn, in Brandts Gegenwart hätten Frauen schon sehr gefroren. Persönlich ist Brandt, wie gesagt, ein verschlossener Mensch, der alles am liebsten mit sich selbst ausmacht. Vielleicht war dies seine Überlebensstrategie, als ihn die Mutter nicht bei sich haben wollte und zu Bekannten abschob, die auch nicht viel mit ihm anfangen wollten. »Wenn du eine solche Kindheit hast, wirst du im Verhältnis zu anderen Menschen nicht normal«, bringt es eine langjährige Mitarbeiterin des Brandt-Archivs, Gertrud Lenz, auf den Punkt.

Wo bleibt bei diesem Mann die »Frau an seiner Seite«, wo steht Rut Brandt, die mit ihm durch dick und dünn gegangen ist und mit der er Kinder hat? Mit viel Würde füllt sie ihre Rolle als Gattin des Regierenden Bürgermeisters, Außenministers und Bundeskanzlers aus. Sie bezaubert mit ihrem Charme und ihrer Offenheit für Menschen. Sie ist eine mutige, eigenständige Persönlichkeit. Rut hält zu ihrem Mann, auch als sie merkt, dass er sich für Ehe und Familie gar nicht eignet. »Es gab Stunden«, zitiert sie in ihrem zweiten Memoirenband aus einem frühen Brief ihres Mannes, »wo ich Bedenken hatte, mich erneut fest zu ›binden‹, ein Gefühl, das übrigens verschwindet, wenn ich auf Reisen bin und mich einfach nach Dir sehne. Warum soll ich nicht ehrlich zugeben, daß ich zu manchen Zeiten dachte, ich passe nicht in die Institution Ehe? Eigentlich nicht aufgrund dessen, was man üblicherweise unter Treue versteht […], sondern weil ich glaube, daß die Ehe in vieler Hinsicht die Liebe tötet.« Einige Zeilen später bittet er Rut, ihm ruhig zu sagen, »wie schwer es sein kann, mit mir auszukommen«.

Mit dem Thema »Treue« hat es dann doch zu tun, dass sich Rut und Willy Brandt einander entfremden. Brandt hat immer wieder Affären, besonders in der Berliner Zeit, als er zwischen Bonn und Berlin pendelt. In Bonn ist Berlin weit weg. Später diszipliniert er sich, bleibt aber ein Filou. »Willys Neigung in diese Richtung war mir nicht unbekannt«, schreibt Rut Brandt über das Leben ihres Mannes mit anderen Frauen.

Schon früh, Mitte der fünfziger Jahre, denkt Rut über Scheidung nach. Bereits als Brandt Kanzlerkandidat ist, haben die beiden – was zu dieser Zeit noch ungewöhnlich ist – getrennte Schlafzimmer. Er frühstückt allein. Auch die Kanzlervilla auf dem Bonner Venusberg bewohnen sie nicht als »normales« Ehepaar.

Rut Brandt beweist über all die Jahre eine erstaunliche Leidensfähigkeit. Gern erzählt sie Freunden von den ersten gemeinsamen Jahren im Krieg, als beide im norwegisch-schwedischen Grenzgebiet lebten, lange Spaziergänge machten, ein zurückgezogenes Leben führten. Das war die Zeit, als sie Willy Brandt für sich allein hatte. Bis heute betont sie das Positive dieses gemeinsamen Lebens, dem Willy Brandt einen harten Schnitt setzt, als er sie nach dem Tag der Scheidung nicht mehr wieder sehen will.

Die Rolle der Ehefrauen

Welche Rolle spielen die Ehefrauen Brandt, Wehner und Schmidt für die Beziehungen der drei zueinander? Es ist eine mäßigende, vertrauensbildende Rolle, allerdings keine, die politischen Streit zu verhindern vermag. Rut Brandt empfindet zum Beispiel eine starke Wertschätzung für Herbert Wehner. Bei Begegnungen unterhalten sie sich auf Schwedisch-Norwegisch, »und wenn Wehner schwedisch sprach, war er mild und herzlich«, erinnert sich Rut Brandt in ihrem ersten Erinnerungsbuch *Freundesland*. Nach Wehners Moskauer Äußerungen über Brandt bricht der private Kontakt zwischen den Familien ab.

Auch Loki Schmidt tut das Ihre dafür, die Atmosphäre zwischen den schwierigen Männern zu verbessern. Loki Schmidt hat ein verbindlicheres, offenherzigeres Wesen als ihr Mann, der leicht aufbrausen und verletzen kann. Die Schmidts pflegen mit den Wehners über Jahrzehnte hinweg einen freundschaftlichen Kontakt. Loki und Helmut Schmidt besuchen die Wehners auch dann noch, als Herbert Wehner schwer krank ist und sich nur noch über Zeichen verständigen kann.

Zwischen den Brandts und den Schmidts ist der Kontakt weniger herzlich. Die private Verbindung bricht gänzlich ab, als sich Willy Brandt von Rut scheiden lässt und Brigitte Seebacher heiratet. Die Schmidts solidarisieren sich mit Rut, missbilligen Willys Schritt. Auch die Wehners reagieren empört.

Die Wehners sind gastfreundliche Leute. Besucher im Reihenhaus auf dem Bad Godesberger Heidehof erleben einen zugänglichen, charmanten Gastgeber. Das ist umso bemerkenswerter, als die Wehners ein härteres Schicksal trifft als die Familien der anderen »Troikaner«: Wehners zweite Frau Lotte ist seit 1953 immer wieder pflegebedürftig, weil körperlich krank. Gegen Ende ihres Lebens hat sie Wahnvorstellungen, die auf traumatische Erlebnisse in der NS-Zeit, etwa eine mehrjährige Haft, zurückgehen. Greta Wehner übernimmt die Betreuung der Mutter, die Arbeit für Herbert Wehner und später auch dessen Betreuung.

Der Kanzler-Clan

Zurück zum Frühjahr 1974, als Brandts Neigung zu Liebschaften erstmals durch die Boulevardpresse geht. Diese »Schwäche«, die Wehner und Schmidt an ihm verachten, weil er als Person der Öffentlichkeit keine Rücksicht auf die öffentliche Moral nimmt, ist für Brandt eine Privatangelegenheit, die zu seinem Leben gehört. Willy Brandt meistert persönliche und politische Niederlagen unter anderem dadurch, dass er sich immer wieder häutet, Menschen, Wünsche, Freunde und Pläne hinter sich lässt. Der »Umbau« seiner Umgebung ist seine Methode, nicht mit Vergangenem zu hadern, nicht bitter zu werden, sondern den Blick nach vorn gerichtet zu lassen.

Auch er weiß, dass die Ehe mit Rut kaputt ist, und denkt selbst daran, sich von ihr zu trennen. Horst Ehmke rät ihm davon ab. Brandt folgt Ehmkes Rat, ohne jedoch seine Suche nach amourösen Abenteuern einzustellen.

Horst-Eberhard Richter vergleicht Willy Brandt mit anderen charismatischen Führungsgestalten der Zeitgeschichte, mit John F. Kennedy, Martin Luther King oder zuletzt Bill Clinton – allesamt Politiker, die einen Teil der Energie, die sie verströmen, aus sexuellen Abenteuern ziehen. Das Charisma, für das sie bewundert werden, bedarf einer ständigen Aufladung, einer Stärkung des Selbstwertgefühls, die nur Frauen, und zwar wechselnde, geben können. Von Martin Luther King heißt es, er habe noch die Nacht vor seiner Ermordung fröhlich zugebracht.

Die Verlockung zum Klatsch, auch zum schmutzigen Tratsch, wird durch den zirkushaften Charakter von Brandts Entourage verstärkt. Wer sich Fotos von Brandt und seinen Beratern in den Jahren 1973/74 ansieht, etwa als sie nach einer Amerikareise wieder im Flugzeug sitzen, muss nichts weiter sagen. Der Kanzler wirkt apathisch inmitten einer Partygesellschaft, der nicht nur seine Berater, sondern auch wichtige Journalisten jener Zeit angehören. Brandt selbst raucht Zigarillo, es gibt Alkohol, häufig Whisky. Die Eigenschaft, viel Whisky zu konsumieren, hat Brandt mit einem früheren Amtsinhaber, Ludwig Erhard, gemein. Horst-Eberhard Richter erinnert sich, wie er vor einem Termin bei Brandt zum Mittrinken aufgefordert wird. »Der Kanzler trinkt nicht gern allein«, wird ihm gesagt.

Auch ein anderer, der Brandt Respekt entgegenbringt, der Historiker Golo Mann, hat zwiespältige Erinnerungen an den Kanzler-Clan. »Über seine Umgebung musste ich mich nur wundern«, sagt Golo Mann in dem schon erwähnten Interview zu seinem 80. Geburtstag. Er habe das Brandt auch scherzhaft gesagt mit den Worten: »Ich hätte mir eine solche Versammlung doch würdiger vorgestellt.« Doch Brandt gefällt die Versammlung, denn die Teilnehmer bewundern ihn. Oder er hat einfach nicht die Kraft, die Party zu beenden.

Weshalb aber bleiben die Liebschaften im Unklaren, wird nur angedeutet, nichts bewiesen? Weshalb bestreiten Frauen, deren Namen der Verfassungsschutz auf einer Liste versammelt, dass sie ihn intim gekannt haben? Hinterher will es niemand gewesen sein. Dieselben Frauen, die bis vor kurzem noch herausposaunten: »Gerade hat mich Willy angerufen!« und damit vor Dritten angeben (diese Dritten erinnern sich noch heute genau daran), erklären jetzt: Alles Quatsch, ich hatte nichts mit ihm!

Eine wichtige Rolle spielt auch, dass keiner der Journalisten, die Bescheid wissen, Details herauslässt, weil das, wie gesagt, zu dieser Zeit als degoutant gilt, weil es eine Art Ehrenkodex unter den Kollegen gibt, wenigstens unter denen der seriösen Häuser. (Im Übrigen wollen sich auch einzelne Kollegen nicht selbst »outen«.) Hermann Schreiber bringt das einmal auf die Formel: Was vertraulich ist, bleibt vertraulich. Schreiber selbst ist als *Spiegel*-Reporter bei vielen Terminen des Bundeskanzlers dabei und weiß um das »Vertrauliche«, über das zu schweigen ist. Ohne Kameras und Mikrofone bekennt auch er zu wissen, was seinerzeit gelaufen ist, aber er versichert, dass er nie darüber schreiben würde. Heute sind die Verhältnisse anders – es schreibt zwar noch immer niemand darüber, wenn ein Politiker fremd geht, aber es wird so laut darüber gemunkelt, dass der Politiker, wenn er eine wichtige Position bekleidet, von sich aus die Initiative ergreift. Erst nachdem der damalige Ministerpräsident von Niedersachsen,

Gerhard Schröder, die Trennung von seiner Frau Hiltrud bekannt gegeben hatte, tauchten in der Presse »erste Fotos« von Schröder und seiner neuen Freundin Doris Köpf auf, natürlich heimlich gemachte Bilder, die ein vorzügliches Erpressungsmaterial gewesen wären.

Der Rücktritt

Für sich genommen sind Willy Brandts Liebschaften kein Grund für einen Rücktritt. Aber die Gerüchteküche belastet seine Psyche, die ohnehin angegriffen ist, stark. Er könnte sich retten, indem er den Innenminister »opfert«: Die heute gängige Methode, um sich in der Politik von Verantwortung loszusagen. Aber Brandt sucht kein »Bauernopfer«, will Verantwortungsbereitschaft demonstrieren, nicht zuletzt im Hinblick auf das Urteil der Nachwelt. Brandt ist bereit, sich von seinem Amt zu trennen, um dieser Affäre und den kursierenden Schmutzgeschichten ein Ende zu bereiten. »Ich trete ab, basta!«, lautet ungefähr die Stimmung, in der ihn Gesprächspartner kurz vor dem Rücktritt vorfinden. Er absolviert einen Pflichttermin auf der Insel Helgoland, wo ihn Todessehnsucht überkommt. Als er am Rand einer hohen Klippe steht und tief unter sich die Brandung sieht, wird ihm bewusst, dass der Weg vom Gipfel in die gemeinen Niederungen des Lebens sehr kurz sein kann. »Wäre auch kein Verlust, wenn man da runterfiele«, hören die Umstehenden Brandt murmeln. An diesem Abend sagt er zu Hermann Schreiber: »Scheißleben!«

In dieser Stimmung trifft Brandt auf Wehner, dem es nicht um das persönliche Befinden des »Troikaners« geht, sondern dem das Wohl und Wehe der Regierung am Herzen liegt. Wehner ist ebenfalls verzweifelt, weil er den Bundeskanzler, der jetzt ein Krisenmanagement zu leisten hätte, als handlungsunfähig erlebt. Er findet Brandt »in einem ganz schlimmen Zustand« vor, wie sich seine Frau Greta an die Tage von Münstereifel, wo sich die SPD-Parteispitze zu einem Pflichttermin versammelt hat, erinnert. Wehner hatte Brandt bereits in den Wochen der Guillaume-Affäre in einem Zustand wahrgenommen, »der im Grunde genommen lebensbedrohlich zu sein schien« (Greta Wehner). In einem etwa einstündigen Gespräch geht es unter anderem um die

»Frauengeschichten«, die über Willy Brandt verbreitet werden, womit Wehner klarmacht: Ich weiß alles, was über dich im Umlauf ist, wir müssen gemeinsam das ganze Risiko abwägen! Wehner stellt Brandt ein Ultimatum: Er, Brandt, habe 24 Stunden Zeit, über die Frage eines Rücktritts zu entscheiden. Sinngemäß sagt er: Wenn du dich stark genug glaubst, stehen wir das gemeinsam durch. Insgeheim denkt er, was Greta Wehner heute so beschreibt: »Wenn man den Jagdhund zum Jagen tragen muss, dann kann man das Jagen auch gleich vergessen!« Brandt wünscht sich hingegen von Wehner in diesem Augenblick kein Ultimatum, sondern Zuspruch, moralischen Rückhalt, die Aufforderung »Bleib!«. Dieses Wort fällt nicht. Brandt spürt, dass sich Wehner zurückhält, und fühlt sich von ihm im Stich gelassen.

Der »Troikaner« auf der Ersatzbank, Helmut Schmidt, wirkt auf seine Weise auf Brandts Entscheidungsprozess ein. Als ihm Brandt erklärt, er, Schmidt, müsse es nun machen, bekommt dieser einen cholerischen Anfall, beschimpft Brandt, nennt Guillaume als Rücktrittsgrund lächerlich. Wäre er jetzt einfühlsam, striche Balsam auf Brandts verletzte Seele, es hätte vielleicht Wirkung. Aber Schmidts Beschwichtigungsversuche kommen eher wie Forderungen daher: Willy, sei keine Memme! Mach dir wegen Guillaume und der Regenbogenpresse nicht in die Hose! Das ist es gerade nicht, was der bereits überforderte Brandt jetzt braucht.

Wie sehr die »Kanzlerfrage« in der Troika entschieden wird, beweist der Brief eines Mannes, der zum zweiten Ring um den Kanzler gehört, des Ghostwriters Klaus Harpprecht. Am 6. Mai 1974 wendet sich dieser in seiner Not – einer Angst um die deutsche Politik, aber auch um seine Schlüsselrolle im Kanzleramt – an Herbert Wehner, also den Mann, den er eigentlich hasst. »Müssen Sie«, heißt es in den handschriftlichen Zeilen, »und die zwei oder drei anderen Menschen, auf die es ankommt, nicht das Menschenmögliche tun, W. B. zu einer Revision seiner Entschlüsse zu drängen. Vielleicht haben Sie es längst getan […] Europa ist in seiner tiefsten Krise seit 1954. Es gibt keinen Staatsmann, der soviel Vertrauen gesammelt hat, keinen, der Europa vor dem drohenden Zerfall zurückreißen könnte. […] Helfen Sie W. B., ermutigen Sie ihn, reißen Sie ihn nach vorn.« Wehner tut es nicht. Er kann nicht erkennen, dass Europa ohne diesen Kanzler untergeht!

Am Morgen des 6. Mai tut Willy Brandt etwas, das er schon lange nicht mehr getan hat, er tritt an das Bett seiner Frau, worüber sie ganz verblüfft ist. Im Moment der Krise werden die »Nächststehenden«, wie man zu sagen pflegt, wieder wichtig. Willy Brandt sagt zu ihr: »Ich werde heute zurücktreten.« Vielleicht hofft er darauf, dass Rut das Wort »Bleib!« sagt, das er sich zuvor von Herbert Wehner gewünscht hatte. Aber seine Frau, deren Rat er schon lange nicht mehr eingeholt hat, bestärkt ihn in seiner Absicht zurückzutreten. »Das finde ich richtig. Einer muss die Verantwortung auf sich nehmen.«

Die Entscheidung ist zunächst kein »Befreiungsschlag«. Helmut Schmidt braucht einige Stunden, bis er sich an den Gedanken gewöhnt, auf diese unschöne Weise Kanzler zu werden. Wehner erlebt sowohl Brandt als auch Schmidt in völliger Konfusion. Zeitweise erwägt er sogar, Walter Scheel die Kanzlerschaft anzutragen. Alle um ihn herum, so scheint es, haben die Nerven verloren. Er selbst begreift sich als ordnende Hand, die diese Krise bewältigen muss. Umso mehr erbittert ihn der Vorwurf, er sei der Königsmörder gewesen.

Wehner will, dass Willy Brandt Parteivorsitzender bleibt. Schmidt macht Brandt das Amt auch nicht streitig, was er später bereuen wird. Brandt dankt Schmidt diese Zurückhaltung mit der Loyalität, die er dem Amtsnachfolger in den nächsten Jahren entgegenbringen wird. Er zitiert Schmidt in seinen »Notizen zum Fall G.« mit dem Satz, er, Brandt, müsse Vorsitzender bleiben. »Du kannst die Partei zusammenhalten, ich nicht.«

Herbert Wehner dankt Willy Brandt in einer SPD-Fraktionssitzung für die geleistete Arbeit. »Wir fühlen Schmerz über das Ereignis«, zitiert ihn Peter Merseburger, »Respekt vor der Entscheidung und Liebe zur Persönlichkeit und zur Politik Willy Brandts miteinander.« Er hat ihm 43 rote Rosen auf seinen Platz legen lassen – für jedes Jahr, das Willy Brandt der SPD angehört, eine. Egon Bahr bricht darüber – Fernsehkameras halten die Szene fest – in Tränen aus. Er habe nicht über den Rücktritt geweint, sondern über die Gemeinheit und die Heuchelei in diesem Augenblick, schreibt Bahr Jahrzehnte später. Damit meint er das Verhalten von Herbert Wehner.

Wehner weiß, dass er jetzt der Buhmann ist, aber diese Rolle kennt er, er nimmt sie seit Jahren hin. Dem Fernsehjournalisten

*Willy Brandt nach seiner Rücktrittserklärung mit Herbert Wehner
vor der SPD-Bundestagsfraktion am 7. Mai 1974.*

*Wehner und Brandt gratulieren dem soeben zum Bundeskanzler
gewählten Helmut Schmidt im Deutschen Bundestag, 16. Mai 1974.*

Ernst Dieter Lueg sagt er am 7. Mai in die Kamera, er habe Brandt von vornherein erklärt, er werde in jeder Phase und gleichgültig, welche Lösung er nehme, »an seiner Seite stehen und mich für ihn zerhacken lassen«. Das ist nicht gelogen, aber jetzt, da die Entscheidung in Wehners Sinne fiel, auch leicht dahingesagt. Wehner spricht damit auch aus, was er nicht getan hat, nämlich Brandt zum Durchhalten zu drängen. Dafür sind ihm jetzt unzählige Menschen böse.

Viele Sozialdemokraten reagieren geradezu verzweifelt auf die Rücktrittsnachricht, sehen die Chance zur Demokratisierung der Bundesrepublik für alle Zeiten vertan. Diejenigen, die diesen Rücktritt wünschten, haben ein schlechtes Gewissen, und diejenigen, die diesen Mann verehren, empfinden Trauer. Wie sagte doch einer? Sogar der Himmel weint! Auch auf die Bevölkerung wirkt Brandts Rücktritt wie ein Schock. Hunderttausende Deutsche, auch unpolitische Deutsche, fallen an dem Morgen und Mittag des 7. Mai 1974 in eine Starre, als es aus dem Radio und vom Nachmittag an aus dem Fernseher tönt: Bundeskanzler Brandt hat seinen Rücktritt erklärt. »Bonn hielt den Atem an«, erinnert sich der SPD-Bundestagsabgeordnete Dieter Lattmann, »die Opposition triumphierte. Wir Sozialdemokraten waren einer wie der andere gelähmt.« Unfassbar, dass ein deutscher Regierungschef so etwas macht, und dann auch noch dieser! Ausgerechnet Willy Brandt, der Hausvater, der von den Jungen Verehrte, der triumphale Wahlsieger. Noch in seinem Abgang wirkt dieser Mann charismatisch, bindet die Aufmerksamkeit und Gefühle auch jener Deutschen, die seine Politik ablehnen.

Mit der Verhaftung Günter Guillaumes und dem Kanzlerwechsel ist die Affäre formal ausgestanden. In den ersten Monaten nach seinem Rücktritt ist Brandt verwundet und sehr verletzlich. Zugleich fühlt er sich von einer großen Last befreit. »Gustav, ich war zum ersten Mal seit langer Zeit wieder fröhlich«, gesteht er Bundespräsident Heinemann. Freunde besuchen ihn in Norwegen, wo sie lange Spaziergänge mit ihm machen. Brandt schweigt bei diesen Spaziergängen. Im Verarbeiten der Krise reagieren die drei »Troikaner« unterschiedlich – Herbert Wehner klagt laut darüber, der Sündenbock zu sein (»Königsmörder«), Willy Brandt wird stumm, und Helmut Schmidt flüchtet sich in die Arbeit.

Während Brandt anfangs noch die Verantwortung für den Rücktritt bei sich selbst sieht – in diesem Sinn zum Beispiel seine Bekundung gegenüber Horst-Eberhard Richter: mit Wehner sei es in der Tat schwierig gewesen, aber den Rücktritt habe er ganz allein entschieden –, gelangt er in den folgenden Monaten zu der festen Überzeugung, dass er Opfer einer Verschwörung geworden ist. Beweise hat er nicht, aber ihm reichen Vermutungen, Hinweise von Freunden, persönliche Verdächtigungen. Niederschreiben wird er seine Sicht der Dinge noch im selben Jahr, in den erwähnten »Notizen zum Fall G.«, die zeigen, dass seine Vertrauensseligkeit langsam in Misstrauen gegen alle und jeden umschlägt.

»Als Brandt an dem Text arbeitete, war er schon zu der Überzeugung gekommen, dass sein Rücktritt unnötig und nicht zwingend gewesen sei«, kommentiert *FAZ*-Redakteur Volker Zastrow die »Notizen« anlässlich ihrer Veröffentlichung im Januar 1994. Der Exkanzler sieht sich zum »Versuchskaninchen« des Verfassungsschutzes degradiert, der Guillaume sträflich lange in seiner Nähe gelassen hat. Wehner hält er für den Drahtzieher: »Von zentraler Bedeutung: die Rolle H. W., vor allem seit dessen SU-Reise, Sept. 73«, heißt es in den »Notizen«. Willy Brandt rekonstruiert eine vermeintlich lange Phase von Illoyalität, die ihm Wehner entgegengebracht habe. Er verzeiht Wehner auch nicht dessen direkten Kanal zu Erich Honecker. Von nun an ist Wehner sein Feind, er wird versuchen, ihn kaltzustellen, wo er kann.

Auch Brandts Verhältnis zu Helmut Schmidt hat bleibenden Schaden genommen: Brandt vergisst Schmidt nicht dessen – wie er in den »Notizen« schreiben wird – »unausgesetzte kritische Redereien« während seiner Kanzlerschaft. Er bittet Schmidt – wozu er sich überwinden muss –, vom Tag seiner Kanzlerwahl an nicht alles schlecht zu machen, was der Regierungschef der Jahre 1969 bis 1974 verantwortet. Aber er erkennt rasch, dass Schmidt keine Rücksicht auf ihn nimmt. Beide bleiben immerhin – trotz Schmidts Lamento, dass ihm Brandt einen Scherbenhaufen hinterlassen habe – im Gespräch miteinander. Der neue Bundeskanzler Helmut Schmidt besucht den Parteivorsitzenden einmal pro Woche zu einem vertraulichen Gespräch in dessen Büro. Brandt weiß es zu schätzen, dass der Kanzler zu ihm kommt und er nicht zu ihm gehen muss. Fortan meidet er das Kanzleramt.

Fliegender Wechsel

Kanzler Schmidt: effiziente, loyale Zuarbeiter

Einer, der Helmut Schmidt ziemlich gut kennt, der Chefredakteur der *Zeit*, Theo Sommer, schreibt ihm einen offenen Brief: »Jetzt ziehen Sie also ins Palais Schaumburg ein, als Kanzler. Ich stelle mir vor, daß Sie das belastet. Künftig gibt es niemanden mehr, auf den sich schimpfen ließe. [...] Jammern gilt nicht.« Tatsächlich bedeutet die Kanzlerschaft für Helmut Schmidt einen Rollentausch. Er wechselt in die Mitte des Dreigespanns, jetzt muss er sich als Zugpferd beweisen. Dass ihm dabei zunächst mulmig ist, zeigen Fotos aus den Maitagen 1974, vor allem gemeinsame Fotos mit Willy Brandt – Schmidt steht der Schrecken über die abrupte Erfüllung seines Wunsches im Gesicht geschrieben.

Schmidt übernimmt das neue Amt im fliegenden Wechsel: Kein Bundeskanzler vor oder nach ihm stellt so schnell eine neue Mannschaft zusammen. Schmidt hat keine Zeit zu verlieren, er befindet sich mitten in der Legislaturperiode, und er weiß, dass die SPD in den Umfragen weit hinter der Union rangiert.

Doch Helmut Schmidt gibt nicht nur einen neuen Takt vor, er ist auch der Politikertyp, der dem Bewusstsein der Zeit Rechnung trägt. Nach sozialutopischen Hoffnungen und kühnen Zukunftsträumen bestimmt jetzt der nüchterne Sinn für das Wirkliche und Mögliche die Politik. Die Bundesrepublik Deutschland meistert zwar die durch die Ölkrise ausgelösten Probleme besser als andere Industriestaaten, doch auch für sie ist die Zeit des permanenten Wirtschaftswachstums, an das man sich gewöhnt hatte, einstweilen vorbei. Nullwachstum und ein rapider Anstieg der Preise werden prophezeit. Die Zahl der Arbeitslosen steigt von 273 000 binnen eines Jahres auf 582 000. Auch bei besonnenen Autoren wie Marion Gräfin Dönhoff von der *Zeit* sitzt der Schreck tief, wenn sie schreibt, »wirtschafts- und währungspolitische Probleme nie da gewesener Art und nicht für möglich gehaltener Größenordnung türmen sich vor uns auf«. Der Fortschrittsoptimismus der frühen Siebziger schlägt – typisch deutsch – in eine fast hysterische Angst vor einer Wirtschaftskrise um. »Wir haben jahrelang vor-konsumiert und müssen jetzt nacharbeiten«, so Gräfin Dönhoff, »wir müssen weniger verbrauchen und mehr tun.« Man sieht also sieben magere Jahre vor sich.

In dieser Situation bildet der neue Bundeskanzler kein Kabinett der brillanten, auch eigenwilligen Köpfe wie zweimal Willy Brandt, sondern versammelt effiziente, loyale Zuarbeiter um sich. Fünf Minister aus Brandts letzter Mannschaft – Horst Ehmke, Lauritz Lauritzen, Egon Bahr, Gerhard Jahn und Klaus von Dohnanyi – werden nicht mehr berufen. Die Gewerkschaften sind in dieser Regierung stärker repräsentiert als je zuvor – Helmut Schmidt hat aus den Streiks und den verlorenen Kraftproben der Bundesregierung des Jahres 1973 gelernt. Allerdings zeigt sich hier auch der Einfluss Herbert Wehners – er ist politisch in den Gewerkschaften zu Hause. 1966 gründet er den Gewerkschaftsrat der SPD, ein Beratungsorgan für Fragen, die SPD und Gewerkschaften miteinander diskutieren. Schmidts Kabinettsmitglieder Georg Leber (Verteidigung), Hans Matthöfer (Forschung, später Finanzen), Kurt Gscheidle (Verkehr und Post), Helmut Rohde (Bildung) und Walter Arendt (Arbeit) führen Gewerkschaften an.

»Kontinuität und Konzentration«

Auch die Zusammenarbeit mit dem Koalitionspartner stellt Schmidt auf eine andere Basis. Der neue Bundeskanzler spricht nicht von einem sozialliberalen Bündnis, das so unterschiedliche Gruppen dieser Republik, Arbeiterschaft und fortschrittliches Bürgertum, miteinander versöhnen sollte, sondern sieht in der FDP eine Art Geschäftspartner, nicht mehr und nicht weniger. Aus dem »historischen sozialliberalen Bündnis« wird nun eine Vernunftehe. Brandt und Scheel hatte eine Herzlichkeit im Umgang verbunden, wenigstens so lange, bis Scheel die wachsende Stärke seiner Partei auszunutzen wusste und sich selbst geschickt zum Bundespräsidenten machte. Schmidt und Genscher gehen von Anfang an kühl miteinander um. Vielleicht sorgt aber gerade dieser Verzicht auf tiefere Empfindungen dafür, dass die Zusammenarbeit zwischen Schmidt und Genscher deutlich länger währt als zwischen Brandt und Scheel. Keiner kann den anderen beflügeln, aber auch nicht enttäuschen. (Dass Schmidt sich anlässlich seiner Abwahl achteinhalb Jahre später doch tief über Genscher enttäuscht zeigt, hat vor allem wahltaktische Motive. Davon später mehr.)

»Kontinuität und Konzentration« ist das Motto von Schmidts Regierungserklärung, die er bereits zehn Tage nach dem Rücktritt Willy Brandts abgibt. »In einer Zeit weltweit wachsender Probleme«, sagt Helmut Schmidt, »konzentrieren wir uns in Realismus und Nüchternheit auf das Wesentliche, auf das, was jetzt notwendig ist, und lassen anderes beiseite.« Wie sehr der neue Kanzler neue Akzente setzt, lassen »einige Bemerkungen zu den Risiken [...], die sich für uns in Deutschland aus der Entwicklung der Weltwirtschaft ergeben« erkennen: Aus der Ölkrise des Herbstes 1973 zieht er den Schluss: »Die Umstrukturierung der Volkswirtschaft [...] setzt Grenzen für das Wachstum unserer Realeinkommen, Grenzen, die nur schwer zu überwinden sind.« Schmidt nennt es die »finanzpolitische Hauptaufgabe [...], die dringenden öffentlichen Aufgaben zu erfüllen und zugleich die Stabilitätspolitik konsequent zu unterstützen«. Zum Credo Helmut Schmidts wird die »Besinnung auf das Mögliche«. »Bei der Ausgestaltung der öffentlichen Haushalte [...] für 1975 sind alle übertriebenen Forderungen abzuwehren.« Auf das Thema, das bisher alle deutschen Bundeskanzler in ihrer ersten Regierungserklärung angesprochen haben, die Teilung der Nation und Wege zu ihrer Milderung, geht er mit keinem Wort ein.

Diszipliniert, nüchtern, im Stil eines Buchhalters verabreicht der neue Kanzler saure Kost, eben das, was bei Katerstimmung das Richtige ist. Dabei bremst er sich noch, denn seine Stimmung ist eigentlich noch ärgerlicher, zorniger. Nur selten bricht aus ihm die Erinnerung an die zurückliegenden Wochen hervor. Bei einem Empfang zu seiner Amtseinführung sieht er eine Frau, die zu Brandts früheren Liebhaberinnen gezählt wird, und sagt sehr laut, so dass es viele hören können: »Eine Unverschämtheit, dass die hier ist!«

Wie Schmidt die aktuelle Krise persönlich verarbeitet, zeigt sich in seiner Reaktion auf einen Brief, den ihm Hans-Jochen Vogel schreibt, nachdem er den Text der Regierungserklärung vorab bekommen und gelesen hat. Vogel bittet darin Schmidt, die Erklärung »vor der abschließenden Redaktion noch einmal mit dem Auge Willy Brandts« zu lesen, und fährt fort: »Du, wir alle, brauchen in dieser schwierigen Phase und für die Zukunft seine Kooperation und seine Zustimmung. Er ist auch nur ein Mensch, und deshalb fällt ihm sicher beides leichter, wenn ihm nicht nur zu Beginn der Dank ausgesprochen, sondern auch sonst im Text alles vermieden wird, was er als nachträgliche Kritik und Distanzierung empfinden müsste. Bedenke auch, dass er Dir beim Vortrag der Regierungserklärung ziemlich unmittelbar gegenübersitzt.«

Schmidt ignoriert Vogels Bitte. Er ist viel zu sehr Prinzipienreiter, als dass er jemandem gegen seine innere Überzeugung einen Gefallen tut. Am Vortag seiner Regierungserklärung bittet Schmidt in einer Sitzung der SPD-Bundestagsfraktion »schon im Vorwege keineswegs um Entschuldigung dafür, dass vielerlei Hoffnungen und Erwartungen [...] auf das tatsächlich zu Verwirklichende reduziert werden«. Weiter bittet er die Genossen »herzlich, mit sich selber zu ringen, in den nächsten Tagen – und so viele Tage habt Ihr gar nicht Zeit zu ringen – um die Einsicht in die Notwendigkeit, auf dem Boden einer Zwischenbilanz etwas anderes neu anzufangen als es vor zehn Tagen aufgehört hat«.

Politik bedarf klarer Analysen und unumstößlicher Entscheidungen, wie Schmidt überzeugt ist. Seinen Politikstil des Entweder-oder setzt er gegen Willy Brandts »Kräftiges Sowohl als auch«, wie es Brandt später einmal selbst ausdrücken wird. Schmidt auf einer Funktionärskonferenz der SPD im Oktober 1981: »Vor der Wirklichkeit gelingt die Flucht nicht durch Sowohl-als-auch-Beschlüsse ...«

Auch in der Behandlung der Parteifreunde ist Schmidt weniger konziliant als Brandt, stellt sie vor die Alternative »Friss oder stirb!«, zeigt auch kein Mitleid mit Kollegen, die noch von den aktuellen Ereignissen aufgewühlt und verwundet sind. Brandts Losung war: Seid offen für Neues! Schmidt fordert: Haltet Maß!

Es ist die Botschaft des früheren CDU-Kanzlers Ludwig Erhard. Kein Wunder, dass Schmidt als bester CDU-Kanzler gilt, den die SPD je hatte – wobei hier auch seine Biographie eine Rolle spielt: Helmut Schmidt hat, wie natürlich die meisten Deutschen, aber anders als ein Willy Brandt, das Dritte Reich »von innen« erlebt. »In besonderem Maße«, bringt es Gunter Hofmann auf den Punkt, »ist er vermutlich Projektionsfigur für diejenigen geworden, die endlich akzeptiert wissen wollten, dass es einen ehrlichen und grundstürzenden Neuanfang nach der Hitlerei wirklich gegeben habe.«

Brandt und Schmidt: unterschiedliche Konzepte

Hier ist Gelegenheit, die unterschiedlichen Politik-Konzepte, die Willy Brandt und Helmut Schmidt verkörpern, im direkten Vergleich zu beschreiben. Anhänger Willy Brandts, etwa der Schriftsteller und Bundestagsabgeordnete Dieter Lattmann, behaupten: »Damals beim Kanzlerwechsel wich der Angefochtene dem weniger Anfechtbaren, der Wissendere dem Intelligenteren, der Verletzbarere dem Härteren.« Aber solche Pauschalierungen greifen zu kurz. Unterschiedlich muss man das politische Denken dieser beiden Männer nennen, nicht gegensätzlich. Brandt und Schmidt stehen für zwei grundverschiedene, aber sich ergänzende Denkweisen. Es wäre zu billig, die unterschiedlichen Politiker und deren Politikverständnis gegeneinander auszuspielen.

Willy Brandt denkt und handelt aus »sozialen« Beweggründen. Für Klaus Harpprecht lautet die zentrale Triebfeder für Brandts politisches Agieren »compassion«, Mitleiden, Mitfühlen mit anderen, die schwächer und ärmer sind. Brandt selbst nennt es »Füreinandereinstehen«, »in allen Bereichen des menschlichen Lebens helfen«. Das setzt voraus, dass der Einzelne dazu fähig und willens ist. Brandt hat ein von Optimismus getragenes Menschenbild. Der Visionär Brandt strebt nach einer möglichst gerechten Gesellschaft mündiger Bürger, die in gemeinsamer Verantwortung ein demokratisches Gemeinwesen pflegen.

Die Achillesferse von Brandts Politikansatz liegt darin, dass er Werte, die jemand in seinem persönlichen Leben zum Anspruch machen kann, auf das öffentliche Leben überträgt. Dort können sie durchaus scheitern, sei es an jenen, die sich zu viel von ihm erhoffen, sei es an anderen, die seinen partnerschaftlichen Führungsstil missbrauchen. Brandt scheitert in den Jahren 1973/74 unter anderem daran, dass er mehr politische Perspektiven entwickelt, als er persönlich umsetzen kann. Zugleich macht es die Stärke eines Politikers wie Willy Brandt aus, dass er einem im Grunde kalten, herzlosen Bereich wie der Politik so etwas wie ein Ethos gibt, ein Ziel, für das es sich zu engagieren lohnt.

»Alle hoch industrialisierten Gesellschaften der Gegenwart sind durch und durch rationale Gebilde – und daher ratlos, sobald es um Fragen des richtigen, des sinnerfüllten Lebens geht«, schreiben Baring und Görtemaker. Jemand wie Willy Brandt macht diese Hochindustrialisierung einen Moment lang vergessen. Er verhilft zu einer positiven Form politischen Träumens, was in manchen Situationen Berge versetzt. Brandt selbst ist seit seiner politischen Sozialisation ein Träumer geblieben – freilich einer, der später die Schule der Machtpolitik durchlaufen hat.

Brandts Nachfolger Helmut Schmidt ist aus anderem Holz geschnitzt. Nicht Ideen oder Werte sind für ihn der Beweggrund gesellschaftlichen Handelns, sondern technisch-ökonomische Faktoren. Schon seine Regierungserklärung macht die Werte-Welt des neuen Kanzlers deutlich: Politisches Handeln muss nützlich sein, muss sich durch Effizienz auszeichnen, Politiker haben sparsam und nicht verschwenderisch zu wirtschaften, ein Regierungsapparat muss reibungslos funktionieren, darf keine Energie in überflüssige Debatten stecken. Schmidt steht für pragmatische Werte. Bewusst verzichtet er auf ein Ethos politischen Handelns, zumindest hat es den Anschein. Er und seine Generation haben nicht das Träumen gelernt, sondern die Erfahrung gemacht, »dass nach der Hingabe an das Irrationale nicht die Verheißung, sondern die Verzweiflung wahr wird«, wie es eine frühe Schmidt-Biographin, Sybille Krause-Burger, formuliert. Während Brandts Politik darauf aus ist, Gedanken und Kräfte von Menschen zu entfalten, postuliert Schmidt für diese Gedanken und Kräfte Kontrollmechanismen und Umsetzungsregeln. Schmidts Menschenbild ist pessimistisch, womit er wiederum an einen CDU-Kanzler, Konrad Adenauer, erinnert. »Im tiefsten Inneren«, schreibt Marion Gräfin Dönhoff in ihrem noch immer lesenswerten Schmidt-Porträt aus dem Jahr 1976, »nagt der Zweifel, steckt ein Melancholiker, der in dem Unbekannten, was heraufzieht, die dunklen Katastrophen viel deutlicher spürt als die lichten hoffnungsvollen Momente der Geschichte.« Helmut Schmidt macht sich in diesem Zusammenhang die Philosophie Karl Poppers zu Eigen, der empfiehlt, Schlimmes zu verhindern statt nach dem Guten zu trachten. Wer Gutes will, führt ein Volk in die Barbarei. Ein Politiker wie Helmut Schmidt will »Stück-werk« im guten Sinne leisten – konkrete, situationsgemäße Ent-scheidungen treffen.

Dabei hat auch ein Helmut Schmidt die Vision einer funktio-nierenden demokratischen Gemeinschaft, selbst wenn er das – ein folgenschwerer Fehler in dieser visionsbedürftigen Zeit – wäh-rend seiner Kanzlerschaft klein redet. Er steht für eine staatliche Ordnung, die das Grundgesetz als freiheitlichen, demokratischen Rechtsstaat definiert. Persönlich verfügt er über feste sittliche Grundlagen, etwa den christlichen Glauben, ein an Immanuel Kant angelehntes Ethos und eine Vorstellung von Verantwortung, die auf den Soziologen Max Weber zurückgeht. Als Bundes-kanzler will Helmut Schmidt für stabile wirtschaftliche Verhält-nisse sorgen. Denn es sind die ökonomischen Grundlagen, die »unser Leben sehr weitgehend bestimmen«, sagt er, und bei ande-rer Gelegenheit: »Das ökonomische Sein bestimmt das Bewusst-sein.«

Schmidt ist zutiefst davon überzeugt, dass erst materiell zu-friedene Menschen auch gute Demokraten sind. Er versteht die Wirtschafts- und Finanzpolitik als eine Art Überpolitik, die alle anderen Anliegen, denen sich ein Bundeskanzler zu widmen hat, überragt. In einem Gespräch mit Willy Brandt, das noch ausführ-lich zitiert wird, sagt er, der Zusammenhang von wirtschaftlicher Stabilität und Stabilität der Demokratie liege »gerade für uns Deutsche offen auf der Hand, wenn wir uns unsere historischen Erfahrungen anschauen, beispielsweise die Entwicklung zwi-schen 1929 und 1932«. Nicht die Freude an der Demokratie hat die Deutschen nach 1945 politisch friedvoll werden lassen, son-dern die Aussicht, in einem demokratischen Staat zu materiellem Wohlstand zu gelangen.

Helmut Schmidt lehnt eine geistige Führerschaft, wie sie Willy Brandt zeitweise reklamiert, kategorisch ab. Lange nach seiner

Abwahl als Kanzler – 1993 – sagt er, der Glaube, die Welt sei zu führen durch charismatische Führer, sei ein Irrglaube. Derartige Führer folgten einer individuellen und autonomen Wertsetzung, und eine in diesem Sinne begründete Führung sei für ihn inakzeptabel.

Kritik an Schmidts Politikstil

Die Achillesferse bei Helmut Schmidts Sicht der Dinge liegt darin, dass sie keine Vorstellungskraft für die Zukunft entwickelt, für die stürmische Entwicklung einer sich ständig wandelnden Welt. Dagegen gehört es zu seinen Stärken, dass er mit seiner Selbstbeschränkung für Sicherheit und Zuverlässigkeit sorgt – keiner kann sich über das, was Schmidt will, ein falsches Bild machen. Helmut Schmidt verspricht weniger als Willy Brandt und löst unterm Strich mehr ein.

Ein »Theoriedefizit« ist es, was dem neuen Kanzler von der Opposition und auch von Teilen der eigenen Partei vorgehalten wird. Das beginnt schon mit der Erwiderung auf Schmidts erste Regierungserklärung, als Rainer Barzel, der Schmidt ziemlich gut kennt, im Bundestag sagt: »Sie reden vom Machbaren und Möglichen, ohne zu sagen, möglich wozu und machbar warum. Sie reden nirgendwo von einer Perspektive, von einer Konzeption.« Instinktiv hat Barzel an die Achillesferse von Helmut Schmidts Politik gerührt.

Der Unmut von Sozialdemokraten, die zu Brandts Politikverständnis neigen, wird auch öffentlich laut. Der SPD-Abgeordnete Ulrich Lohmar, politisch ein Mann der dritten Reihe, aber schon immer schreib- und meinungsfreudig, analysiert die Sprache des neuen Kanzlers in den Leserbriefspalten des *Spiegel* (der sich über solche Leserbriefe natürlich freut). »Helmut Schmidt«, meint Lohmar, »spricht und schreibt kurze Sätze, aber sein verbaler Aktivismus, mit dem er sich am Riemen und andere vom Stuhl reißen will, gibt der Kürze keine Würze. Insbesondere unsere europäischen Nachbarn werden ihre helle Freude an den aufrüttelnden Tips des deutschen Kanzlers haben; diese Sprache haben sie lange nicht mehr zu hören bekommen.« Später heißt es, Schmidts Vorliebe für den Gehorsam sei besonders dann ausgeprägt, wenn er befehlen könne. »Ihm fehlen, wenn man seine Sprache zu Rate zieht, die gelassene und listige Distanz des ersten Kanzlers unserer Republik, die Geduld und Toleranz Erich Ollenhauers, die inhaltliche Klarheit Fritz Erlers und die liberale und freundliche Offenheit Willy Brandts.« Auch Wehner kritisiert ihn, wenn er spöttelt, Helmut Schmidt sei auch nicht gerade »eine stilistische Empfehlung für Diskussion und Liberalität«.

In der Zeitschrift *Konkret* findet sich Ende April 1974 der »Brief eines zornigen Linken« von Hermann Gremliza, damals SPD-Mitglied, an den »werten Genossen Schmidt«. »Die Widerspruchslosigkeit, mit der die gesamte SPD Ihre Kandidatur hingenommen hat, sagte weniger über Sie als über den Zustand der Partei: Resignation gemischt mit Ratlosigkeit.« Was die Partei »auf den Hund bringen muss, ist Ihre Art, mit Genossen zu reden, als hätten Sie Franz Josef Strauß oder Alfred Dregger vor sich«. Brandts Vorteil sei gewesen, dass er »Denkansätze in der Partei nicht mit Blick auf die morgige Ausgabe der BILD-Zeitung als Ausflüsse einer Gehirnkrise denunziert« habe. Doch auch Gremliza räumt ein, »dass die SPD nur zusammmen mit dem Kanzler Schmidt die nächsten Wahlen gewinnen kann«.

Eine Einsicht, die Gremliza mit Schmidt teilt. »Ich bin nicht vollkommen zufrieden mit meiner Partei«, sagt Schmidt einmal in der für ihn typischen Offenheit, »und die nicht mit mir. Aber ich finde keine bessere Partei, und die haben keinen Ersatz für mich. So müssen wir miteinander auskommen.«

Lohmars und Gremlizas Wortmeldungen zeigen: Dieser Kanzler wird vom ersten Tag an mit seinem Vorgänger verglichen und als ein Antipode zu Brandt gesehen. Willy Brandts Schatten ist lang. Diese Erfahrung muss Helmut Schmidt öfter machen, als ihm lieb ist.

Für die praktische Regierungsarbeit spielt das zunächst keine Rolle. Die Nachrufe und »Zurückrufe« auf Willy Brandts Kanzlerschaft können nicht darüber hinwegtäuschen, dass Helmut Schmidt sofort etwas repräsentiert, was Brandt schon länger vermissen ließ: das Gefühl, dass hier jemand in das Korsett passt, in das dieses verschleißreiche, verantwortungsvolle Amt einen Politiker zwängt. Es kommt Ruhe in die Regierungsarbeit, allerdings keine Ruhe vor dem Sturm, sondern eine Geräuschlosigkeit, wie sie konzentrierter Arbeit und Geschäftigkeit eigen ist.

Woran liegt das? Kein Politiker vor oder nach ihm ist auf die Kanzlerschaft so gut vorbereitet wie Schmidt. Kein wichtiges Politikfeld, das er nicht vorher im Amt praktiziert und sich neben seinen Ämtern systematisch angeeignet hätte. Dazu gesellt sich seine ausgeprägte Intelligenz, seine Fähigkeit, sich komplexe Sachverhalte in kurzer Zeit anzueignen und das neue Wissen für komplexe Entscheidungen zu nutzen.

Helmut Schmidt behandelt seine Minister, die für das Erreichen ihres Amtes immerhin eine beachtliche Lebensleistung erbringen mussten, wie kleine Jungs. Fast jedes der Kabinettsmitglieder wird später seine Wut über die Art und Weise äußern, wie Helmut Schmidt sie abkanzelt, wenn ihm eine Auskunft zu lang gerät oder wenn er das Gesagte oder Geschriebene für Quatsch hält. »Dem Kanzler kam es darauf an«, erinnert sich der Abgeordnete Dieter Lattmann, der immer wieder als Fachvertreter an Kabinettssitzungen teilnimmt, »dass die Minister einen Sachverhalt, der vom Kabinett zu beurteilen war, genauer als alle Tischvorlagen präzisierten. Er gab ihnen drei Minuten und wollte den springenden Punkt herausgearbeitet haben. Kam einer damit nicht zu Rande, unterbrach er jeden. ›Nicht verstanden‹, sagte er schneidend und zündete sich eine seiner Mentholzigaretten aus der Packung neben dem Coca-Cola-Glas an.« Der Bundeskanzler zögert auch nicht, im kleinen Kreis von dem einen oder anderen Mitglied seiner Regierungsmannschaft als »Arschloch« zu sprechen.

Helmut Schmidt selbst beginnt jede Kabinettssitzung mit einer »Weltwirtschaftsoper«, einer Erklärung der aktuellen Weltpolitik in zwanzig Minuten. Bei den Themen, die das Kabinett abarbeitet, sagt ebenfalls zunächst der Kanzler, wie er denkt, denn er hat die Akten genau gelesen und inhaltliche Schwächen intuitiv aufgespürt. Willy Brandts »Moderation« war das genaue Gegenteil: Er sagte zunächst nichts, ließ die Minister ausführlich (Schmidt würde sagen: weitschweifig) berichten und bildete seine Meinung im Lauf der Debatte. Wenn am Ende kein Beschluss stand, war das nicht so schlimm, denn für Willy Brandt war auch die Diskussion, das gemeinsame Nachdenken über ein gemeinsames Ziel, ein Wert an sich. Brandt brauchte diese Freiheit der Darstellung, weil er – anders als Schmidt – von wichtigen Feldern der Politik, etwa der Wirtschafts- und Finanzpolitik, wenig verstand, sie jedenfalls mit wenig Leidenschaft beackerte. Die Stärke seines Führungsstils bestand darin, Freiraum und Impulse für neue Anregungen und Ideen zu geben.

Schmidt macht sich nicht nur einen neuen Führungsstil zu Eigen. Auch die Schwierigkeiten, die Willy Brandt mit seinem persönlichen Beraterkreis hatte, will er nicht mehr erleben. »Nicht mehr intellektuelle Ballkünstler wie Klaus Harpprecht und Günter Gaus waren gefragt, weniger Männer mit zündenden Ideen, sondern geräuschlose Zuarbeiter, tüchtige Verwalter«, charakterisiert Mainhardt Graf von Nayhauß den Stilwechsel. Schmidt bildet einen vierköpfigen Stab, das »Kleeblatt«, mit dem er seine Regierungsgeschäfte bespricht. Anfangs gehören der neue Kanzleramtsminister Manfred Schüler, Regierungssprecher Klaus Bölling und Staatssekretärin Marie Schlei dazu. Schüler ist effizient, geräuschlos, intellektuell brillant; Bölling hat wie Schmidt ein großes Talent zur Selbstdarstellung, ist seinem Chef gegenüber aber loyal. Bölling, Intendant von Radio Bremen, pflegte seine Kontakte zu SPD-Führungspersonen, etwa zu Herbert Wehner, schon seit Jahren, jetzt kommt der Ruf in ein verantwortliches politisches Amt. Marie Schlei ist eine Personalempfehlung von Herbert Wehner. Der Kanzler schätzt sie nicht besonders, doch ihm nützt diese Frau, die man die »Mutter der Kompanie« nennt, als Vertrauensperson zu den »Kanalarbeitern«, dem Gesprächskreis rechter Sozialdemokraten in der Fraktion. Die »Kanaler« sind seit jeher Schmidts Machtbasis in der Partei.

Auch ein Helmut Schmidt macht in den ersten Monaten seiner Kanzlerschaft Fehler, die ihn nicht gleich, aber später teuer zu stehen kommen. So überwirft er sich nach wenigen Wochen mit dem letzten Vertreter der »Gesinnungsliga« (ein Wort von Schmidt) in seinem Kabinett, mit Entwicklungsminister Erhard Eppler. Der hatte, wie erwähnt, als rechter Sozialdemokrat angefangen und kam mit Hilfe von Schmidt in verantwortungsvolle Ämter, wurde dann aber zu einem glühenden Verehrer Brandts. Anlass für den Streit ist das Geld – Eppler möchte für das Entwicklungsressort mehr, als er bekommt. Die Ursache liegt allerdings in der Abneigung, die sich im Lauf der Jahre zwischen beiden entwickelt hat. Kein Zweifel, Helmut Schmidt behandelt Erhard Eppler nicht freundlicher, eher noch rüder als die anderen Kabinettsmitglieder. Schmidt hat für das Entwicklungsressort, das 1961 aus dem Wirtschaftsministerium ausgegliedert worden war, wenig übrig und macht daraus auch keinen Hehl. Die vielen Millionen Mark Entwicklungsgelder hätte er lieber in die Ankurbelung von Handel und Wirtschaft gesteckt, um mittelbar – und wie Schmidt findet: effektiver – die Not der Dritten Welt zu lindern. Solange Entwicklungsländer nicht das rasche Wachstum ihrer Bevölkerung stoppten, hätten sie (so Schmidt) ohnehin nicht die entscheidende Voraussetzung für eine Hilfe geschaffen. Helmut Schmidt wird sogar den Papst persönlich bitten, endlich Methoden der Empfängnisverhütung zu billigen.

Eppler seinerseits versteht sich als Humanist auf diesem Ministerstuhl. Zugleich ist er einer, der Kraftproben um der guten Sache willen nicht aus dem Wege geht und mit seinem pastoralen Auftritt zu provozieren weiß. Brandt nahm das hin, Schmidt gerät in Rage. Wie dem auch sei, Eppler nimmt seinen Hut. Als Willy Brandt davon erfährt, sagt er zu ihm: »Wenn ich das gewusst hätte, hätten wir dich statt Heinz Kühn zum stellvertretenden Parteivorsitzenden gemacht.« Kein Wunder, dass Eppler in den nächsten Jahren ganz auf Brandt und nicht mehr auf Schmidt setzen wird.

Die Abneigung zwischen Schmidt und Eppler schraubt sich mit den Jahren spiralartig hoch und mündet in politische Feindschaft. Eppler macht es jetzt zu einem Schwerpunkt seiner Lebensarbeit, Helmut Schmidts Politikverständnis zu kritisieren und, als er wieder Macht besitzt, während der Debatte um den NATO-Doppelbeschluss, auch praktisch zu bekämpfen. Ohne es zu wollen, verhilft Schmidt seinem Exminister zu einer persönlichen und politischen Neuorientierung, macht ihn zu einem frühen Mahner in ökologischen Fragen (sein wichtigster Buchtitel lautet *Ende oder Wende*) und zum Vorkämpfer für einen neuen Pazifismus in der SPD. Die Rückendeckung, die er dafür braucht, gibt ihm Willy Brandt.

Helmut Schmidts Schneidigkeit kann nicht darüber hinwegtäuschen, dass ihm die Schuhe eines Bundeskanzlers zunächst zu groß sind. »Es war die Zeit«, erinnert sich Dieter Lattmann, »in der Schmidt seines Amtes noch nicht sicher war. Oft wirkte er physisch überfordert. Er war ein Preuße, der seine Pflicht erfüllte. Manchmal ging er durch den Plenarsaal, als werde der eigene Körper zu einem unerträglichen Gewicht. Es gab Tage, an denen sein Gesicht grau wurde und die Augen angestrengt hervortraten.«

Dennoch schafft es Schmidt, die Lage der Regierung und damit der SPD als Regierungspartei zu stabilisieren. Die Gewerkschaften danken es ihm, dass er sie als seine persönliche Basis betrachtet, indem sie sich bei den anstehenden Lohnrunden zurückhalten. Sie setzen auf die Sicherheit der Arbeitsplätze und nehmen dafür ein Ansteigen der Unternehmensgewinne in Kauf. Die Unternehmer ihrerseits betreiben eine maßvolle Preispolitik. Helmut Schmidt löst ein, was er in seiner Regierungserklärung versprochen hat.

Derweil geht der Fraktionsvorsitzende Herbert Wehner seiner Aufgabe, aus der sozialdemokratischen Bundestagsfraktion heraus den SPD-Kanzler zu unterstützen, jetzt wieder mit heißerem Herzen nach.

Und wie geht es Willy Brandt? Er tritt weiter als Parteivorsitzender in Erscheinung, verlagert aber seine Aktivitäten mehr und mehr in internationale Institutionen. 1976 wird er zum Vorsitzenden der Sozialistischen Internationale gewählt. Ein Jahr später hat er auch die Leitung der Nord-Süd-Kommission inne, eines wichtigen Gremiums zur Bekämpfung der Armut in der Welt.

Ruhe in der Troika

Es kehrt Ruhe ein in die Troika. Es ist aber weniger eine Ruhe, die sich aufgrund der neuen Rollenverteilung in der Troika einstellt, als eine, die aus der Not geboren ist, die Kräfte zur Bundestagswahl am 3. Oktober 1976 zu bündeln. Alle Akteure wissen: An diesem Abend wird das sozialliberale Experiment entweder zu Ende gehen oder in eine neue Phase treten.

Seit Anfang 1975 treffen sich der Parteivorsitzende und der Kanzler regelmäßig vor der fast wöchentlichen Sitzung des SPD-Präsidiums zu einem Vieraugengespräch. »Unser jour fixe«, nennt das Schmidt. Der Kanzler lädt Brandt auch immer wieder zu Gesprächen mit Gästen im Kanzleramt hinzu. Graf von Nayhauß beobachtet, dass Schmidt den griechischen Ministerpräsidenten Karamanlis, der formal den Bundeskanzler besucht, mit Brandt allein lässt und erst wieder beim Fototermin dabei ist. »Die Tuchfühlung zwischen Amtsvorgänger und Nachfolger war im ersten Jahr so eng, dass bei Sitzungen der eine auch mal irrtümlich die Lesebrille des anderen benutzte« (Graf von Nayhauß). Einmal pro Woche trifft sich der Kanzler auch mit dem Fraktionsvorsitzenden – ohne Zeugen.

Nina Grunenberg von der *Zeit* fragt Helmut Schmidt einmal, was Herbert Wehner für ihn bedeute. »Im täglichen Betrieb dieser hiesigen Demokratie«, so lautet Schmidts Antwort, »ist er ein unverzichtbarer Faktor in vielerlei Hinsicht. Er ist jemand, dessen Ratschlag mit Respekt entgegengenommen wird. Und nicht nur entgegengenommen. Meistens wird er auch befolgt.« Ungefragt bezieht Schmidt jetzt auch Brandt in seine Erläuterung ein. »Für die große politische Linie gibt es ein Gespann Brandt-Schmidt. Für die täglichen Operationen ist das Gespann Wehner-Schmidt, Schmidt-Genscher und Wehner-Mischnick. Das ist der Kern der operativen Kräfte, von denen das Ganze hier bewegt wird.«

Schmidts Aufzählung fällt ein wenig zu Proporz-orientiert aus, nach dem Motto: Habe ich auch keinen, der sich gekränkt fühlen könnte, vergessen? Richtig ist aber, dass die Zusammenarbeit in der Troika jetzt effizienter ist als zur Kanzlerschaft Willy Brandts. Dazu bedurfte es dreier Voraussetzungen: Helmut Schmidt hat die mittlere Position inne, was aus seiner Sicht schon lange überfällig war; Willy Brandt hält sich aus der Regierungspolitik heraus, eine Selbstbeschränkung, deren Ende bei einem *homo politicus* wie ihm absehbar ist; Herbert Wehner diszipliniert die Fraktion für einen Bundeskanzler, für den er Respekt empfindet, wenngleich auch Nina Grunenberg konstatiert, die Beziehungen Schmidts zu Wehner seien »von einer Kompliziertheit, die niemand wahrheitsgetreu beschreiben kann, ohne dem einen oder dem anderen unrecht zu tun«. Zwischen beiden herrscht jedenfalls Einigkeit darüber, dass die Regierungsverantwortung ein kostbares Gut ist, dem sich die Entwicklung der Partei unterzuordnen habe. Schmidt »pflegt« Wehner auch fürsorglicher, als Brandt es getan hat. Wenn er die Fraktionsvorsitzenden der Regierungsparteien bei einer Kabinettssitzung dabeihaben will, sitzen sie ihm gegenüber. Bei Brandt war das anders. »Ich fand das unerhört«, begründet Schmidt gegenüber Graf von Nayhauß die neue Sitzordnung, »dass die Fraktionsvorsitzenden, wenn sie im Kabinett zu Besuch waren, irgendwo am Rande saßen.«

Vom 11. bis 15. November 1975 hält die SPD einen Parteitag in Mannheim ab. Hier kommt es zu einer Art Wiedergutmachung an Willy Brandt, dem der neue Bundeskanzler für seine »große Leistung« als Regierungschef dankt und der mit 407 von 418 Stimmen (neun Neinstimmen, zwei Enthaltungen) im Amt des Parteivorsitzenden bestätigt wird. Willy Brandt empfängt auf diesem Parteitag Ovationen. Er sieht sich von jetzt an als die wichtigste Stütze des Bundeskanzlers an, noch wichtiger als Herbert Wehner.

Nicht zuletzt dank der demonstrativen Loyalität des »Parteivaters« Brandt erntet auch Helmut Schmidt einen Vertrauensbeweis wie selten zuvor – er wird gleichfalls mit 407 Stimmen (14 Neinstimmen; 8 Enthaltungen) als Stellvertreter des Parteivorsitzenden bestätigt. Herbert Wehner bleibt mit 355 Stimmen Mitglied des Parteivorstandes. Keine Frage, die Delegierten segnen die neuen Verhältnisse in der Troika – Brandt als »Parteivater«, Schmidt als der operative Macher, Wehner als starker Mann im Hintergrund – augenfällig ab. In politischen Sachfragen korrigieren sie Beschlüsse des Hannoveraner Parteitages 1973, als die jungen Linken absurde Anträge wie das »Maklerverbot« durchsetzen und Vertreter ihres Flügels in den Vorstand wählen konnten.

Doch im Dreigespann herrscht zu viel Dynamik, als dass die Fahrt lange störungsfrei weitergehen könnte. Willy Brandt ist zwar auf einen Seitenplatz gewechselt, aber die erlittene Kränkung sitzt tief, und auch die grundsätzlichen Differenzen mit Helmut Schmidt bleiben bestehen. Andere Faktoren belasten das Verhältnis zusätzlich. Mainhard Graf von Nayhauß berichtet von einer entstehenden Rivalität zwischen dem Ollenhauer-Haus (der von Brandt geleiteten Parteizentrale) und dem Kanzleramt. Brandt und Schmidt beginnen sich, so von Nayhauß, Briefe zu schreiben, »in denen festgehalten wurde, wer was gesagt hatte und ob das immer der richtige Stil gewesen sei«.

Ein Dokument dieser zwar schwierigen, aber in dieser Phase noch funktionierenden Partnerschaft ist das Buch *Zwei Sozialdemokraten im Gespräch,* das vor der Wahl 1976 verlegt wird. Der Journalist Jürgen Kellermeier, später Fernsehdirektor des Norddeutschen Rundfunks, moderiert eine Unterhaltung zwischen Brandt und Schmidt, die unterschiedliche Akzente in deren Politikverständnis deutlich macht. Das Gespräch ist zeitlos aktuell, weil es die Positionen beschreibt, zwischen denen sich die SPD auch in späterer Zeit, auch nach dem Jahrtausendwechsel, programmatisch bewegt.

Anfangs beteuern der Parteivorsitzende und der Bundeskanzler, dass sie zwar unterschiedliche Akzente setzen, aber eigentlich dasselbe denken, nur mit verteilten Rollen sprechen. Brandt findet lobende Worte für den Kurs der wirtschaftlichen Konsolidierung, den Schmidt eingeschlagen hat. Schmidt seinerseits versichert, Brandts Politik fortsetzen zu wollen, allerdings mit einem »gegenwärtig etwas zurückgenommenen Tempo« und einer »gegenwärtig etwas zurückgenommenen Breite der Reformarbeit«. Willy Brandt plädiert dafür, über die Programmarbeit in der Partei gesellschaftliches Bewusstsein fortzuentwickeln – für ihn, den Vorsitzenden einer großen Volkspartei, bedeutet die programmatische Arbeit die wichtigste Einflussmöglichkeit auf die deutsche Politik, auch die einzige ihm noch verbliebene. Brandt nennt die Sozialdemokratische Partei eine »unverbrüchliche Kampfgemeinschaft«, die immer wieder neu um die Verankerung ihrer Politik zu ringen und danach zu streben habe, ihre Ziele zu konkretisieren. »Wir müssen immer wieder diskutieren, weil ohne den ausgetragenen Sachstreit eine geschlossene und entschlossene Aktion nicht möglich ist.« Er erwartet natürlich, dass dies in Disziplin und Geschlossenheit geschieht, kann aber mit der Irritation, die kontroverse Debatten zeitweise in der Öffentlichkeit auslösen, leben.

Schmidt seinerseits besteht darauf, dass sich die Regierungspolitik am Wohl aller Wähler zu orientieren hat, wobei das jeweils konkret Machbare die Orientierungsmarke ist. Über die Jahre 1973 und 1974 sagt Schmidt mit kaum verhohlener Kritik an Brandt: »Wir haben den Fehler gemacht, den Eindruck aufkommen zu lassen, mehr versprochen zu haben, als man tatsächlich halten kann.« Und: »Ich glaube, die Parteiführung, zu der ich selbst ja auch gehörte und gehöre, ist in einigen Fällen zu langmütig gewesen.«

Helmut Schmidt reflektiert hier auf die vieldeutige, nichts ausschließende Rhetorik, mit der Brandt als Kanzler für eine Politik des demokratischen Sozialismus geworben hatte. Für Schmidt ist es nicht die programmatische Theorie, welche einer politischen Bewegung ihr Profil gibt, sondern es ist vielmehr ihre »geistige und ihre sittliche Grundhaltung«. Alle Fragen der praktischen Politik sind aus der Situation heraus zu beantworten, nicht aus Parteiprogrammen, die man immer wieder mühselig fortschreibt.

Die geistige und sittliche Grundhaltung, von der Schmidt spricht, ist im Godesberger Programm völlig ausreichend niedergelegt, denn »Godesberg« bildet nur die Brücke zu einer viel wichtigeren, zeitlosen Quelle von politischer Moral und Sittlichkeit, zum Bonner Grundgesetz. Werte wie Achtung der Menschenwürde, Freiheit- und Rechtsstaatlichkeit geben das eigentliche moralische Rüstzeug, mit dem Sozialdemokraten von 1959 an Politik machen sollen. Helmut Schmidt löst sich vom programmatischen – er würde wahrscheinlich sagen: ideologischen – »Ballast« so sehr, dass er sich nicht einmal mehr einen Sozialisten nennt. »Ich bin ein Sozialdemokrat, ich habe mich niemals einen Sozialisten genannt«, stellt er bei vielen Gelegenheiten klar.

Das Grundgesetz stellt auch »keineswegs Parteitage über das Parlament und über die Bundesregierung«. Vielmehr wolle das Grundgesetz, dass der Bundeskanzler die Richtlinien der Politik bestimme. Im Gegensatz zum selbst erklärten Sozialisten Willy Brandt ist Schmidt für die politische Tagesarbeit das Grundgesetz wichtiger als »Langzeitprogramme« und »Orientierungsrahmen«, wie sie die SPD unter jeweils schweren Geburten in den siebziger Jahren hervorbringt. Schmidts Kritiker in der SPD missbilligen diese Haltung als Pragmatismus »reinsten Wassers«, wie ein Journalist einmal schreibt. Das ist entweder ein Missverständnis oder eine bewusste Missdeutung. Wenige Politiker reflektieren die geistigen Grundlagen ihres politischen Handelns so stark wie Helmut Schmidt. Allerdings kreist seine Beschäftigung nicht um Begriffe wie Sozialismus, linke Politik, linke Reformen oder eine von links her geprägte Gesellschaft; seine Stichworte sind Autorität, Freiheit, Führung und – am häufigsten – Verantwortung; Begriffe, die im Dritten Reich aufs Schlimmste missbraucht wurden.

Wo ordnet sich der Dritte in der Troika, Herbert Wehner, ein? Wie erwähnt, ist sein Politikverständnis stark auf Menschen konzentriert, häufig sogar auf einzelne Menschen. Politik machen bedeutet für ihn vor allem helfen – er holt DDR-Bürger mit Hilfe des Freikaufs aus der Haft; er verwendet seine Kraft darauf, die Regierungsarbeit zweier sozialdemokratischer Bundeskanzler abzusichern. Günter Gaus schreibt treffend, als Wehner im Januar 1983 als SPD-Fraktionsvorsitzender verabschiedet wird: »Sein Verantwortungsgefühl für die Abhängigen in der Gesellschaft und sein aus dieser Wurzel sich nährender politischer Wille ihnen (sein Lieblingswort) ›zu helfen‹, sind, solange er Kraft hatte, unbegrenzt gewesen.«

Kritiker würden einwenden: Er hilft dem ersten der beiden Kanzler nicht, als dieser mit sich und der Welt hadert. Wehner unterscheidet in der Tat zwischen denen, die er bedingungslos unterstützt, etwa den machtlosen DDR-Bürger in Haft, und denen, die ein politisches Amt bekleiden und damit ihrem Glück selbst nachhelfen können. Einen Brandt unterstützt er so lange, wie er der Überzeugung ist, dass sich Brandt selbst zu helfen weiß – aus Sicht Wehners ein entscheidendes Kriterium zur Ausübung eines politischen Amtes überhaupt. Erst als Brandt auch aus eigener Schuld an einen Punkt kommt, wo er stehen oder fallen kann, hält sich Wehner mit einem eigenen Votum zurück.

Welches sind die Felder, auf denen Wehner seit 1946, dem Beginn seines politischen Engagements in den Westzonen, helfen will? Die Linderung der deutschen Teilung gehört zu den wichtigsten. Zugleich wirkt er mit, dem Land das durch Hitler verspielte Vertrauen zurückzugewinnen. Ein faschistisches Deutschland darf sich nie mehr wiederholen – ein Motiv, das Wehner selbstverständlich mit Brandt und Schmidt gemeinsam hat, wenngleich jeder auf seine Weise darauf hinarbeitet. Und noch eine weitere Aussöhnung steht im Zentrum von Wehners Denken: die Integration der Arbeiterbewegung in diesen Staat. Er ist davon überzeugt, dass die Arbeiterschaft an der Regierung beteiligt sein, noch besser sie stellen muss, damit sie sich zu einer demokratisch verfassten Ordnung bekennt. An diesem Ziel zu arbeiten betrachtet Wehner als ständige Aufgabe. »Sozialismus als eine dauernde Aufgabe«, diese Devise aus dem Godesberger Programm, die schon der linke Theoretiker Eduard Bernstein vorformuliert hat, sucht Wehner mit Leben zu füllen.

Was zum Erreichen seiner Ziele erforderlich ist, entscheidet Wehner jeweils ad hoc, nach konkreter Analyse der aktuellen Situation. Nicht Schmidt, sondern Wehner ist der pragmatischste Politiker in der Troika! Das Ziel fest im Blick, wechselt er virtuos wie kein anderer Methoden und Wege. Beispiel Deutschlandpolitik: Mal agiert er als zuständiger Minister, mal als SPD-Fraktionsvorsitzender, der den Bundeskanzler von Moskau aus zu einer aktiven Ostpolitik ermahnt, mal ist er der selbst erklärte Einzelkämpfer, der einen persönlichen Draht zu Erich Honecker knüpft. Die Werkzeugkiste Herbert Wehners ist üppig bestückt! Aber auch Wehners Pragmatismus ist sittlich fundiert. Vor einem Missbrauch seiner überdurchschnittlichen Schläue bewahrt ihn – wenigstens gilt das für die Nachkriegszeit – sein persönliches moralisches Fundament, insbesondere sein christlicher Glaube.

Welche Rolle muss die Partei bei der Verfolgung politischer Ziele spielen? Wehner sieht – und hier ist er weiter stark durch seine kommunistische Vergangenheit geprägt – die SPD als »Organisationspartei«. Früher als andere hat er die Wirkungsmöglichkeiten einer umfassend organisierten Partei erkannt.

Konsolidierung

Nach dem ersten Amtsjahr hat sich Helmut Schmidt in seinem neuen Amt konsolidiert. Hierzu liefert der Ort seines Regierungshandelns die passende Optik: das neu erbaute Bundeskanzleramt, das noch Horst Ehmke für Willy Brandt geplant hatte. Anfangs ist es viel zu groß, ganze Bürofluchten stehen leer, aber Bürokratie weiß sich bekanntlich krakenhaft auszudehnen. Der Schriftsteller und SPD-Bundestagsabgeordnete Dieter Lattmann nennt das neue Bundeskanzleramt einen »riesigen Sarkophag«, in dem alles auf Zweckmäßigkeit eingerichtet sei, mit 40 000 Quadratmeter Gesamtnutzfläche und 5000 Quadratmeter Park.

Der neue Hausherr Schmidt passt viel besser in den schmucklosen, funktionalen, eckigen Bau als Brandt, steht er doch selbst für Effizienz bei der Arbeit und Bescheidenheit im Auftritt. Der Bau passt auch zu dem Staatswesen, das von hier aus regiert wird: Nicht zuletzt spiegelt sich darin der provisorische Charakter dieser Republik, die noch immer, wenn auch nicht für die nächsten Jahrzehnte, auf eine Wiedervereinigung mit dem anderen Teil Deutschlands hofft. Das Bundeskanzleramt ist voluminös, aber nicht protzig, es strahlt Macht, aber keine Dauerhaftigkeit aus.

Je weiter Helmut Schmidt aus dem Schatten Willy Brandts heraustritt, desto mehr positioniert er sich als »guter Mann, aber

Funkstille: Brandt und Wehner während des Bundesparteitags in Mannheim im November 1975.

Annäherung: Brandt und Schmidt während des Bundesparteitags in Hamburg 1977.

leider in der falschen Partei«. Für Willy Brandt war stets die Partei die Basis seiner Kanzlerschaft, für Helmut Schmidt nie. Stets sucht und findet er die Mitte, die zunächst noch eine goldene ist: Schmidt bildet um sich herum einen Kreis, in dem er alle Parteien und gesellschaftlichen Gruppen in der gleichen Distanz zu sich hält – die Genossen, Wehners Bundestagsfraktion, Genschers FDP, die Gewerkschaften, Unternehmerverbände, die Kirchen.

Ein Dokument der mittleren, relativ konfliktfreien Phase der Kanzlerschaft Schmidts sind die »Erwägungen«, die dieser im Weihnachtsurlaub 1976 beginnt und über Ostern 1977 abschließt. Er schickt das Papier an Herbert Wehner, Willy Brandt, Hans Koschnick, Egon Bahr und die SPD-Minister in seinem Kabinett. »In den Augen der Welt«, heißt es darin, ist die Bundesrepublik »de facto wirtschaftlich zur zweiten Weltmacht des Westens aufgestiegen«. Zugleich rechtfertigt Schmidt seine eigenen, von denjenigen Brandts abweichenden Schwerpunkte: »Der absolute Vorrang der ökonomischen Problematik in der Politik der letzten drei Jahre war zwangsläufig.« Zur Zukunft der sozialliberalen Koalition schreibt Schmidt einen geradezu prophetischen Satz, wenn er feststellt, »an der Absicht der FDP-Führung, die Koalition vier Jahre durchzuhalten, ist nicht zu zweifeln. [...] Lediglich wenn und soweit sozialdemokratisches Verhalten die FDP-Führung öffentlich erkennbar zum Konflikt oder sogar zum Bruch legitimiert, würde die FDP-Führung den Bruch wagen.«

Auch für Herbert Wehner scheint das Leben in der Troika leichter – Schmidts pragmatischer, vernunftbetonter Politikstil kommt ihm entgegen. Mit Schmidts überheblichem Umgangston hat aber auch Wehner seine liebe Not. Gelegentlich gehört er sogar zu denen, die von Schmidt abgekanzelt werden! Wehner unterläuft im Frühjahr 1975 ein Fauxpas, als er den SPD-Abgeordneten Werner Buchstaller zum Nachfolger des Wehrbeauftragten Fritz Rudolf Schultz machen will. Buchstallers Nominierung stößt bereits bei einer fraktionsinternen Abstimmung auf Widerstand. Auch bei der Wahl im Plenum des Bundestages im März 1975 erhält Buchstaller nicht die erforderliche Mehrheit von 260 Stimmen – 247 Stimmen für ihn, 212 für den CDU-Kandidaten Ernesti. Danach wird Schmidts persönlicher Freund Karl-Wilhelm Berkhan zum Wehrbeauftragten gewählt.

Die Panne ist ein frühes Beispiel dafür, dass Wehner seine Fraktion nicht mehr hundertprozentig auf Linie bringen kann. Ihm weichen die Kräfte. Und ihm fehlt der treue, effiziente parlamentarische Geschäftsführer Karl Wienand. Helmut Schmidt ist außer sich: »Ich frage mich, wie andere Fraktionsvorsitzende gehandelt hätten«, wird er in Zeitungen zitiert, »Erler wäre zurückgetreten, Ollenhauer hätte die Vertrauensfrage gestellt.« Der Abgeordnete Peter Conradi erinnert sich lebhaft, wie sehr Schmidt wegen dieser Angelegenheit aufgebracht ist.

Aber Schmidt denkt gar nicht daran, Wehner abzulösen, und auch in der Fraktion will niemand einen »Putsch«. Die Fraktion gehe davon aus, dass Wehner »selbst sein Rücktrittsdatum setzt«, wird Dieter Lattmann im *Spiegel* zitiert. Auch wenn von Rücktritt keine Rede ist, kommt es Schmidt zupass, dass er auch Wehner Fehler nachweisen und ihn belehren kann. Helmut Schmidt führt in der mittleren Phase seiner Kanzlerschaft fast eine Art monarchischer Regentschaft, weil er glaubt, dass nur er die Mehrheit der sozialliberalen Koalition sichern und damit die Regierungsverantwortung garantieren kann.

Doch bei aller Strategie und Taktik verbindet Wehner und Schmidt ein tiefer Respekt füreinander. Für Schmidt ist Herbert Wehner mit seinem Pflichtbewusstsein und seiner Bereitschaft, sich aufzuopfern, jedenfalls Leitfigur und Maßstab für soziales Handeln.

Wie es atmosphärisch um die Troika steht, zeigt eine Festschrift zum 70. Geburtstag von Herbert Wehner am 11. Juli 1976. Willy Brandts Vorwort dürfte in seiner Lauheit und Kraftlosigkeit zu dem Ungewöhnlichsten zählen, was die Festschrift-Literatur hervorgebracht hat. »Er allein«, schreibt Brandt darin über Wehner, »wird beurteilen können, ob dieser Band ihn sicher genug beschreibt. [...] Seine Freunde, die den Band zusammengestellt haben, wollten jedenfalls dem Mann eine Freude machen, der keinen politisch Interessierten gleichgültig lässt, dessen Kraft und Engagement allen Achtung abverlangt.«

Der Beitrag von Helmut Schmidt kommt hingegen einer psychologischen – allerdings um Einfühlung bemühten – Studie über Herbert Wehner gleich: »Der Rückzug ins Private«, heißt es darin über den Wehner des Jahres 1945, »war ihm durch seinen Charakter, durch die Eigenart seiner ganzen Person verlegt. Es ist nicht vorstellbar, dass dieser Mann die Einsichten, die er im Umgang mit einer die Freiheit knebelnden Partei unter Schmerzen gewonnen hatte, nur einem Buch anvertraut hätte.« Es gebe nur wenige deutsche Politiker, die die Höhen und Tiefen unserer jüngsten Geschichte so sehr in ihr Bewusstsein aufgenommen hätten wie er. Und: »Kein strengerer Kritiker Wehners ist denkbar als Herbert Wehner selbst. Ich bin wenigen Politikern begegnet, die sich den Maßstäben, an denen sie andere messen, selbst mit solchem Rigorismus unterwerfen.« Hier charakterisiert sich Schmidt auch selbst.

Persönlicher, freundlicher, wenngleich nicht besonders herzlich fällt Brandts Geburtstagsbrief an Wehner aus (übrigens mit dem Briefkopf »Willy Brandt – Vorsitzender der SPD«; Datum: 6. Juli).

»Lieber Herbert,
die Mitglieder des Parteivorstandes hätten Dir zu Deinem 70. Geburtstag gerne persönlich gratuliert. Das ist nun nicht möglich, und bis zur nächsten PV-Sitzung [Sitzung des Parteivorstandes] werden Wochen ins Land gehen.
Wenn ich also auf diesem Wege unsere guten Wünsche übermittle, so ist in sie eingeschlossen der Dank für ein lebenslanges Bemühen um die Befreiung von Menschen und Völkern aus Not und Unterdrückung. Während dreier arbeitsreicher Nachkriegsjahrzehnte hast Du den Weg unserer Partei entscheidend mit bestimmt, hast fünfzehn Jahre lang prägend als stellvertretender Parteivorsitzender gewirkt und bist nun seit Mannheim das dienstälteste Vorstandsmitglied. Die Partei hat vielfachen Grund, Anerkennung und Dank zu sagen.
Mögen Dir Gesundheit und Schaffenskraft in vielen kommenden Jahren erhalten bleiben, damit Du weiterhin an dem wirken kannst, was Du der Menschen wegen als Deine Pflicht empfindest.
Mit respektvollen und herzlichen Grüßen
Dein Willy Brandt«

Helmut Schmidt schreibt an Herbert Wehner mit Datum vom 7. Juli auf persönlichem Briefpapier (»Helmut Schmidt, 2000 Hamburg 62 – Langenhorn«):

Lieber Herbert,
jeder Geburtstag ist Grund genug zum Glückwünschen. Der
Deinige am Sonntag erst recht. Aber darüber hinaus: Dein 70.
ist für mich ein wichtiger Grund, Dir Dank zu sagen – Dank
eines Genossen an seinen Genossen und seinen Kameraden
und seinen Freund in langen Jahren. Sie waren insgesamt eine
schwere Zeit, für Dich noch viel mehr als für mich. Die letzten
beiden Jahre der engen Gemeinsamkeit wiegen natürlich für
mich besonders schwer. Natürlich weiß ich, Deine Arbeit gilt
zu allermeist den Menschen, die unsere Partei vertritt, die auf
sie angewiesen sind – und sodann der SPD selbst. Aber ein
kleiner Teil, so meine ich zu spüren, gilt auch mir, weil ich
Deine Hilfe nötig habe, um meinen Dienst zum gemeinsamen
Ziel beitragen zu können. Ohne Dich ginge es nicht. Du mußt
wissen, daß ich dies weiß. Ich wünsche Dir und mir, daß es
auch im nächsten Lebensjahr so bleibt. Wenn wir, falls wir am
3. 10. Erfolg haben – oder ebenso dann, wenn nicht. Ich grüße
Dich und Lotte und Greta sehr herzlich und bin mit allen guten Wünschen
Dein Helmut«

Wahlerfolg trotz »Rentenlüge«

Bei der Bundestagswahl am 3. Oktober 1976 ist die Wahlbeteiligung der Westdeutschen fast so hoch wie vier Jahre zuvor, 90,7
Prozent nach 91,1 Prozent im Jahr 1972. Die Zuspitzung des
Wahlkampfes auf den Kanzler und seinen Herausforderer,
Schmidt und Kohl, hat noch einmal überdurchschnittlich viele
Wählerinnen und Wähler an die Urne gelockt. Die Union legt
von 44,9 auf 48,6 Prozent deutlich zu, die SPD erhält 42,6 Prozent und verliert somit 3,2 Prozent gegenüber dem Ergebnis von
1972 (45,8 Prozent). Die FDP verliert ebenfalls, allerdings leicht,
sie fällt von 8,4 auf 7,9 Prozent. Die sozialliberale Koalition
kann mit einer knappen Mehrheit weiterregieren. Stärkste Fraktion im Deutschen Bundestag ist aber nicht mehr die größere der
beiden Regierungsparteien, sondern die Union.
Was auf den ersten Blick wie ein Denkzettel oder eine Niederlage der sozialliberalen Koalition aussieht, ist in Wahrheit ein Er-

folg. Schließlich lag die SPD im Frühjahr 1974, während des Formtiefs von Kanzler Brandt, bei Meinungsumfragen gerade noch bei 30 Prozent. Auch birgt ein Wechsel des Regierungschefs mitten in der Legislaturperiode stets Risiken, zumal wenn er der selbst verschuldeten Not entspringt.

Dass die SPD nach dieser Wahl weiter den Kanzler stellt, verdankt sie ausschließlich den souveränen Auftritten Helmut Schmidts im Wahlkampf. Bei dem von Kurt Biedenkopf intelligent organisierten Wahlkampf der CDU, der die Schwächen der SPD gnadenlos aufzeigte, hätte Willy Brandt nicht das gleiche Ergebnis erzielt. Schmidt konnte für sich das Amt des Kanzlers und der SPD die Regierungsmacht gerade noch retten. Doch knapp gewonnen ist auch gewonnen! Helmut Schmidt fühlt sich in seiner Politik bestätigt und gewinnt der knapp errungenen parlamentarischen Mehrheit den Bonus ab, dass sie eine disziplinierende Wirkung auf die Fraktion hat.

Die sozialdemokratischen Minister, die Helmut Schmidt in sein zweites Kabinett beruft, sind »Zuarbeiter«, die sich durch unbedingte Loyalität zum Bundeskanzler auszeichnen. Hans Apel wird Finanzminister, Hans-Jochen Vogel Justizminister, Hans Matthöfer übernimmt das Ressort für Forschung und Technologie. Horst Ehrenberg kümmert sich um Arbeit und Sozialordnung. Die FDP stellt wieder ihre Besten, Hans-Dietrich Genscher (Auswärtiges), Werner Maihofer (Inneres), Hans Friederichs (Wirtschaft) und Joseph Ertl (Ernährung, Landwirtschaft und Forsten).

Alles wäre im Sinne Schmidts bestens bestellt, hätte da nicht ein Beamter im Arbeitsministerium eine falsche Analyse über die Entwicklung der Rentenkassen in den nächsten Jahren vorgelegt. Vor der Bundestagswahl hatte die Regierung Schmidt eine Rentenerhöhung von 9,9 Prozent vom 1. Juli 1977 an versprochen. Als sich zeigt, dass man »den Mund zu voll genommen hat«, beschließt Schmidt, die Erhöhung auf den 1. Januar 1978 zu verschieben. Ein Sturm der Empörung bricht los. Auf diesen massiven Widerstand hin nimmt Schmidt die Verschiebung wieder zurück, die Renten steigen nun doch zum 1. Juli 1977.

Das Hin und Her fügt dem »Weltökonomen« Helmut Schmidt, der sich sonst über Kritik an Statistiken erhaben weiß, schweren Schaden zu. Natürlich, er hat nicht bewusst gelogen, hat die Rechenfehler auch nicht persönlich zu verantworten. Aber hätten die älteren Menschen gewusst, dass ihnen die Bundesregierung erst 1978 mehr Geld gibt, hätten sie vielleicht nicht die SPD, sondern die Union gewählt. Die Opposition schürt den Verdacht, dass sich Schmidt seine knappe Wiederwahl erschwindelt hat, bezichtigt ihn der »Rentenlüge«. Schmidt selbst gibt sich zum ersten Mal in seiner Politiker-Laufbahn öffentlich zerknirscht. Am 16. Dezember 1976 hält er eine Art Vorrede zu seiner Regierungserklärung, ein Statement »zum Rententhema«, wie er es nennt. Das Thema habe zu einer »ernsthaften Beunruhigung und zu einer Belastung des Vertrauens in die sozialliberale Koalition und in die Bundesregierung« geführt. »Eine Regierung ist nicht unfehlbar«, sagt der sonst so selbstsichere Mann. Das ist keine ausdrückliche Entschuldigung, aber doch das Eingeständnis eines Irrtums.

Es ist ein besonderer Zug von Helmut Schmidt, Fehler ganz persönlich zu nehmen, sie selbstquälerisch zu analysieren und noch Jahre später, als andere längst nicht mehr darüber reden, darauf zu sprechen zu kommen. »Ich gestehe Ihnen«, sagt er bei der Entgegennahme des Theodor-Heuss-Preises 1978, »dass ich in langen Jahren der politischen Verantwortung und verschiedener Aufgaben niemals mehr gelitten habe als im Zeitraum des Erkenntnisprozesses am Ende des Jahres 1976, als wir damals begreifen mussten, dass die Rentenfinanzierungsprognosen nicht stimmten.«

Dennoch bürdet Schmidt die politische Verantwortung für das »Rentendebakel« öffentlichkeitswirksam dem zuständigen Minister auf: Walter Arendt muss zurücktreten. Arendt fühlt sich ungerecht behandelt und bleibt verbittert bis ins hohe Alter.

Die Regierungserklärung des Kanzlers wird zum Statusbericht des »Leitenden Angestellten der Bundesrepublik Deutschland«, wie sich Helmut Schmidt in einem *Zeit*-Interview im Sommer 1980 selbst charakterisieren wird. In dieser Regierungserklärung fällt das Zitat von den »ökonomischen Grundlagen, [...] die unser Leben sehr weitgehend bestimmen«. Die Bundesrepublik (womit er natürlich auch sich selbst meint) sei bei der Abwehr der Wirtschaftskrise erfolgreich gewesen. Rein binnenwirtschaftlich spreche vieles dafür, dass sich die Investitionen verstärkten, dass die Arbeitslosigkeit zurückgehe.

»Sicherheit für Deutschland« ist ein weiterer Slogan, der, freiwillig oder unfreiwillig an Adenauers »Keine Experimente!« erinnernd, in diesen Jahren Eindruck macht. Schmidt repräsentiert die Bundesrepublik in ihrer mittleren, konsolidierten Phase wie kein anderer deutscher Politiker der Zeit. Auch der *Spiegel* richtet sich auf eine lange Regierungszeit dieses Mannes ein und hält sich mit der ihm sonst eigenen Häme zurück. Helmut Schmidt wird immer wieder von dem Hamburger Nachrichtenmagazin interviewt, so dass er öffentlichkeitswirksam seine Vorstellungen von einer deutschen Regierungspolitik ausbreiten kann.

Verstimmungen zwischen Wehner und Brandt

Willy Brandt widmet sich einstweilen ganz der internationalen Politik. Die Sozialistische Internationale erlebt mit ihm einen Neustart. Den hatte Brandt zur Voraussetzung dafür gemacht, dass er das Vorsitzendenamt übernimmt, jetzt macht er mit der Erneuerung ernst. Dabei profitiert er von bis in die Kriegszeit zurückgehenden Kontakten, etwa zum österreichischen Bundeskanzler Bruno Kreisky. Gleichzeitig ist Willy Brandt als SPD-Parteivorsitzender präsent. Schon am Tag nach der Bundestagswahl, am 4. Oktober 1976, erklärt er auf einer Sitzung des Parteivorstandes, für die SPD blieben Freiheit und Sozialismus wichtige Themen. Die SPD müsse den »Kampfparolen argumentativer Falschmünzer« begegnen. Die CDU hatte, wie erwähnt, im Wahlkampf mit dem Slogan »Freiheit oder Sozialismus« für sich geworben. »Wir nehmen die geistige Auseinandersetzung an. Wir lassen uns herausfordern, aber wir fordern auch selbst heraus.«

Einer, der das anders sieht, der findet, dass sich der Vorsitzende zu wenig um die Partei kümmert, ist Herbert Wehner. Er wirft Brandt vor, die Partei nicht ausreichend über Probleme zu informieren, mit denen die Regierung und an ihrer Spitze Helmut Schmidt zu kämpfen haben. Was nichts anderes bedeutet als: Brandt tut zu wenig für Schmidt! Einmal mehr staut sich bei Wehner ein Groll auf, der sich dann bei scheinbar nichtigen Anlässen, zunächst in einem Interview in der Fernsehsendung *Bericht aus Bonn,* Tage später bei einer Rede vor der Bundeskonferenz der Arbeitsgemeinschaft für Arbeitnehmerfragen entlädt.

Im *Bericht aus Bonn* sagt Wehner, »der Fraktion fehlt, dass sie von der Gesamtpartei so ernst genommen wird, wie eine parlamentarisch gewählte Fraktion während der Zeit, in der sie die Aufgaben zu erfüllen hat, genommen zu werden verdient«. Bei der Konferenz am 19. Juni 1977 in Saarbrücken hört er vom Vorsitzenden des Deutschen Gewerkschaftsbundes, Heinz Oskar Vetter, die Klage, nicht über die Ergebnisse der Koalitionsverhandlungen informiert worden zu sein. Darauf kommt Wehner in seiner Rede zurück. »Ich war der Meinung, der Parteivorsitzende hätte ihn informiert«, sagt er schneidig. In Sachen »Informationsfluss« konstatiert er mit Blick auf die ganze Partei erhebliche Versäumnisse. »Aber wir, ich meine jetzt die Fraktion, wir können doch nicht anstelle der Institutionen der Partei die Information der Parteifunktionäre [...] übernehmen. Dann hieße es plötzlich, ja, wer sei denn eigentlich die Parteileitung?« Die Fraktion führt lediglich ein Aschenputteldasein: Vorschläge zur Änderung des Steuersystems seien in der Fraktion offen und freimütig diskutiert worden, aber »kein Mensch nimmt davon Notiz, nicht einmal die eigenen Genossinnen und Genossen. Es ist in Ordnung, wir sind ja nur die Fraktion.« Unter den kritisierten Genossen nimmt er Helmut Schmidt ausdrücklich aus, »mir tut nur der Bundeskanzler leid«. Am Ende entschuldigt sich Herbert Wehner, »ich werde bitter, ich bin bitter, das gestehe ich offen ein«.

Zugleich wird bekannt, dass sich Wehner schon vorher im kleinen Kreis über Brandts Privatleben ausgelassen hat. Als ihn ein junger Mann darauf aufmerksam macht, dass noch andere Leute im Saal sind, die das Gesagte besser nicht hören sollten, faucht Wehner zurück: Das gehe den jungen Herrn einen feuchten Dreck an, er solle erst einmal erwachsen werden.

Willy Brandt reagiert mit Empörung und spricht diese Empörung gegen seine Gewohnheit auch öffentlich aus. Seine kürzlich ausgesprochene Warnung vor Zügellosigkeit richte sich »nicht nur an Parteimitglieder, die außerhalb Bonns Verantwortung tragen«, lässt er postwendend erklären. Sofort beruft er das SPD-Präsidium zu einer außerordentlichen Sitzung ein. Dort wird, wie es in der für Presseerklärungen typischen Sprache heißt, der Streit »beigelegt«. Wehner habe bedauert, dass seine kritischen Äußerungen missverstanden worden seien.

Das redet den tatsächlichen Hergang schön. Wehner macht im Präsidium deutlich, dass er »aufrütteln« wollte und eben deshalb alles »so habe sagen müssen«. Brandt kontert in einem für ihn ungewohnt lauten Ton, das Gesagte lasse er »so niemals stehen«. Mit Entschiedenheit und Nachdruck werde er seine Linie weiter verfolgen; die SPD habe es »nicht verdient«, dass man sie derart behandele (da denkt er auch an sich selbst). Wehner meint, er müsse sich wohl für den Eindruck entschuldigen, den seine Rede erweckt habe. Eine ausdrückliche Entschuldigung spricht er aber nicht aus. Erst bei einer Rede im Deutschen Bundestag gibt sich Wehner reuig. Willy Brandt seinerseits sagt im Bundestag, es gebe zwischen ihm und Herbert Wehner keine Meinungsverschiedenheiten darüber, dass es zur gegenwärtigen sozialliberalen Koalition und zur Entspannungspolitik keine Alternative gebe.

Als wollte er den Saarbrücker Vorfall nutzen, um Herbert Wehner dauerhaft einzuschüchtern, schickt Willy Brandt ihm einen Brief hinterher. »Zu den Auswirkungen Deines Auftretens in Saarbrücken habe ich mich Montagabend im Präsidium geäußert«, heißt es in dem Schreiben mit Datum vom 24. Juni 1977, »ich will meine Äußerungen nicht im Einzelnen wiederholen, klammere mich auch nicht an Einzelformulierungen, zweifle aber nicht, daß ich verstanden worden bin.« Später heißt es, er könne nicht nur darum bitten, »sondern muß darauf bestehen, daß uns Vorgänge erspart bleiben, die der Partei womöglich schwersten Schaden zufügen würden«.

Wie immer nach Wehners Ausbrüchen rätselt das politische Bonn über die Motive. Die SPD-Zentrale unterstellt Wehner, er wolle Brandt in die Resignation treiben, und die Bundestagsfraktion unterstellt Brandt, er beziehe sie nicht in die Geschäfte ein.

Den Zustand der Troika in dieser Phase beschreibt Hans-Joachim Noack, Redakteur der *Frankfurter Rundschau,* so: »Herbert Wehners Manövriermasse ist sehr viel kleiner geworden, als er sie nötig hätte, um zu taktieren und wieder einen ›Geniestreich‹ zu landen.« Schmidt lenkt, Brandt wartet das Ende von Schmidts Ära ab, Wehner sieht seinem politischen Abgang entgegen. Er kann schon wegen seiner schlechten Gesundheit nicht darauf hoffen, noch zehn Jahre die Politik mitzugestalten.

Sosehr sich bei Herbert Wehner das Alter bemerkbar macht – er spürt Veränderungen im Machtgefüge der Troika sehr genau. Er nimmt wahr, dass Willy Brandt mit seiner persönlichen Regeneration und seiner Rückkehr auf die politische Bühne, zunächst auf die internationale, jetzt wieder auf die nationale, die Strategie ihm gegenüber geändert hat. Früher glaubte Brandt, an Wehner in wichtigen Fragen nicht vorbeizukommen. Jetzt ignoriert er ihn einfach. Bis vor kurzem wurmte es Brandt, dass Wehner über eine Art virtuelle Macht und eine Art virtuelles Reich verfügte. (Jochen Steffen zitiert ihn einmal mit dem Satz, Wehners Macht beruhe darauf, »dass alle glauben, sie müssten ihn vorher fragen, weil er alles weiß. Er sitzt wie eine Spinne im Netz der Informationen, die sie ihm liefern!«) Jetzt übernimmt Brandt Wehners Taktik und bezieht diesen in wichtige Vorgänge einfach nicht mehr ein.

Willy Brandt erleidet im Jahr nach seinem Kanzler-Rücktritt einen Herzinfarkt. Davon erholt er sich vollständig. Im Oktober 1978 kommt ein weiterer, verschleppter Infarkt dazu. Auch davon wird er wieder genesen. Der von psychischen und körperlichen Leiden befreite Willy Brandt agiert mit neuer politischer Kraft. Das hat er schon mit einer wichtigen Personalentscheidung im November 1976 gezeigt, als er Egon Bahr zum Nachfolger von Holger Börner als SPD-Bundesgeschäftsführer machte. Bahr ist wie kein anderer loyal gegenüber Brandt. Woraus schöpft Brandt diese neue Stärke? Sie kommt nicht nur daher, dass er sich im konkreten Fall nichts mehr von Wehner bieten lässt. Zwei weitere Gründe sind zu nennen, ein privater und ein politischer.

Willy Brandts neue Stärke

Brandt ordnet in diesen Jahren sein Privatleben neu. Er verheimlicht nicht mehr, dass es neben seiner zweiten Ehefrau Rut eine andere Partnerin gibt, Brigitte Seebacher, die er bei seiner Arbeit im Ollenhauer-Haus kennen gelernt hat. Die Beziehung beginnt 1977. Seebacher ist 32 Jahre jünger als er. Anfangs glauben Beobachter, das Verhältnis zwischen den beiden sei eines der vielen amourösen Abenteuer, von denen schon die Rede war. Aber dann bekennt Willy Brandt, dass es »dieses mal etwas ganz Ernstes und für mich Tiefgehendes« ist. Rut Brandt beschreibt ihr Erleben dieser Doppelbeziehung ausführlich in ihrem Buch *Freundesland*. Brandt schlägt Rut vor, verheiratet zu bleiben und weiter unter einem Dach zu wohnen. Rut lehnt ab. Daraufhin zieht er aus dem gemeinsamen Haushalt aus, um mit Brigitte eine Wohnung zu beziehen.

Brandt weiß, dass ihn das Bekenntnis zu Brigitte Seebacher viele Sympathien kostet, aber das nimmt er hin. Ihn so zu nehmen, wie er ist – das verlangt er eben nicht nur als Politiker, als der er sich mit den Worten »links und frei« charakterisiert, sondern auch als Privatmann, als der er sich nun einen »neuen Lebensabschnitt« genehmigt.

Nicht wenige, die den politisch freien, eigenständigen, eigenwilligen Willy Brandt schätzen, nehmen ihm diese Auslegung von persönlicher Freiheit übel, auch die »Troikaner« Herbert Wehner und Helmut Schmidt. Sich von einer früheren Kanzlergattin zu trennen, das macht man nicht! Das ist illoyal einer Frau gegenüber, die zu ihm gehalten hat, obwohl er seit Jahren durch Affären und Amouren von sich reden machte! Rut Brandt findet zwar einen neuen Lebenspartner, aber Willy bleibt – so geht es aus beider Memoirenbänden hervor – der Mann ihres Lebens.

Für Brandt wird fortan Brigitte Seebacher zum Fixpunkt – und sie tut ihm gut. Sie unterstützt ihn und hat, anders als Rut, Einfluss auf ihn. Brandt nimmt von ihr ganz praktische Ratschläge an: Dass er weniger essen und weniger Alkohol trinken soll und wie er sich zu kleiden hat. Willy Brandt verändert sich äußerlich binnen kurzem: Er verliert sein über viele Jahre fleischiges, dickes, Väterlichkeit und Milde ausstrahlendes Gesicht, wirkt plötzlich straff und kantig. Er ist auch viel schlanker als früher.

Mit der persönlichen geht die politische Erneuerung einher. Brandts politisches Gespür für neue Themen, Initiativen und Strömungen ist ungebrochen. Wach für Impulse, die auch jenseits der etablierten Parteien entstehen, befürchtet er, dass es in Deutschland möglicherweise eine vierte Kraft, links von der SPD, geben könnte. Dabei denkt er weniger an seine wilden Linken in der Partei, als an »Umweltschützer und Theologen« und andere Gruppen, die sich als wache, kritische Bürger zunehmend in Initiativen organisieren. Seit Mitte der siebziger Jahre wendet sich in der Tat ein Teil dieser Bürger und Wähler von der SPD ab, weil sie der Regierungspartei die Bewältigung neuer Zukunftsfragen nicht mehr zutrauen.

Eine dieser Zukunftsfragen ist der Umgang mit der Kernkraft oder, wie es im Politiker-Deutsch heißt: die friedliche Nutzung der Kernenergie. Die Bundesrepublik setzt seit den sechziger Jahren verstärkt auf Atommeiler. Die Bundeskanzler Willy Brandt und Helmut Schmidt betrachten die Kernenergie, ja Technik überhaupt, als Vehikel zur Steigerung der allgemeinen Lebensqualität. Folglich fordert Schmidt nach den ersten Antikernkraft-Demonstrationen, etwa in Brokdorf, nicht den Verzicht auf diese Technik, sondern ihre Verbesserung. Mit einem Energiemix – Erzeugung von Strom aus Öl, Steinkohle und Kernkraft – sucht er die »Restrisiken«, die letztlich nicht abschätzbaren, nicht beherrschbaren Gefahren klein zu halten. »Auf den Ausbau auch der Kernenergie kann nicht verzichtet werden«, sagt Helmut Schmidt in seiner Regierungserklärung am 16. Dezember 1976 in der für ihn charakteristischen Deutlichkeit, »Kernenergie bleibt zur Deckung des vorhersehbaren Strombedarfs notwendig und unerläßlich.« Die Bundesregierung werde darauf hinwirken, »dass das Verfahren zukünftig so gehandhabt wird, dass der Ausgleich zwischen berechtigten Begehren betroffener Bürger und ihren durch Gesetz gewährten Rechten einerseits und den energiepolitischen Notwendigkeiten der konkreten Projekte andererseits wirklich hergestellt werden kann«.

Willy Brandt stellt in einem vom Parteivorstand der SPD im März 1977 veröffentlichten Diskussionsleitfaden *Energie* fest, die friedliche Nutzung der Kernenergie sei zu einem die innenpolitische Diskussion beherrschenden Thema geworden. »Die politischen Parteien haben dies erst spät erkannt.« Es sei das »unbestreitbare Verdienst von Bürgerinitiativen, durch hartnäckige Proteste die Probleme der Kernenergie ins öffentliche Bewusstsein gerückt zu haben«.

Seit Mitte der siebziger Jahre teilt eine wachsende Zahl von Menschen, überwiegend jungen Menschen, nicht mehr die Meinung, dass – um noch einmal Helmut Schmidts Wort zu nehmen – »ökonomische Grundlagen [...] unser Leben sehr weitgehend bestimmen«. Das Wort von den »Grenzen des Wachstums« – der Titel einer legendären, allerdings fehlerhaften Studie des »Club of Rome« – macht die Runde. Werte der Flakhelfer-Generation wie Leistung, Fleiß oder Pflichtgefühl sinken im Ansehen. Für die nachwachsende Generation steht die Gestaltung des Alltags mit direkt erfahrbarer Lebensqualität, vor allem mit dem Respekt vor Natur und Umwelt, im Vordergrund.

Bürgerinitiativen schießen wie Pilze aus dem Boden. Erhard Eppler, der sich zu einem ihrer frühen Fürsprecher macht, stellt irritiert fest, ihr neues Vokabular reiche »vom Müllnotstand bis zum Waldsterben, vom Dioxin bis zum Verkehrsinfarkt, vom Super-Gau bis zum Treibhauseffekt, von der Bodenerosion bis zum Ozonloch und vom Hautkrebs bis zu den Allergien«. Es entstehen die Frauen- und die Seniorenbewegung (»Graue Panther«), die Schwulen- und Lesbenbewegung, die »Dritte Welt«- und die Antirassismus-Bewegung, die Hausbesetzer-, die erwähnte Antiatomkraft-Bewegung, die Ökologie- und die Friedensbewegung. Keine Partei, nicht einmal die diskussionsfreudige SPD, vermag alle diese Strömungen aufzunehmen und so aus der Kreativität und dem Engagement, das den Bewegungen eigen ist, zu schöpfen.

Willy Brandt, um Integration und Ausgleich bemüht, setzt bei ökologischen Themen und im Umgang mit Umweltinitiativen andere Akzente als Helmut Schmidt, der den »materiell sorgenfreien, unterbeschäftigten, sich keine sinnvollen Ziele setzenden Jugendlichen« wenig Respekt zollt. Schmidt nennt sie »Umweltidioten« und nimmt sie politisch nicht ernst. Herbert Wehner sieht es als Fraktionsvorsitzender als höchste Pflicht an, den Bundeskanzler in seiner Politik zu unterstützen. Obwohl er nuancierter denkt als Schmidt, ist auch ihm ein Großteil der neuen Art von Bewegungen und Ad-hoc-Initiativen suspekt.

Im Nachhinein könnte man geneigt sein, die »Abgrenzungspolitik« Schmidts und Wehners als mitverantwortlich dafür zu sehen, dass es die SPD auf Dauer nicht geschafft hat, die Gründung einer weiteren »linken« Partei, der Grünen, zu verhindern. Hätte man nicht besser daran getan, Brandts Doppelstrategie zu verfolgen: sich den neuen Bewegungen geistig zu nähern und den zu integrierenden Teil dabei von einem radikalen, in der Minderheit befindlichen, zu separieren und zu »domestizieren«?

Aber vielleicht ist es unfair, Schmidts und Wehners »engen Horizont« aus der heutigen Sicht, in Kenntnis der weiteren Entwicklung, zu beurteilen. Keiner so genannten Bewegung war es bis dato gelungen, eine bundespolitisch bedeutsame Partei zu gründen. Die Bürgerinitiativen wollten sich auch selbst explizit nicht als Partei vereinnahmen lassen, wären sie so doch selbst Teil des zu bekämpfenden etablierten Systems geworden. Die Bewegungen und Gruppen waren heillos untereinander zerstritten.

Was also hätte Schmidt und Wehner dazu bewegen sollen, diese Gruppen als ernst zu nehmende Gefahr für die SPD zu sehen?

Wie schwer es ist, die Lebenszeit einer neuen politischen Gruppe vorauszusagen, zeigt sich auch daran, dass sogar der feinfühlige Willy Brandt eine falsche Prognose stellt. Er spürt zwar, dass die neuen Gruppen zumindest auf lokaler Ebene eine politische Konkurrenz darstellen, »trotzdem glaube ich nicht, dass es sich um eine Gruppierung handelt, die eine Generation vor sich hat«, prophezeit er Ende der achtziger Jahre in einem Fernsehgespräch mit Horst Schättle. Umso mehr muss ihn schmerzen, dass er eine dauerhafte vierte Kraft links von der Mitte nicht verhindern kann.

Fest im Sattel

Der »Schwarze Herbst« 1977

Der Konflikt zwischen den etablierten Parteien und den neuen Bewegungen wäre schon 1977 zum Ausbruch gekommen, hätte nicht eine andere, viel kleinere, gefährliche Gruppe die Aufmerksamkeit von Politik und Gesellschaft gebunden. Mitglieder der Studentenbewegung, die in persönlicher und politischer Verirrung zu Terroristen wurden, forderten den Staat in einem unbarmherzigen Kampf heraus.

Die Blutspur von Terroristen in der Bundesrepublik Deutschland reicht bereits in die sechziger Jahre zurück, als sich nach dem Tod des Studenten Benno Ohnesorg, der bei einer Demonstration von einer Polizeikugel getroffen wurde, und dem Attentat auf den Studentenführer Rudi Dutschke einige Gewaltbereite zusammenschlossen. Studenten wie Andreas Baader und Gudrun Ensslin führen gegen die »spätkapitalistische Gesellschaft«, als die ihnen die bundesdeutschen Verhältnisse erscheinen, einen ideologischen Feldzug, der in einen blutigen Kampf eskaliert. Ziele von Brandanschlägen sind zunächst Kaufhäuser, die »Tempel kapitalistischen Konsums«, später das Springer-Verlagszentrum in Berlin, wo die BILD-Zeitung als Kampfblatt des Establishments getroffen werden soll.

Andreas Baader, Ulrike Meinhof und andere werden Mitte der siebziger Jahre aufgespürt und verhaftet. Bereits im Februar 1975, Helmut Schmidt ist erst wenige Monate Bundeskanzler, macht die zweite Generation der RAF mit der Entführung des Berliner Spitzenkandidaten für das Bürgermeisteramt und CDU-Landesvorsitzenden Peter Lorenz auf sich aufmerksam. Vom Krankenbett aus – er hat hohes Fieber – stimmt der Kanzler einer

Freilassung von Terroristen im Austausch gegen Lorenz zu. Lorenz kommt frei. Zwei Monate später folgt die Besetzung der deutschen Botschaft in Stockholm – diesmal bleibt die Bundesregierung hart, bei der Befreiungsaktion sterben Terroristen, aber auch unschuldige Menschen. Während der Stunden der Besetzung treffen Loki und Helmut Schmidt bei einem nächtlichen Spaziergang durch den Park des Kanzlerbungalows eine Vereinbarung: »Wenn einer von uns gekidnappt wird – den Terroristen von der RAF traute man ja alles zu –, darf der andere keine Forderungen der Kidnapper erfüllen«, gibt Loki Schmidt diese Absprache in ihrem Gesprächsbuch von 2003 wieder. Die Vereinbarung legen die Eheleute am folgenden Tag sogar schriftlich nieder.

1976/77 sind Andreas Baader, Gudrun Ensslin und Jan-Carl Raspe, die aus ihren Zellen heraus das RAF-Kommando führen, von der Haft zermürbt und zum finalen Kampf entschlossen: Mitglieder der »Rote Armee Fraktion« ermorden zunächst Generalbundesanwalt Siegfried Buback, dann den Bankier Jürgen Ponto. Buback als Repräsentanten des autoritären Staates, Ponto als Galionsfigur des Finanzkapitals.

In einem Brief vom 22. April 1977 an Herbert Wehner, Willy Brandt, Hans Koschnick, Egon Bahr und die SPD-Minister in seinem Kabinett schreibt Bundeskanzler Helmut Schmidt, dass mit weiteren Anschlägen zu rechnen sei. Es ist das Begleitschreiben zu den schon genannten »Erwägungen«.

Der Kanzler soll mit seiner Voraussage Recht behalten. Am 5. September 1977 entführen RAF-Terroristen den Arbeitgeberpräsidenten Hanns-Martin Schleyer und erschießen dabei seinen Fahrer und drei Leibwächter. Mit der Geisel »Schleyer« soll die Freilassung von Baader, Ensslin, Raspe erpresst werden. Baader und die anderen sehen in der Aktion eine letzte Chance, aus dem Gefängnis freizukommen.

Der Handlungsspielraum der Bundesregierung ist eng: Sie darf Mörder und Terroristen nicht in die Freiheit entlassen und damit die Bürger großen Gefahren aussetzen, sie darf aber auch nichts verschulden, was Schleyers Ermordung zur Folge hat. Entscheidend für die Art und Weise, wie Helmut Schmidt und seine Berater agieren, ist die Prägung dieser Menschen. Helmut Schmidt und sein oberster Fahnder, der Präsident des Bundeskriminalamtes Horst Herold, sehen in der Entführung von Schleyer eine Kriegserklärung der Terroristen. Sie betrachten – wohl unbewusst – die Terroristen wie Gegner im Krieg. Helmut Schmidt bildet eine Art Allparteien-Krisenstab, dem auch die Führer der Oppositionsparteien, Helmut Kohl und Franz Josef Strauß, angehören.

Schmidt und Herold taktieren, spielen auf Zeit. Die Fahnder versuchen Schleyers Versteck zu finden, was auch fast gelingt. Eine Kette von Informationspannen verhindert, dass man dem entscheidenden Hinweis auf Schleyers erstes Versteck nicht konsequent nachgeht. Ein Austausch »Schleyer gegen Terroristen« wird zu keiner Zeit ernsthaft erwogen. »Eine Regierung, die erpressbar ist, ist keine richtige Regierung«, begründet Schmidts Staatsminister Hans-Jürgen Wischnewski später diese Haltung. Helmut Schmidt erklärt im Großen Krisenstab sogar, nicht einmal dann, wenn seine Tochter Susanne entführt würde, könne er einem Austausch gegen Terroristen zustimmen.

Der Filmemacher Heinrich Breloer hat mit seiner Dokumentation »Todesspiel« die Kampfhandlungen zwischen den beiden Kriegsparteien in Szene gesetzt und auch in einem Buch erzählt. Breloer zeigt: Die Bundesregierung nimmt die Terroristen von Anfang an ernst; sie unterstellt ihnen sogar ein intellektuelles Format, über das sie gar nicht verfügen. Die Terroristen ihrerseits müssen erkennen, dass es sich bei Schmidt und den anderen um keine »Bonner Laienspielschar« handelt, wie sie die Regierenden zu nennen pflegen. Keine Frage, sie haben Schmidt und die anderen unterschätzt. Sie haben nicht geahnt, dass sie gerade die größten Fähigkeiten dieses Mannes mobilisieren: das Regieren in der Krise nach dem Prinzip »Befehl und Gehorsam«. »Viele der Männer im Kanzleramt waren noch im Krieg als Offiziere an der Front gewesen – Schmidt, Herold, Zimmermann, Vogel, Strauß, Frölich und viele andere. Sie hatten die Brutalität des Zweiten Weltkriegs erlebt und wussten, wie nervenstark man bei solchen Entscheidungen sein musste. Sie dachten an Weimar, aber diesmal würden sie den Staat und die Demokratie verteidigen«, schreibt Heinrich Breloer.

Auch als palästinensische Terroristen die Aktion der deutschen Gesinnungsgenossen unterstützen, bleibt Schmidt unerbittlich Am 13. Oktober 1977 wird eine Lufthansa-Maschine, die deutsche Urlauber von Mallorca zurückbringen soll, entführt und auf einen Irrflug um die halbe Welt geschickt. Jetzt bildet sich auch in Teilen der Bevölkerung Widerstand gegen die unnachgiebige Haltung des Kanzlers: An der Einfahrt des Kanzleramts in Bonn postieren sich Angehörige der Flugzeug-Geiseln, darunter Kinder mit Plakaten, auf denen steht: Ich will meine Mutter, meinen Vater wiederhaben. Helmut Schmidt trifft eine militärische Entscheidung, um diesen Krieg zu beenden. Gleichzeitig führt er ein Schreiben an den Bundespräsidenten in seiner Jacketttasche mit, sein Rücktrittsgesuch – es macht die Bereitschaft des Politikers deutlich, für einen eventuellen militärischen Fehlschlag geradezustehen.

In der Nacht des 18. Oktober 1977 ergeht Schmidts Befehl, die Lufthansa-Maschine zu stürmen, die Terroristen entweder zu töten oder gefangen zu nehmen und die Geiseln zu befreien. Um 0.12 Uhr erstattet Hans-Jürgen Wischnewski, der die Entführer tagelang hingehalten hat, Bericht, dass die Arbeit »erledigt« sei – nur eine der Geiseln sei verletzt, die Entführer schwer verwundet oder tot. In derselben Nacht nehmen sich Andreas Baader, Gudrun Ensslin und Jan-Carl Raspe in ihren Stammheimer Zellen das Leben. Die Häftlinge besaßen sogar im Hochsicherheitstrakt Radiogeräte, um sich über die Entwicklung auf dem Laufenden zu halten, auch Waffen wurden von mehreren ihrer Anwälte in die Zellen geschmuggelt. Stunden später bringen die Entführer von Hanns-Martin Schleyer ihr Opfer um. Bei der Trauerfeier für Schleyer halten Sicherheitsbeamte, gekleidet in Beerdigungsanzüge, mit schussbereiten Maschinenpistolen Wache.

Helmut Schmidt im Zenit seines Ansehens

Für die Fahrt der Troika ist weniger der Ausgang des Dramas als das Verhalten der Regierenden und die Begründung ihrer Motive wichtig. Helmut Schmidt macht die Angelegenheit, wie erwähnt, nicht mit Brandt, Wehner und Genscher aus, sondern mit Brandt, Wehner, Genscher, Kohl, Strauß, Zimmermann und einigen anderen. Er weiß, die Schleyer-Entführung ist ein Angriff auf den Rechtsstaat, den die Repräsentanten aller wichtigen Parteien abwehren müssen. Er weiß aber auch, dass Strauß oder Zimmermann seine Sicht der Dinge, seine kategorische und unnachgiebige Position gegenüber den Terroristen besser nachvollziehen kön-

nen, als das etwa Willy Brandt tut. Keiner weiß, wie ein Bundeskanzler Brandt in dieser Krise gehandelt hätte. Aber sicher hätte
er das Kanzleramt nicht zu einer Art »Befehlsstand« umfunktio-
niert. Auf jeden Fall ist Brandt, wie Schmidt es wahrnimmt und
später selbst sagt, dem Bundeskanzler in diesen Wochen kein
hilfreicher Gesprächspartner. Brandt bleibt die Rigorosität, mit
der Schmidt vom ersten Krisentag an agiert, fremd. Natürlich
billigt er nicht die Gewalttaten der Terroristen, aber er versucht
doch mehr als Schmidt zu verstehen, weshalb diese intelligenten
jungen Leute zu Terroristen geworden sind. Seine Empathie erschwert es ihm, harte Entscheidungen zu treffen.

In der Geschichte der Troika ist der »Schwarze Herbst« ein
Markstein, auch wenn es auf den ersten Blick nicht so scheint.
Herbert Wehner hat 1966 maßgeblich die Große Koalition ge-
schmiedet. Willy Brandt hat 1969 maßgeblich das sozialliberale
Bündnis eingefädelt. Helmut Schmidt ist im Einvernehmen mit
allen demokratischen Parteien dem Terrorismus mit offenem Visier entgegengetreten. Ohne es zu wollen, bringt ihn diese Standhaftigkeit in den Zenit seines Ansehens. Helmut Schmidt wird
zum »Helden von Mogadischu«, wo die Befreiung der Lufthansa-
Maschine geglückt ist. Keine Frage, diese Aktion hätte auch
scheitern können! Doch der Kanzler hat die Krise mit Bravour
gemeistert und dabei auch Glück gehabt. Von diesem Herbst an
tritt der Bundeskanzler Helmut Schmidt endgültig aus dem langen Schatten seines Vorgängers, ist ein Regierungschef mit eigenem Markenzeichen. Dabei bleibt er – was ihn nur noch sympathischer macht – im Moment seines Erfolges bescheiden: »Wer
weiß«, so Schmidt im Deutschen Bundestag, »dass er so oder so,
trotz allen Bemühens, mit Versäumnis und Schuld belastet sein
wird, wie immer er handelt, der wird von sich selbst nicht sagen
wollen, er habe alles getan und alles sei richtig gewesen. Er wird
nicht versuchen, Schuld und Versäumnis den anderen zuzu-
schieben; denn er weiß: Die anderen stehen vor der gleichen un-
ausweichlichen Verstrickung. Wohl aber wird er sagen dürfen:
Dieses und dieses haben wir entschieden, jenes und jenes haben
wir aus diesen oder jenen Gründen unterlassen. Alles dies haben
wir zu verantworten.«

Helmut Schmidt weiß, dass er den Handlungsspielraum eines
demokratischen Staates bis zum Äußersten ausgereizt hat. Die

Antiterrorgruppe »GSG 9«, deren Mitglieder die Geiseln aus der Lufthansa-Maschine »Landshut« befreien, handeln auf fremdem Territorium, eine Neuheit in der Geschichte der Bundesrepublik Deutschland. Und auch wenn er sich bis zum Schluss weigert, mehr als ein Dutzend Verbrecher wieder auf die Welt loszulassen, um einem Einzelnen das Leben zu retten, trifft ihn und die politische Klasse doch der Vorwurf, hier einer Staatsräson gehuldigt zu haben, nicht an diesen einzelnen Staatsbürger Schleyer gedacht zu haben. Aber das ist eine Kritik, die nur wenige vorbringen.

Schwere Stürme in der SPD

Nach der Bewältigung dieser größten Herausforderung durch den Terrorismus werden die Bundesregierung und ihr Kanzler wieder vom politischen Tagesgeschäft eingeholt. Die sozialliberale Bundesregierung, die bald zehn Jahre an der Macht ist, und auch die Troika, die vor ihrem 20. Geburtstag steht, erleben schwere Stürme. Herbert Wehner, der über 70-Jährige, muss zusehen, wie einzelne Abgeordnete seiner Fraktion den Rücken kehren und im *Spiegel* und in anderen Blättern ein massenwirksames Forum erhalten. Eine »Viererbande« von SPD-Abgeordneten (Karl-Heinz Hansen, Manfred Coppik, Dieter Lattmann, Erich Meinike) weigert sich mehrfach, sich in die Fraktionsdisziplin einbinden zu lassen.

Herbert Wehner reagiert in einem Interview der *Neuen Ruhr Zeitung/Neuen Rhein Zeitung* verängstigt: »Wenn die SPD sich in die Opposition manövrieren lässt, dann steht sie vor der Spaltung. Dann geht es ihr wie der Labour-Partei in Großbritannien.« Willy Brandt will von einer Spaltung nichts hören, sie schon gar nicht durch lautes Nachdenken herbeireden. In einer Präsidiumssitzung setzt er die für ihn typische Formel durch, es müsse auch in schwierigen Fragen der Innen- und Außenpolitik möglich sein, »Meinungsverschiedenheiten in entsprechenden Formen auszutragen«. Aber sind diese Differenzen in der Troika nicht auch schon Rituale? Sie sind es. 1979 feiert Herbert Wehner seinen zehnten Geburtstag als SPD-Fraktionsvorsitzender. Helmut Schmidt charakterisiert ihn als »das Gegenteil eines auf Harmonie bedachten Dirigenten«.

Immer stärker macht sich nun Wehners Krankheit bemerkbar. Seit Ende der siebziger Jahre ist er ein kranker Mann, der um seiner Gesundheit, aber auch um der politischen Sache willen dieses wichtige Amt eigentlich nicht mehr ausüben dürfte. Er wird vergesslich, kann sich Namen nicht mehr merken, auch nicht mehr die seiner Fraktionskollegen. Dennoch gilt er immer noch als unersetzlich. Er ist dem Kanzler loyaler, als es sein trippelnder Möchtegern-Nachfolger Horst Ehmke wäre. Den wollen weder Schmidt noch Wehner. Einer, der Schmidt genehm wäre, zum Beispiel Hans Apel, verfügt nicht über die Autorität, die Wehner immer noch verkörpert. »Ich ziehe den Karren, so lange der Karren es will«, verkündet Herbert Wehner auch jetzt noch. In seinem Wahlkreis wird Wehner aufgefordert, für die nächste Legislaturperiode zu kandidieren. Helmut Schmidt plant ihn als kommenden nächsten Fraktionsvorsitzenden ein. Es soll alles beim Alten bleiben.

Der NATO-Doppelbeschluss

Helmut Schmidts nächste große Herausforderung ist außenpolitischer Natur, er sieht durch eine Aufrüstung der Sowjetunion das militärische Gleichgewicht Mitteleuropas gefährdet. Schmidt gibt sich tief beunruhigt über diese Entwicklung, weil Europa selbst den neuen sowjetischen Raketen vom Typ SS-20 nichts entgegenzusetzen hat. Die atomaren Sprengköpfe von Großbritannien und Frankreich reichen nicht bis Moskau. Die USA könnten einen atomaren Erstschlag des Warschauer Paktes mit ihren Interkontinentalraketen beantworten und wichtige Städte in der Sowjetunion treffen – aber würden sie es auch tun? Schmidt will die Sicherheit der Bundesrepublik nicht vom guten oder schlechten Willen einer US-Regierung abhängig machen – schon gar nicht von der Jimmy Carters. Zwischen dem religiösen Moralisten Carter und dem rationalen Analysten Schmidt stimmt die »Chemie« zu keiner Zeit. Kein Wunder, dass sich Carter gegenüber Schmidts Forderung, den SS-20 in Europa etwas Adäquates entgegenzusetzen, lange Zeit taub stellt. Und als Schmidt den pragmatischen Vorschlag macht, amerikanische Pershing-II-Mittelstreckenraketen und Cruise Missiles in westeuropäischen Meeren zu stationieren, lehnen die USA erneut ab.

Glaubt man den Kritikern von Schmidts Sicherheitspolitik wie Erhard Eppler, entgleitet dem Bundeskanzler hier schon die Kontrolle über das wichtige Thema. Doch Schmidt hält es für einen respektablen Erfolg, dass die Staatschefs der USA, Großbritanniens, Frankreichs und Deutschlands bei einem Treffen am 5./6. Januar 1979 auf Guadeloupe den so genannten NATO-Doppelbeschluss verabschieden. Kurz gesagt lautet er: Die NATO nimmt mit dem Warschauer Pakt Verhandlungen über die Abrüstung der SS-20-Raketen auf. Falls diese Verhandlungen bis zu einem bestimmten Tag erfolglos bleiben, stationieren die NATO-Staaten in Mitteleuropa Pershing-II-Raketen und Cruise Missiles auf ihrem Territorium. Die NATO selbst fasst diesen Beschluss am 12. Dezember 1979, wobei die Zahl der Pershing II auf 108, die der Cruise Missiles auf 464 festgelegt wird.

Vordergründig ist der NATO-Doppelbeschluss eine vernünftige, nachvollziehbare Angelegenheit: Der erste Teil, die Nachrüstung Westeuropas mit neuen Waffen, folgt dem Prinzip des militärischen Gleichgewichts (im Journalisten-Jargon »Gleichgewicht des Schreckens«), das im »Kalten Krieg« seit 1949 einen bewaffneten Konflikt der Supermächte verhindert hat. Die USA und die Sowjetunion führen zwar seither zahlreiche Stellvertreterkriege in Asien und Afrika, doch an der Nahtstelle zwischen den militärischen und ideologischen Blöcken, in Mitteleuropa, fällt kein einziger Schuss.

Der zweite Teil, die Absicht zu verhandeln, trägt dem Umstand Rechnung, dass demokratische Staaten mittlerweile eine Art moralische Legitimation brauchen, um immer neue Waffen zu stationieren. Allein die Bereitschaft der Sowjetunion zu verhandeln hätte für die NATO bedeutet, das militärische Gleichgewicht grundlos verletzt zu haben.

Im Mai 1979 beginnt Schmidt in seiner Partei mit der Überzeugungsarbeit für den Beschluss, der noch von den Parlamenten der Stationierungsländer ratifiziert werden muss. Bei einem Gespräch im Kanzleramt stimmen die Vorsitzenden von Partei und Fraktion seiner Linie zu, allerdings verhalten, wie der Brandt-Biograph Peter Merseburger recherchiert hat. Bei einem SPD-Parteitag im Dezember 1979 in Berlin setzt sich der Kanzler mit einer von ihm selbst verfassten Kompromissformel durch: Der Beschluss wird mit einem Verhandlungsangebot an Moskau verknüpft. Wenn Merseburger Recht hat, sind Wehner und Brandt bereits zu dieser Zeit nicht mehr von der Richtigkeit des Doppelbeschlusses überzeugt. Wehner spricht in einem Fernsehinterview vom »defensiven Charakter der Rüstung der Sowjetunion« und löst damit Furore aus. Merseburger zitiert Brandt mit dem Hinweis, er habe erst nach »reiflicher Überlegung« zugestimmt, »dies mit Begeisterung zu tun würde mir schwer fallen«. Brandt und Wehner halten sich aber zurück, weil für Verhandlungen noch Zeit bleibt und die Loyalität gegenüber dem Regierungschef – bei Brandt muss man sagen: zunächst noch – Priorität hat.

Merseburger führt auf Brandts inneren Zwiespalt zurück, dass er bei diesem Parteitag nicht authentisch wirkt und deshalb auf mehr Skepsis als sonst stößt. Brandt wird von nur 360 Delegierten zum Vorsitzenden wiedergewählt, während Schmidt für das Stellvertreteramt 365 Stimmen erreicht und Herbert Wehner bei den Vorstandswahlen sagenhafte 407 Stimmen holt.

Der anstehende Bundestagswahlkampf bleibt von der Frage der Nachrüstung weitgehend unbeeindruckt, denn die Union, die sich als verlässlicherer Partner der amerikanischen Administration sieht, will den Doppelbeschluss ebenfalls, will ihn mit heißem Herzen. Mit dieser Wahl führt einer sein letztes Gefecht – Franz Josef Strauß, der langjährige bayerische Ministerpräsident und CSU-Vorsitzende, setzt sich als Kanzlerkandidat der Union durch. Zu keiner Zeit im Wahlkampf hat die Union eine Chance zum Wechsel, zumal Helmut Schmidt und Hans-Dietrich Genscher früh eine Fortsetzung der sozialliberalen Koalition vereinbaren. Genscher darf sogar mit dem Namen Schmidt auf seinem Wahlplakat werben.

Am Abend des 5. Oktober 1980 werden die schlimmsten Befürchtungen der Union übertroffen: Sie fällt von 48,6 Prozent aus dem Jahr 1976 auf 44,5 Prozent zurück. Die SPD verbessert sich unwesentlich von 42,6 auf 42,9 Prozent. Großer Sieger ist die FDP, die auf 10,6 Prozent der Stimmen (gegenüber 7,9 Prozent im Jahr 1976) zulegt. Keine Frage, Schmidt hat als »Wahllokomotive« gezogen – viele Wählerinnen und Wähler haben der FDP auch aus Sympathie für den Kanzler ihre Zweitstimme gegeben.

Kursänderung

Spaltung der SPD?

Was bedeutet das Wahlergebnis für das Machtgefüge in der Troika? Auf den ersten Blick scheint Willy Brandt der Verlierer zu sein, denn er steht für die Partei, und die hat das mäßige 76er-Ergebnis nur geringfügig verbessert.

In Wahrheit geht aber nicht Brandt, sondern kurioserweise Schmidt geschwächt aus dieser Wahl hervor. Denn Schmidt ist es nicht gelungen, seine persönliche Autorität in einen Wahlerfolg der größeren Regierungspartei umzumünzen. Was haben wir an einem Mann, denken die Genossen kühl, der den Liberalen die Stimmen bringt? Willy Brandt hätte bei einem klaren SPD-Wahltriumph Anlass gehabt, Schmidts Vorstellung von einer SPD als »Kanzlerwahlverein« zu akzeptieren. Dieses Ergebnis ermuntert ihn dagegen in seiner – widersprüchlichen – Doppelstrategie, einerseits die neuen Bewegungen in die Partei zu integrieren und andererseits die Regierung Schmidt zu stützen. Zu dem *Zeit*-Journalisten Gunter Hofmann sagt er, auch mit einem so populären Kanzler wie Schmidt an der Spitze, der Adenauers Ruhm zu dessen Glanzzeiten übertrifft, und mit einer Partei, die sich ganz in den Schatten des Kanzlers stellt, »ist der Sieg eben nur glatt, nicht strahlend ausgefallen«. Brandt folgert daraus: »Die SPD – und auch ihr Vorsitzender – dürfen sich künftig nicht mehr so verstecken.«

So kommt es, dass die bei der Bundestagswahl erfolgte Bestätigung der sozialliberalen Koalition weder die Stimmung in der Partei noch in der Troika hebt. Herbert Wehner empfindet die Wahlkampfführung in der Rückschau als zu defensiv, Willy Brandt sagt (so gibt ihn Hans-Jochen Vogel wieder), viele Wähler hätten Mühe gehabt, die SPD als bestimmende Kraft zu erkennen.

Nach Schmidts Weihnachtsurlaub führen er und Brandt ein Gespräch, bei dem Schmidt gereizt sagt: »Ihr müsst jetzt sagen, ob ihr mich überhaupt noch als Kanzler behalten wollt.« Das ist nicht wörtlich zu nehmen, schließlich ist Schmidt unverzichtbar, aber es zeigt die politische Entfremdung zwischen den beiden »Troikanern«. Brandt wird sich nicht offen gegen Schmidt stellen, aber – um eine Metapher von Rainer Barzel zu bemühen – einen so löchrigen Regenschirm gegen parteiinterne Angriffe aufspannen, dass Schmidt noch immer genug Spritzer abbekommt.

Der Dritte im Gespann, Herbert Wehner, muss in den Wochen nach der Wahl Rücktrittsabsichten dementieren. Willy Brandts früherer Redenschreiber Klaus Harpprecht übt späte Rache an ihm und publiziert in der *Zeit* ein Plädoyer für »einen raschen und würdigen Abschied als [...] Beweis von Größe, den dieser ungewöhnliche Mensch seiner Partei und seinem Staat bisher noch schuldet«. Herbert Wehner ist jetzt 74 Jahre alt, das älteste Mitglied im Deutschen Bundestag und damit Alterspräsident. Er dränge sich nicht auf, sagt Wehner in einem Interview, »aber ich stehe trotz aller Gerüchte weiter zur Verfügung«.

»Wir sollten Herbert Wehner gemeinsam darum bitten, noch einmal für den Fraktionsvorsitz zu kandidieren«, schreibt Hans-Jürgen Wischnewski in seinem »Bericht zur Lage der Partei« vom 7. September 1981. Wehner hat auch selbst ein Motiv, das die weitere Plackerei rechtfertigt: »Er hatte die Sorge, dass Ehmke sein Nachfolger würde. Dagegen war er bereit alles zu tun«, erinnert sich Karl Wienand, der mit Wehner über die gemeinsame Zusammenarbeit hinaus Verbindung hält. Auch Klaus Bölling äußert diese Auffassung in seinem Tagebuch *Die letzten 30 Tage des Kanzlers Helmut Schmidt.*

Wehner bleibt also Fraktionsvorsitzender, nimmt damit weiter an allen wichtigen Sitzungen teil, wird aber schweigsamer, stiller. Bei den Koalitionsverhandlungen sitzt er »dumpf brütend« dabei, wie sich Peter Glotz erinnert, zeigt nur einzelne Temperamentsausbrüche, etwa als jemand die allgemeine Wehrpflicht in Frage stellt. »Da war sogar Genscher beeindruckt, und das will etwas heißen«, so die Erinnerung von Peter Glotz.

Die Kraft, die Herbert Wehner noch besitzt, braucht er zur

Disziplinierung der Fraktion, an den strategischen Kontroversen in der Partei beteiligt er sich nicht mehr. Doch Anfang Februar 1981 geht über Troika und SPD-Parteiführung ein typischer Wehner'scher Gewitterregen nieder. Herbert Wehner denkt in einem Interview mit der *Neuen Ruhr-Zeitung* und bei anderen Gelegenheiten laut darüber nach, dass sich die SPD für den Fall, dass sie wieder Oppositionspartei würde, spalten könnte – spalten in die von Schmidt und ihm repräsentierte Partei und eine, die sich den neuen sozialen Bewegungen verbunden fühlt. Wehner übt damit Kritik am Parteivorsitzenden, der einer Verwässerung sozialdemokratischer Positionen nicht genug entgegenwirkt. Brandt wendet sich in einer SPD-Präsidiumssitzung sofort gegen Wehners These. Aber Wehner bleibt dabei, er habe, sagt er zu Journalisten, »in manchen Fragen« eine andere Meinung als Brandt.

Willy Brandt schreibt Herbert Wehner mit Datum vom 18. Februar 1981 einen wütenden Brief, übrigens maschinengeschrieben, nicht handschriftlich, was die Distanz zum Weggefährten zusätzlich betont. »Ich muß Dich ernsthaft fragen, weshalb Du das Thema ›Spaltung‹ so behandelst, daß sich daraus für die Orientierung der Partei und für deren Erscheinungsbild in der Öffentlichkeit überaus abträgliche Wirkungen ergeben.« Danach beschwert sich Brandt bei Wehner darüber, dass dieser, wie gerade erwähnt, seine eigene Meinung weiter kundtut, obwohl er, Brandt, diese Meinung doch ausdrücklich missbilligt hat!

Wehner antwortet Brandt handschriftlich mit Datum vom 19. Februar 1981. Er versichert, den Entwurf eines Fünf-Punkte-Programms zu aktuellen politischen Streitfragen, das Brandt formuliert hat, uneingeschränkt zu vertreten und auf einer bevorstehenden Sitzung des Parteivorstandes seine »uneingeschränkte Loyalität« hervorheben zu wollen. »Doch – wie betont – ich trage mit und bin auch bereit, gestutzt und gerügt zu werden, Hauptsache wir dämmen ein, was sonst Teile der Partei in eine Verfassung bringen könnte, die die Handlungsfähigkeit unserer gemeinsamen SPD schwächt.« Wehner macht damit klar, dass Brandt nicht nach Belieben über die Partei verfügen kann, sondern der Kurs gemeinsam festzulegen ist.

Die Sitzung des Parteivorstandes, die erste außerordentliche seit dem Rücktritt Willy Brandts, wird zu einer Nachtsitzung. Das Treffen dauert sieben Stunden. Im Entwurf von Brandts Papier, das vor der Sitzung kursiert, heißt es noch: »die SPD wird sich nicht spalten«, doch dieser Satz kommt in der späteren, offiziellen Stellungnahme nicht vor. Wehner habe, erklärt Brandt nach der Sitzung vor Journalisten, ihm in einem Brief geschrieben, er trage den Entwurf der Erklärung in allen Punkten. Als dies klar gewesen sei, habe es auch keine Notwendigkeit gegeben, über dieses abwegige Thema noch einen Satz zu verlieren.

Im endgültigen Text findet sich ein anderer Hinweis, der auch als Schelte gegen Wehner zu deuten ist: »Führende Sozialdemokraten sollten keine öffentliche Kritik am Zustand der jeweils anderen Verantwortungsbereiche üben.« Brandt wird gefragt, ob dies nicht eine Selbstverständlichkeit sei, die man hätte streichen können? Darauf Brandt: »Da haben Sie recht. Das frage ich mich auch.«

Natürlich wird der Konflikt zwischen Wehner und Brandt in dieser Nacht nicht gelöst, aber Brandt zeigt Wehner klar die Stirn, so wie er es jetzt auch Schmidt gegenüber tut. Mit Schmidt hatte sich der Streit nicht am Stil der Parteiführung, sondern an einer Sachfrage entzündet: Der SPD-Oppositionsführer im Kieler Landtag, Klaus Matthiesen, hatte das klare Ja des Bundeskanzlers zum Atomkraftwerk Brokdorf kritisiert. Mühsam wird eine »Erklärung zur Kernenergie« erarbeitet, die fünf Mitglieder mit Stimmenthaltung quittieren.

Helmut Schmidt, Bundeskanzler, der machtvollste Politiker in diesem Land, fordert in dieser Nacht Solidarität von seinen parteiinternen Gegnern, unter anderem von Matthiesen und Eppler. Die ihrerseits erwarten Solidarität von ihm. »Du musst endlich wieder eine Politik machen, in der sich die Mehrheit der Partei wiederfindet«, ruft Eppler Schmidt zu. Darauf Schmidt: »So ein Quatsch, ein Kanzler ist für alle da.« Noch mehrfach in dieser Nacht bricht es aus Helmut Schmidt heraus – Journalisten vor der Tür hören zum Beispiel seinen Ausruf, er, Schmidt, habe lange genug zu persönlichen Angriffen geschwiegen; von nun an sei er entschlossen, seine »Ehre als Sozialdemokrat« zu verteidigen.

Die Erklärung, die der Parteivorsitzende Brandt schließlich nach kurzem Schlaf verkündet, ist das hart umkämpfte Fünf-Punkte-Programm, ein Dokument des Burgfriedens – erinnernd an das Zehn-Punkte-Papier, das der Bundeskanzler Brandt in den Apriltagen 1974 vorgelegt hat. Damals wie jetzt findet die Parteiführung zu Formelkompromissen, nicht mehr. Die Aussagen zur Kernenergie seien, kommentiert Brandt selbst, »ein klares Sowohl-als-auch, ein klares Ja und Nein«. Auffallend ist der Satz gegen Ende des sechsseitigen Manuskripts, in dem es unter Punkt V »Offene Diskussion, geschlossenes Handeln« heißt, »kein einzelner Sozialdemokrat darf sich anmaßen, allein zu entscheiden, was sozialdemokratische Politik ist«.

Wie wenig die Ergebnisse dieser Nachtsitzung tragen, zeigt schon die personelle Präsenz bei der Pressekonferenz: Neben Brandt ist nur einer seiner Stellvertreter im Parteivorsitz dabei, Hans-Jürgen Wischnewski, nicht jedoch der wichtigere, Helmut Schmidt. Herbert Wehner kommt ebenfalls nicht dazu. Willy Brandt zeigt vor Journalisten Tatkraft und Führungswillen, aber im Stillen ist er deprimiert darüber, dass ihn Wehner und Schmidt desavouieren, so seine Wahrnehmung. In den letzten Februartagen 1981 denkt Brandt an einen Rücktritt als Parteivorsitzender, feilt auch schon an einer Erklärung. Es bleibt bei der Absicht.

Später formuliert Helmut Schmidt für ein Fest im Kanzleramt 1981 eine eigene Variante des von Willy Brandt vorgelegten Fünf-Punkte-Programms:

»1. Bei uns ist jeder zu gebrauchen – und sei es als abschreckendes Beispiel.

2. Wo wir sind, klappt nichts, aber wir können nicht überall sein.

3. Jeder macht, was er will – keiner macht, was er soll – aber alle machen mit.

4. Wir wissen nicht, was wir wollen, aber das mit ganzer Kraft!

5. Der Verstand ist unser Vermögen, aber Armut schändet nicht.«

Widerstand gegen NATO-Doppelbeschluss

Bald nach der Bundestagswahl organisieren einzelne Friedensgruppen passiven Widerstand gegen den NATO-Doppelbeschluss. Die Sowjets boykottieren zunächst Verhandlungen mit der NATO und warten in aller Ruhe ab, bis der Protest in Westeuropa, dem sie durch eigene Propaganda nachhelfen, losbricht. Als es schließlich in Genf zu Verhandlungen kommt, nicht zuletzt auf massives Drängen des deutschen Bundeskanzlers, ist die Situation für Schmidt und die Befürworter des Doppelbeschlusses kaum günstiger: Die Sowjets spielen auf Zeit, und die Amerikaner verhandeln im eigenen, nicht in Schmidts Interesse. Die US-Administration kündigt an, bei einem Scheitern der Gespräche die Stationierung zu vollziehen, ganz gleich, ob das Helmut Schmidt, der in Washington als forsch und vorlaut gilt, nützt oder schadet. Damit macht die US-Regierung klar, dass ihr an einem Vermittler und Pendeldiplomaten Helmut Schmidt, der von der »Dolmetscherrolle« seines Landes für die Weltmächte zu sprechen pflegt, nicht gelegen ist.

In den folgenden Monaten zieht der Widerstand gegen den NATO-Doppelbeschluss immer größere Kreise. Nicht mehr nur lautstarke Gruppen, sondern Millionen von Menschen protestieren gegen ein weiteres Nachrüsten im endlos scheinenden Rüstungswettlauf zwischen Ost und West. Keine Frage, diese Bewegung wird auch ideologisch unterwandert, das Ministerium für Staatssicherheit der DDR tut dies nach Kräften. Aber entscheidend ist letztlich eine Stimmung des »Schluss jetzt!«, die vor allem jene Deutschen erfasst, die vom Kriegstrauma dieses Jahrhunderts noch nicht geheilt sind, die aber auch in anderen NATO-Staaten Europas um sich greift.

Ausgerechnet in dieser für die Bundesregierung und speziell die SPD prekären Lage gehen – wie schon während Brandts Kanzlerdämmerung 1974 – wichtige Stadtstaaten und Bundesländer verloren. Im Januar 1981 stolpert der langjährige, von dem SPD-Politiker Dietrich Stobbe geführte Berliner Senat über einen Immobilienskandal. Herbert Wehner schlägt Willy Brandt vor, noch einmal Regierender Bürgermeister in Berlin zu werden. Brandt wird von vielen Seiten zugeraten, überlegt sich das auch, berät zu Hause vier Stunden lang mit Johannes Rau und seinem alten Berliner Freund Egon Bahr, winkt dann aber ab. Er erkennt, nicht einmal seine persönliche Reputation könnte den Westteil der Stadt für die Partei halten. Und Berlin wäre ihm auf Dauer doch zu eng. Statt Willy Brandt geht Hans-Jochen Vogel nach Berlin, dessen SPD-Senat tatsächlich am 10. Mai 1981 abgewählt wird. Sein Nachfolger wird ebenfalls ein »West-Import«, Richard von Weizsäcker, der sich in diesem Amt endgültig für die Aufgabe des Bundespräsidenten empfiehlt.

Der größer werdende Widerstand gegen den Doppelbeschluss macht Eindruck auf Bonn. *Zeit*-Redakteur Gunter Hofmann bescheinigt dem Kanzler im Februar 1981, »wie ein vergessener Wahlsieger« aufzutreten. Er tut es wenige Tage nach jener dramatischen Nachtsitzung des SPD-Präsidiums, bei der wieder einmal ein Streit in der Troika geschlichtet werden musste.

Im Mai 1981 droht Schmidt vor SPD-Funktionären mit Rücktritt, falls die Partei seine Sicherheitspolitik nicht unterstütze. Immer wieder spricht er von seiner Sicherheitspolitik als »realistischer Entspannungspolitik« und grenzt seine Politik damit auch in der Wortwahl von der seiner Meinung nach gescheiterten Ostpolitik Brandts ab. Brandt registriert das genau, es schmerzt ihn. Ihm fällt die Loyalität gegenüber dem Bundeskanzler künftig noch schwerer.

Nicht nur in der SPD wächst der Widerstand gegen die Nachrüstung, auch der Liberale Hans-Dietrich Genscher hat Mühe, sich in seiner Partei durchzusetzen: Auf einem FDP-Parteitag im Mai unterliegt ein Antrag, lediglich eine seegestützte Stationierung mitzutragen, nur knapp.

Monate vor Hans-Dietrich Genschers berühmtem »Wendebrief«, der die Annäherung seiner Partei an die Union einleitet, gibt Erhard Eppler dem *Spiegel* ein Interview, in dem er darüber räsoniert, »ob nicht eben jeder Politiker – und das hat sicherlich auch vieles an persönlicher Tragik in sich und gilt gerade für bedeutende Politiker wie Helmut Schmidt – seine geschichtliche Stunde hat, was dann bedeutet, dass ihm nicht jede beliebige Aufgabe zugemutet werden kann«. An Schmidt geht der Wink, das Kanzleramt zugunsten von Hans-Jochen Vogel zu räumen: »Ich glaube, wir müssen uns alle damit abfinden, dass bestenfalls jeder seine Zeit hat.«

Willy Brandt konstatiert in diesen Wochen erhebliche Abnutzungserscheinungen bei der sozialliberalen Koalition und ist – im Gegensatz zum Kanzler – der Meinung, dass die Friedensbewegung in Kraft und Wirkung nicht unterschätzt werden darf. Brandt opponiert nicht offen gegen Schmidt, unterstützt aber die Öffnung zur einen oder anderen Protestbewegung hin. Brandt hält die Politik der Abschottung für gefährlich, da sie den lebendigen Austausch der Partei mit engagierten Bürgern verhindere und der SPD ein konservatives, isolationistisches Image verleihe.

Darüber hinaus registriert Brandt durchaus mit Schadenfreude, wie der »Zeitgeist« über seinen Nachfolger im Kanzleramt hinwegzugehen beginnt – so wie einst über ihn selbst. Zu keiner Zeit fühlt sich Brandt für die einsetzende »Agonie« (ein Wort von Wolfgang Mischnick) der Regierung Schmidt-Genscher verantwortlich, ja er hält sich sogar zugute, den Widerstand gegen Schmidt in den eigenen Parteireihen minimiert zu haben. Die Kränkungen und Verletzungen, die man ihm bei seinem Rücktritt zugefügt hat, sind bei ihm aber noch in guter Erinnerung.

Der Evangelische Kirchentag im Juni 1981, zu dem sich 120 000 Menschen in Hamburg versammeln, bringt so etwas wie eine Wende im Denken von Helmut Schmidt – ohne dass er seine grundsätzliche Position verändert. Immerhin fragt er sich erstmals selbstkritisch, weshalb so viele junge Leute den herrschenden Parteien den Rücken kehren. »Das beschäftigt ihn, bedrückt ihn«, stellt der *Zeit*-Journalist Gunter Hofmann fest.

In der Tat ist Schmidts Wortmeldung beim Kirchentag, wo er mit Pfarrer Albertz und anderen ein Podiumsgespräch bestreitet, bemerkenswert: Christen sollten als Demokraten ihre politische Meinung deutlich sagen. Allerdings könne einer, der sich bei seiner Meinung auf das Christentum beruft, »nicht beanspruchen, mit dem, was er tut, allein christliche Politik zu vertreten«. Es sei eine Anmaßung, sich mit der eigenen politischen Meinung auf Gott zu berufen. »Jeder von uns«, formuliert Schmidt sein persönliches Credo, »muss der politischen Entscheidung stets das Abwägen vorangehen lassen. Ohne Vernunft kann Politik nicht verantwortet werden. Aber man darf die Moral nicht hinter die Vernunft zurückstellen; beide sind unabdingbar notwendig.«

Weiter kommt Schmidt auf die Zeit der Schleyer-Entführung zu sprechen, »wir haben in diesem Fall die Bergpredigt nicht wörtlich genommen«. Schmidt ist ganz sicher, »dass wir Schuld auf uns geladen haben, Schuld gegenüber Dr. Schleyer und seiner Familie. [...] Aber ich weiß guten Gewissens, dass ich in einem ähnlichen Falle immer wieder so entscheiden würde wie damals.«

Schmidt und Brandt tragen in der folgenden Zeit ihren Streit nicht Aug' in Auge aus, das haben sie ja auch früher nicht getan. Zum Ort heftiger strategischer Debatten werden die Präsidiumssitzungen der Partei. Peter Glotz gibt ein Beispiel: Er stellt im Präsidium das Konzept eines »Forums Frieden« vor, einer Veranstaltung mit Verteidigungsminister Hans Apel, der Grünen-Chefin Petra Kelly und dem ehemaligen Bundeswehr-General Gert Bastian. Hans-Jürgen Wischnewski, ein Getreuer des Kanzlers, empört sich: Wie kann man nur! Schmidt selbst schweigt. Brandt, Vogel und Rau stimmen Glotz' Vorschlag zu, so dass das »Forum Frieden« stattfinden kann.

Am 1. Juni 1981 bricht Brandt nach Moskau auf, um Leonid Breschnew zu treffen. In der Sache geht es ihm hier wie bei vielen anderen Gesprächen darum, dass die Politik in der Raketenfrage wieder das Sagen hat und nicht, wie Brandt es empfindet, das Militär. »Der SPD-Vorsitzende wurde im sowjetischen Gästehaus auf den Leninhügeln hoch über der Stadt einquartiert und mit Ehren überhäuft, als ob er im Auftrag seiner Regierung gekommen sei«, schreibt der Brandt-Biograph Peter Merseburger. Brandt sondiert bei Breschnew die Chancen für eine Null-Lösung, für Abrüstungsschritte Moskaus, die eine NATO-Nachrüstung hinfällig werden lassen. Auch wenn Brandts Vorstoß eher symbolischen Charakter hat, so bedeutet er doch eine Schwächung von Schmidts Position. Schmidt – so Brandts Botschaft – hat als deutscher Sicherheitspolitiker keinen »Alleinvertretungsanspruch«, seine Politik der Konfrontation wird durchaus kontrovers gesehen.

Am 11. Juli 1981 feiert Herbert Wehner seinen 75. Geburtstag. Willy Brandt verbreitet als Parteivorsitzender über den sozialdemokratischen Pressedienst einen Glückwunsch, in dem er Nachsicht walten lässt. »Es hat sich so ergeben, daß wir beide nicht immer einer Meinung waren. Andere, die sich bis zum Überdruss darüber ausgelassen haben, konnten oder wollten nicht sehen, wie eng wir über wichtige Wegstrecken Gemeinsames erstrebt und auch zustande gebracht haben. [...] Laß mich – unbelastet durch nicht immer nur oberflächliche Unterschiedlichkeiten – Dank sagen für das, woran Du über die Jahrzehnte hinweg für die Arbeiterbewegung und die Sozialdemokratie [...] gearbeitet hast [...].« Helmut Schmidt schreibt dem Genossen: »Herbert Wehner ist und bleibt für mich ein Vorbild des Pflichtbewusstseins und der Selbstdisziplin in seinem Bemühen, unserer gemeinsamen Sache, dem Volk und der Partei zu dienen.«

Der freundliche, fast warme Ton täuscht darüber hinweg, dass in der Troika zerstörerische Energien immer mehr die Oberhand gewinnen. Das Dreigespann wird zu einer Belastung von Partei und berechenbarer Politik.

Natürlich wird die SPD später behaupten, die FDP sei am Koalitionsbruch der Regierung Schmidt schuld. Aber Sozialdemokraten wissen es schon im Herbst 1981 besser, etwa Hans-Jürgen Wischnewski, der in seinem »Bericht zur Lage der Partei« vom 7. September 1981 schreibt, die Partei müsse auch wissen, »dass die ständigen Angriffe auf den Bundeskanzler seine Position innerhalb der Koalition und der Öffentlichkeit geschwächt haben«. Für ihn, Wischnewski, sei es »nach wie vor unerträglich«, dass ein Teil dieser Angriffe aus dem Erich-Ollenhauer-Haus selbst komme.

Willy Brandt zahlt mit gleicher Münze zurück. Auf einer Konferenz mit 500 Parteifunktionären in Bonn in der ersten Oktoberwoche 1981 erklärt er, er stehe nicht als »Watschenmann und Sündenbock« zur Verfügung. Die Partei solle durch Einhaltung ihrer eigenen Beschlüsse Regierungswillen demonstrieren. Dieser Satz wird als Seitenhieb auf Helmut Schmidt gewertet. Die SPD-Position zur Kernenergie lautet seit dem letzten Parteitag, für und gegen diese Technologie zugleich zu sein. Wörtlich heißt es im Hamburger Parteitagsbeschluss, die Option für die Kernenergie müsse offen gehalten »und die Option, künftig auf Kernenergie verzichten zu können, geöffnet werden«. Schmidt macht allerdings keinen Hehl daraus, dass er nur auf die erste Variante setzt. Er selbst spricht auch auf dieser Konferenz, wirbt für eine nüchterne, auf dem Möglichen basierende, die Mehrheit der Wähler erreichende Politik. Man könne nicht parteiintern vorgeben, was die SPD als regierende Partei nicht verwirklichen könne.

Keine Frage, Willy Brandt sitzt in der Troika wieder auf dem mittleren Platz. Gönnerhaft lässt er den alten, kranken Herbert Wehner gewähren, kämpferisch nimmt er Helmut Schmidt in die Pflicht. Ein Machtkampf tritt in eine neue Phase. Es bewahrheitet sich, was Klaus Harpprecht in seinem *Tagebuch* über Willy Brandt schreibt, dass es bei ihm ein »Element der Härte« gibt, das dem von Wehner – und man muss ergänzen: auch dem von Schmidt – überlegen ist, »weniger metallisch, weniger fühlbar, aber in der Scheinflexibilität doch sicherer«.

Schmidt hat lange Jahre jenseits von Parteipolitik regiert, hat die Parteiführung bei seinen Kabinettsumbildungen immer selte-

*Die »Troika« während des Bundesparteitags
in Berlin im Dezember 1979.*

*Während einer Sitzung der SPD-Bundestagsfraktion
im September 1982, kurz vor Schmidts Sturz als Bundeskanzler.*

ner einbezogen. Stattdessen warb er um Zustimmung und Unterstützung in der Bundestagsfraktion und hatte dabei in Wehner einen solidarischen Fürsprecher. Willy Brandt setzt Schmidt nun Grenzen. Das kann er, weil er sich in der Troika nicht mehr gegen zwei, sondern nur noch gegen einen Kontrahenten durchsetzen muss: Kraft und Einfluss Herbert Wehners schwinden zusehends!

Die SPD und die Friedensbewegung

Wenig später setzt Willy Brandt ein erneutes Zeichen der Solidarität mit den Parteilinken. Für den 10. Oktober plant die Friedensbewegung eine Demonstration im Bonner Hofgarten – mit 350 000 Teilnehmern wird es die bislang größte Massendemonstration in der Bundesrepublik Deutschland werden. Erhard Eppler kündigt sich als Redner an. Helmut Schmidt schreibt mit Datum vom 16. September einen viereinhalb Seiten langen Brief an Willy Brandt »mit der dringenden Bitte, Erhard Eppler zu ersuchen, sich von der Veranstaltung fernzuhalten und zu verhindern, dass sein Name mit ihr in Verbindung gebracht wird. Das sollte auch für andere Sozialdemokraten gelten. Ich lasse offen, welche sonstigen Konsequenzen für Präsidium und Parteivorstand zu ziehen sind. Jedenfalls muss meines Erachtens das Präsidium beschließen, allen Sozialdemokraten zu empfehlen, sich von dieser Kundgebung fernzuhalten.«

Schmidt dringt bei Brandt nicht durch, Brandt verbietet Eppler die Teilnahme nicht, sondern übt mit dem Hinweis, er verstehe ganz gut, was viele heute dächten, diskret Kritik an Schmidt. Eppler führt vor Hunderttausenden aus, der Friede sei eine viel zu ernste Sache, »als dass man ihn militärischer Strategie und politischer Taktik, den Raketenzählern und Lobbyisten überlassen dürfte«. Es gelte »die Kette der Vor- und Nachrüstungen aufzubrechen, die uns alle in Richtung Abgrund zerrt«. Höchste Repräsentanten unseres Staates (damit ist unter anderen Schmidt gemeint) hätten uns darüber belehrt, dass Angst ein schlechter Ratgeber sei, dabei verbreiteten hierzulande doch dieselben Repräsentanten seit Jahrzehnten die Russenangst.

Helmut Schmidt bekommt mit seiner Kritik an Epplers Auftritt prominente Unterstützung – der Chefdenker der SPD jener Zeit, der Berliner Professor Richard (»Rix«) Löwenthal, gibt ebenfalls kund, dass Brandt den Parteifreund Eppler von der Teilnahme an der Demonstration hätte abhalten sollen. Brandt solidarisiert sich jedoch ausdrücklich mit dem streitbaren Schwaben.

Keine zwei Wochen nach der Bonner Großdemonstration hält Willy Brandt selbst eine von Peter Glotz geschriebene Rede, mit der er die Friedensbewegten und Pazifisten für sich und »seine« SPD zu gewinnen sucht. »Wir müssen uns darüber klar sein«, so Brandt, »dass eine sozialdemokratische Volkspartei [...] soziale Bündnisse geradezu zimmern muss.« Es handle sich bei den neuen Bewegungen um keine Strömungen, »die wir als Gegner zu identifizieren hätten«. Die SPD müsse zur Bindung unterschiedlicher Menschen und Menschengruppen fähig bleiben.

Mit einem Seitenhieb auf Helmut Schmidt hält er fest, dass »wir der Regierung nicht helfen, wenn wir das Elementare und Nachdenkliche dessen verkennen, was sich am 10. Oktober in Bonn dargestellt hat«. Nicht Gegner, sondern Freunde – oder solche, die es werden können – hätten dort demonstriert. »Ist es richtig«, so seine rhetorische Frage, »dass ein zunehmendes Bedürfnis nach Werten, nach Sinnorientierung besteht, das wir nicht befriedigen können, wenn wir zu sehr in materiellen Kategorien denken? Trifft es zu, dass ein offenbar dauerhaftes Bedürfnis vor allem junger Menschen nach moralischer Bewertung von Dingen und nach moralischem Engagement besteht, dem gegenüber wir häufig zu sachbezogen und scheinbar leidenschaftslos erscheinen?«

Der Redetext wird in der Dezember-Ausgabe der SPD-eigenen Zeitschrift *Neue Gesellschaft* abgedruckt, um ihn für Parteimitglieder und Journalisten leicht zugänglich zu machen. Richard Löwenthal hält mit einer eigenen Position dagegen – seine auf sechs Thesen verkürzte Denkschrift wird von rechten Sozialdemokraten wie Annemarie Renger, die schon immer zu Schmidt hielt, und Herbert Wehner unterschrieben.

Löwenthal findet, dass es sich Brandt mit seiner Parallele – die Mitglieder der Umwelt- und Friedensbewegung seien genauso integrierbar wie die Studenten und andere jungen Leute Ende der sechziger Jahre – zu einfach macht. Die Studenten von einst wollten sich engagieren, am Gemeinwesen beteiligen, und dazu bot ihnen die neu gebildete sozialliberale Koalition ein willkommenes Gefäß. Die Protestierer von heute dagegen haben mit Politik nichts am Hut, »sie wollen«, so Löwenthal, »aus einer als hoffnungslos empfundenen Gesellschaft aussteigen und Inseln bilden, auf denen sie sich vor ihren Gefahren schützen können«.

Die von Bundestagsvizepräsidentin Annemarie Renger gestartete Unterschriftenaktion macht natürlich Furore, doch die erhoffte Wirkung bleibt aus. Herbert Wehner erklärt in einer Sitzung des Parteivorstandes, er habe nicht gewusst, dass die Unterschriftensammlung der breiten Öffentlichkeit zugänglich gemacht werden solle. Er betrachte seine Unterschrift nicht als einen Angriff auf den Kurs des Parteivorsitzenden Brandt. Offenkundig kann und will Wehner keinen Konflikt mehr mit Brandt austragen. Wäre er jünger und gesünder, täte er es, denn mit Löwenthal meldet sich ein langjähriger Kenner der SPD-Parteiarbeit zu Wort, eine Stimme, die man ernst nehmen muss. Löwenthal stellt nicht weniger als den Parteivorsitzenden in Frage. Aber statt eine fruchtbare Diskussion auszulösen, droht er selbst in Ungnade zu fallen. Als Löwenthal später, nach dem Ende der sozialliberalen Koalition, einen Beitrag in der *Neuen Gesellschaft* veröffentlicht, bedankt er sich für die »freundschaftliche Kritik« von Sozialdemokraten, denen er den Artikel vor der Veröffentlichung geschickt hatte, besonders bei Johannes Rau und Peter Glotz, »die bei Zustimmung zum allgemeinen Gedankengang einige Formulierungen als unnötigen Anlass zu innerparteilicher Polemik beanstandeten«.

Nicht ihre grundsätzliche Ausrichtung jedoch stellt für die SPD in dieser Phase das zentrale Problem dar, sondern der Zwang, in der Sicherheitspolitik Farbe zu bekennen. Dort zeigt sich die SPD tatsächlich zerrissen: Einzelne Landesverbände sprechen sich gegen die Sicherheitspolitik des Bundeskanzlers, das heißt die Nachrüstung, aus, sogar der Heimatverband des Bundeskanzlers verlangt eine atomwaffenfreie Zone. Aber zum großen Bruch mit Schmidt kommt es einstweilen nicht – der SPD-Parteitag vom April 1982 in München vertagt eine definitive Entscheidung auf einen Sonderparteitag im Herbst 1983. Für Helmut Schmidt bedeutet das eine Niederlage auf Raten, denn nur eine eindeutige Zustimmung zu seiner Linie hätte die vielen Skeptiker um ihn herum – den skeptischen Koalitionspartner, die skeptischen Journalisten, nicht zuletzt die skeptische Öffentlichkeit – beruhigt. Hatte Hans-Dietrich Genscher bislang moralische Skrupel und wohl auch Angst vor einem so riskanten Schritt wie dem Aufkündigen der Koalition, spielt ihm die SPD wiederholt ein entscheidendes Argument in die Hand: Im Sinne der Bündnistreue mit den NATO-Partnern, im Sinne der Stetigkeit und Festigkeit deutscher Außenpolitik muss die FDP mit der Union zusammengehen! Der derzeitige Bundeskanzler steht zwar persönlich für Kontinuität, doch seine Partei verweigert ihm immer deutlicher die Gefolgschaft.

»München« gibt den Liberalen auch noch in anderer Hinsicht ein Warnsignal: Die SPD verabschiedet finanz- und haushaltspolitische Beschlüsse, die Bundeskanzler Schmidt in einem Brief an Herbert Wehner vom 30. April 1982 als »ökonomischen Wunschkatalog« kritisiert. Schmidt schreibt, er werde versuchen, die »FDP-Aufregung« darüber zu dämpfen. Ziemlich allein auf weiter Flur, gelingt ihm das nicht.

Brandt in der »Mitte«

Zwischendurch gibt es auch gute Worte in der Troika. Als die SPD-Bundestagsfraktion am 20. Oktober in Berlin tagt, erinnert Wehner an die Verleihung des Friedensnobelpreises an Willy Brandt zehn Jahre zuvor. Brandts Arbeit habe über den Tag hinaus Bestand. Und über Helmut Schmidt schreibt Herbert Wehner am 28. Oktober in der *Münchener Abendzeitung,* »weil Mitbürger Anspruch haben, in schwierigen Zeiten anständig regiert zu werden, müssen Helmut Schmidt und die SPD weiterhin die Verantwortung für den Kurs haben«.

Auf dieser »Schlussetappe« der Troika sind es unter anderem Bundesgeschäftsführer Peter Glotz, Schmidts zweiter Kanzleramtschef Manfred Lahnstein und Jürgen Linde, einer der Fraktionsgeschäftsführer, die eine Kommunikation zwischen den »Troikanern« sicherstellen. Glotz lässt dafür auch das Ritual über sich ergehen, das er bei Terminen mit dem Kanzler erlebt: Zuerst klagt Schmidt über seinen harten Job, danach kritisiert er Brandt, allerdings ohne auf Vertraulichkeit zu bestehen, und schließlich kommt er zur Sache, derentwegen Glotz gekommen ist. Glotz spricht dennoch mit Respekt von Schmidt – er verfüge über die seltene Tugend, »am Widerspruch nachzudenken«, soll heißen, bei Gegenreden erst richtig in Form zu kommen, statt beleidigt zu sein.

In einer Mischung aus Zorn und Ohnmacht regiert Helmut Schmidt von seinem Büro im Kanzleramt aus und muss erkennen, dass er von Monat zu Monat immer weniger zu steuern vermag. Einmal mehr in seinem Leben, wenn er persönlich und politisch angeschlagen ist, wird er krank.

Kleine Kollapse sind charakteristisch für Helmut Schmidts schlechte Gesundheit in allen Phasen seines Lebens. Doch im Sommer 1981, als er am Brahmsee Urlaub macht, hat er zwei schwere »Absacker«, wie es im Ärztejargon heißt, Ohnmachtsanfälle, Zusammenbrüche, nach denen er jeweils rasch wieder zu Bewusstsein kommt. Eine Zeit lang bleibt stets jemand bis spät in die Nacht bei Schmidt im Büro, damit der Kanzler bei einem Ohnmachtsanfall nicht allein ist und stirbt. Als die Ohnmacht in immer kürzeren Abständen wiederkehrt, steht die Diagnose fest: Asystolie, Schmidts Herzschlag setzt für Sekunden aus. Wird eine Asystolie nicht sofort behandelt, führt sie früher oder später zum Tod.

Als Helmut Schmidt ein Ereignis persönlich besonders nahe geht – die Ermordung und Beisetzung des ägyptischen Präsidenten Anwar as-Sadat, den Schmidt verehrt hat wie wahrscheinlich keinen anderen Menschen, Anfang Oktober 1981 –, wird die schwelende Krankheit akut. Gleich nach seiner Rückkehr aus Kairo muss Schmidt in die Klinik, wo bereits sein Herz still steht und er mit ärztlicher Hilfe ins Leben zurückgeholt wird. Das passiert noch mehrere Male. Daraufhin setzen ihm Ärzte einen Herzschrittmacher ein. Schmidt weiß, dass die Behandlung zwar gut verlaufen ist, die Krankheit aber dennoch nicht folgenlos bleibt: Während der »Aussetzer« ist sein Gehirn nicht mit frischem Blut versorgt worden, so dass Gehirnzellen starben. Er merkt das an entstandenen Gedächtnislücken.

Wehner schickt dem Patienten einen Pullover in die Klinik mit dem Hinweis, dass »bei der Großwetterlage in dieser Jahreszeit das Klima eher rauer als milder werden dürfte. Nimm daher diesen wetterfesten Segelpullover als Zeichen unserer Verbundenheit [...]. Du mußt wissen: Wir brauchen dich weiterhin.«

Schmidt bleibt sechs Tage im Krankenhaus und kehrt danach an seinen Schreibtisch im Kanzleramt zurück. Einer der Ersten, denen er für die Genesungswünsche dankt, ist Herbert Wehner. Er werde, heißt es in einem Brief vom 21. Oktober 1981, »alles daransetzen, Dich und die Fraktion und die Partei nicht zu enttäuschen. Ein Lotse, der in schwierigen Stürmen von Bord ginge, wäre nichts wert und müßte sich vor sich selber schämen.« Zuletzt versichert er Wehner, dass er sich »ganz persönlich« auf ihn, Schmidt, verlassen könne.

Schmidts Signal ist eindeutig: Was auch immer passiert, zwischen dir und mir soll auch weiterhin nichts stehen! Es wird einsam um den Bundeskanzler. Da betont er – oder entdeckt sie neu? – die Übereinstimmung mit dem älteren, fast väterlichen Weggefährten Wehner, wie er weitermacht, seine Pflicht tut, sich für das Land abrackert. Der Ton zwischen beiden ist fortan herzlich bis zu Wehners Tod. Beide tauschen sich offen miteinander aus, wohl wissend, dass das mit dem dritten Mitglied der Troika, Willy Brandt, nicht mehr gelingt. Schmidt schreibt Wehner zum Beispiel mit Datum vom 30. April 1982, »das lange Gespräch am Sonntag in Deiner Wohnung« werde ich nicht vergessen«. Der Kanzler kam also zum Fraktionsvorsitzenden nach Hause, nicht umgekehrt.

Mehr als früher hört Helmut Schmidt jetzt anderen zu, setzt sich sogar im Gespräch mit anderen Meinungen auseinander. In einem dreistündigen Gespräch mit ihm erlebt der Psychoanalytiker Horst-Eberhard Richter, ein zeitweiliger Berater Willy Brandts und jetzt einer der Protagonisten der Friedensbewegung, den Bundeskanzler als jemanden, der weiß, dass seine Sicht der Dinge nicht mehr den neuen Gegebenheiten gerecht wird, der aber auch nicht über seinen Schatten springen kann, weil ihn langjährige Prägungen und Überzeugungen davon abhalten. Richter konstatiert bei Schmidt eine Art Hilflosigkeit, ein Unvermögen, das zentrale Thema der Grünen, die Bewahrung der natürlichen Lebensgrundlagen, zu verstehen. Schmidt versteht unter Ökologie Naturschutz, Vogel- und Pflanzenschutz, von seiner Frau Loki seit Jahrzehnten praktiziert. Er nimmt nicht zur Kenntnis, dass das neue Bewusstsein von der gefährdeten Welt andere Werte, andere Einstellungen verlangt. »Diese neuen Grünen kehren zu einem altmodischen Verständnis von ›Mutter Natur‹ zurück, die den Menschen beschenkt und deshalb vom Menschen nicht zerstört werden darf. Sie sind davon überzeugt, dass die Natur dem Menschen nicht gehört. Das erfordert innerpsychisch sich anzuvertrauen«, so Richter. Dies erfordere Demut, das Eingeständnis der Hilflosigkeit und des Sehnsüchtig-sein-Könnens. Aber was ist, wenn diese Sehnsucht einen überwältigt, einen sich ohnmächtig und schwach fühlen lässt? So etwas mache einer Persönlichkeit wie Helmut Schmidt Angst – eine Angst, der er mit aller Kraft begegne, »mit politischer Aktivität und Verachtung denen gegenüber, die sich zu ihrer Angst um den Frieden bekennen«. Aus dieser Angst heraus halte er seine Emotionalität, über die er durchaus verfüge, in Schach. Keine Sekunde will er die Kontrolle über sich verlieren, sich stets im Griff haben.

Horst-Eberhard Richter beschreibt Willy Brandt und Helmut Schmidt als zwei grundverschiedene Charaktere. Willy Brandt verfügt über Eigenschaften, die in der Regel eher mit Frauen als mit Männern identifiziert werden (was seine charismatische Wirkung und auch seinen starken Eindruck auf Frauen ausmacht): Er vermittelt den Eindruck, mitzufühlen, mitzuleiden. (»Compassion«, Sicheinfühlen, ist bekanntlich das prägnante Wort, mit dem Brandts Redenschreiber Klaus Harpprecht Brandts Politikverständnis umschreibt.) Handeln und Denken Brandts basieren auf seinem Gespür für die Gefühle anderer: Er kann ein Defizit, einen Schmerz nachempfinden. Mit seiner Fähigkeit zur Empathie gelingt es Brandt, wenn er in guter Form ist, Worte zu sagen, auf die eine ganze Nation wartet. Er vermag das Unbehagen ganzer Gruppen, etwa von jungen Menschen oder der kulturellen Elite, in gesellschaftliches Engagement umzuprägen.

Brandts Charisma beruht im Wesentlichen darauf, dass für ihn »weiche« Kategorien wie Hoffnung oder Versöhnung zu den Instrumenten seines politischen Denkens gehören. So kann er glaubwürdig Hoffnung vermitteln, etwa als er den Senat des leidgeprüften Westberlin führt, und um Versöhnung bitten – Anfang der sechziger Jahre zunächst das eigene Volk mit dem Hinweis, die Deutschen sollten sich mit sich selbst aussöhnen, zehn Jahre später die Nachbarn und ehemaligen Kriegsgegner im Osten.

Richter zufolge verkörpert Helmut Schmidt Eigenschaften, die eher einem Mann als einer Frau zugeordnet werden. Er analysiert und zerlegt ein Problem, so wie ein Junge ein Spielzeug zerlegt, um zu erfahren, wie es funktioniert. Helmut Schmidt erfasst blitz-schnell, wo ein Problem liegt, und entwickelt systematisch Schritte zur Problemlösung. Helmut Schmidt ist ein strategischer Denker. Er hat auch einen anderen Zugang zur Moral, also zur sittlichen Fundierung seines Handelns, als Willy Brandt, er beruft sich auf Systeme und Regeln für Moral. Schmidt kann Menschen nicht fangen, im Gegenteil, er fordert von ihnen die Einhaltung von Prinzipien. Anfang der achtziger Jahre bekennt er einmal, er sei in der Weltpolitik ein Gegner von Hoffnungen, ein Gegner von Pessimismus und Optimismus, »das sind für mich verbotene Ka-tegorien wie für jeden, der praktisch operieren muss«. Schmidts wichtigste Regel für sich und andere ist der Kategorische Impe-rativ von Immanuel Kant: »Handle nur nach derjenigen Maxime, durch die du zugleich wollen kannst, dass sie ein allgemeines Ge-setz werde.« Schmidt sieht die Menschen, aber besonders die zum Träumen neigenden Deutschen, ständig gefährdet, Maß und Mitte zu verlieren. Als Politiker will er dazu beitragen, sie auf die-ser Mittellinie zu halten.

Horst-Eberhard Richter macht keinen Hehl daraus, dass er Brandts Zugang zur Politik höher schätzt als den von Schmidt. Als Kronzeugen führt er Arthur Schopenhauer an, der Kants Ka-tegorischen Imperativ »verrissen« hat. Richter in einem Vortrag im Dezember 2002: »Keiner pochte so entschieden wie er auf das Mitleid als ethisches Grundmotiv.« Kant, so Schopenhauer sinn-gemäß, formuliert ein inhaltsleeres Gesetz, das sich in seiner All-gemeinheit und Allgemeingültigkeit genügt. Eine solche Art von Moral erreicht die Herzen nicht. Wer ohnehin nicht schon einen Hang zum strengen Leben und eine Liebe zu Gesetzen hat, kann mit Kants Imperativ nichts anfangen.

Damit hat Kants Sittenlehre auch nicht die allgemeine Gültig-keit, die sie beansprucht. Richter hält die Kälte und Gefühlsleere von Kants Ethik (und damit auch von Schmidts Politikansatz) geradezu für fatal, wenn die Politik diese für Menschheitsfragen bemüht: Ein Politiker, der nicht das Herz über seinen Kopf re-gieren lässt, darf nicht über die Stationierung von Atomwaffen verfügen.

Schmidt verwendet viel Energie darauf, um Richter seine Sicht der Dinge zu erläutern. Richter gewinnt das Gefühl, dass dieser Mann Trost und Zuspruch braucht. Einer wie Schmidt zeigt nicht, dass es ihn kränkt, wenn er missverstanden wird, die Kränkung drückt sich eher beiläufig aus, etwa als Schmidt den Gast fragt, weshalb alle Brandt lieben und ihn nur für einen kalten »Macher« halten. Schmidt möchte von der Zuneigung, die Brandt entgegengebracht wird, etwas abhaben.

Interessanterweise spricht Schmidt gegenüber Richter auch seine Herzerkrankung vom Herbst 1981 an. Er hatte keine Zeit, die schwere Operation psychisch zu verarbeiten und sich auch körperlich zu erholen. In diesem Gespräch bekennt er, sich geschwächt zu fühlen, äußert die Annahme, dass die Herzerkrankung, die immer wieder die Durchblutung des Gehirns behindert hat, zur Zerstörung vieler Gehirnzellen führte. Wer sich mit der Geschichte der Troika beschäftigt, horcht hier auf, denn auch bei Schmidts Amtsvorgänger Willy Brandt stand eine Erkrankung, in diesem Fall eine Geschwulst im Kehlkopf, am Anfang vom Ende einer Kanzlerschaft.

Am 5. Februar 1982 stellt Helmut Schmidt im Deutschen Bundestag die Vertrauensfrage – eine Art letzter Hebel, um die Bundestagsfraktionen von SPD und FDP zur demonstrativen Unterstützung zu zwingen. Er hat die Fraktionen von SPD und FDP geschlossen hinter sich, wie das Abstimmungsergebnis zeigt. Doch dass Schmidt überhaupt glaubt, so weit gehen zu müssen, zeigt, wie viel Misstrauen bereits zwischen den Bonner Akteuren herrscht. »Seine Siege waren zuletzt nur noch Scheinsiege«, wird Golo Mann nach Schmidts Abwahl im *Spiegel* schreiben. Die gewonnene Abstimmung ist einer dieser Scheinsiege.

In dieser Lage ist es für das Ansehen des Bundeskanzlers nicht gerade förderlich, dass Herbert Wehner einmal mehr eine seiner geheimnisvollen Privatreisen unternimmt. Ende Januar fährt er nach Polen, über das Regierungschef Wojciech Jaruzelski, ein General, im Jahr zuvor das Kriegsrecht verhängt hat. Jaruzelski muss die neue Gewerkschaft »Solidarność« in die Schranken weisen, damit das Land nicht wie Ungarn 1956 oder die Tschechoslowakei 1968 von Truppen des Warschauer Paktes besetzt wird. Viele Polen stehen seit Verhängung des Kriegsrechts unter Hausarrest oder sitzen in Haft. Herbert Wehner trifft General Jaruzelski. »Ich habe mich«, rechtfertigt er die Reise, »in meinem Leben nicht zum ersten Mal für in Not und Bedrängnis geratene Menschen eingesetzt, aber ein öffentliches Getue stets vermieden.«

In der Sache gibt es am Nutzen einer solchen Reise keinen Zweifel, doch es zeigt sich rasch, dass weder Schmidt noch Brandt ihn um die Fahrt gebeten hatten. Schon vor der Reise hatte der Sprecher der SPD-Bundestagsfraktion die etwas merkwürdige Erklärung abgegeben: »Herbert Wehner hat sich auf eigene Kosten eine Fahrkarte gekauft.« Später meldet der *Spiegel,* der gern zwischen den »Troikanern« Unfrieden schürt, der Bundeskanzler habe von der Reise aus der Presse erfahren und der SPD-Parteivorsitzende nur gerüchteweise davon gehört. Eine Woche später heißt es in derselben Zeitschrift, noch vor Schmidt sei Honecker über Wehners Polenreise informiert gewesen. Wehner habe den Ostberliner Rechtsanwalt und Honecker-Vertrauten Wolfgang Vogel um Mithilfe bei der Vorbereitung und Organisation der Fahrt gebeten.

Jahre später, als DDR-Akten nach dem Fall der Mauer zugänglich werden, ist diese Reise Herbert Wehners noch einmal ein spektakuläres Thema: Nach den Akten, die natürlich auch Unwahres berichten können, hat Wehner in Warschau schlecht über Bundeskanzler Schmidt gesprochen. Wehners Kritiker ziehen eine Parallele zu Wehners Schelte über Brandt in Moskau 1973.

Amnestie für Lambsdorff & Co.?

In der Adventszeit 1981 kommt es zu einem Ereignis, dessen Bedeutung im Todeskampf der sozialliberalen Koalition gewöhnlich unterschätzt wird – zu dem erfolglosen Versuch der FDP, prominente Politiker und Parteienspender aus der Wirtschaft durch eine Amnestie vor Strafverfolgung zu schützen. Unter den Politikern gerät der Wirtschaftsminister und frühere Schatzmeister der nordrhein-westfälischen FDP, Otto Graf Lambsdorff, in den Verdacht strafbarer Handlungen. Die Troika ist sich einig, den Gesetzesentwurf einer Amnestie mitzutragen, verspricht Genscher und Lambsdorff auch, sie durchzupauken, doch muss sie nach einem massiven Widerstand der SPD-Fraktion einen Rückzieher machen. »Mit mir läuft das nicht«, sagt unter anderem Bundesjustizminister Jürgen Schmude, der verfassungsrechtliche Bedenken erhebt. »Zum erstenmal in der Geschichte der sozialliberalen Koalition endet hier die Koalitionsräson«, stellt

Gunter Hofmann von der *Zeit* fest. Vor wenigen Jahren wäre die SPD-Fraktion vermutlich noch gefolgt, wenn »Kärrner« Wehner sie in der ihm eigenen Art dazu gedrängt hätte. Aber es gibt eine neue, alternative, grüne Bewegung, die eine Amnestie als Kungelei unter schuldig Gewordenen anprangert. Und: Es gibt Ansätze einer neuen politischen Moral, vor allem unter den jüngeren Abgeordneten, die sich mit Blick auf derart unsittliche Vorhaben keinem Fraktionszwang unterwerfen wollen.

Hans-Dietrich Genscher und Otto Graf Lambsdorff müssen zur Kenntnis nehmen, dass mit dem Koalitionspartner in dieser für sie wichtigen Frage kein Sondergesetz zu machen ist. Sie wissen auch: Wenn die Koalition regulär ihren Dienst tut, also bis zum Ende der Legislaturperiode 1984, werden die Ermittlungen der Staatsanwaltschaft Graf Lambsdorff längst eingeholt haben. Ob das Gesetz in einer anderen Regierungskonstellation, mit der Union, kommt, wissen sie natürlich nicht, aber sie hoffen darauf.

Wer bei den entscheidenden Gesprächen dabei ist, weiß um die Tragweite des Beschlusses. Peter Glotz zum Beispiel kommt »weitgehend in der Nacht, in der wir die Spendenamnestie zu Fall gebracht haben«, zu der Einsicht: Jetzt geht es mit der Koalition zu Ende. Auch Hans-Jürgen Wischnewski, der die Amnestie um des Koalitionsfriedens hatte mittragen wollen, wird sich dieses Endes bewusst.

Wie berechtigt übrigens die Sorge der Liberalen um die Arbeit der Staatsanwaltschaft war, zeigt der Gang der späteren Ereignisse: Tatsächlich wird gegen Graf Lambsdorff ein Verfahren eingeleitet, worauf er seinen Ministersessel – nun im Kabinett Kohl – räumt. Er wird schließlich im Februar 1987 rechtskräftig verurteilt.

Im ersten Halbjahr 1982 hofft Helmut Schmidt noch, die Koalition retten zu können. Aber von Woche zu Woche wird sein Vertrauen immer mehr erschüttert, sei es durch das kritische Interview eines Genossen oder einen der sphinxhaften Auftritte Genschers im Fernsehen. Schmidt durchlebt depressive Stimmungen. Er erwägt zurückzutreten, aber sein Pflichtbewusstsein und auch der Wunsch, sein Amt nicht ebenso ruhmlos zu beenden wie einst Brandt, halten ihn davon ab.

Herbert Wehner beginnt bereits Ende 1981 seinen Rückzug auf Raten. Er gibt die seit 1973 wahrgenommene Chefredaktion der

Monatszeitschrift *Neue Gesellschaft* auf und kandidiert im März 1982 auch nicht mehr für den SPD-Parteivorstand. Zwischen April und Juni fällt der Fraktionsvorsitzende wegen einer Lungenentzündung und einer Prostataoperation aus – fatal in einer Situation, in der die SPD-Fraktion dringend einer unbestrittenen Autorität bedurft hätte.

Unterdessen schwindet das Maß an inhaltlichen Gemeinsamkeiten zwischen SPD und FDP weiter. Den Haushalt für das Jahr 1983 zu verabschieden war schon ein Brachialakt – zwischen den finanzpolitischen Vorstellungen etwa der Gewerkschaften und der Marktwirtschaftler unter Otto Graf Lambsdorff liegen Welten. Mit jedem neuen Haushaltsloch, das sich auftut, droht neues Ungemach.

Das vorzeitige Aus

Die SPD-FDP-Koalition zerbricht

Am 6. Juni 1982 erinnert wieder ein Ereignis an die Endphase der Regierung Brandt im Frühjahr 1974 – aufs Neue erlebt die SPD bei Bürgerschaftswahlen in ihrem Stammland Hamburg ein Debakel. Nachdem sie vier Jahre zuvor mit 51,5 Prozent der Stimmen noch die absolute Mehrheit errungen hat, holt sie jetzt nur noch 42,7 Prozent! Die FDP bleibt wie 1978 (4,8 Prozent) unter der Fünf-Prozent-Grenze, dieses Mal mit 4,9 Prozent. Die CDU legt von 37,6 auf 43,2 Prozent zu. Die Grün-Alternative Liste (GAL), eine Vorläuferin der Grünen, zieht mit 7,7 Prozent erstmals in Hamburgs Stadtparlament ein.

Die Hamburg-Wahl ist ein Signal: Hans-Dietrich Genscher sieht jetzt endgültig keine Mehrheit mehr für die sozialliberale Koalition, ihn überkommt mit Blick auf die FDP nackte Existenzangst. Er fasst bereits den Ausstieg aus der Regierung Schmidt ins Auge, will aber den Bundeskanzler und die SPD bis zum Herbst hinhalten, um einen Stimmungstest für eine mögliche CDU-FDP-Koalition abzuwarten, denn im Herbst wird der Landtag in Hessen gewählt, und hierzu gibt der FDP-Landesverband der CDU ein Koalitionsversprechen ab. Hans-Dietrich Genscher taktiert, will sich erst »absichern«, bevor er das langsam sinkende Schiff verlässt.

Doch jetzt ist es Helmut Schmidt, der in die Offensive geht. Während seines Sommerurlaubs 1982 am Brahmsee beschließt er, die Koalition mit den Freien Demokraten zu beenden. Er will nicht länger darauf warten, dass Genscher ein befreiendes »Ja, ich stehe zu diesem Bündnis!« sagt, jetzt betreibt er selbst die Sezession und setzt Genscher unter Druck. Weshalb gibt Helmut

Schmidt auf? Nicht Genscher, sondern die eigenen Parteifreunde haben ihn mürbe gemacht, so der Saarbrücker Oberbürgermeister und Kritiker des NATO-Doppelbeschlusses Oskar Lafontaine, der in einem *Stern*-Interview den Tugendkatalog des Bundeskanzlers – Standhaftigkeit, Stetigkeit, Pflichtgefühl – wie kein anderer vor oder nach ihm diskreditiert. »Das sind Sekundärtugenden«, so Lafontaine, »ganz präzise gesagt: Damit kann man auch ein KZ betreiben.«

Das Zitat erscheint in der *Stern*-Ausgabe vom 15. Juli 1982, wird aber – natürlich – schon vorab verbreitet, um den Kioskverkauf zu steigern. Bereits am 14. Juli telefonieren Schmidt und Lafontaine miteinander. Lafontaine entschuldigt sich und versichert, dass er Schmidt nicht persönlich habe treffen wollen. Schmidt rät zu einem Leserbrief an den *Stern*, dessen Abdruck Lafontaine unter Hinweis auf das Presserecht verlangen soll. Lafontaine lehnt ab, weil das Zitat tatsächlich so gefallen ist (und damit das Presserecht nicht greift), wobei er aber, wie er jetzt versichert, den *Stern*-Redakteur gebeten habe, ihn nicht wörtlich zu zitieren. Auf Lafontaines Hinweis hin, dass er die abgedruckten Zitate nicht für gefälscht erklären kann, nimmt Schmidt seine Entschuldigung nicht an.

Danach schreibt Helmut Schmidt einen Brief an Lafontaine, in dem er seine tiefe Kränkung über dessen Aussagen zum Ausdruck bringt. »Ich habe eine derartige Beleidigung in über 36 Jahren der Zugehörigkeit zu meiner Partei bisher weder innerhalb der Partei noch von einem politischen Gegner erlebt [...]. Willy Brandt erhält Durchdruck dieses Briefes. Ich selbst habe nicht die Absicht, mich zu dieser Beleidigung öffentlich zu äußern.« Lafontaine antwortet ihm einige Tage später, und das nicht als Landesvorsitzender der saarländischen SPD und SPD-Vorstandsmitglied, sondern als Oberbürgermeister von Saarbrücken – was Schmidt als Provokation empfinden muss, denn ein Oberbürgermeister ist für die Themen, die Lafontaine in dem Schreiben aufgreift, nicht zuständig. Lafontaine nennt jetzt die *Stern*-Zitate »unvollständig und mißverständlich«. Ein Versöhnungsbrief wird das aber nicht. Lafontaine nutzt die Gelegenheit, »wichtige Punkte zu nennen, in denen ich der von Dir vertretenen Politik nicht zustimmen kann«, etwa die Waffenexporte in Länder der Dritten Welt, die Anhebung der Rüstungsausgaben um jährlich drei Prozent oder die Stationierung von nuklearen Trägerwaffen in der Bundesrepublik. Nicht zuletzt beanstandet Lafontaine, dass Schmidt nach der Wahl 1980 kein Programm zur Bekämpfung der Arbeitslosigkeit durchgesetzt habe.

In derselben *Stern*-Ausgabe, die Lafontaines umstrittenes Zitat abdruckt, kommt Günter Gaus zu Wort, zeitweise ein enger Mitarbeiter von Bundeskanzler Willy Brandt. Gaus thematisiert das Popularitätsgefälle zwischen dem angesehenen Kanzler Helmut Schmidt und dessen Partei, die in einem Umfragetief steckt. Gaus denkt laut darüber nach, ob Schmidt wohl Anhänger eines Bürgersenats ist, der keine Parteien mehr kenne, um dank eines Votum des Volkes ohne die lästigen Parteien weiterregieren zu können. Ist Helmut Schmidt, sinniert Gaus, also ein »Helmut von Papen«, in Anspielung auf Franz von Papen, den letzten, glücklosen Reichskanzler der Weimarer Republik, der vor Hitler kam, und der seine Stellung gleichfalls »über« den Parteien sah? Gaus' Artikel ruft viel Empörung hervor, der renommierte Politikwissenschaftler Theodor Eschenburg zum Beispiel vermutet dahinter nichts weniger als Infamie.

Zur Urlaubslektüre des Bundeskanzlers gehört ein Artikel des SPD-Bundestagsabgeordneten Peter Conradi im SPD-Blatt *Vorwärts,* Ausgabe 5. August 1982, der Schmidt dafür kritisiert, »sich mehr als einmal ohne Not von den Beschlüssen der Partei distanziert« zu haben. »Der Hauptgrund für die zunehmende Entfremdung zwischen unserer Politik und unseren Wählern liegt im Politikverständnis der Bundesregierung und der Fraktionsführung.« Die Parlamentsmehrheit – also auch die SPD-Fraktion mit ihrem Mitglied Conradi – werde zur Magd der Regierung. Helmut Schmidt boxe, so der SPD-Abgeordnete weiter, Politik »nach dem preußischen Exerzierregiment – Stillgestanden, die Augen rechts!« durch.

Helmut Schmidt merkt, dass Tabus fallen, und erwartet noch mehr Diffamierungen dieser Art, je länger er an dem Regierungsbündnis festhält. Mit Datum vom 10. August 1982 schreibt er an Herbert Wehner, es werde offenkundig »einiges zusammengebraut«, wobei Schmidt ausdrücklich auf den Conradi-Artikel im *Vorwärts* Bezug nimmt. Er fühlt sich in seiner Ehre verletzt und will das, wie schon früher angekündigt, nicht länger hinnehmen.

Schon mit dem Dahinsiechen der sozialliberalen Koalition seit diesem Frühjahr sprachen die »Troikaner« wieder mehr und mehr mit einer Stimme. Nur dank des vereinten Kraftakts von Wehner, Brandt und Schmidt war der Bundeshaushalt 1983 von der SPD-Seite her zustande gekommen (eine finanzpolitische Einigkeit, die die »Troika« bei den Etats seit Ende der siebziger Jahre vermissen ließ). Jetzt, da es auf das Ende zugeht, Opfer und Schuldige zu benennen sind, gibt es einen professionellen Gesprächsfluss. Es scheint das merkwürdige Einverständnis darüber zu sein, Schluss zu machen mit dieser Regierung und mit ihrem Dreigespann, das längst müde und seiner selbst überdrüssig geworden ist.

Helmut Schmidt fährt mehrfach zu Herbert Wehner auf den Heiderhof, um sich mit ihm abzustimmen. »Der Fraktionsvorsitzende war, wie meist in letzter Zeit, sehr schweigsam«, notiert Klaus Bölling in sein Tagebuch, nachdem ihm Helmut Schmidt von dem Treffen berichtet hat. Willy Brandt trägt die forcierte Auflösung der Koalition zögerlicher mit, doch letztlich ist auch er dafür.

Seit Monaten versucht Helmut Schmidt, Hans-Dietrich Genscher zur Offenlegung seiner Absichten zu bringen. Dies ist allerdings ein vergebliches Unterfangen, auch weil Genscher selbst noch nicht über eine klare Strategie verfügt. Da verschafft ein Zufall dem Bundeskanzler mehr Sicherheit, was Genschers Pläne betrifft. Und wie so oft, sind dabei Journalisten im Spiel.

Im Bundespresseamt hatte man einige Erfahrungen mit der Auswertung von journalistischen Leitartikeln gesammelt, in denen Wissen aus Hintergrundgesprächen verwertet wird. Als Mitarbeiter dieses Amtes am 20. August 1982 zufällig erfahren, dass der so genannte Schmelzerkreis, dem konservative Chefredakteure bedeutender Tageszeitungen angehören, am selben Tag ein Hintergrundgespräch mit dem FDP-Vorsitzenden Genscher führt, analysieren sie deren nächste Leitartikel. So können sie den Inhalt des Hintergrundgesprächs ermitteln, das im Übrigen genau einen Tag vor dem Landesparteitag der hessischen FDP stattfindet, auf dem beschlossen wird, nach den Landtagswahlen im September 1982 der SPD den Rücken zu kehren und mit der CDU eine Koalition zu bilden. Der 20. August ist außerdem genau der Tag, an dem Hans-Dietrich Genscher ein Jahr zuvor seinen legendären »Wendebrief« verschickt hat.

Nach den zahlreichen Leitartikeln zu schließen, erklärt Genscher den Chefredakteuren des Schmelzerkreises, dass die vor einem Jahr angekündigte »Wende« vor der Verwirklichung stehe und die FDP nach der Landtagswahl in Hessen abspringen werde, unter anderem weil sie die Sicherheitspolitik eines Teils der SPD, sprich den Widerstand gegen den Doppelbeschluss und die Entfremdung vom Bündnispartner USA, nicht länger mittragen will.

Die Nachricht, dass ein solches Hintergrundgespräch stattgefunden hat, und dessen Auswertung wird dem urlaubenden Bundeskanzler am Brahmsee zugestellt. Der weiß jetzt, was die Stunde geschlagen hat: Er muss selbst handeln, will er Herr des Verfahrens bleiben.

Mitte September ist der Anlass gefunden, um der FDP die Schuld am Koalitionsbruch geben zu können, ein wirtschaftspolitisches Papier von Otto Graf Lambsdorff, um das ihn der Bundeskanzler gebeten hatte. Schmidt nennt es einen »Scheidungsbrief« und ein »Dokument der Sezession«. Er weiß, dass das Papier nicht die Ursache des Bruches ist, aber als gewiefter Taktiker hat er bereits den nächsten Wahlkampf eingeläutet.

Der Bundeskanzler ist fest entschlossen, die vier FDP-Minister seiner Regierung zu entlassen. Als Hans-Dietrich Genscher von Schmidts Absicht erfährt, kommt er ihm zuvor und unterrichtet den Kanzler am frühen Morgen des 17. September 1982 vom Rücktritt der liberalen Kabinettsmitglieder. Damit ist die SPD-FDP-Koalition zerbrochen.

Die Sitzung des Deutschen Bundestages am Vormittag des 17. September 1982 geht in die Geschichte der Bundesrepublik Deutschland ein. Als Helmut Schmidt kurz nach neun Uhr an das Rednerpult tritt, um eine »Erklärung des Bundeskanzlers« abzugeben, bleiben vier Ministersessel auf der Regierungsbank leer. Schmidts Gesicht ist schmal und bleich, weil übernächtigt, doch der Kanzler gibt sich gewohnt angriffslustig und wortgewaltig. Er schiebt die Schuld am Bruch ausschließlich der FDP zu. Geschickt erinnert er daran, dass Genscher gerade einmal zwei Jahre zuvor mit dem Namen »Schmidt« auf seinen Wahlplakaten geworben habe. Helmut Schmidt schlägt bei dieser Gelegenheit Neuwahlen mit ihm als amtierendem Bundeskanzler vor, doch er weiß, dass sich Helmut Kohl nicht darauf einlassen wird. Ausdrücklich nimmt Schmidt die SPD-Bundestagsfraktion von der Schuld aus, womit er die Wirklichkeit beschönigt. Die SPD-Abgeordneten danken ihm das in diesem Augenblick mit donnerndem Applaus. Ein Dankeswort oder auch eine Loyalitätsbekundung gegenüber dem Parteivorsitzenden, der auf seinem Abgeordnetenstuhl neben Wehner zuhört, unterbleibt.

Als Helmut Schmidt nach der Rede an seinen Platz zurückgeht, stehen die SPD-Abgeordneten auf und applaudieren lautstark. Willy Brandt kommt zur Regierungsbank und reicht Schmidt die Hand.

Konstruktives Misstrauensvotum

Am Tag der Abstimmung über ein Konstruktives Misstrauensvotum gegen Helmut Schmidt, dem 1. Oktober 1982, treten alle »Troikaner« an das Rednerpult des Bundestages. Helmut Schmidt formuliert in 13 Punkten eine Art politisches Testament seiner Kanzlerschaft – Prinzipien, mit denen er dauerhaft identifiziert werden möchte. Einmal mehr sagt er, dass sich der Friedfertige nicht darauf verlassen kann, »dass seine eigene Friedenssehnsucht schon ausreicht, um den Frieden zu bewahren«. Es gebe zur Politik der vereinbarten schrittweisen Abrüstung, des vereinbarten Gleichgewichts auf niedrigem Niveau, keine vernünftige friedenspolitische Alternative. Schmidt verteidigt den NATO-Doppelbeschluss, von dem seine Partei zu dieser Zeit schon abgerückt ist.

Später spricht der fast 76-jährige Herbert Wehner zu den Abgeordneten und zu den Zuschauern am Fernsehschirm, doch der schwer kranke Fraktionsvorsitzende hält keine große Rede mehr, hat Mühe und Not, seine Gedanken in klare, verständliche Worte zu fassen. Große Teile der Bevölkerung hielten, sagt er, Kohl für überfordert, die Probleme einer krisengeschüttelten Zeit zu meistern. Im Hohn auf den politischen Gegner blitzt die alte Wortgewalt noch einmal auf – als die Abgeordneten der Union wieder einmal dazwischenrufen, grollt Wehner: »Hören Sie doch mit Ihrem Gekreische auf. Irgendwo krabbelt's bei Ihnen.« Als Wehner an seinen Platz im Plenum zurückgeht, vermeidet es Willy Brandt, sein Nebenmann, zu gratulieren, er schaut nicht einmal zu ihm hin.

Innerlich bewegt von den Ereignissen, ungewöhnlich schrill im Ton, spricht schließlich Willy Brandt. Er betont die Leistungen der sozialliberalen Koalition seit ihrer Bildung im Herbst 1969. Es ist eine Rede für die Geschichtsbücher, kein Beitrag zur aktuellen Politik. Als Brandt wieder Platz nimmt, gibt es wiederum keinen Blickkontakt oder Händedruck mit Stuhlnachbar Wehner.

Kurz nach der Wahl Helmut Kohls zum Bundeskanzler tritt die SPD-Fraktion zusammen, wo sich Helmut Schmidt als bisheriger Regierungschef verabschiedet. »Seltsam zögerlich«, schreibt Klaus Bölling in sein Tagebuch, reicht Herbert Wehner Helmut Schmidt einen Strauß roter Rosen in Klarsichtfolie und sagt dazu, er schäme sich der Geste ein wenig. Wahrscheinlich denkt er in diesem Augenblick nicht an den Strauß roter Rosen, den er achteinhalb Jahre zuvor dem gerade zurückgetretenen Bundeskanzler Willy Brandt in einer Fraktionssitzung überreicht hatte. Gleichwohl drängt sich der Vergleich auf.

Für Helmut Schmidt ist Willy Brandt zum Totengräber seiner Regierung geworden. Er bittet Albrecht Müller, den Planungschef im Kanzleramt unter Brandt und ihm, zu einem Abschiedsgespräch. Müller hofft darauf, mit warmen Worten aus seinem Amt verabschiedet zu werden – doch wird er lediglich stummer Zeuge einer Schimpfkanonade Schmidts. Brandt hat, so Schmidt, die Torheit begangen, »gesinnungsethisch-fundamentalistische Sozialdemokraten in der Friedensbewegung« schalten und walten zu lassen. Dieser schwerwiegende Fehler musste zwangsläufig zum Verlust der Regierungsfähigkeit führen.

Was macht Herbert Wehner? Er weiß, dass er das Amt des SPD-Fraktionsvorsitzenden im Bundestag nicht länger ausüben kann. Bis zur vorgezogenen Bundestagswahl im März 1983 nimmt er es noch wahr. Hamburger Freunde drängen ihn Ende November, das Abgeordnetenmandat zu behalten, doch mit Datum vom 12. Januar 1983 schreibt Wehner dem Hamburger SPD-Landesvorsitzenden, »ich befinde mich im 77. Lebensjahr, und meine körperliche Verfassung nötigt zu prüfen, ob ich imstande sein werde, die mit dem Mandat verbundenen Verpflichtungen erfüllen zu können«. Wehner verzichtet. Er sagt: »Es reicht.« Er erkennt, dass ein Generationswechsel in der Fraktion stattgefunden hat. Diese neue Generation, die nicht mehr dem Prinzip »Befehl und Gehorsam« folgt, ist ihm fremd geworden. Seine Mitarbeiter in der Fraktion schenken ihm zum Abschied 90 Bäume für den »Herbert-und-Lotte-Wehner-Wald« in Israel.

Herbert Wehner bittet Helmut Schmidt, sein Nachfolger zu werden und die Fraktionsführung zu übernehmen. Schmidt soll auch – das stellt ihm Willy Brandt in Aussicht – der nächste SPD-Kanzlerkandidat sein. Brandt ist auch für einen Fraktionsvorsitzenden Schmidt (allerdings erst, nachdem Wehner seine Drohung nicht wahr gemacht hat, am Tag des Konstruktiven Misstrauensvotums zurückzutreten; sonst hätte, glaubt Helmut Herles, Brandt den Fraktionsvorsitz selbst übernommen).

Auch Hans-Jürgen Wischnewski ermuntert ihn zum Weitermachen aus einem pragmatischen Grund: Ein Helmut Schmidt, der nicht unter politischem Volldampf steht, ist nicht einmal für Schmidt selbst denkbar! Klaus Bölling und andere raten wegen der angegriffenen Gesundheit ab. Sie wissen auch, dass parteiinterne Konflikte bevorstehen, die Schmidt Niederlagen bereiten und sein Ansehen beschädigen könnten.

Helmut Schmidt fragt unter anderem den evangelischen Bischof Eduard Lohse, ob eine Abkehr von Parteiämtern eine Art Weglaufen von der Pflicht bedeute. Lohse versichert ihm, dass er genug Pflichtmensch gewesen sei und nun das Recht habe, jeder Pflicht zu entsagen. Schmidt nimmt sich jetzt dieses Recht. Trotzdem fällt ihm das Nein schwer, das erste in seiner langen politischen Laufbahn!

Die Ansprache am 26. Oktober 1982 vor der SPD-Bundestagsfraktion, in der Schmidt seinen Rückzug begründet, fällt deutlich aus. Schmidt sagt, ihm sei klar geworden, dass manche Genossen ihn gerade deshalb zur Kanzlerkandidatur drängten, weil sie sich dadurch eine Festigung der Beharrlichkeit, der Kontinuität sozialdemokratischer Politik erhofften. »Aber mir ist auch klar geworden, dass manche Genossen die vorgenannten Kontroversen – wie auch andere Meinungsverschiedenheiten – lediglich vorübergehend zurückstellen wollen.«

Die beiden politisch weiter agierenden Genossen Brandt und Schmidt finden jenseits einer bemühten »political correctness« keine gemeinsame Basis mehr. Zu tief sitzen die Wunden, die man sich in den letzten Monaten und Jahren zugefügt hat. Man schreibt sich weiter zum Geburtstag, aber mehr aus Pflicht denn aus Neigung. Halb verbittert, halb resigniert schlüpft der Abgeordnete Helmut Schmidt in die Rolle des artigen Genossen, der dem großen Vorsitzenden versichert, er werde »Euch immer weniger Schwierigkeiten machen«. Tatsächlich kommentiert er nicht mehr die programmatische Entwicklung und die politischen Positionen der SPD. Er schimpft fortan allgemein über die »politische Klasse«, wie er sie nennt, die seiner Generation, der Kriegsgeneration, nachfolgt und ihr so wenig entspricht. Da regieren jetzt, so seine Wahrnehmung, Karrieristen, die nicht mehr wissen, auch nicht mehr wissen können, was Pflicht und Verantwortung für ein politisches Gemeinwesen bedeuten.

Ähnlich wie Brandt nach seinem Kanzlerrücktritt kommt auch Schmidt immer mehr zu der Überzeugung, dass er durch parteiinterne Intrigen gestürzt worden ist. Schmidt verzeiht sich zwei Kardinalfehler nicht, wie er mir im Gespräch bekannte: Erstens, 1981, als der Parteivorsitzende von der Sicherheitspolitik der Bundesregierung abzurücken begann, nicht zurückgetreten zu sein, und zweitens, nicht den SPD-Parteivorsitz angestrebt zu haben.

Politische Weggefährten und Historiker sind geteilter Meinung darüber, ob Helmut Schmidt je eine Chance hatte, Brandt als Parteivorsitzenden zu beerben. Nach Brandts Rücktritt als Kanzler 1974 wollte er ihm nicht auch noch dieses Amt nehmen; der Historiker Joachim Fest nennt das »die aus dem Partei-Sentiment herrührende Erwägung, dem unter so demütigenden Umständen Verabschiedeten nicht das Äußerste zuzumuten«. Zu seiner besten Zeit, 1977/78, sieht Schmidt keinen Anlass, Brandt abzulösen, zumal der ihm noch loyal zuarbeitet. Als Schmidt merkt, dass ihm eine Doppelfunktion zur Disziplinierung der Partei nützlich wäre, ist es zu spät, Brandt hat sich persönlich und politisch längst wieder aufgerappelt und macht den Parteivorsitz zur festen Plattform seines weltweiten Engagements. Helmut Schmidt hat sich – noch einmal Joachim Fest – »nicht hinreichend Rechenschaft darüber gegeben, wie viel Gereiztheiten der Sturz eines Manns mit so missionarischem Politikverständnis wecken und dass sie immer den Nachfolger treffen mussten«.

Viele haben gefragt, was der Verzicht auf den Parteivorsitz für Helmut Schmidt bedeutete, wenige, was er Willy Brandt an Macht und Einfluss beließ. Joachim Fest bringt es auf den Punkt, wenn er schreibt, Brandt sei zum »anfangs heimlichen, bald auch offenen Gegenkönig innerhalb der Partei« geworden. »Und diese halbierte Zuständigkeit hat schließlich auch, aufs Ganze gesehen, der Amtsführung Helmut Schmidts einen Zug ins häufig Halbherzige, unklar Nachgiebige verschafft, der mit dem so eindeutigen, scharf konturierten Bild dieses Mannes nur schwer zusammenzureimen war.«

Schmidt lässt Brandt seine Meinung über den versäumten Parteivorsitz wissen. Brandt empfindet Schmidts Sicht der Dinge als nachträgliche Missgunst gegen eine Amtsführung, auf die er, Brandt, persönlich stolz ist. Er ist auch davon überzeugt, »Förderer und Helfer« des Kanzlers gewesen zu sein, wie sein Biograph Peter Merseburger schreibt, eben einer, der dem Bundeskanzler den Rücken frei gehalten hat. Gekränkt kritisiert er Schmidt im Briefwechsel vom Herbst 1982, wenn er schreibt, »in Wirklichkeit mußt Du selbst wissen, daß Du ohne mich kaum länger, sondern wohl eher kürzer und vielleicht mit weniger Erfolg im Amt gewesen wärst«. Schmidt schreibt darauf, »daß Du tatsächlich (wie übrigens an manchen Punkten auch ich!) bis an die Grenzen der Selbstachtung Dich überwinden mußtest, während Du im Innern erkennbar andere Meinungen hegtest. Wir sind eben tatsächlich seit einem Jahrzehnt verschiedener Meinung über Aufgabe und nötige Gestalt der deutschen Sozialdemokratie.«

Willy Brandt hält auch später, 1989, an dieser Meinung fest: »Keine 14 Tage«, schreibt er in seinen *Erinnerungen,* »wäre ein Sozialdemokrat Regierungschef geblieben, hätte ich als Parteivorsitzender ihn für untragbar gehalten.«

Wehner: Abtritt von der politischen Bühne

Im Frühjahr 1983 gilt es, Herbert Wehner von der politischen Bühne zu verabschieden. Dass sich Brandt und Wehner nichts mehr zu sagen haben, offenbart ein Schreiben Brandts an Herbert Wehner unter dem Datum vom 18. Januar 1983 nur zu deutlich:

Lieber Herbert,

ich dachte, wir würden uns gestern im Präsidium gesehen haben, verstehe aber gut, daß Du den wichtigen Besucher oder Bericht wahrgenommen hast. Am Donnerstag werde ich im Anschluß an die Rede des anderen wichtigen Besuchers direkt nach Dortmund fahren müssen, deshalb diese Zeilen. Es ist vorgesehen, daß Dich Helmut am Freitagmorgen bei der Eröffnung des Wahlparteitages besonders begrüßt. Ich würde es begrüßen, wenn wir in den nächsten Wochen miteinander sprechen könnten und wenn Du mich bei der Gelegenheit wissen ließest, in welcher Weise die Partei künftig auf Deinen Rat zurückgreifen kann und welche Formen der weiteren Zusammenarbeit Dir genehm wären. Mit freundlichen Grüßen …«

Helmut Schmidt übernimmt es, Herbert Wehner bei einem Wahlparteitag am 21. Januar 1983 öffentlich zu verabschieden. »Kaum einer unter den heute Lebenden hat unter Verfolgung und Denunziation so gelitten wie du«, sagt Schmidt, »du hast in stetiger Arbeit immer wieder dazu beigetragen, Gesellschaft und Staat menschlicher zu machen, immer wieder dazu beigetragen, den Frieden sicherer zu machen. […] Aber wir nehmen die heutige Gelegenheit – auch wenn du es nur bärbeißig wirst anhören wollen –, dir einmal von Herzen öffentlich Dank zu sagen. Und es ist nicht nur Respekt und nicht nur Solidarität, was wir empfinden, sondern es ist auch Zuneigung, und – ja – Liebe ist es auch.«

An dieser Stelle vermerkt das Parteitagsprotokoll: »Langanhaltender starker Beifall – Die Anwesenden erheben sich – Holger Börner, Willy Brandt und Helmut Schmidt reichen Herbert Wehner die Hand«. Das ist keine präzise Wiedergabe. Wehner und Schmidt legen ihre Wangen aneinander, Wehner küsst Schmidt sogar; Brandt gibt Schmidt die Hand, um zu dem gelungenen Wort zu gratulieren.

Wenige Monate später gerät Herbert Wehner noch einmal, zum letzten Mal in seinem Leben, in die Schlagzeilen der Tagespresse – als er Greta, die Tochter seiner zweiten Frau, heiratet. Greta Wehner betont, dass sie tiefe Empfindungen füreinander gehegt hätten, und Herbert Wehner will sie obendrein finanziell versorgt wissen. Greta hatte 1953 auf ihren erlernten Beruf als Sozialfürsorgerin verzichtet und ihre Stelle als Familienfürsorgerin beim Landratsamt Offenbach-Main aufgegeben, um ihrer Mutter und Herbert Wehner »Mädchen für alles« zu sein. Herbert und Greta Wehner wissen, wie manche Deutsche über diese Liaison denken, missbilligend, ja missgünstig. Doch das schert die beiden nicht mehr.

Schmidt: Abschied auf Raten

Bei der Bundestagswahl am 6. März 1983 – der ersten seit Jahrzehnten mit nur noch einem »Troikaner« an der SPD-Spitze – holt die Partei 38,2 Prozent der Wählerstimmen, fällt also auf den niedrigen Stand der Ergebnisse von 1961 und 1965 (36,2 % und 39,2 %) zurück. Am Ende der »Troika«-Jahre steht die Partei wieder so schlecht da wie zu der Zeit, als das Gespann Wehner-Brandt-Schmidt gerade in Fahrt kam.

Nachdem Wehner nicht mehr aktiv in die Politik einzugreifen vermag, verhärten sich die Fronten zwischen Willy Brandt und Helmut Schmidt noch weiter. Der gestürzte Kanzler entwickelt einen wachsenden Groll darüber, dass Brandt die SPD vom Herbst 1982 an konsequent von der sicherheitspolitischen Linie der früheren Bundesregierung wegführt. Während die neue CDU/CSU-FDP-Regierungskoalition den NATO-Doppelbeschluss haargenau umsetzt, ruft der Parteivorsitzende die Genossen dazu auf, »gegen den Strom« zu schwimmen. Hier kommen – wie schon ganz zu Beginn erwähnt – Brandts persönliche Abkehr vom NATO-Doppelbeschluss und seine Furcht vor einer Spaltung der Partei zusammen. Statt zum Beispiel eine Mehrheits- und Minderheitenposition gleichermaßen zu würdigen, wie das der SPD-Fraktionsvorsitzende Schmidt Ende der sechziger Jahre in der schwierigen Frage der Notstandsgesetze getan hatte, sucht Brandt den rechten Flügel der Partei, die frühere Basis von Schmidt, einzubinden und die wenigen Schmidt-Getreuen zu stigmatisieren. Brandt wählt seine Argumente geschickt aus, indem er den Befürwortern vorhält, die Unionsposition nach dem Motto zu unterstützen: Wer der Nachrüstung zustimmt, ist für Kohl!

Mitte September 1983 erklärt Helmut Schmidt vor der SPD-Bundestagsfraktion noch einmal seine Motive für die Durchsetzung des NATO-Doppelbeschlusses. Er fühlt sich persönlich gegenüber dem Bündnispartner USA im Wort. Willy Brandt erklärt bei der Gelegenheit, er habe nie an den Beschluss geglaubt. Für den außerordentlichen Parteitag in Köln, der über die Position der Partei zum Doppelbeschluss entscheiden soll, entwerfen Horst Ehmke, Antje Huber und Egon Bahr den entsprechenden Antrag. Der Beschlussentwurf lehnt die Stationierung ab und fordert die Supermächte zu weiteren Verhandlungen auf. Der Entwurf erhält im Parteipräsidium und Parteivorstand eine breite Mehrheit.

Vor diesem Parteitag in Köln hat Willy Brandt eindrucksvolle Auftritte, etwa am 22. Oktober 1983 bei der zweiten Massendemonstration gegen die Nachrüstung in Bonn. Helmut Schmidt steht vor der Entscheidung, mit seiner Partei zu brechen oder zu akzeptieren, dass er selbst eine Minderheitsposition vertritt. Tatsächlich liebäugelt er damit, demonstrativ sein Amt als stellvertretender Parteivorsitzender niederzulegen, allerdings nach einer donnernden Rede gegen Brandt, Bahr und Eppler.

In der Gewissheit, dass sein Nachfolger im Kanzleramt den Doppelbeschluss vollziehen wird und damit die Geschichte über Brandts späten Kurswechsel hinweggeht, entscheidet sich Schmidt dafür, klein beizugeben und die öffentliche Demütigung, die ihm in Köln bevorsteht, hinzunehmen. Was hätte er von einem zornigen Auftritt außer einem kurzfristigen Medieneffekt? Er würde sich in später Lebenszeit die parteipolitische Basis nehmen, die ihm noch immer als Plattform für seine politische Aktivität dient. Nichts scheut er – wie auch Willy Brandt – mehr, als plötzlich zu einem Ausgestoßenen in der SPD zu werden. Also erklärt er, wie eingangs geschildert, in Köln seine Solidarität mit der Partei, die ihm in dieser Sachfrage nicht mehr folgt.

Zwei Tage nach dem Kölner Parteitag, bei der Abstimmung über diese Frage im Bundestag, wo Schmidt eine kürzere, schwächere Rede als beim Kölner Parteitag hält, greift der frühere Kanzler zu einem Trick: Einmal mehr erklärt er, für die Nachrüstung einzutreten, aber er und die anderen Befürworter enthalten sich der Stimme, weil die neue Regierungskoalition angeblich nicht ihre Pflicht erfüllt hat, die Amerikaner zu ernsthaften Zugeständnissen an die Sowjets zu drängen. Damit stellt er sich nicht offen gegen die SPD-Bundestagsfraktion und gibt auch nicht der neuen Bundesregierung seine Stimme.

Jetzt, da Schmidt der Partei offenkundig »keine Schwierigkeiten« mehr macht, kann auch ein Willy Brandt wieder »Großzügigkeit« demonstrieren. »Wenn die SPD einen Kandidaten für die Bundespräsidentenwahl aufzustellen hat, geht meine erste Frage an Helmut Schmidt«, wird Willy Brandt im *Spiegel* zitiert. Brandt vergibt sich mit diesem wohlfeilen Angebot schon deshalb nichts, weil ein sozialdemokratischer Bundespräsident für die nächsten Jahre undenkbar ist, keine Aussicht auf eine Mehrheit für ihn in der Bundesversammlung besteht.

Auch Helmut Schmidt wählt jetzt einen Abschied auf Raten. Auf dem SPD-Parteitag in Köln im Herbst 1983 legt er sein Amt als stellvertretender Parteivorsitzender nieder, beim Parteitag in Essen im Mai 1984 scheidet er ganz aus dem Parteivorstand aus. Es bleibt ihm noch das Amt des Hamburger Bundestagsabgeordneten. Schmidt nimmt dankbar das Angebot des Verlegers Gerd Bucerius an, Herausgeber der *Zeit* zu werden. Dort hat er ein linksliberales Forum für seine Gedankenarbeit und kann regelmäßig publizieren. Zugleich hält er für gutes Geld Vorträge, was Sozialdemokraten allerdings für degoutant halten. Es macht das spitze Wort die Runde, dass ein Preis, den man Helmut Schmidt verleihen will, eine bestimmte Summe nicht unterschreiten darf, sonst nimmt er lieber ein Vortragsangebot an. Brandts Biograph Peter Merseburger erwähnt in seinem Buch, Schmidt verdiene fortan, »nach dem Vorbild von Henry Kissinger, mit Reden vor internationalem Publikum ein Vermögen«. Dabei unterschlägt Merseburger, dass auch das Objekt seiner Beschäftigung, Willy Brandt, dank seiner »Nebenjobs« wie den Buchprojekten längst ein wohlhabender Mann ist und dass es internationalen Ansehens, das heißt einer verdienstvollen Lebensarbeit bedarf, um mit Vorträgen ordentliches Geld zu verdienen. Der Gerechtigkeit halber sei auch erwähnt, dass Helmut Schmidt eine Riesensumme in die von ihm mit begründete »Deutsche Nationalstiftung« einbringen wird, ein Spendenakt, wie er von Willy Brandt oder anderen deutschen Spitzenpolitikern nicht bekannt ist.

Von den Mitgliedern der Troika wirkt jetzt nur noch Willy Brandt in der deutschen Politik aktiv mit. Er ist erleichtert darüber, dass der Bruch der sozialliberalen Koalition nicht hauptsächlich der SPD und ihm persönlich angelastet wird. Helmut Schmidt selbst hat die Verratslegende, dass die Liberalen ohne politische Not, nur aus nackter Existenzangst das Koalitionsbett gewechselt haben, in glänzenden Reden genährt. Frei von Rücksichtnahmen auf einen sozialdemokratischen Bundeskanzler, auch auf einen sozialdemokratischen Fraktionsvorsitzenden, sucht Brandt die SPD konsequent für neue Herausforderungen bereit zu machen. So erlebt er einen späten Zenit seines innenpolitischen Einflusses. Er und die Seinen sind davon überzeugt, dass die SPD nach vier, spätestens acht Jahren wieder den Bundeskanzler stellen wird.

Doch das erweist sich als eine Fehleinschätzung. Der Preis, den die nach links gerückte Partei ohne einen Helmut Schmidt zu zahlen hat, ist hoch: Trotz des wenig charismatischen Bundeskanzlers Helmut Kohl holt die Union am 6. März 1983 48,8 Prozent, am 25. Januar 1987 immerhin noch 44,3 und am 2. Dezember 1990 43,8 Prozent. Sie bleibt jeweils mit Abstand stärkste Fraktion im Bundestag und bildet mit der FDP, die sich nach einer Schwächephase in der Regierung regeneriert, eine stabile Koalition. Herbert Wehners Voraussage, dass die SPD nach dem Verlust der Macht – oder soll man sagen: ihrem selbst betriebenen Rückzug? – aus der Regierungsverantwortung 15 Jahre auf die Oppositionsbank muss, zeugt von mehr Realitätssinn.

Herbert Wehner und Helmut Schmidt bekommen die Turbulenzen der SPD nach dem Bruch der Troika nur aus der Ferne mit. 1986 wird Wehner 80 Jahre alt. Die Parteifreunde geben ihm im Ruhrfestspielhaus Recklinghausen ein großes Fest, das er aber nur mit Mühe durchstehen kann. Wehners Demenzerkrankung schreitet rasch voran: Wegen einer Durchblutungsstörung des Stammhirns, die mit seiner langjährigen Diabetes zusammenhängt, zerfällt sein Gehirn nach und nach. »Ich habe versucht, in Würde zu leben«, pflegte Herbert Wehner früher zu sagen, »hoffentlich lässt mich der Herrgott in Würde sterben.« Ehefrau Greta betreut ihn rund um die Uhr. Politische Freunde versuchen ihn am politischen Leben weiter zu beteiligen: Helmut

Schmidt schreibt immer wieder lange handschriftliche Briefe, Karl Wienand bleibt noch eine Zeit lang gern gesehener Gast, Hans-Jochen Vogel, Wehners Nachfolger als SPD-Fraktionsvorsitzender, kommt einmal im Monat im Godesberger Domizil vorbei. Aber schon zwischen den Wehners und Vogel stimmt die »Chemie« nicht mehr – Vogel, der seine Termine minutengenau plant und einhält, weist Wehner genau »abgezirkelte« Gesprächszeiten zu.

Helmut Schmidt tut nach der parlamentarischen Abwahl, was auch sein Amtsvorgänger Willy Brandt nach seinem Rücktritt getan hat: Er reist um die Welt, erläutert in Gesprächen und Vorträgen seine Sicht der Dinge, sucht Kreise auf, in denen er nicht mehr um Anerkennung kämpfen muss, sondern unbedingt geschätzt wird. Die weltweite Anerkennung hilft Schmidt über den Verlust der Macht hinweg. Noch immer hält er sich für den fähigsten deutschen Politiker. Noch immer ist er auch der populärste. Es fällt ihm schwer, zu ertragen, dass – so seine Wahrnehmung – ein Mann des Mittelmaßes, Helmut Kohl, jetzt Früchte erntet, deren Saat er gelegt hat.

Besonders gilt das für den NATO-Doppelbeschluss, von dessen Richtigkeit Schmidt zu jeder Zeit überzeugt war. Die Stationierung der NATO-Waffen war, wie ihm viel später Michail Gorbatschow versichert, ein psychologisch wichtiger Schritt, um die Sowjetunion auf das Gleis der Abrüstung zu bringen. Der wichtigste Gegner dieses Beschlusses, Willy Brandt, bleibt zeit seines Lebens skeptisch. Es bleibe für ihn offen, welche Rolle tatsächlich Rüstung, Nachrüstung und Nachnachrüstung für die politische Entwicklung gespielt haben, sagt Brandt im Jahr 1987 sinngemäß zu Horst Schättle. Da werde man noch ein bisschen warten müssen. Seine politischen Freunde, die er in diesen Dingen um Rat fragt, etwa Egon Bahr, stellen die Bedeutung des Doppelbeschlusses bis heute in Abrede.

Mittwoch, 10. September 1986. Die Parteien führen im Bundestag eine Haushaltsdebatte. Weshalb ist das Plenum nahezu vollzählig? Nicht wegen des Themas der Debatte, sondern wegen des Umstandes, dass Helmut Schmidt heute seine Abschiedsvorstellung vor dem Parlament gibt. Der ehemalige Bundeskanzler spricht nach dem Unions-Fraktionsvorsitzenden Alfred Dregger, auf dessen Rede er zunächst mit Unlust Bezug nimmt. Als ihm jemand zuruft, wo eigentlich der nordrhein-westfälische Ministerpräsident und Kanzlerkandidat Johannes Rau bleibe, kommt Helmut Schmidt in Form: »Sie können doch nicht im Ernst verlangen, dass einer aus München oder aus Düsseldorf anreist, um Herrn Dregger zu hören.« Raunen bei der Union, Jubel bei der Opposition, Schmidt-Schnauze hat noch einmal »ausgeteilt«.

Helmut Schmidt skizziert die Eckpunkte seines politischen Denkens, für das er sich über Jahrzehnte hin engagiert hat, die Verankerung der Bundesrepublik Deutschland in der NATO, die Einbindung des Landes in die Europäische Union oder das Recht des Staates, sich gegen Gewalttaten von Terroristen zu verteidigen. Deutlicher als früher lässt er erkennen, dass er an der deutschen Teilung leidet. »Wir können den Versuch machen«, sagt Helmut Schmidt, »die Teilung auszuhalten. Wir können versuchen, das in der Teilung Machbare tatsächlich zu machen. Dazu gehört, politisch wie persönlich das Gespräch zu suchen.« Konkreter wird Schmidt an dieser Stelle nicht – kein Wort über die Grünen, die seit drei Jahren im Bundestag sitzen und sich als »Kinder seiner Politik« (Daniel Cohn-Bendit) betrachten, kein Wort über die Frauenbewegung, die Anti-Kernkraft-Bewegung, die Ökologie- und die Friedensbewegung. Helmut Schmidt hält eine Rede für die Angehörigen seiner Generation. Sie stellt eine Art Testament des Parlamentariers und »gelernten Demokraten« Helmut Schmidt dar. Schmidt ruft auf »zur Besinnung auf das Ethos eines politischen Pragmatismus in moralischer Absicht, unter moralischer Zielsetzung«. Die Erreichung des moralischen Ziels verlange pragmatisches, vernunftgemäßes Handeln, Schritt für Schritt. Und die Vernunft erlaube uns zugleich doch auf diesem Weg ein unvergleichliches Pathos. »Denn keine Begeisterung sollte größer sein als die nüchterne Leidenschaft zur praktischen Vernunft.«

Ein Jahr später, 1987, ist es auch für Willy Brandt Zeit, die große Abschiedsrede zu halten. Er mag Genugtuung darüber empfinden, dass er länger in seinem hohen Amt des Parteivorsitzenden bleibt als die beiden anderen »Troikaner«, doch diese letzten fünf Jahre sind keine guten für ihn. So spannungsreich die Fahrt der Troika verlaufen ist, scheint sie doch die maximale Wirkungskraft jedes ihrer Mitglieder mobilisiert zu haben, sei es aus Ehrgeiz oder aus Missgunst des einen gegenüber den anderen. Allein an der Spitze, ohne einen mäkelnden Schmidt und einen missgelaunten Wehner, wirkt Brandt matter und kraftloser. Mit Elan hat er die SPD zum Widerstand gegen den NATO-Doppelbeschluss mobilisiert, doch nach 1983 schwindet diese Kraft.

Es sind fünf Jahre, an die sich auch Genossen, die ihn heute noch verehren, nicht gern erinnern: Brandt durchkreuzt 1986 dem SPD-Kanzlerkandidaten Johannes Rau die etwas schiefe Wahlkampfstrategie, als er öffentlich dessen erklärtes Ziel, das Erringen der absoluten Mehrheit, als utopisch brandmarkt. Er beruft eine parteilose Griechin zur SPD-Pressesprecherin und provoziert somit eine parteiinterne Revolte. Die Kandidatin wird daraufhin nicht berufen. Brandt merkt, dass er die Zügel nicht mehr in der Hand hält, und versucht wenigstens noch seine Nachfolge zu regeln, aber auch das misslingt: Der Saarbrücker Oberbürgermeister Oskar Lafontaine lehnt das Angebot, Parteivorsitzender zu werden, in seiner narzisstischen Eigenwilligkeit ab.

Willy Brandt tritt am 14. Juni 1987 bei einem Sonderparteitag in Bonn vom Amt des SPD-Parteivorsitzenden zurück. Dabei hält er eine glänzende Rede, in der er seine lebenslange Arbeit für die SPD in deren über 100-jährige Geschichte einordnet.

Seit Bismarcks Zeiten, so Brandt, habe die Arbeiterschaft um ihren Platz am Tisch der Gesellschaft gekämpft, mit der sozialliberalen Regierungsbildung von 1969 sei dieser Kampf erfolgreich abgeschlossen worden. Brandt trägt auch dem neuen Bewusstsein der Zeit Rechnung, als er sagt, die moderne Technik sei zwar wichtig, ihr müssten aber »durch die Interessen der Menschen Grenzen gesetzt sein«. Die Namen Wehner und Schmidt kommen in seiner Rede nicht vor. Allerdings sucht Brandt die »Legende« zu entkräften, »der sozialdemokratische Bundeskanzler sei im Herbst '82 gescheitert, weil ihm die eigene Partei die Gefolgschaft verweigert habe«. Demontiert und funktionsunfähig gemacht worden sei die Koalition von »Leuten aus der rechten FDP-Führung«, womit Graf Lambsdorff gemeint ist.

An anderer Stelle sagt Brandt, »es bekäme uns schlecht, wenn Entscheidungen von Parteitagen in belanglose Unverbindlichkeiten mündeten. Was beschlossen ist, muss bis zu einer möglichen demokratischen Korrektur für alle gelten: auch für solche, die sich für noch bedeutender halten als andere.« Tosender Beifall kommt auf. Viele Delegierte verstehen das als einen Seitenhieb auf Helmut Schmidt.

Brandts Nachfolger wird Hans-Jochen Vogel, den Brandt verhindern wollte, im Profil und Auftritt ein Nachlassverwalter, ein Mann des Übergangs, weil noch Helmut Schmidts Kriegsgeneration zugehörig. Auch wenn Brandt auf diesem außerordentlichen Parteitag überschwänglich gefeiert wird und den obligatorischen SPD-Ehrenvorsitz übernimmt, schmerzt ihn der vorzeitige Abgang, der sich an einer nichtigen Frage entzündet hat, tief.

Die Bitterkeit darüber, wie er seinen Parteivorsitz aufgeben musste, aber auch die Freiheit, die dieses Loslassen mit sich bringt, machen Willy Brandt persönlich noch freier, unabhängiger, eigenwilliger, als er es ohnehin schon ist, und lassen ihn Auffassungen noch pointierter, bestimmter formulieren als bisher. Als zu seinem 75. Geburtstag zwei Biographien über ihn erscheinen, besorgt er die Besprechung an zentraler Stelle, im *Spiegel,* selbst. Man dürfe sich zu Texten äußern, erklärt er diesen ungewöhnlichen Vorgang, die einen selbst zum Gegenstand hätten, und »man darf es erst recht, wenn man dazu eingeladen wurde«. Dabei übt Brandt keine Nachsicht mit Autoren, die sich lange mit seiner Person und seinem Leben beschäftigt haben und die manches Detail natürlich nicht so gut kennen können wie das Objekt ihrer Beschäftigung selbst. Den einen, der eine erkennbare Sympathie für Brandt ausdrückt, weist er milde zurecht, den anderen, dem er zu dem Projekt nicht einmal ein Interview gewährt hat, rüffelt er. Brandt nutzt auch die Gelegenheit, zu betonen, dass er den umstrittenen »Radikalenerlass« so, wie er praktiziert wurde, nicht gewollt hat, und meißelt damit am eigenen Bild vor der Zeitgeschichte. Im Übrigen kommt der Hinweis auf eigene *Erinnerungen,* die er in absehbarer Zeit vorlegen will, um »druckreif zu Papier zu bringen, wie es wirklich war«. Die *Erinnerungen* werden ein wichtiges Dokument, doch die »Wirklichkeit« geben sie nicht wieder, allenfalls tragen sie zur Darstellung dieser Wirklichkeit bei.

Ehrenrunde

Die Geschichte der Troika ist an ihrem Ende angelangt: Ihr ältestes Mitglied, Herbert Wehner, lebt seine letzten Jahre in schwerer Krankheit. Willy Brandt, dessen Amtszeit als SPD-Vorsitzender nur noch von August Bebel übertroffen wird, registriert halb resigniert, halb befriedigt das, was seine so genannten Enkel tun. Helmut Schmidt schreibt Analysen in der *Zeit* und berät die Staatsmänner der Welt. Er hat Anlass zur Bitterkeit, weil ihm einige Genossen übel mitgespielt haben, aber auch zur Genugtuung, denn er hat sich lange an der Macht halten können.

Brandt und Schmidt fällt ihr Pensionärsdasein umso leichter, als sie alle Lebensfragen der Nation, die sich in den ersten vier Dekaden dieses Staates haben regeln lassen, für tatsächlich geregelt halten. Sie sind überzeugt: Die größte politische Aufgabe im Nachkriegsdeutschland, die Überwindung der deutschen Teilung, ist heute und in naher Zukunft nicht zu bewältigen. Am Ende der mehrbändigen *Geschichte der Bundesrepublik Deutschland,* die 1987 erscheint, stellt etwa der Historiker Joachim Fest sachlich fest, »dass derzeit, selbst in vagen Umrissen, keine Lösung der deutschen Frage sichtbar ist«.

Auch die »Troikaner« nehmen das mit Bedauern zur Kenntnis. Helmut Schmidt schätzt Utopien bekanntlich gar nicht und spricht sehr abstrakt von einem »gemeinsamen Dach«, das einmal beide deutschen Staaten überwölben könnte. Willy Brandt ist zeitweilig gar nicht mehr sicher, ob er auf eine – wie auch immer gestaltete – Vereinigung der beiden deutschen Staaten hoffen soll. Er räsoniert über ein »Miteinander in der Trennung«, einen Zustand, den ein gemeinsames Ideologiepapier der Sozialdemokratischen Partei Deutschlands und der Sozialistischen Einheitspartei Deutschlands vom August 1987 näher zu definieren sucht.

Doch dann passiert etwas, womit keiner der »Troikaner« gerechnet hat und was allenfalls Willy Brandt in seiner Überzeugung von der »Offenheit des geschichtlichen Prozesses« (so Brandt
1987 im Fernsehgespräch zu Horst Schättle) für nicht gänzlich
ausgeschlossen hielt: Die Mauer fällt, die DDR bricht in sich zusammen. Am späten Abend des 9. November 1989 kehrt Helmut Schmidt gerade von Terminen in Brandenburg und Sachsen
nach Hamburg zurück, als er die Fernsehbilder der Maueröff-
nung sieht und zu weinen beginnt, »eine der drei Gelegenheiten in
meinem Leben, bei der mir die Tränen gekommen sind«.

Greta Wehner setzt ihren Mann vor den Fernsehschirm, wo er
gebannt auf die Bilder der jubelnden Ostdeutschen starrt und das
Ereignis tatsächlich wahrzunehmen scheint, wie Greta im Nachhinein überzeugt ist. Willy Brandt ist jetzt ebenfalls ein alter
Mann, aber das Erleben seines »Lebenstraumes« beflügelt ihn
nochmals: Er wird in den folgenden Wochen und Monaten zu
einer Symbolfigur der deutschen Einheit. Er war Regierender Bürgermeister von Berlin und der erste Bundeskanzler, der einen Besuch im zweiten deutschen Staat unternommen hat. Brandt gehört jetzt zu den Identifikationsfiguren, die in Ostdeutschland
gebraucht werden. In der für ihn charakteristischen Einfachheit
und Klarheit, in der sich viele Menschen wiederfinden können,
prägt er das Wort der Stunde: »Jetzt wächst zusammen, was zu-
sammengehört.«

Von ganz anderer Art ist der Beitrag, den der andere, ebenfalls
wieder präsente »Troikaner«, Helmut Schmidt, leistet. Nicht um
politische Symbolik geht es ihm, sondern – wie stets bei seiner Arbeit – um die Bewältigung praktischer Probleme. In *Zeit*-Arti-
keln und Büchern führt er präzise aus, was zu tun ist, verlangt
eine Art neuen Lastenausgleich, damit die Milliarden Mark, die
Ostdeutschland jetzt braucht, sozial gerecht verteilt werden. Von
seinem Nachfolger im Kanzleramt verlangt er zum Tag der deutschen Vereinigung am 3. Oktober 1990 eine »Blut-, Schweiß- und
Tränenrede«, einen moralischen Solidaritätsappell an das Volk,
wie ihn einst Winston S. Churchill im Krieg an die Briten richtete.
Der politische Pensionär Helmut Schmidt kann jetzt sagen, was
Politiker im laufenden Betrieb zwar wissen, aber sich nicht zu sa-

gen trauen: dass die Westdeutschen für einige Jahre auf einen Zuwachs ihres realen Lebensstandards verzichten müssen, um die Bürger in der früheren DDR zu unterstützen. Und dass die Ostdeutschen sich in Geduld üben müssen, da eine Angleichung an die Lebensverhältnisse des Westens nicht in kurzer Zeit zu schaffen ist.

Mitten im Vereinigungsprozess, am 19. Januar 1990, stirbt der Erste der »Troikaner«, Herbert Wehner. Er wird 83 Jahre alt. Wehner erhält ein Staatsbegräbnis. Bundespräsident Richard von Weizsäcker hält eine würdigende, aber nichts beschönigende Rede. Es sei wohl zu allen Zeiten schwer für die Öffentlichkeit gewesen, so von Weizsäcker, sich ein Bild von Wehners Persönlichkeit und seinen Zielen zu machen. »Immer wieder wurden die Eindrücke geprägt von seinem leidenschaftlichen Temperament, seiner Tonlage und Wortwahl im zugespitzten Angriff, seiner explosiven Schonungslosigkeit gegenüber beinahe jedermann und gegen sich selbst.«

Wie Herbert Wehner selbst in Erinnerung bleiben möchte, lässt sich erahnen, denn er hat Todesanzeigen von politischen Freunden gern eine persönliche Note gegeben. In der Todesanzeige des früheren Pressesprechers der SPD-Bundestagsfraktion, Wolfgang Jansen, mit dem Wehner auch eine enge persönliche Beziehung verband, heißt es: »Er hat das Leben geliebt und den Tod nicht gefürchtet. Die dunklen Stunden lehrten ihn, den Wert der frohen Tage zu erkennen. So war er ein glücklicher Mensch. Darum soll niemand um ihn trauern, aber wer will, mag seiner gedenken.«

Seine letzte Ruhe findet Herbert Wehner in Bonn-Bad Godesberg, unter einem Stein, der zwar kein Kreuz zeigt, aber doch ein kreuzähnliches Motiv. Das entspricht dem Glaubensverständnis des Verstorbenen: Er war in der Emigrationszeit wieder zum Christen geworden, aber doch zu einem eigenwilligen – wie konnte es bei diesem Mann anders sein?

Derweil unternehmen Schmidt und Brandt einen letzten Versuch »der gegenseitigen Annäherung« – doch dieses Bemühen um eine Versöhnung hat eher symbolhaften Charakter. Als Schmidt erfährt, dass Brandt an seinen *Erinnerungen* arbeitet, schreibt er ihm einen Brief: »Je größer unser Abstand zu unseren öffentlichen Ämtern wird, umso weniger will es mir vorkommen, dass wir in den letzten fünfzehn Jahren nicht mehr so gut übereingestimmt haben wie zuvor [...] in allen Punkten.« In den *Erinnerungen* kommt Schmidt gut weg – Brandt erweckt den Eindruck, als sei ihr politisches Auseinanderdriften Anfang der achtziger Jahre persönlich nicht gewollt und politisch unvermeidlich gewesen, was natürlich nicht stimmt. (Umgekehrt lässt Schmidt in seinen *Weggefährten* keine Milde mit Brandt walten – er betont mehr die Differenzen als die Gemeinsamkeiten.) Brandts Erinnerungen an Wehner übrigens sind ohne innere Regung verfasst und erwecken den Eindruck, als sei der »Troikaner« »eher ein zufälliger Gast« (Gunter Hofmann) in seinem Leben gewesen. Vielleicht braucht Brandt diese Distanzierung, um an Wehner nicht weiter zu leiden. Die Wahrheit sieht anders aus – in Wirklichkeit ist Herbert Wehner derjenige, der, wie Brandt es empfindet, ihm mehr Schmerz in seinem Leben zugefügt hat als jeder andere.

Drei Jahre nach Veröffentlichung der *Erinnerungen,* so berichtet der Historiker Gregor Schöllgen, kommt es zur Aussöhnung zwischen Brandt und Schmidt – für den 15. November 1991 lädt die SPD-nahe Friedrich-Ebert-Stiftung aus Anlass des 100. Geburtstags von Julius Leber, einem politischen Ziehvater Willy Brandts, in die Berliner Gethsemanekirche ein. Bei der Gelegenheit sprechen sowohl Willy Brandt als auch Helmut Schmidt. Holger Börner, der unermüdliche Brückenbauer, vermittelt anschließend ein Gespräch unter vier Augen, bei dem Brandt und Schmidt »ihr Kriegsbeil begraben«. Was heißt das? Sie bekunden einander ihren gegenseitigen Respekt. Das entspricht einem persönlichen Bedürfnis beider, zu einer Überbrückung der Meinungsverschiedenheiten kommt es indes nicht.

Im Herbst 1991 wird bei Willy Brandt Darmkrebs diagnostiziert. Er weiß, dass er nur noch kurze Zeit zu leben hat. Brigitte Seebacher-Brandt pflegt ihn aufopferungsvoll, ein Verdienst, das bei dem Urteil über Brandts letzte Frau häufig außer Acht gelassen wird. Brandt empfängt jetzt nur noch wenige Besucher – Helmut Schmidt gehört dazu. Diese weitere Begegnung nach 1991 festigt den Willen, in Frieden auseinander zu gehen. Willy Brandt stirbt am 8. Oktober 1992, wenige Wochen vor seinem 79. Geburtstag.

Im selben Jahr, 1992, entsteht in Dresden – nicht in Bonn oder Berlin – das »Herbert-Wehner-Bildungswerk«. Die Institution, die die Erinnerung an Wehner wach halten soll, nimmt dort ihren

Sitz, wo er geboren wurde und wo ihm ohne Ressentiments begegnet wird. Ostdeutsche verstehen eher, dass ein Mensch sich vom glühenden Kommunisten zu einem ebenso glühenden Demokraten wandeln kann. Greta Wehner selbst zieht 1996 nach Dresden, weil sie überzeugt ist, dass ihr Mann, hätte er die Wiedervereinigung gesund erlebt, in seine sächsische Heimat zurückgekehrt wäre, um am Aufbau des Landes und der sächsischen Sozialdemokratie mitzuwirken. »In Sachsen stand die Wiege der deutschen Sozialdemokratie«, so Greta Wehner, »es geht darum, diese Tradition wieder zu beleben.« Sprecher des »Freundeskreises Herbert-Wehner-Bildungswerk« ist ein früherer Minister im Kabinett von Helmut Schmidt, Jürgen Schmude.

»Heimlicher Bundespräsident«
Helmut Schmidt

Allein auf der politischen Bühne zurück bleibt Helmut Schmidt, der Jüngste der »Troikaner«, inzwischen auch ein gesundheitlich angegriffener, aber noch immer arbeitswütiger Mann. In den neunziger Jahren kommt er auf eine Idee zurück, die schon Willy Brandt in einer seiner Regierungserklärungen als Bundeskanzler formuliert hat, die Gründung einer Deutschen Nationalstiftung. Zusammen mit ideellen und finanziellen Förderern hebt er diese Stiftung aus der Taufe, die mit Tagungen, Forschungsprojekten und einer Schriftenreihe zum nationalen Bewusstsein der Deutschen beitragen soll. Dabei geht es nicht nur um die Stärkung einer deutschen Identität, sondern um die Förderung eines Bewusstseins dafür, dass die Bundesrepublik nur in einem zusammenwachsenden Europa ihre Einheit vollenden konnte und deshalb ihren »Weg nach Europa« fortsetzen muss.

Helmut Schmidts Popularität ist auch Jahrzehnte nach seiner Kanzlerschaft ungebrochen. Nach seiner Abwahl im Bundestag ist er zu einer Art heimlichem Bundespräsidenten geworden. Wo Schmidt auftritt, sind die Säle voll. Anfang der neunziger Jahre, als die wirtschaftlichen Problemen der Wiedervereinigung immer gravierender werden, sehen ihn viele wieder gern als Bundeskanzler, weil sie ihm die Kompetenz zutrauen, die gewaltigen Probleme der Einheit zu meistern. Das schmeichelt Schmidt, doch er weiß, dass er nicht die robuste Gesundheit eines Konrad Adenauer hat.

Auch Schmidts Bücher verkaufen sich glänzend, er ist der meistgelesene politische Autor in der Bundesrepublik. Allerdings tragen diese Werke wenig zur Aufhellung der Historie bei. Schmidts außenpolitische Bücher könnten Titel tragen wie: »Ich und die Politik in der Welt«, »Ich und die Großen der Welt«. Auch wenn Helmut Schmidt stets bestritten hat, dass ihn so etwas wie »ein Platz in der Geschichte« interessiert, sind seine Bücher nichts anderes als eine selbstbewusste Positionierung im zeitgeschichtlichen Kontext. Der historischen Forschung liefert er eine Selbstinterpretation, deren Bedeutung jener von Konrad Adenauer oder Willy Brandt nicht nachsteht.

Als Brigitte Seebacher-Brandt die Legende zu schmieden sucht, Wehner habe ihren Gatten als Kanzler gestürzt und damit Verrat an der Bundesrepublik Deutschland geübt, und ihr Greta Wehner öffentlich widerspricht, schreitet der letzte Überlebende der Troika, Helmut Schmidt, ein: »Die Toten können nicht mehr reden. Also müssen heute ihre Freunde und ihre Zeitgenossen Zeugnis ablegen«, leitet er pathetisch einen Beitrag für die *Zeit*-Ausgabe vom 28. Januar 1994 ein. Auch er äußert keine Zweifel an Wehners Standhaftigkeit: »Über seine Kontakte zu Ost-Berlin hat er mich bei Antritt meiner Kanzlerschaft minutiös schriftlich unterrichtet, mündliche Erläuterungen kamen hinzu. Wir sind bis zum Ende 1982 bei dieser Praxis geblieben.« Ausdrücklich nennt er es einen »Irrtum oder einen Erinnerungsfehler« Willy Brandts, zu glauben, er, Schmidt, sei noch vor Brandts Rücktritt von Honecker als kommender Kanzler zu einem Besuch in die DDR eingeladen worden.

»Mein Vertrauen in ihn«, fährt Schmidt über Wehner fort, »ist kein einziges Mal enttäuscht worden. Als er 1990 starb, habe ich einen ungemein schwierigen, aber immer klugen und hilfsbereiten Freund verloren.«

Dieses Urteil des altersweisen Helmut Schmidt nach dem Tode seines langjährigen Weggefährten mag durchaus ernst gemeint sein, es verklärt jedoch die Beziehung, die die beiden zu Lebzeiten hatten: Wehner hat den ehrgeizigen Schmidt mehr als einmal »ausgebremst«, und im politischen Alltagsgeschäft hat keiner besondere Rücksicht auf den anderen genommen.

Nach dem Fall der Mauer werden neue Quellen und Einschätzungen zugänglich, die über das Wirken der »Troikaner« Auskunft geben. Markus Wolf, der ehemalige Spionagechef der DDR, veröffentlicht eine Darstellung über Wehners Beziehungen zur früheren DDR-Regierung. Wehner habe in der DDR gegen die Kanzler Willy Brandt und Helmut Schmidt intrigiert und zum Beispiel im Gegensatz zur deutschen Regierungspolitik 1981 den DDR-Oberen geraten, hart gegen die polnische Solidarność-Bewegung vorzugehen.

»Das Stigma des Verräters trug und ertrug der Politiker Wehner sein Leben lang; auch im Tode wird er es nicht los«, kommentiert Heribert Prantl Wolfs Vorwürfe in der *Süddeutschen Zeitung*. Was ist von Wolfs *Erinnerungen* zu halten? Der Exspion gilt für viele als zweifelhafte Quelle. Peter Glotz beispielsweise konzediert, dass Politiker wie Wehner oder Strauß auch das eine oder andere Mal »Politik auf eigene Faust gemacht« hätten, dass aber »keiner im Sold fremder Mächte stand« *(Die Woche)*. Und auch der sonst scharfe Wehner-Kritiker Bahr unterstützt Wolfs Thesen nicht: »Er hat mit der anderen Seite gearbeitet«, schreibt Bahr in seinen Memoiren, »aber nicht für die andere Seite.«

1998 gelingt den Sozialdemokraten mit Gerhard Schröder die Rückkehr an die Macht. Schröder, einst aus Bewunderung für den forschen »Schmidt-Schnauze« in die SPD eingetreten, wird später zu einem politischen Anhänger von Willy Brandt. Ob Schmidt deshalb zu seinem Nach-Nachfolger nicht mehr als eine sehr sachliche »Beziehung« aufgebaut hat? Er nennt Schröder in einem Gespräch, das wir Mitte der neunziger Jahre führten, einen »Karrieristen«. Dieses Urteil, er hat es meines Wissens bis heute nicht revidiert, mag ein weiterer Grund dafür sein, weshalb der Exkanzler zur heutigen SPD-Parteiführung ein recht distanziertes Verhältnis pflegt.

Dezember 2001. Die Journalistin Sandra Maischberger macht einen Besuch bei Helmut Schmidt zu Hause, das Interview, das sie führen wird, soll als Buch veröffentlicht werden. Nach einigen Stunden Gespräch ist Schmidt »aufgetaut«, man kommt auf Willy Brandt zu sprechen. Ein Zeuge berichtet hinterher, dass es Schmidt sichtlich angestrengt hat, noch einmal über den Weggefährten Auskunft zu geben. Schmidt fragt sich im hohen Alter – so wie es auch Brandt in seinen letzten Jahren getan hat –, wes-

halb er so viel Lebensenergie in die Gestaltung dieser schwierigen Partnerschaft hat investieren müssen. Er wolle nicht immer
wieder alte Wunden aufreißen und über Brandt reden. Dank der
charmanten Nachhaltigkeit seiner Interviewerin tut er es dann
doch. Nach Brandts Schlingerkurs in der Notstandsdebatte wäre
er »nicht mehr für ihn durchs Feuer gegangen«, bekennt Schmidt.
Den Vorwurf, Wehner und er hätten das zweite Kabinett Brandt
nach eigenem Gutdünken gebildet, weist er kurz und knapp zurück: »Tatsache ist, dass Willy Brandt nicht ansprechbar war. Er
war oben auf dem Venusberg und hatte zwei Leute gebeten, für
ihn das neue Kabinett zusammenzustellen – der eine war Herbert
Wehner, der andere war ich –, und das haben wir gemacht.« Sie
hätten es so gemacht, wie sie es für richtig hielten, und das habe
einigen der »Höflinge und Einflüsterer« um den Kanzler herum
nicht gepasst.

Dass Willy Brandt entscheidungsschwach gewesen sei, will
Schmidt ebenfalls nicht gelten lassen, aber »er war sehr viel weniger gesund, als es der öffentlichen Meinung bewusst gewesen
ist, und ab und zu hatte er Depressionen, in denen er nicht ansprechbar war«. Damals und später habe es zwischen ihm und
Brandt »tiefgreifende politische Meinungsverschiedenheiten« gegeben, zum Beispiel weil Brandt sich von der Friedensbewegung
»emotional mitziehen« ließ. Doch einen persönlichen Bruch zwischen ihm und Brandt schließt Schmidt aus. Er versichert einmal
mehr, nach seinem letzten Besuch bei Brandt kurz vor dessen Tod
sei er »in der festen Überzeugung nach Hause gefahren, dass wir
als Freunde voneinander geschieden sind«. Und fügt hinzu: »Ich
glaube, er hat das auch so empfunden.«

Wie sehr Schmidt in den Kategorien eines »Troikaners« dachte,
denken musste (obwohl er diese Bezeichnung »nicht gerne gehört« hat), gibt er in diesem Interview eher beiläufig preis. Hartnäckig fragt ihn Sandra Maischberger, ob er den Parteivorsitz
denn errungen hätte, wenn er damals schon – so wie er es heute
sei – von dessen Bedeutung für seine Kanzlerschaft überzeugt gewesen wäre. Schmidt antwortet: »Das hätte dann von Brandts
und Wehners Einstellung abgehangen.«

Helmut Schmidt gilt den Deutschen nach einer Umfrage im
Jahr 2002 als der »weiseste« Deutsche, und Willy Brandt wird
in einer ZDF-Sendung im Herbst 2003 unter die zehn »besten

Deutschen« gewählt – zusammen mit Konrad Adenauer, Martin Luther, Karl Marx und den Geschwistern Scholl. Auch wenn die Ergebnisse solcher Umfragen nicht ernst zu nehmen sind, zeigen sie doch, wer als Persönlichkeit in das kollektive Gedächtnis der Deutschen eingegangen ist. Willy Brandt gehört ohne Zweifel schon dazu, Helmut Schmidt ist auf dem Weg dahin. Und der dritte »Troikaner«, Herbert Wehner? Er bleibt einstweilen »der deutsche Jahrhundertpolitiker« (Christoph Meyer), über den weiter zu forschen ist, denn das Maß an Geheimnisvollem, das ihn noch immer umgibt, wird auch in Zukunft zu Forschung und Deutung reizen. Für Wehner gilt bis auf Weiteres, was Gunter Hofmann einmal über ihn geschrieben hat: »Fast könnte man jene beneiden, die wissen, was wahr und richtig ist.«

Als die SPD mit ihrer Parteizentrale nach Berlin zog, taufte sie den Neubau »Willy-Brandt-Haus«. Dort erinnert eine Brandt-Skulptur an den ehemaligen Vorsitzenden und eine bewegte Parteigeschichte. Bedenkt man, dass Brandt seine Talente und Fähigkeiten erst in der hier geschilderten Dreierbeziehung zur vollen Entfaltung hat bringen können, wäre ein Triptychon als zusätzliches Exponat nicht abwegig.

Quellenverzeichnis

Primärquellen

Herbert-Wehner-Archiv im Archiv der sozialen Demokratie der Friedrich-Ebert-Stiftung, Bonn
Briefe von Herbert Wehner, Willy Brandt und Helmut Schmidt aus dem Privatbesitz Greta Wehner, Dresden
Gespräche des Autors mit Zeitzeugen (siehe »Vorbemerkung«)
Briefe an den Autor

Sekundärquellen: Auswahlbibliographie

Albertz, Heinrich: »Fürchte Dich nicht!«, in: Die Zeit vom 19. 06. 1981
Alt, Franz: *Frieden ist möglich. Die Politik der Bergpredigt,* München 1983
– und Heiner Geißler: *Frieden und Freiheit sind möglich. Das Streitgespräch,* München 1983
Anda, Béla, und Rolf Kleine: *Gerhard Schröder. Eine Biographie,* Berlin 1996
Anonymus: »Die Anklage der SPD-Fronde gegen Herbert Wehner«, in: *Die Zeit* vom 11. 3. 1966
–: »Kanzler Schmidt: Hoffen auf den Macher«, in: *Der Spiegel* vom 13. 5. 1974, S. 19–34
Apel, Hans: *Der Abstieg. Politisches Tagebuch 1978–1988,* 7. Aufl., Stuttgart 1991 (1990)
–: *Die deformierte Demokratie. Parteienherrschaft in Deutschland,* Stuttgart 1991
– im Gespräch mit Ernst Elitz, »Wortwechsel«, Programm S 3, ausgestrahlt im September 1996
Aust, Gerrit, und Irmgard Stein: *Gumpel, Wenzel, Schmidt. Die unbekannten Vorfahren von Helmut Schmidt,* Hamburg 1994
Bahners, Patrick: *Im Mantel der Geschichte. Helmut Kohl oder die Unersetzlichkeit,* Berlin 1998
–: »Der Machtkenner. Kanzler Helmut Schmidt, Verantwortungsethiker,

war bereit, mit der SPD auszukommen«, in: *Frankfurter Allgemeine Sonntagszeitung* vom 20. 4. 2003

Baring, Arnulf (in Zusammenarbeit mit Manfred Görtemaker): *Machtwechsel. Die Ära Brandt-Scheel,* 3. Aufl., Stuttgart 1982 (1982)

–: »Die Wende kam schon vor acht Jahren«, in: *Die Zeit* vom 8. 10. 1982

Barthel, Wolfgang: »SPD? CDU? FDP? Nein danke!«, in: *Stern* vom 27. 5. 1980, S. 20–31

Barzel, Rainer: *Auf dem Drahtseil,* München 1979 (1978)

–: Rede im Deutschen Bundestag am 1. 10. 82 (Begründung des konstruktiven Mißtrauensvotums). Sitzungsprotokoll des Deutschen Bundestages, S. 7166–73

–: Rede im Bundestag am Mittwoch, 10. 9. 1986. Sitzungsprotokoll des Deutschen Bundestages, S. 17721–31

–: *Ein gewagtes Leben. Erinnerungen,* Stuttgart 2001

Beck, Ulrich: »Risikogesellschaft. Überlebensfragen, Sozialstruktur und ökologische Aufklärung«, in: *Aus Politik und Zeitgeschichte,* B 36/89 vom 1. 9. 1989, S. 3–13

Becker, Kurt: »Der harte Weg nach oben«, in: *Die Zeit* vom 20. 5. 1966

Bentele, Karlheinz, und Henning von Borstell: »Der Bundestagswahlkampf 1976 der SPD«, in: *Zeitschrift für Parlamentsfragen* (ZfP) Nr. 10/79, S. 75–87

Berkhahn, Karl Wilhelm u. a. (Hg.): *Hart am Wind. Helmut Schmidts politische Laufbahn,* Einführung von Marion Gräfin Dönhoff, Hamburg 1978

Bernecker, Walther L.: »Barzel, Rainer«; »Brandt, Willy«; »Hacke, Christian« in: Walther L. Bernecker und Volker Dotterneich (Hg.): *Persönlichkeit und Politik in der Bundesrepublik Deutschland. Politische Porträts* (2 Bde.), Bd. 1, Göttingen 1982

Bertram, Christoph: »Die Bombe und ihr Vermächtnis«, in: *Der Spiegel* vom 1. 2. 1999, S. 110–117

Bickerich, Wolfram (Hg.): *Die 13 Jahre. Bilanz der sozialliberalen Koalition. Dokumentation Helmut Pape,* Hamburg 1982

Biedenkopf, Kurt: »Das Bild der CDU wurde ungünstiger« (Memorandum zur Bundestagswahl 1980, Teil I), in: *Die Welt* vom 16. 1. 1979

–: »Was sind die Ursachen für die Führungsschwächen der CDU?« (Memorandum zur Bundestagswahl 1980, Teil II und Schluß), in: *Die Welt* vom 17. 1. 1979

–: »Eine Volksfront in der SPD, Kurt H. Biedenkopf über sozialdemokratische Wirtschaftspolitik«, in: *Wirtschaftswoche* Nr. 20/1973, S. 31–42

Birkenmaier, Werner: »Die Politik als Männerfeindschaft«, in: *Stuttgarter Zeitung* vom 8. 10. 1999

Blank, Ulrich, und Jupp Darchinger: *Helmut Schmidt, Bundeskanzler,* Hamburg 1974

Böhr, Christoph: »SPD: Neuorientierung an Kant und Popper?«, in: *Sonde* Nr. 1/76, S. 17–31

–: »Zur politischen Philosophie des kritischen Rationalismus«, in: *Aus Politik und Zeitgeschichte,* B 35/77, S. 15–32

Bölling, Klaus: *Die letzten 30 Tage des Kanzlers Helmut Schmidt. Ein Tagebuch,* Hamburg 1982

–: *Die fernen Nachbarn. Erfahrungen in der DDR,* Hamburg 1983

–: *Bonn von außen betrachtet. Briefe an einen alten Freund,* Stuttgart 1986

–: »Harter Staat, Schleyers Not«, in: *Der Spiegel* vom 30. 6. 1977, S. 184 f.

–: »Einer segelt hoch am Wind«, in: *Das Parlament* vom 18. 12. 1998

Bracher, Karl Dietrich: »Die Kanzlerdemokratie«, in: Richard Löwenthal und Hans-Peter Schwarz (Hg.): *25 Jahre Bundesrepublik Deutschland. Eine Bilanz,* Stuttgart 1974, S. 179–202

–, Wolfgang Jäger und Werner Link: *Republik im Wandel. Die Ära Brandt,* Stuttgart 1986

Brandt, Rut: *Freundesland. Erinnerungen,* Hamburg 1992

–: *Wer an wen sein Herz verlor. Begegnungen und Erlebnisse,* München 2001

Brandt, Willy: »Erklärung zum ›Anti-Wehner-Pamphlet‹ und zur ›Diskussion um die SPD‹ am 18. 3. 1966«, in: *Tatsachen – Argumente* Nr. 190/66, S. 1–8

–: *Erinnerungen. Mit den »Notizen zum Fall G.«,* Berlin 1994

–: »Sozialdemokratische Identität. Rede auf dem Eichler-Symposium des SPD-Vorstandes am 21. 10. 1981 in Bonn«, in: *Die Neue Gesellschaft,* Jg. 28, 1981, H. 12, S. 1065–69

–: *… wir sind nicht zu Helden geboren. Ein Gespräch über Deutschland mit Birgit Kraatz,* Zürich 1986

–: »Glückwunsch anläßlich des 75 Geburtstages des Vorsitzenden der SPD-Bundestagsfraktion Herbert Wehner«, in: *Sozialdemokratischer Pressedienst* vom 9. 7. 1981

– und Helmut Schmidt: *Deutschland 1976. Zwei Sozialdemokraten im Gespräch. Gesprächsführung Jürgen Kellermeier,* Reinbek 1976

Brauswetter, Hartmut H.: *Kanzlerprinzip, Ressortprinzip und Kabinettsprinzip in der ersten Regierung Brandt 69–72,* Bonn 1976

Breitenstein, Rolf: *Kunst im Kanzleramt. Helmut Schmidt und die Künste,* München 1982

Breloer, Heinrich: *Todesspiel. Von der Schleyer-Entführung bis Mogadischu,* Köln 1997

–: »Kampfname Willy Brandt«, ZDF-Dokumentation 1984

Capell, Gottfried: »Der Mann der Partei und der Kanzler. Die Konflikte sind Folge der Aufgabenteilung«, in: *Die Welt* vom 5.10.1981

Carr, Jonathan: *Helmut Schmidt,* 4. Aufl., Düsseldorf 1985 (1985; engl. London 1985)

–: *Helmut Schmidt.* Akt. u. erw. Neuaufl., Düsseldorf 1993

Carstens, Peter: »Abschied von der Macht. Kanzlerwechsel in der Geschichte der Bundesrepublik«, in: *Frankfurter Allgemeine Zeitung* vom 31.10.1998

Cramer, Dettmar: *Brandt, Wehner und Wienand. Die »Notizen zum Fall G.« und anderes,* Typoskript, ca. 1994

Dahrendorf, Rolf: »Das Bündnis der Selbstbewußten«, in: *Die Zeit* vom 24.9.1982

–: »Der öffentliche Professor«, in: *Die Zeit* vom 23.9.1994

Delius, Friedrich Christian: »Die Dialektik des Deutschen Herbstes. Drei Thesen über das Terrorjahr 1977 und dessen Folgen«, in: *Die Zeit* vom 25.7.1997

Dettling, Warnfried: »Die Achtundsechziger und die Neunundachtziger«, in: *Die Zeit* vom 7.4.1995

Ditfurth, Hoimar von: »Real ist nur die eigene Angst«, in: *Der Spiegel* vom 6.6.1983, S.52 f.

–: *So laßt uns denn ein Apfelbäumchen pflanzen. Es ist soweit,* München 1988 (Hamburg 1985)

– und Dieter Zilligen: *Das Gespräch. Wir sind Wesen des Übergangs. Hoimar v. Ditfurths letztes Fernsehinterview,* München 1992 (Hildesheim 1990)

Dittgen, Herbert: *Deutsch-amerikanische Sicherheitsbeziehungen in der Ära Helmut Schmidt. Vorgeschichte und Folgen des NATO-Doppelbeschlusses,* Diss., München 1991

Dönhoff, Marion Gräfin: »Die Zeitbomben ticken schon«, in: *Die Zeit* vom 3.1.1975

–: »Das Mögliche möglich machen: Helmut Schmidt«, in: *Menschen, die wissen, worum es geht,* Hamburg 1976, S.137–159

–: *Von Gestern nach Übermorgen. Zur Geschichte der Bundesrepublik Deutschland,* München 1984 (Hamburg 1981)

–: *Gestalten unserer Zeit. Politische Porträts,* 2. Aufl., Stuttgart 1990 (1990 – erw. Neuaufl. von Dönhoff 1976)

–: *Deutschland, deine Kanzler. Die Geschichte der Bundesrepublik Deutschland vom Grundgesetz zum Einigungsvertrag,* München 1992

Döring, Eberhard, und Theo Sommer: *Was steht uns bevor? Mutmaßungen über das 21. Jahrhundert,* Berlin 1999

Dreher, Klaus, und Helmut Kohl: *Leben mit Macht,* Stuttgart 1998

Duve, Freimut, Heinrich Böll und Klaus Staeck: *Briefe zur Verteidigung der bürgerlichen Freiheit,* Reinbek 1978

– in Zusammenarbeit mit Friedrich Kratz: *Aufbrüche. Die Chronik der Republik 1961 bis 1986*, Reinbek 1986

Ehmke, Horst: *Politik der praktischen Vernunft*, Frankfurt/M. 1969

–: *Mittendrin*, Berlin 1994

Ellwein, Thomas, und Joachim Jens Hesse: *Der überforderte Staat*, Baden-Baden 1997

Eppler, Erhard: *Ende oder Wende. Von der Machbarkeit des Notwendigen*, Stuttgart 1975

–: »Die Ölkonzerne brauchen ein Klima der Angst«, in: *Der Spiegel* vom 25. 6. 1979, S. 24–27

–: *Wege aus der Gefahr*, Reinbek 1981

–: »Hansen ist nur ein Symptom«. Spiegel-Gespräch, in: *Der Spiegel* vom 9. 2. 1981, S. 23 ff.

–: »Da wurde ein fatales Eigentor geschossen«. Spiegel-Gespräch, in: *Der Spiegel* vom 16. 5. 1981, S. 34–47

–: *Die tödliche Utopie der Sicherheit*, Gütersloh 1983 (Reinbek 1983)

–: *Grundwerte für ein neues Godesberger Programm. Die Texte der Grundwerte-Kommission der SPD*, Reinbek 1984

–: *Einsprüche. Zeugnisse einer politischen Biographie*, hg. v. Albrecht Burgeisen, Wolfgang Brinkel und Gernot Erler. Mit einem aktuellen Interview von Eberhard Stammler, Freiburg 1986

–: *Kavalleriepferde beim Hornsignal. Die Krise der Politik im Spiegel der Sprache*, Frankfurt/M. 1992

–: *Komplettes Stückwerk. Erfahrung aus fünfzig Jahren Politik*, Frankfurt 1996

–: »Schröder – das ist Lotterie«. Spiegel-Gespräch, in: *Der Spiegel* vom 26. 8. 1996, S. 53–57

–: *Die Wiederkehr der Politik*, Frankfurt 1998

Fest, Joachim: *Der zerstörte Traum. Vom Ende des utopischen Zeitalters*, Berlin 1991

–: »Geschichte und Geschichtsschreibung«. Vortrag anlässlich der Entgegennahme des Hanns-Martin-Schleyer-Preises 2002 am 9. Mai 2003 in Stuttgart, in: Hanns Martin Schleyer Preis 2002 und 2003 (Veröffentlichungen der Stiftung, Bd. 61), Köln 2003, S. 47–55

Freudenhammer, Alfred, und Karlheinz Vater: *Herbert Wehner. Ein Leben mit der Deutschen Frage*, München 1978

Gaus, Günter: *Zur Person. Von Adenauer bis Wehner – Portraits in Frage und Antwort*, Köln 1987

Genscher, Hans-Dietrich: *Erinnerungen*, Berlin 1995

–: »Der ›Wendebrief‹. Schreiben an die Mitglieder der Führungsgremien und die Mandatsträger der F. D. P. vom 20. August 1981«, in: Ders., *Im Gespräch mit Ulrich Wickert: Sternstunde der Deutschen*, mit einem Vorwort von Erich Loest, Stuttgart 2000

Glotz, Peter: *Die Innenausstattung der Macht. Politisches Tagebuch 1976–1978*, München 1979

–: *Die Beweglichkeit des Tankers. Die Sozialdemokratie zwischen Staat und neuen sozialen Bewegungen*, München 1982

–: *Kampagne in Deutschland. Politisches Tagebuch 1981–1983*, Hamburg 1986

–: »Der einsame Batteriechef«, in: *Die Woche* vom 22.12.1993

–: *Die Jahre der Verdrossenheit. Politisches Tagebuch 1993/94*, Stuttgart 1996

–: »Geschundener Schinder. Herbert Wehner ein Agent, Verräter und getarnter Kommunist?«, in: *Die Woche/Wochenpost* vom 30.5.1997

Gorschenek, Günter: *Grundwerte in Staat und Gesellschaft*, München 1977

Graw, Ansgar: *Gerhard Schröder. Der Weg nach oben*, Düsseldorf, 1998

–: »Deutschlands erster Elder Statesman wird 85«, in: *Die Welt* vom 23.12.2003

Greiffenhagen, Martin: »Die Bundesrepublik Deutschland 1945–1990. Reformen und Defizite der politischen Kultur«, in: *Aus Politik und Zeitgeschichte*, B 1–2/91, S. 16–26

Groß, Johannes: *Unsere letzten Jahre. Fragmente aus Deutschland 1970–1980*, Stuttgart 1980

–: *Phönix in Asche. Kapitel zum westdeutschen Stil*, Stuttgart 1989

Grube, Frank, und Gerhard Richter (Hg.): *Der SPD-Staat*, München 1977

Grunenberg, Nina: *Vier Tage mit dem Bundeskanzler*, Hamburg 1976

Hättich, Manfred: *Weltfrieden durch Friedfertigkeit? Eine Antwort auf Franz Alt*, München 1983

Haffner, Sebastian: *Überlegungen eines Wechselwählers*, München 1980

Haftendorn, Helga: *Sicherheit und Stabilität. Außenbeziehungen der Bundesrepublik Deutschland zwischen Ölkrise und NATO-Doppelbeschluß*, München 1986

Harpprecht, Klaus: »Herbert Wehner – es muß geschieden werden«, in: *Die Zeit* vom 27.2.1981

–: *Im Kanzleramt. Tagebuch der Jahre mit Willy Brandt. Januar 1973 – Mai 1974*, Reinbek 2000

Hauff, Volker: *Sprachlose Politik. Von der Schwierigkeit, nachdenklich zu sein*, Frankfurt 1979

Haungs, Peter: »Kanzlerdemokratie in der Bundesrepublik Deutschland. Von Adenauer bis Kohl«, in: *Zeitschrift für Politik* Nr. 1/1986, S. 44–66

–: »Kanzlerprinzip und Regierungstechnik im Vergleich: Adenauers Nachfolger«, in: *Aus Politik und Zeitgeschichte*, B 1–2/89 vom 6.1.1989, S. 28–39

Heep, Barbara: *Helmut Schmidt und Amerika*, Bonn 1990

Heim, Uta-Maria: »›Ich bin nicht der Kommissar‹. Eine Erinnerung an Erik Ode, den Klassiker aus sozialliberaler Zeit«, in: *Stuttgarter Zeitung* vom 17. 7. 1993

Hennis, Wilhelm: *Große Koalition ohne Ende? Die Zukunft des parlamentarischen Regierungssystems und die Hinauszögerung der Wahlrechtsreform*, München 1968

–: »Ende der Politik?«, in: Oskar Schatz (Hg.): *Was wird aus dem Menschen? Der Fortschritt – Analysen und Warnungen bedeutender Denker, Graz 1974*, S. 241–263. Wieder veröffentlicht in: Hennis 1977, S. 176–197

–: *Politik und praktische Philosophie. Schriften zur politischen Theorie*, Stuttgart 1977

–: *Der Geist des Rationalismus und die moderne Politik*, Sonderdruck aus: *Arbeit, Existenzsicherung und Lebenswert* (Veröffentlichungen der Walter-Raymond-Stiftung, Bd. 19), Köln 1981

Hentig, Hartmut von: »Befund und Befinden, oder: Über den rationalen Umgang mit dem Irrationalen«, in: Klaus Michael Meyer-Abich (Hg.): *Physik, Philosophie und Politik. Festschrift für Carl Friedrich von Weizsäcker zum 70. Geburtstag*, München 1982

Herles, Helmut: »Die Troika der SPD«, in: *Die politische Meinung* Jan./ Feb. 1982, S. 5–9

–: »Die Troika der SPD, Wehner, Brandt, Schmidt – und ihre Partei«, in: *Frankfurter Allgemeine Zeitung* vom 19. 2. 1981

–: »Brandt als Vorsitzender in Frage gestellt. Sechs Thesen des sozialdemokratischen ›Parteilehrers‹ rütteln an seinem Denkmal«, in: *Frankfurter Allgemeine Zeitung* vom 6. 12. 1981

–: *Machtverlust oder Das Ende der Ära Brandt*, Stuttgart 1983

Hinske, Norbert: »Kant und der Kanzler«, in: *Die Welt* vom 26. 6. 1974

–: »Was wurde aus der ›alten Freiheitspartei‹?«, in: *Die Welt* vom 14. 9. 1976

–: *Kant als Herausforderung an die Gegenwart*, Freiburg 1980

–: »Klose ist ein Spiegelbild dessen, was die SPD sich heute zutraut«, in: *Welt am Sonntag* vom 17. 11. 1991

Hildebrand, Klaus: »Von Erhard zur Großen Koalition 1963–1969«, in: *Geschichte der Bundesrepublik Deutschland*, Bd. 4, Stuttgart 1984

Hoffmann, Volkmar: »Brandts Regierungsstil will Schmidt nicht übernehmen«, in: *Frankfurter Rundschau* vom 16. 5. 1974

Hofmann, Gunter. »Wer dient, wer dirigiert?«, in: *Die Zeit* vom 24. 6. 1977

–: »Trotz aller Brüche und Narben«, in: *Die Zeit* vom 20. 2. 1981

–: »Die zwei Gesichter des Helmut Schmidt«, in: *Die Zeit* vom 31. 7. 1981

–: »Eine Insel der Harmonie«, in: *Die Zeit* vom 9. 12. 1983

–: »Ein Kanzler mit niedrigem Profil«, in: *Die Zeit* vom 19. 9. 1986

–: »Wandern im Zimmer 1525«, in: *Die Zeit* vom 24. 10. 1986

–: »Der Mensch aus den Institutionen«, in: *Die Zeit* vom 15. 1. 1993

–: »Blick nach vorn im Zorn«, in: *Die Zeit* vom 19. 2. 1993

–: »Die Arbeit am Mythos«, in: *Die Zeit* vom 30. 5. 1997

–: *Willy Brandt, Portrait eines Aufklärers aus Deutschland,* Hamburg 1988

Höhler, Gertrud: *Die Kinder der Freiheit. Träume von einer besseren Welt,* Stuttgart 1983

Hofsähs, Ulrike: Das Ende der sozialliberalen Koalition. Stationen eines Machtwechsels. Schriftliche Hausarbeit zur Erlangung des Magistergrades an der Ludwig-Maximilians-Universität München, Typoskript, 1984 (darin Interviews mit Peter Glotz und dem früheren FDP-Generalsekretär Günter Verheugen)

Jäger, Wolfgang: »Von der Kanzlerdemokratie zur Koordinationsdemokratie«, in: ZfP 35. Jg. Nr. 1/1988, S. 15–32

–: »Sehnsucht nach der goldenen Demokratie«, in: *Frankfurter Allgemeine Zeitung* vom 19. 10. 1992

–: »Parteien als Prügelknaben«, in: *Die Politische Meinung* Nr. 278/ 1993, S. 19–27 (erw. Fassung von Jäger 1992)

–: *Wer regiert die Deutschen? Innenansichten der Parteiendemokratie,* Zürich 1994 (erw. Fassung von Jäger 1988), bes. S. 12–69

–: »Koalitionsperspektiven«, in: *Die Politische Meinung* Nr. 302/Januar 1995

–: »Schmidt bekennt: Die Opposition in der SPD war schuld an seinem Sturz«, in: *Welt am Sonntag* vom 22. 11. 1996

– und Werner Link: *Republik im Wandel 1974–1982. Die Ära Schmidt,* mit einem abschließenden Essay von Joachim C. Fest (Geschichte der Bundesrepublik Deutschland, hg. v. Karl Dietrich Bracher u. a., Band 5/II), Stuttgart 1987

Jahn, Gerhard (Hg.): *Herbert Wehner Zeugnis,* Köln 1982

Janßen, Karl-Heinz: »Politikern aufs Maul geschaut«, in: *Die Zeit* vom 21. 6. 1974

Kahn, Helmut Wolfgang: *Helmut Schmidt. Fallstudie über einen Populären,* Hamburg 1973

Kellermeier, Jürgen: »Jürgen Kellermeier im Gespräch mit Herbert Wehner: Zeugen der Zeit«, Aufnahme am 29. 10. 1979, Ausstrahlung am 2. 1. 1980 in der ARD

Kempski, Hans Ulrich: *Um die Macht. Sternstunden und sonstige Abenteuer mit den Bonner Bundeskanzlern 1949 bis 1999,* Berlin 1999

Knopp, Guido: *Kanzler. Die Mächtigen der Republik,* München 1999

Koch, Thilo: »Helmut Schmidt. Ein Porträt des Bundeskanzlers«, NDR-Dokumentation 1976

Koch, Peter: *Das Duell. Franz Josef Strauß gegen Helmut Schmidt,* Hamburg 1979

–: *Willy Brandt. Eine politische Biographie,* wissenschaftliche Mitarbeit Klaus Körner, Berlin 1988

Kohl, Helmut: »Koalition der Mitte: Für eine Politik der Erneuerung. Regierungserklärung vor dem Deutschen Bundestag am 14. 10. 1982«, in: Presse- und Informationsamt der Bundesregierung (Hg.): *Bulletin* Nr. 93 vom 14. 10. 1982, S. 853–868

–: »Programm der Erneuerung: Freiheit, Mitmenschlichkeit, Verantwortung. Regierungserklärung vor dem Deutschen Bundestag am 4. Mai 1983«, in: Presse- und Informationsamt der Bundesregierung (Hg.): *Bulletin* Nr. 43 vom 5. 5. 1983, S. 317–412

Krause-Burger, Sybille: »Der Mann mit Helgoländer Lotsenmütze. Helmut Schmidt – ein Portrait«, 6. 6. 1979, ausgestrahlt am 8. 6. 1979 beim Südwestfunk

–: »Helmut Schmidt aus der Nähe gesehen«, Gespräch ausgestrahlt im Südwestfunk am 14. 8. 1980

–: *Der Macht auf der Spur,* Zürich 1991

–: »Götterdämmerung«, in: *Manager Magazin* Nr. 5/95, S. 184–191 (Vorabdruck aus: *Die neue Elite. Topmanager und Spitzenpolitiker aus der Nähe gesehen,* Diss., Düsseldorf 1995)

–: »Von Hamburgs Höhen Fingerzeige für die Bonner Ebene«, in: *Stuttgarter Zeitung* vom 5. 6. 1996

–: *Joschka Fischer. Der Marsch durch die Illusion,* Stuttgart 1997

–: »Macher und Moralist. Helmut Schmidt wird achtzig«, in: *Stuttgarter Zeitung* vom 22. 12. 1998

–: »Auf Augenhöhe mit dem Bürgerkanzler. Beobachtungen im Zentrum der Macht (1)«, in: *Stuttgarter Zeitung* vom 22. 7. 2000

–: »Von der Mühsal und den Wonnen des Gewühls. Beobachtungen im Zentrum der Macht (2)«, in: *Stuttgarter Zeitung* vom 26. 7. 2000

Kriesi, Hanspeter: »Neue soziale Bewegungen: Auf der Suche nach ihrem gemeinsamen Nenner«, in: *Politische Vierteljahresschrift,* 28. Jg. (1987), Heft 3, S. 315–334

Krockow, Christian Graf von: *Reform als politisches Prinzip,* München 1976

–: *Gewalt für den Frieden? Die politische Kultur des Konflikts,* 3. Aufl., München 1983

Kühnhardt, Ludger: »Vom wahren Ort der Politik«, in: *Rheinischer Merkur* vom 31. 12. 1993

–: »Wendezeit?«, in: *Rheinischer Merkur* vom 19. 2. 1994

Lattmann, Dieter: *Die lieblose Republik. Aufzeichnungen aus Bonn am Rhein,* München 1981

Lebert, Stephan: »Lotse durch alle Zeiten«, in: *Der Tagesspiegel* vom 27. 5. 2003

Lehmann, Hans Georg: *Chronik der Bundesrepublik Deutschland. 1945/49 bis 1983,* 2., akt. Aufl., München 1983 (1981)

–: *Öffnung nach Osten. Die Ostreisen Helmut Schmidts und die Entstehung der Ost- und Entspannungspolitik,* Bonn 1984

Leicht, Robert: »Politiker, Publizist, Patriot«, in: *Die Zeit* vom 24. 12. 1993

Leinemann, Jürgen: »Von der Viererzahl müssen wir weg«, in: *Der Spiegel* vom 7. 2. 1978, S. 33 f.

Leonhard, Elke: *Wo sind Schmidts Erben? Die SPD auf dem Weg zur Macht,* Stuttgart 1991

Leugers-Scherzberg, August: *Die Wandlungen des Herbert Wehner. Von der Volksfront zur Großen Koalition,* Berlin 2002

–: »Herbert Wehner und der Rücktritt Willy Brandts am 7. Mai 1974«, in: *Vierteljahrshefte für Zeitgeschichte* Nr. 2/2002, S. 303–322

Lohmar, Ulrich: »Sozialdemokratie und Kommunismus«, in: *Die Zeit* vom 21. 4. 1972

–: »Die neue Kanzlersprache«, in: *Der Spiegel* vom 27. 5. 1974, S. 8–11

Löwenthal, Richard: »Sie bilden Inseln am Rande der Gesellschaft«, in: *Frankfurter Rundschau* vom 10. 12. 1981

Lompe, Klaus: »Zwanzig Jahre Godesberger Programm«, in: *Das Parlament* vom 17. 11. 1979

Lührs, Georg, u. a. (Hg.): *Kritischer Rationalismus und Sozialdemokratie,* 2. Aufl., Berlin 1975

– u. a. (Hg.): *Kritischer Rationalismus und Sozialdemokratie II. Diskussion und Kritik,* Berlin 1976

– u. a. (Hg.): *Theorie und Politik aus kritisch-rationaler Sicht,* Berlin 1978

– u. a.: »Mein Popper, dein Popper oder: Was Philosophie mit Politik zu tun hat. Eine Erwiderung auf den Beitrag von Christoph Böhr«, in: *Aus Politik und Zeitgeschichte,* B 35/77, S. 33–37

März, Peter: *An der Spitze der Macht. Kanzlerschaften und Wettbewerber in Deutschland,* München 2002

Mann, Golo: Vorwort zu: Willy Brandt: *Der Wille zum Frieden. Perspektiven der Politik,* Frankfurt/M. 1973, S. 11–18

–: »Menschliche Schwäche, politische Größe«, in: *Die Zeit* vom 17. 5. 1974

–: »Er ist wie ein Baum, der Blitze anzieht«, in: *Der Spiegel* vom 1. 9. 1980, S. 36–49

–: »Nicht Geschichte machen wollte er. Über den Bundeskanzler Helmut Schmidt«, in: *Der Spiegel* vom 1. 11. 1982, S. 21 ff.

Martenson, Sten: »Nicht mehr Seit' an Seit'«, in: *Stuttgarter Zeitung* vom 21. 11. 1983

Maruhn, Jürgen, und Manfred Wilke: *Die verführte Friedensbewegung. Der Einfluss des Ostens auf die Nachrüstungsdebatte*, München 2002

Mayer, Hans: *Erinnerungen an Willy Brandt*, Frankfurt/M. 2001

Meadows, Dennis, u. a.: *Die Grenzen des Wachstums. Bericht des Club of Rome zur Lage der Menschheit*, München 1973 (engl. New York 1972)

Merseburger, Peter: *Willy Brandt. 1913 bis 1992. Visionär und Realist*, Stuttgart, München 2002

Meyer, Christoph: »Herbert Wehners Paukenschlag. Eine politisch-historische Bestandsaufnahme zur Rede im Deutschen Bundestag vom 30. Juni 1960«, Typoskript eines Vortrags, gehalten am 30. Juni 2000 in Dresden

–: »Der erste Schritt, den ein jeder tun kann … Herbert Wehners Jugend in Dresden zwischen den Lagern der gespaltenen Arbeiterbewegung«, Typoskript, 2003

Meyer, Thomas (Hg.): *Grundwerte und Gesellschaftsreform*, Frankfurt 1981

–: *Die Transformation der Sozialdemokratie. Eine Partei auf dem Weg ins 21. Jahrhundert*, Bonn 1998

Miard-Delacroix, Hélène: *Partenaires de choix? Le chancelier Helmut Schmidt et la France (1974–1982)*, Bern 1993

Michal, Wolfgang: *Die SPD – staatstreu und jugendfrei. Wie altmodisch ist die Sozialdemokratie?*, Reinbek 1988

Millauer, Liselotte: »Herr Schmidt, wollen Sie Kanzler werden?«, in: *Bild am Sonntag* vom 17. 3. 1974

Narr, Wolf-Dieter, Hermann Scheer und Dieter Spöri: *SPD – Staatspartei oder Reformpartei?*, München 1976

Nayhauß, Mainhardt Graf von: *Helmut Schmidt. Mensch und Macher*, Bergisch-Gladbach 1988

Niclauß, Karlheinz: *Kanzlerdemokratie. Bonner Regierungspraxis von Konrad Adenauer bis Helmut Kohl*, Stuttgart 1988

–: »Kanzlerdemokratie. Bonner Regierungspraxis von Konrad Adenauer bis Helmut Kohl«, in: Hans-Hermann Hartwich und Göttrik Wewer (Hg.) unter Mitarbeit von Lars Kastning: *Regieren in der Bundesrepublik I. Konzeptionelle Grundlagen und Perspektiven der Forschung*, Opladen 1990, S. 133–143

Niejahr, Elisabeth, und Rainer Pförtner: *Joschka Fischers Pollenflug und andere Spiele der Macht. Wie Politik wirklich funktioniert*, Frankfurt/M. 2002

Noack, Hans-Joachim: »Willy Brandt und die Angst vor dem großen Schnitt«, in: *Frankfurter Rundschau* vom 23. 6. 1977

–: »Ein Papier – keine ›Heilige Schrift‹. Über Versuche der SPD, sich mit einem Programm zu stabilisieren«, in: *Frankfurter Rundschau* vom 13. 2. 1981

Norpoth, Helmut, und Yantek Thom: »Von Adenauer bis Schmidt: Wirtschaftslage und Kanzlerpopularität«, in: Max Kaase und Hans-Dieter Klingemann (Hg.): *Wahlen und politisches System. Analysen aus Anlaß der Bundestagswahl 1980,* Opladen 1983, S. 198–221

Osterroth, Franz, und Dieter Schuster: *Chronik der deutschen Sozial-demokratie* (3 Bde.), Bd. 3., 2., neu bearb. u. erw. Aufl., Berlin 1978

Presse- und Informationsamt der Bundesregierung: *Dokumentation der Bundesregierung zur Entführung von Hanns Martin Schleyer. Ereig-nisse und Entscheidungen im Zusammenhang mit der Entführung von Hanns Martin Schleyer und der Lufthansa-Maschine »Lands-hut«,* 4. Aufl., München 1977

Prittie, Terence: *Kanzler in Deutschland,* Stuttgart 1981 (engl.: London 1979)

Pruys, Karl Hugo: *Helmut Kohl. Die Biographie,* Berlin 1995

Reimann, Günter, und Herbert Wehner: »Zwischen zwei Epochen, Briefe 1946, Wehners Briefe aus Schweden: Larmoyanz und Selbst-gerechtigkeit in kommunistischer Tonart«, in: *Frankfurter Allge-meine Zeitung* vom 4. 3. 1999

Richter, Horst-Eberhard: »Willy Brandt und die SPD. Sozialpsychologi-sche Aspekte einer politischen Krise«, in: ders.: *Engagierte Analysen. Über den Umgang des Menschen mit dem Menschen. Reden, Auf-sätze, Essays,* Hamburg 1978, S. 285–292 (Erstabdruck in: *Der Spie-gel* vom 20. 5. 1974, S. 132 f.)

–: *Alle redeten vom Frieden. Versuch einer paradoxen Intervention,* 2. Aufl., Hamburg 1981 (1981)

–: *Zur Psychologie des Friedens,* Hamburg 1982

–: *Bedenken gegen Anpassung. Psychoanalyse und Politik,* Hamburg 1995

–: *Wanderer zwischen den Fronten,* Köln 2000

Rösch, Hermann, und Hermann Zimmermann: *Helmut Schmidt als Parlamentarier. Ein Verzeichnis seiner Reden und Beiträge,* Bonn 1994

Rosenbauer, Hansjürgen: »Willy Brandt – ein deutsches Leben. Ein Ge-spräch zum 75. Geburtstag«, ausgestrahlt in der ARD 1988

Rudolph, Hermann, und Michael Naumann: »Vom Ende der Refor-men«, in: *Die Zeit* vom 26. 9. 1980

–: »Der lange Anlauf zum kühnen Sprung«, in: *Die Zeit* vom 1. 10. 1982

Rupps, Martin: *Helmut Schmidt. Politikverständnis und geistige Grund-lagen,* Bonn 1997

–: *Helmut Schmidt. Eine politische Biographie,* Stuttgart 2002

–: »Die SPD feiert ihren Willy – und der Kanzler imitiert Schmidt«, in: *Die Welt* vom 18. 12. 2002

Scharping, Rudolf: »So soll es wieder sein«, in: *Die Zeit* vom 17. 12. 1993

Schelling, Siegmar, und Michael J. Inacker: *Was ist los mit der SPD? Besorgte Sozialdemokraten melden sich zu Wort,* Berlin 1996

Schmidt, Hannelore: *Loki. Hannelore Schmidt erzählt aus ihrem Leben. Im Gespräch mit Dieter Buhl,* Hamburg 2003

Schmidt, Helmut: *Beiträge,* Stuttgart 1967

–: »Wir brauchen einen Sportsgeist wie beim Fußball, Helmut Schmidt im Gespräch mit Werner Harenberg und Hans-Roderich Schneider«, in: *Der Spiegel* vom 6. 3. 1967, S. 39–46

–: »Die Kriegsgeneration«, in: *Neue Gesellschaft,* 15. Jg., Nov./Dez. 1968, S. 479–485

–: Regierungserklärung im Deutschen Bundestag am 21. 5. 1974. Sitzungsprotokoll des Deutschen Bundestages, S. 6749–52

–: Vorwort zu Georg Lührs u. a. (Hg.) 1975, S. VII-XVI (Abdruck auch in: *Vorwärts* vom 6. 3. 1975 und in Schmidt 1976 veröffentlicht unter dem Titel »Ohne den kritischen Geist gibt's keine fortschrittliche Politik«)

–: *Bundestagsreden,* hg. v. Peter Corterier, 2. Aufl., Bonn 1975 (1971)

–: *Als Christ in der politischen Entscheidung,* Gütersloh 1976

–: »Regierungserklärung im Deutschen Bundestag am 16. 12. 1976«, in: Klaus von Beyme: *Die großen Regierungserklärungen der deutschen Bundeskanzler von Adenauer bis Schmidt,* München 1979, S. 341–392

–: »Rede in der Sitzung der SPD-Bundestagsfraktion am 22. 3. 1977 in Bonn«, Typoskript, in: Archiv für soziale Demokratie, Sammlung »Personalia« Helmut Schmidt, Bonn

–: Regierungserklärung im Deutschen Bundestag am 20. 10. 1977. Sitzungsprotokoll des Deutschen Bundestages, S. 3756–60

–: »Rede beim SPD-Parteitag am 15. 1. 1977 in Hamburg«, in: Vorstand der SPD (Hg.): *Parteitag der Sozialdemokratischen Partei Deutschlands. Protokoll der Verhandlungen,* Bonn 1978

–: »Gesinnung und Verantwortung in politischer Sicht. Ansprache anläßlich der Entgegennahme des Theodor-Heuss-Preises in München am 21. 1. 1978«, abgedruckt in: *Politik mit Augenmaß,* hg. v. Presse- und Informationsamt der Bundesregierung, Bonn 1978, S. 5–16

–: »Es bedarf der Grünen nicht, um die Umweltprobleme zu lösen«. Interview in: *Stern* vom 27. 3. 1980, S. 256–265

–: »Der Kanzler ist kein Volkserzieher«, in: *Die Zeit* vom 22. 8. 1980

–: Regierungserklärung vor dem Deutschen Bundestag am 3. 12. 1981, Sitzungsprotokoll des Deutschen Bundestages, S. 4051–59

–: »Glaube und Politik. Zur Friedensverantwortung der Christen«, Rede in der Evangelischen Akademie Tutzing am 26. 1. 1982

–: »Fürchtet Euch nicht«, in: *Die Zeit* vom 23. 12. 1983

–: »Rede Zur Lage der Sicherheitspolitik auf dem Außerordentlichen Parteitag der SPD am Samstag, 19.11.1983, in Köln«, abgedruckt in: *SPD 1983*, S. 98–118

–: »Helmut Schmidt im Gespräch mit Hans-Martin Gauger«, unveröff. Typoskript eines Gespräches über Sprache und Redestil am 12.3.1985 in Bonn

–: *Vom deutschen Stolz. Bekenntnisse zur Erfahrung von Kunst,* Berlin 1986

–: Rede im Bundestag am Mittwoch, 10.9.1986. Sitzungsprotokoll des Deutschen Bundestages, S. 17668–85

–: *Menschen und Mächte,* 7. Aufl., Berlin 1987

–: *Die Deutschen und ihre Nachbarn. Menschen und Mächte II,* Berlin 1990

–: *Handeln für Deutschland. Wege aus der Krise,* Berlin 1993

–: »Wider die Legende von Verrat und Königsmord«, in: *Die Zeit* vom 28.1.1994

–: *Das Jahr der Entscheidung,* Berlin 1994

–: »Eine ungehaltene Rede an die SPD«, in: *Die Zeit* vom 24.11.1995

–: *Weggefährten. Erinnerungen und Reflexionen,* Berlin 1996

–: »Es ist nicht die Aufgabe der Bundesregierung, dem Volk eine Philosophie zu geben«, in: *Der Blaue Reiter* 1/1998

–: »Kanzler trifft Altkanzler. Helmut Schmidt im Gespräch mit Helmut Kohl, moderiert von Christoph Bertram«, in: *Die Zeit* vom 5.3.1998

–: *Auf der Suche nach einer öffentlichen Moral,* Stuttgart 1998

–: »*Eigentlich wollte ich Städtebauer werden*«. Helmut Schmidt im Gespräch mit Ulrich Wickert, mit sechs Beiträgen von Helmut Schmidt und einem Vorwort von Eberhard Jäckel, Stuttgart 2001

–: »*Hand aufs Herz*«. Helmut Schmidt im Gespräch mit Sandra Maischberger, München 2002

–: »Es gilt das gesprochene Wort«, Verleihung Franz-Josef-Strauß-Preis 2003 an Bundespräsident a.D. Prof. Dr. Roman Herzog; Laudatio auf Roman Herzog, Typoskript

– u.a.: *Kindheit und Jugend unter Hitler,* Berlin 1992

Schneider, Andrea H.: *Die Kunst des Kompromisses. Helmut Schmidt und die Große Koalition 1966–1969,* Paderborn 1999

Schöllgen, Gregor: *Willy Brandt. Die Biographie,* Berlin 2001

–: »Konkurrenten und erbitterte Gegner, Willy Brandt, Helmut Schmidt und die Rückkehr der SPD in die Opposition«, in: *Frankfurter Allgemeine Zeitung* vom 29.10.2001

Schreiber, Hermann: »Wie schrecklich das schwankt ...«, in: *Der Spiegel* Nr. 11/1972, S. 28–34

–: »Keine Rede von Kraft und Herrlichkeit«, in: Rolf Winter (Hg.): *Geo Spezial,* Bonn, Hamburg 1985, S. 42–47

–: *Kanzlersturz. Warum Willy Brandt zurücktrat,* München 2003

Schröder, Georg: »Ohne Wehner leben«, in: *Die Welt* vom 3.9.1981

–: »Nach der Ära Schmidt: Mit Brandt zurück in die Zeit vor Godesberg?«, in: *Die Welt* vom 28.10.1982

–: »Der Verzicht auf das Partei-Amt entzieht Spekulationen um den SPD-Fraktionsvorsitz den Boden. Nach Brandt und Schmidt pocht jetzt auch Wehner auf seinen Stammplatz in der Troika«, in: *Die Welt* vom 17.3.1982

Schwarz, Hans-Peter: »Adenauers Kanzlerdemokratie und Regierungstechnik«, in: *Aus Politik und Zeitgeschichte,* B 1–2/1989, S. 15–27

–: *Das Gesicht des Jahrhunderts,* Berlin 1998, S. 667–683

Schwelien, Michael: *Helmut Schmidt. Ein Leben für den Frieden,* Hamburg 2003

Seebacher-Brandt, Brigitte: »Das paßt nicht zu Willy«, Spiegel-Gespräch, in: *Der Spiegel* vom 14.6.1993, S. 77–85

Seebacher-Brandt, Brigitte: Willy Brandt, Piper 2004

Serke, Jürgen: »Mein Sozi für die Zukunft«, in: *Stern* vom 15.7.1982, S. 54–60

Soell, Hartmut: *Fritz Erler – Eine politische Biographie,* 2 Bde., Berlin 1976

–: *Der junge Wehner. Zwischen revolutionärem Mythos und praktischer Vernunft,* Stuttgart 1991

–: *Helmut Schmidt,* Bd. 1: *Vernunft und Leidenschaft,* Stuttgart 2003

Sommer, Theo: »Ein Bundeskanzler ganz wider Erwarten«, in: *Die Zeit* vom 17.5.1974

–: »Die Koalition ist am Ende«, in: *Die Zeit* vom 17.9.1982

–: »Helmut Schmidt«; in: Wilhelm von Sternburg (Hg.): *Die deutschen Kanzler. Von Bismarck bis Schmidt,* Königstein/Ts. 1985, S. 435–454

–: *Demokratie in der Krise. Helmut Schmidt zu Ehren: Ein Zeit-Symposium,* Hamburg 1994

–: »Macher und Moralist. Helmut Schmidt wird 80«, in: *Die Zeit* vom 16.12.1998

Steffahn, Harald: *Helmut Schmidt,* Reinbek 1990

Steffen, Jochen: »Der Einzelne und seine Partei. Epilog für Herbert Wehner«, in: *Transatlantik,* Nr. 3/1983, S. 54–58

Stephan, Klaus: *Gelernte Demokraten. Helmut Schmidt und Franz Josef Strauß,* Hamburg 1988

Stern, Carola: *Willy Brandt,* Reinbek 2002 (1975)

Thies, Jochen: *Helmut Schmidts Rückzug von der Macht. Das Ende der Ära Schmidt aus nächster Nähe,* Stuttgart 1988

Veen, Hans-Joachim (Hg.): *Wahlergebnisse in der Bundesrepublik Deutschland und in den Ländern 1946–1992. Insgesamt und nach Alter und Geschlecht,* zusammengestellt von Claus A. Fischer, Typoskript, St. Augustin 1993

Vogel, Hans-Jochen: *Nachsichten. Meine Bonner und Berliner Jahre,* München 1996

Walter, Franz: »Im Würgegriff der Solidarität«, in: *Die Zeit* vom 15. 9. 1995

–: *Die SPD. Vom Proletariat zur Neuen Mitte,* Berlin 2002

Wehner, Greta: »Im Gespräch mit Lerke von Saalfeld«, Reihe SWR 2 »Zeitgenossen« des Südwestrundfunks, Ausstrahlung April 2004

Wildenmann, Rudolf: »Ludwig Erhard und Helmut Schmidt, die charismatischen Verlierer«, in: Hans-D. Klingemann und Max Kaase (Hg.): *Wahlen und politischer Prozeß. Analysen aus Anlaß der Bundestagswahl 1983,* Opladen 1986, S. 87–107

Wirtgen, Klaus: »Schmidt – der ›Dr. Kimble der SPD‹. Über das politische Erbe des Altkanzlers Helmut Schmidt«, in: *Der Spiegel* Nr. 46/1983

Wischnewski, Hans-Jürgen: *Mit Leidenschaft und Augenmaß. In Mogadischu und anderswo,* München, 1989

Witter, Ben: *Prominentenporträts,* Frankfurt/M. 1977

Wolf, Markus: *Spionagechef im geheimen Krieg. Erinnerungen,* Düsseldorf 1997

Wüllenweber, Walter: »Danke, Grüne, ihr wart wunderbar!«, in: *Stern* vom 22. 11. 2001, S. 48–54

Zastrow, Volker: »Ein widersprüchlicher Kanzler. Gedanken über Helmut Schmidt«, in: *Frankfurter Allgemeine Zeitung* vom 6. 5. 1989

–: »Die Kanzler«, in: *Frankfurter Allgemeine Zeitung* vom 27. 10. 1998

Zimmermann, Uwe: »Die Leidenschaft zur Vernunft. Helmut Schmidt über Macht und Moral. Ein Film von Uwe Zimmermann«, Typoskript

Zons, Achim: *Denkmal. Bundeskanzler Willy Brandt und die linksliberale Presse,* München 1984

Zundel, Rolf: »Ein Mann der gelinden Macht«, in: *Die Zeit* vom 24. 10. 1969

Ein Wort zum Schluss

Christian Seeger vom Verlag danke ich für sein Vertrauen und seine Geduld mit mir. Weiter danke ich Peter Voß für seine Hinweise zu Willy Brandt – sie haben mich zu einer neuen Beschäftigung mit diesem Politiker angeregt.

Im Archiv der Friedrich-Ebert-Stiftung standen mir Barbara Richter und Christoph Stamm stets mit Rat und Tat zur Seite.

Christian Person hat das Manuskript mit seinen Hinweisen nur besser gemacht. Hans-Ulrich Seebohm besorgte ein einfühlsames Lektorat.

Lieber Herr Titze, auch bei diesem Projekt gehen die Gedanken zu Ihnen. Wir hätten sicher viel über Wehner, Brandt und Schmidt diskutiert!

Ich freue mich von Herzen darüber, dass meine Eltern Ingrid und Christian Rupps schwere Krankheiten überstanden haben und dieses Buch erleben können.

M. R.

Personenregister

Adenauer, Konrad 13, 16 f., 79, 84 f., 91, 97, 100, 113–116, 124 ff., 137, 143, 157, 160, 194, 231, 252, 316, 319

Ahlers, Conrad 99

Albertz, Heinrich 70, 105, 118, 138, 155, 192, 277

Alt, Franz 70

Apel, Hans 15, 250, 266, 277

Appel, Reinhard 34

Arendt, Walter 192, 227, 251

Arndt, Adolf 86

Augstein, Rudolf 23 f., 99, 113, 116, 125, 129, 146

Aurelius, Marcus (Mark Aurel) 41

Aust, Gerrit 64

Baader, Andreas 260 f., 263

Bach, Johann Sebastian 70

Backlund, Sven 202 f.

Bahr, Egon 19, 23, 25, 79, 128, 138, 171, 173, 181, 182, 191 f., 197 f., 201, 213, 222, 227, 246, 255, 261, 274, 304, 307, 317

Baring, Arnulf 23 f., 154, 156, 183, 190, 192, 194, 201 f., 212, 231

Barlach, Ernst 63

Bartels-Heine, Paula 44

Barzel, Rainer 10, 124, 129, 143 f., 149, 151, 157, 159, 162 f., 183, 233, 270

Bastian, Gert 277

Bebel, August 56, 83, 142, 146, 170, 311

Beckmann, Max 63

Bergaust, Rut s. Brandt, Rut

Berkhan, Karl-Wilhelm (»Willi«) 181, 246

Bernecker, Walther 166

Bernstein, Eduard 243

Bernstein, Leonard 70

Bertram, Christoph 172

Bickerich, Wolfram 24

Biedenkopf, Kurt 196, 250

Bismarck, Otto von 309

Blank, Ulrich 131

Boenisch, Peter 135

Bohnenkamp, Hans 72

Böll, Heinrich 169

Bölling, Klaus 236, 270, 295, 298 f.

Börner, Holger 138, 181, 255, 302, 314

Brandt, Rut, geb. Hansen, verwitw. Bergaust 55, 179, 182, 203, 216 ff., 222, 255 f.

Brecht, Bertolt 36

Breloer, Heinrich 37, 48, 103, 262

Brentano, Heinrich von 113, 144

Breschnew, Leonid 277

Bruhns, Wibke 81

Buback, Siegfried 261
Bucerius, Gerd 305
Buchstaller, Werner 246
Burmester, Carl 42
Burmester, Charlotte s. Wehner,
    Charlotte
Burmester, Greta s. Wehner,
    Greta
Burmester, Jens Peter 42

Carr, Jonathan 91
Carrell, Rudi 212
Carter, Jimmy 266
Churchill, Winston S. 312
Clinton, Bill 218
Cohn-Bendit, Daniel 308
Conradi, Peter 10, 150, 173, 247,
    294
Coppik, Manfred 265

Darchinger, Jupp 10, 186
Dehler, Thomas 125
Deist, Heinrich 86, 89
Dohnanyi, Klaus von 173, 227
Dönhoff, Marion Gräfin 24,
    227, 231
Dregger, Alfred 234, 307 f.
Dutschke, Rudi 154, 260

Ehmke, Horst 159, 171, 176,
    179, 181 f., 191 f., 209 ff., 213,
    218, 227, 244, 266, 270, 304
Ehrenberg, Herbert 213, 250
Eichler, Willi 78, 81, 86, 89
Ensslin, Gudrun 260 f., 263
Enzensberger, Hans Magnus 126
Eppler, Erhard 10, 23, 49, 70,
    78, 116, 118, 133, 138, 147,
    155, 163, 166, 176, 181 f.,
    186, 189, 192, 196 f., 236 f.,
    258, 267, 272, 275, 280, 304
Erhard, Ludwig 84, 114, 116,
    124, 136, 157, 219, 230

Erler, Fritz 20, 83–86, 94 f., 97 f.,
    100 ff., 115 f., 117 (Abb.),
    118 f., 121, 126, 129 f., 139,
    144, 145 (Abb.), 234, 236 f.,
    247
Ernesti, Leo 246
Ertl, Joseph 171, 250
Eschenburg, Theodor 294

Fest, Joachim 10, 157, 300, 311
Finck von Finckenstein, Hans-
    Werner Graf 133
Frahm, Dorothea, geb. Sahlmann
    44
Frahm, Ludwig 44 f., 48
Frahm, Martha 44, 48, 54
Frahm, Wilhelmine 44
Franke, Egon 116, 147
Freisler, Roland 67 f.
Friederichs, Hans 191, 250
Friedrich, Bruno 202
Frölich, Paul 48, 262

Gaasland, Gunnar 49, 51
Gandhi, Mahatma 23
Garbe, Karl 10, 101, 133
Gaulle, Charles de 207
Gaus, Günter 23, 34, 38, 43, 76,
    78, 115, 175, 181, 192, 213,
    236, 243, 294
Genscher, Hans-Dietrich 162 ff.,
    176, 191, 214, 228, 239, 246,
    263, 268, 270, 275, 283 f.,
    290, 292 f., 295 f.
Georgi, Friedrich 67
Gerstenmaier, Eugen 114, 124 f.,
    129
Giscard d'Estaing, Valéry
Glaser, Hannelore s. Schmidt,
    Hannelore
Glotz, Peter 10, 23, 50, 270,
    276 f., 281 ff., 290, 317
Goerdeler, Carl Friedrich 67 f.

Gorbatschow, Michail 307
Görtemaker, Manfred 154, 156, 183, 190, 192, 194, 201, 212, 231
Gotthelf, Herta 86, 88
Grabert, Horst 192, 213
Grass, Günter 204, 206, 212
Gremliza, Hermann 234
Grunenberg, Nina 239
Gscheidle, Kurt 227
Guggomos, Carl 131
Guillaume, Günter 51, 207, 213 ff., 220 f., 224 f.
Gumpel, Ludwig 64 f.
Guttenberg, Karl-Theodor Baron von und zu 113

Hajek, Otto Herbert 10, 63, 169, 206
Hallstein, Walter 158
Hammerskjöld, Dag 23
Hansen, Rut s. Brandt, Rut
Hansen, Karl-Heinz 265
Harpprecht, Klaus 23, 192 f., 201, 221, 230, 236, 270, 278, 286
Hassell, Ulrich von 67
Heartfield, John 36
Heine, Fritz 80 f., 86, 88, 131
Heinemann, Gustav 135, 151, 155, 159 f., 163, 167 (Abb.), 203, 207, 224
Hengsbach, Franz 72
Henkels, Walter 90
Hennis, Wilhelm 114, 152
Herles, Helmut 27, 179, 299
Herold, Horst 261 f.
Hildebrand, Klaus 114
Hindenburg, Paul von 39
Hinrich-Casdorff, Stephan 29
Hitler, Adolf 16, 39, 41, 48, 53, 55, 57, 61, 65, 69, 95, 104, 166, 209, 230, 243, 294

Hoffmann, Klaus 156
Hofmann, Gunter 43 f., 230, 269, 275 f., 290, 314, 319
Hofsähs, Rudolf 10
Honecker, Erich 22, 39 f., 197 f., 225, 289, 316
Höpker, Thomas 186
Huber, Antje 304

Jäger, Richard 113
Jahn, Gerhard 227
Jansen, Wolfgang 313
Jaruzelski, Wojciech 288

Kahn, Helmut Wolfgang 95, 121 f., 180
Kant, Immanuel 232, 287
Karamanlis, Konstantinos 238
Kellermeier, Jürgen 79, 183, 240
Kelly, Petra 277
Kempowski, Walter 77
Kempski, Hans-Ulrich 201
Kennedy, John F. 23, 100, 109, 115, 218
Kiesinger, Kurt-Georg 124, 126, 129 f., 135, 138 f., 141 ff., 147, 151, 153, 156, 161, 163, 166, 170
King, Martin Luther 218
Kisch, Egon Erwin 36
Kissinger, Henry 305
Kluncker, Heinz 207
Knoeringen, Waldemar von 87, 105, 109, 113
Kohl, Helmut 18, 135, 164, 182, 188, 249, 262, 290, 296 ff., 306 f., 317
Köpf, Doris 220
Koschnick, Hans 246, 261
Krause-Burger, Sybille 231
Kreisky, Bruno 252
Krone, Heinrich 98, 113, 143
Kuhlmann, Emil 44, 48, 54

Kuhlmann, Günter 44
Kühn, Heinz 88, 126, 139, 202, 236

Lafontaine, Oskar 22, 293 f., 309
Lahnstein, Manfred 283
Lambsdorff, Otto Graf 289 ff., 296, 309
Lattmann, Dieter 224, 230, 234, 237, 244, 247, 265
Lauritzen, Lauritz 227
Leber, Georg 160, 171, 176, 227
Leber, Julius 46, 55, 67, 314
Lehmann, Hans-Georg 94, 140
Leinemann, Jürgen 57
Lenz, Gertrud 216
Leugers-Scherzberg, August 25, 78, 103, 128, 131
Leuschner, Wilhelm 67
Leussink, Hans 177, 210
Lichtwark, Alfred 62
Linde, Jürgen 283
Loebinger, Lotte 36 f., 42 f., 103
Lohmar, Ulrich 233 f.
Lohse, Eduard 72, 299
Lorenz, Peter 260 f.
Löwenthal, Richard (»Rix«) 281 f.
Lübeck, Gustav 36
Lübke, Heinrich 114, 125
Lücke, Paul 113, 129, 148 f.
Lueg, Ernst Dieter 25, 224
Luther, Martin 319
Luxemburg, Rosa 36

Maihofer, Werner 250
Maischberger, Sandra 61, 151, 211, 317 f.
Mann, Golo 11, 194, 207, 219, 288
Marx, Karl 35, 53, 88, 91, 196, 319
Mayer, Hans 22 f., 44

Matthiesen, Klaus 272
Matthöfer, Hans 15, 227, 250
Meinhof, Ulrike 260
Meinike, Erich 265
Mellies, Wilhelm 83
Mende, Erich 113 f., 126, 153
Merseburger, Peter 21, 23, 105, 114, 151, 158 ff., 162, 186, 222, 267 f., 277, 301, 305
Mewis, Karl 41
Meyer, Christoph 31–34, 38, 319
Meyer(-Gaasland), Gertrud 48 f.
Millauer, Liselotte 209
Miller, Susanne 10, 30, 43, 56, 86, 89
Mischnick, Wolfgang 31, 162, 164, 191, 197, 239, 276
Mitscherlich, Alexander 134
Möller, Alex 128, 171, 176, 188 f.
Möller, John 44
Mommsen, Ernst Wolf 172
Montesquieu, Charles de Secondat, Baron de la Brède et de M. 146
Mühsam, Erich 35 ff.
Müller, Albrecht 10, 186, 298
Müller, Hermann 46

Nau, Alfred 86, 167 (Abb.)
Nayhauß, Mainhardt Graf von 236, 238 ff.
Negt, Oskar 90
Nell-Breuning, Oswald 72
Nenni, Pietro 177
Neumann, Franz 82, 110
Nevermann, Paul 122
Niegel, Lorenz 135
Niemöller, Martin 155
Nixon, Richard 161
Noack, Hans-Joachim 254
Nolde, Emil 63
Nollau, Günther 214 f.
Noske, Gustav 172

Ode, Erik 22
Ohnesorg, Benno 154, 260
Oistrach, David 52
Olbricht, Friedrich 67
Ollenhauer, Erich 17, 35, 53, 80,
    83, 86 ff., 93 (Abb.), 94 ff.,
    100 ff., 105, 110, 113, 115,
    130, 181, 234, 247
Ossietzky, Carl von 36

Palme, Olof 23, 175
Papen, Franz von 46, 294
Paul VI., Papst 237
Pechstein, Max 63
Piscator, Erwin 37
Ponto, Jürgen 261
Popper, Karl 91, 232
Prantl, Heribert 317

Rantzau, Heino von 68
Rau, Johannes 274, 277, 282,
    308 f.
Raspe, Jan-Carl 262, 263
Reich, Wilhelm 49
Reichwein, Adolf 67
Reimann, Günter 42
Renger, Annemarie 101, 188 f.,
    281 f.
Reuter, Ernst 82 f.
Richter, Horst-Eberhard 10, 24,
    104, 178, 182, 188 ff., 194,
    211, 215, 218 f., 225, 285–288
Rohde, Helmut 227
Rosenbauer, Hansjürgen 50
Rosenfeld, Kurt 47
Ruhnau, Heinz 147

Sadat, Anwar as 23, 284
Sahlmann, Dorothea s. Frahm,
    Dorothea
Scharping, Rudolf 22
Schättle, Horst 47, 49, 52, 105,
    203, 258, 307, 312

Scheel, Walter 26, 135, 153, 160,
    162 ff., 171, 176, 190 f., 203,
    212, 222, 227 f.
Schiller, Karl 49, 51, 73, 91, 95,
    121, 129, 142, 167 (Abb.),
    171, 176, 177 f., 209
Schlei, Marie 189, 236
Schleyer, Hanns-Martin 261 ff.,
    265, 276
Schmid, Carlo 20, 83 f., 86, 97,
    100, 102, 117 (Abb.), 130, 139
Schmid, Raimund 102
Schmidt, Gustav 58, 60, 64
Schmidt, Hannelore (»Loki«),
    geb. Glaser 22, 59, 61, 63 f.,
    68–71, 73, 217, 261, 285
Schmidt, Heinrich 60
Schmidt, Helmut Walter 70
Schmidt, Johann Gustav 64
Schmidt, Katharina 64
Schmidt, Loki s. Schmidt,
    Hannelore
Schmidt, Ludovica, geb. Koch 58
Schmidt, Susanne 71, 157, 262
Schmidt, Wolfgang 58, 60, 63
Schmude, Jürgen 289, 315
Schneider, Andrea 113, 125, 144,
    148, 156
Schoettle, Erwin 83
Scholl, Hans und Sophie 319
Schöllgen, Gregor 10, 44 f., 49 f.,
    55, 105, 165, 314
Scholz, Günther 77
Schopenhauer, Arthur 287
Schreiber, Hermann 24, 158,
    176, 197, 200 f., 214, 219 f.
Schröder, Gerhard (CDU) 114,
    124, 129
Schröder, Gerhard (SPD) 22,
    139, 188, 219, 317
Schröder, Hiltrud 220
Schubert, Heinz 212
Schüler, Manfred 236

Schultz, Fritz Rudolf 246
Schumacher, Kurt 17, 35, 53,
    78–83, 92, 131, 143
Schütz, Klaus 101, 138, 192
Schwarz, Hans-Peter 18
Schwelien, Michael 122 f.
Seebacher-Brandt, Brigitte 21,
    217, 255 f., 314, 316
Seydewitz, Max 47
Soell, Hartmut 34, 36, 39, 61,
    83, 86, 94, 101, 122 f.
Sölle, Dorothee 155
Sommer, Theo 226
Stalin, Josef W. 41, 53
Stauffenberg, Claus Graf Schenk
    von 55
Steffahn, Harald 66, 96, 111
Stephan, Klaus 42
Stein, Irmgard 64
Stobbe, Dietrich 274
Stoiber, Edmund 161
Stoph, Willi 168
Strauß, Franz Josef 18, 114,
    128 f., 137, 142, 157, 234,
    262 f., 268, 316
Stresemann, Gustav 34, 96, 168
Striezel, Achim 212
Strzelewicz, Willy 42
Suhr, Otto 85

Thälmann, Ernst 39 f.
Thomas, Stephan 131
Thorkildsen, Anna Carlotta
    53 ff.
Thorkildsen, Ninja 54
Todenhöfer, Jürgen 25
Treuber, Lotte 41
Tucholsky, Kurt 36

Ulbricht, Walter 40 f., 51

Vetter, Heinz Oskar 253
Vittinghoff, Karl 121 f.

Vogel, Hans-Jochen 15, 184,
    229, 250, 262, 269, 274 f.,
    277, 307, 310
Vogel, Wolfgang 289
Voß, Peter 77

Walser, Martin 126
Walter, Franz 80, 92
Weber, Max 131, 204, 232
Wehner, Antonie Alma (»Toni«)
    30
Wehner, Charlotte (»Lotte«),
    verwitw. Burmester 31, 42 f.,
    55, 76, 104, 109, 198, 200,
    202, 217, 249, 303
Wehner, Greta, geb. Burmester
    10, 22, 31 f., 40, 79, 104, 109,
    136, 174, 197, 218, 220 f.,
    249, 302 f., 306, 312, 315
Wehner, Richard Robert 30 ff.
Wehner, Rudolf 30
Weizsäcker, Richard von 18, 20,
    30, 41, 130, 135, 274, 313
Weyer, Willi 162
Wickert, Ulrich 69, 151
Wiechert, Ernst 41
Wiemer, Adalbert 131
Wienand, Karl 10, 31, 90, 103,
    174 f., 181 ff., 202, 247, 270,
    307
Wigrefe, Klaus 164
Willemsen, Roger 156
Wilson, Harold 172
Wirmer, Josef 67
Wirsing, Giselher 143
Wischnewski, Hans-Jürgen 15,
    147, 167 (Abb.), 181, 262 f.,
    270, 273, 277 f., 290, 299
Witter, Ben 90, 112, 180
Wolf, Markus 317

Zastrow, Volker 23 f., 225
Zimmermann, Friedrich 263 f.

> *»Ich war und bleibe engagierter Anhänger der europäischen Integration aus strategischem, patriotischem Interesse.«*

Europa steht vor gewaltigen Herausforderungen – so die Diagnose von Altbundeskanzler Helmut Schmidt. Die weltweiten Rahmenbedingungen verändern sich dramatisch. Frieden, Freiheit und Wohlstand in Europa sind keineswegs auf Dauer gesichert. Nur wenn Europa gemeinsam auftritt, hat es eine Chance, sich in der Weltpolitik des 21. Jahrhunderts zu behaupten. Aber noch ist die Europäische Union dieser Aufgabe nicht gewachsen. Vor der Aufnahme neuer Teilnehmerstaaten muß daher eine weitreichende Reform der EU stehen. Andernfalls ist ihr Scheitern nicht ausgeschlossen ...

> *»Wie eh und je argumentiert Schmidt nüchtern, sachlich und überzeugt durch Kompetenz«*
> *Berliner Morgenpost*

Helmut Schmidt

Die Selbstbehauptung Europas

Perspektiven für das 21. Jahrhundert

Aktualisierte Taschenbuchausgabe

ULLSTEIN TASCHENBUCH

*»Ohne Verantwortungsbewusstsein
der Einzelnen kann Freiheit verkommen
zur Vorherrschaft der Starken und Mächtigen.«*

Für viele verkörpert Altbundeskanzler Helmut Schmidt noch
heute den Idealtypus eines
deutschen Regierungschefs. Im
Gespräch mit Ulrich Wickert
schildert er seinen Einfluss auf
die europäische Währungs- und
Sicherheitspolitik, aber auch
die dramatischen innen-
politischen Ereignisse während
seiner Kanzlerschaft. In
weiteren Beiträgen äußert er
sich unter anderem zu den
moralischen Maximen
politischen Handelns und den
Aufgaben der Menschheit im
21. Jahrhundert. Und er stellt
den Entwurf einer »Allgemeinen
Erklärung der Menschen-
pflichten« zur Debatte.

Helmut Schmidt
im Gespräch
mit Ulrich Wickert

**Eigentlich wollte ich
Städtebauer werden**

ULLSTEIN TASCHENBUCH

»Analytisch scharf in der Sache, glaubwürdig, sensibel und human.«
Die Zeit

Willy Brandt war einer der bedeutendsten und populärsten Politiker Deutschlands. Nicht nur hierzulande zählt er noch heute zu den »großen Leitfiguren« (Richard von Weizsäcker). In seinen Memoiren zeichnet Brandt seinen persönlichen und politischen Werdegang nach, in dessen Verlauf er zum ersten sozialdemokratischen Bundeskanzler gewählt und durch den Spionagefall Guillaume zum Rücktritt gezwungen wurde. Ein Zeitzeugnis ersten Ranges, das die bewegte Geschichte des 20. Jahrhunderts widerspiegelt.

Willy Brandt
Erinnerungen
Mit den »Notizen zum Fall G.«

ULLSTEIN TASCHENBUCH

»Die Innenansicht eines politischen Dramas
liest sich wie ein Politthriller.«
Hamburger Abendblatt

Stürzte Willy Brandt im Mai
1974 über die Machenschaften
eines DDR-Agenten? Über eine
Intrige seines Parteifreundes
Herbert Wehner? Über Ent-
hüllungen aus seiner Intim-
sphäre? Hermann Schreiber hat
mit den noch lebenden
Beteiligten gesprochen, die
Memoiren prominenter Mit-
spieler miteinander verglichen
und neue Dokumente entdeckt.
Er schildert die unfassliche
Geschichte eines
vermeidbaren Versagens.

»Eine einfühlsame, lesenswerte
Suche nach den wahren
Gründen des Rücktritts«
Der Spiegel

Hermann Schreiber

Kanzlersturz

Warum Willy Brandt zurücktrat

ULLSTEIN TASCHENBUCH